KB083861

마인드맵으로 그려낸
문정아의 중국어 어법 교과서

마인드맵으로 그려낸
문정아의 중국어 어법 교과서

지은이 문정아

발행인 서연태

발행처 ㈜문정아중국어연구소

책임 편집 이송운 한정수 장성아 최숙영

감수 정의원

디자인 비주얼트랜드

초판 발행 2007년 6월 30일

개정 9쇄 2021년 5월 1일

출판 등록일 2006년 8월 30일 제300-2006-196호(구_제2-4437호)

주소 서울시 종로구 율곡로 84 가든타워빌딩 1203호

전화 (02) 725-2771

팩스 (02) 732-2130

홈페이지 www.no1hsk.co.kr

ISBN 978-89-958485-3-1 13720

이 교재의 내용을 사전 허가 없이 전제하거나 복제할 경우 법적인 제제를 받게 됨을 알려 드립니다.

잘못된 책은 구입하신 서점이나 본사에서 교환해 드립니다.

마인드맵으로 그려낸

문정아의
중국어
어법
교과서

| 문정아 지음 |

국내 판매 부동의 1위, 롱런 베스트셀러 중국어 문법책

〈문정아가 그려준 중국어 어법 교과서〉는 출간 후 독자 여러분의 사랑으로 중국어 문법분야 베스트셀러가 되었다. 이 자리를 빌려 독자 여러분의 관심과 사랑에 진심으로 감사하다는 말씀을 전하고 싶다. 여러분의 사랑 덕분에 〈문정아가 그려준 중국어 어법 교과서〉가 출간 5년 만에 〈마인드맵으로 그려낸 문정아의 중국어 어법 교과서〉라는 새로운 이름으로 개정판을 선보이게 되었다.

지난 3년 사이 HSK 시험은 전면적인 개정이 이루어졌다. 이에 따라 HSK 시험 유형은 물론이고, HSK 수험생들의 학습법도 크게 변했다. 이러한 변화에 맞추어 〈마인드맵으로 그려낸 문정아의 중국어 어법 교과서〉도 개정판을 제작하게 되었다.

개정된 이번 교재는 기존 교재의 장점은 고스란히 살리고, 내지는 깔끔하고 보기 편하게 새롭게 디자인하여, 학습자가 좀 더 알차게 학습할 수 있도록 하였다.

중국어 학습자라면 누구나 볼 수 있도록 집필

단계적이고 통합적인 구성으로 체계적인 학습이 가능하도록 하였다. 또한 자세하면서도 꼼꼼한 설명과 깔끔한 개념 정리로 중국어 학습 초보자들을 비롯해 그동안 중국어 문법에 부담을 느꼈던 학습자들까지도 누구나 본 교재를 유용하게 활용할 수 있도록 쉽고 재미있게 집필하였다. 또한 중국어를 처음 접하는 이들도 사전 없이 편하게 학습할 수 있도록 단어와 문장마다 뜻과 병음을 제공하여 사전을 찾는 수고를 덜었으며, 암기해야 할 사항은 외우기 편하게 도표로 정리하여 중국어를 처음 접하는 분도 혼자서 독학할 수 있도록 하였다.

교재 휴대에 편리함 추가

기존의 〈상〉, 〈하〉 두 권으로 나뉘었던 교재를 한 권으로 통합했다. 또한, 교재 사이즈를 기존보다 줄여 휴대가 용이하도록 구성했다. 이러한 편집으로 인해 독자 여러분들이 보다 쉽고 편리하게 학습할 수 있도록 하였다. 한 권으로도 충분한 어법 실력을 키울 수 있을 것이다.

스마트러닝 앱을 통한 학습 지원 강화

과거에는 단순히 PC로만 중국어 학습이 가능했지만, 지금은 고정된 장소에서 벗어나 시간과 장소에 구애 받지 않고 개인 스마트폰이나 태블릿 PC 등 다양한 기기를 활용해 자신이 원하는 학습을 진행하게 되었다.

따라서 문정아중국어연구소는 중국어 교육 노하우를 집약한 스마트러닝 앱을 개발해 차별화된 학습 환경을 제공하고 있다.

취약한 어법 부분을 누구나 마스터 할 수 있도록 40강에 이르는 어법 무료 강의를 비롯해, 누구나 쉽게 중국어를 접할 수 있도록 무료 강좌 총 300여 강을 제공하고 있다. 이 뿐만 아니라 중국어 발음 강의부터 고급 HSK 강좌까지 국내 최고 수준의 중국어 교육 콘텐츠 총 8,000여 강을 유료로 제공한다.

이 밖에도 더 이상 인터넷 환경의 영향을 받지 않도록 동영상 다운로드 서비스를 실시하고 있으며, 웹사이트와 연동된 Q&A 게시판을 통해 수험생들의 궁금증을 바로 바로 해결 할 수 있도록 지원하고 있다.

더욱 풍성해진 특별부록

개정 전 제공했던 '마인드맵 미니북'과 '마인드맵 전체 지도'에 '워크북'과 '미니 단어장'을 추가 제공함으로써 학습의 완성도를 높였다.

첫째, 어법 확인 문제로 구성한 '워크북'을 추가하였다. 매 과마다 반드시 짚고 넘어가야 하는 어법사항들을 중심으로 문제를 출제하였다. 학습자가 직접 학습한 내용에 대한 부분을 문제로 풀어봄으로써 학습한 내용을 완벽히 마스터 할 수 있도록 하였다. 또한 쉽고 명쾌한 풀이로 어법 개념을 더욱 확실하게 정립시켜주었다. 포켓형 워크북으로 따로 편집하여 제작하여 보다 휴대가 간편해졌다.

둘째, 교재 내에 핵심 어휘만 모아놓은 '미니 단어장'을 추가하였다. 중국어 학습자라면 꼭 알아야 할 약 1,000개의 필수어휘들을 정리하여 보다 효과적으로 학습할 수 있도록 하였다.

셋째, 어법 전체를 축약시켜놓은 마인드맵을 하나로 모아 '마인드맵 미니북'으로 제작하였다. 중국어 핵심 문법과 관련 있는 개념들을 체계적으로 정리한 것으로, 어법의 핵심을 쉽게 파악할 수 있도록 하였으며, 관련 예시문들을 함께 제시하여 학습 효과를 더욱 높였다.

넷째, 마인드 맵을 한 장의 '전체 지도'로 사이즈를 크게 맞춤 제작하였다. 전체 지도는 중국어 어법의 모든 내용을 한 눈에 볼 수 있어, 어법에 대한 전체적인 흐름을 파악하고 이해할 수 있도록 하였다.

친애하는 독자 여러분(혹은 잠재 독자 여러분)께

수년간 중국어 특히 HSK를 강의하면서 학생들이 호소하는 가장 큰 어려움은 어법 개념을 정확하게 이해하지 않아서 발생되는 문제점들이다. 중국에 유학을 가서 몇 년간 중국어를 공부하거나 한국에서 중국어를 전공하여 4년 이상 중국어를 공부한 학생들이 많지만 중국어 어법에 대한 개념을 정확하게 가지고 있는 학생들은 많지 않다.

여러분은 중국어의 근본 원리를 이해하고 있는가? 이 책은 중국어 학습에서 어려움을 겪고 있는 여러분을 친절하게 도와줄 것이다. 처음 중국어를 공부하는 학습자라면 중국어의 기본 원리를 잘 이해하여 불필요한 시행착오 기간을 줄이게 되어 단기간에 중국어 실력의 향상을 맛볼 수 있을 것이다. 이미 중국어를 오랜 기간 공부한 학습자라면 이 책을 공부하면서 저절로 감탄사를 연발하며 그동안 알고 있는 부분적인 지식들이 왜 그렇게 되는지 원리를 이해하게 될 것이다. 중국어 공부를 얼마 동안 했던지 간에 이 책을 통해 중국어 고수로 가는 지름길을 알게 될 것이다.

왜 이 책으로 공부해야 하는가?

이 책의 가장 큰 핵심은 '어순'이다. '어순'은 중국어 어법의 기본 원리이다. 어순을 기본으로 '문장 성분', '품사', '문장'을 정리했으며 '마인드맵'이라는 기억 암기법을 이용해 그림으로 그려 이해, 암기하기 쉽게 했다. 중국어 어법 개념을 명확하게 잡아 고급 중국어를 구사하고 시험에서 좋은 성적을 받을 수 있는 아주 간단한 방법이 이 책에 정리되어 있다. 이 책에 나온 마인드맵을 종이에 그려보고 또 머리 속으로 수십 번 그려보자. 이해가 어려운 부분은 텍스트로 설명해 두었고, 또한, 풍부한 예문을 통해 이해를 손쉽게 하였으니, 암기에 도움이 될 것이다.

학습자들이 HSK에서 높은 점수를 받고 또 고급 과정의 중국어를 공부하면서도 어법에 확신을 갖지 못하는 경우가 셀 수 없이 많다. 그 이유는 '어법'이라는 언어의 기본 토대를 갖추지 않은 채 계속해서 부가적인 지식들을 쌓다보니 항상 자신의 중국어 실력에 대한 걱정이 많게 된다. 이제 중국어에 관한 모든 걱정을 날려버릴 수 있도록 이 책이 안내할 것이다.

이 책은 다른 어법책과는 완전히 다른 방식으로 집필되어 있다. 그러다 보니 중국어를 이미 오랜 기간 공부한 학습자들은 기존의 공부하던 방식과는 달라 거부감이 생길 수도 있고 또 어렵다고 느낄 수도 있다. 에피소드를 하나 들자면, 이 책의 감수 과정에 다양한 실력을 갖춘 30여 명의 학습자들이 참여하였는데 감수 과정이 끝나고 이상한 반응을 보였다. 중국어 어법을 처음으로 공부한 학생들은 쉽게 내용이 정리된 것 같다고 한 반면, 실제 중국어를 오랜 기간 공부한 학생들은 더 어렵다고 느낀 것이다. 이는 오랜 기간 잘못된 어법을 공부한 결과라 할 수 있다.

지금까지 공부한 중국어 어법은 잊어라

이 책은 중국어 학습의 혁명이다. 그동안의 중국어 학습이 얼마나 잘못되어 있었는지 이 책은 명백히 증명한다. 그간 우리가 공부한 중국어 어법은 숲을 보지 못하고 나무만을 보게 하는 결정적인 오류를 범했다. 즉, 근본 원리를 이해하지 못하고 부분적인 지식만 공부하게 했다. 중국어 어법은 체계가 잡혀 있지 않다고 생각하는 사람이 많아, 그 체계적인 내용 학습의 필요성을 느끼지 못했던 것이다. 부분적인 개념이나 공식은 잘 암기하면서 왜 그렇게 되는지 근본 원리를 도무지 알 수가 없었다. 그러다 보니 불필요한 공식을 암기해야 했고 중국어 어법이 막연히 어렵다고 느꼈다. 하지만 중국어 어법도 다른 언어와 마찬가지로 정확한 규칙이 존재한다. 이제 이 책을 공부하는 여러분은 중국어 어법의 근본 원리를 이해할 수 있다. 마음을 열고 처음부터 다시 공부해 보자. 여러분이 중국어를 공부하는 기간 내내 든든한 동반자로써 항상 함께할 것이다.

이 책이 이것만은 보장

이 책을 통해 중국어 어법의 근본 원리를 이해하게 될 것이다. 마인드맵을 여러 차례 종이 또는 머릿속에 그려봄으로써 체계적인 지식을 습득할 수 있다. 그동안 중국어를 공부한 수많은 중국어 학습자들이 고급 중국어의 문턱에서 실패를 맛보았다. 이 책을 공부하는 학습자들은 더 이상 어법의 대한 개념 부족으로 인해 고급 중국어의 문턱을 넘지 못하는 일은 없을 것이다.

이 책에 있는 어법 이론은 수많은 학생들에게 이미 검증된 것이다. 이미 10년 전부터 저자의 강의를 수강하는 수천 명의 학생들에게 강의했으며, 그 학생들은 실제 시험에서 좋은 성적을 받는 것은 물론이거니와 탄탄한 중국어 실력을 갖추게 되었다.

이 책을 보다 완벽히 공부하는 방법

첫째, 책에서 안내하는 대로 마음을 열고 공부하자. 그저 책에서 말하는 대로 거부감 없이 어법을 공부하면 된다.

둘째, 항상 왜 그런지를 생각하며 공부한다. 스스로 '왜'라고 의문을 가져본 내용은 쉽게 잊혀지지 않는다.

셋째, 최소 3번 이상은 공부해야 전체를 이해할 수 있다.

넷째, 마인드맵의 경우 10회 이상 암기해서 그려본다. 권장하는 방법은 먼저 암기해서 종이에 실제로 몇 번 그려보고, 머릿속으로도 수시로 10회 이상 그려보는 것이다.

이 책의 첫 번째 특징 : 어순

저자는 17년간 중국어 공부를 했고, 10년간 강의를 했지만 마음 한편으로 항상 공허함이 존재했다. 솔직히 이 책을 집필하기 전까지는 저자 또한 중국어 어법 실력이 많이 부족했음을 시인한다. 아무도, 또 어떤 책에서도 중국어 어법의 근본 원리를 가르쳐 주지 않았다. 부분적으로 정리된 책은 많이 있었지만, 전체를 하나의 개념으로 통합한 책은 어디에도 찾아볼 수 없었다.

이 책을 집필하면서 첫 번째 작업은 중국과 한국에서 집필된 어법책 80여 권을 데이터화 하는 것이었다. 어떤 내용들을 강조하고 있는지, 우선 순위는 어떻게 되는지를 파악한 후에 비로소 중국어 어법의 근본 원리인 '어순'을 발견하게 되었다. 그 다음 시작된 집필 작업은 무려 3년이라는 시간이 필요했다.

이 책의 두 번째 특징 : 마인드맵 이론 적용

공부하기 전부터 부담을 주는 중국어 어법 공부. 더욱이 빽빽한 설명과 예문들로 가득찬 어법책을 보면 시작 전부터 기가 질려버린다. 이 책은 인간이 개발한 가장 뛰어난 기억학습법인 마인드맵 이론을 적용하였다. 종이 한 장에 핵심 단어와 이미지를 사용하여 입체적으로 어법을 파악할 수 있도록 구성하였다. 답답하게 구성되어 생각을 제한하는 직선식 문장 대신 10배 이상의 기억효과를 누릴 수 있는 여러 가지 색과 이미지를 사용해 어법을 그려놓았다.

마인드맵 이론에 대해 간단히 소개하자면 1971년 영국의 토니 부잔에 의해 창시되었으며, 세계적인 두뇌 관련 석학들의 과학적이면서도 객관적인 검증 과정을 거친 두뇌 활용을 극대화시킨 사고 및 학습 방법이다. 또한 이미지와 핵심어, 그리고 색과 부호를 사용하여 좌 · 우뇌의 기능을 유기적으로 연결함으로써, 두뇌의 기능을 최대한 발휘할 수 있게 하는 '사고력 중심의 두뇌 계발 프로그램'으로 21세기 지식정보화 사회에 가장 적합한 학습법이다. 미국과 유럽에서는 유아에서부터 초 · 중 · 고는 물론 대학과 기업에서까지 학습하는 법을 배우는 획기적인 학습도구로서 70년대부터 널리 보급되어 왔고, 옥스퍼드나 케임브리지 대학에서 마인드맵을 정규 과목으로 두었을 만큼 세계적인 공인을 받아왔다. 한편, 우리 나라에서는 2000년부터 적용된 7차 교육과정 교과서에 마인드맵이 적용되고 있다.

이 책의 세 번째 특징 : 지도책과 같은 원리로 집필

세계 지리를 공부하기 위해서는 아시아, 유럽, 아메리카 등 우선 대륙의 위치를 파악하고 그 다음 200여 개의 국가가 각각 어느 대륙에 속해 있는지, 정확히 어느 부분에 어느 국가와 인접하였는지를 비교하여 이해한다. 그 다음 국가별 수도, 도시를 공부하게 되면 전체적인 구조에서 부분을 연결시켜 공부하게 되어 기억에도 오래 남고 이해도 빠르다. 반대로 어떤 도시의 특징을 공부했지만 그 도시가 세계 지도에서 어떤 대륙인지, 어떤 국가인지, 어느 나라와 인접해 있는지를 모르고 공부하면 산만한 지식만이 머리 속을 채우게 된다. 예를 들어, 모스크바의 경우 굳이 냉대성 기후라고 암기하지 않아도 모스크바의 위치를 알고 있다면 당연히 냉대성 기후라는 것을 알게 된다. 하지만 우리가 그 동안 공부한 어법은 부분만을 공부했다. 더욱이 부분적인 지식들이 쌓여가면서 어법 학습에 대한 부담감도 증가했다. 이 책은 우선 어순, 문장 성분(대륙)을 통해 중국어의 근본 원리를 먼저 공부하고 둘째로, 품사(국가)를 공부하고 그 다음 정의, 종류, 특징(도시)을 공부할 수 있게 했다. 어순과 품사, 문형을 전체적인 맥락에서 학습할 수 있게 하여 유기적으로 어법을 공부할 수 있는 유일한 중국어 학습서이다.

감사의 글

책을 집필하는 목적은 여러 가지가 있을 수 있겠지만 이 책의 가장 큰 목적은 이 책을 통해 누구나 쉽게 중국어 어법을 공부하는 것이다. 재미있게 중국어를 공부해 고급 중국어를 구사하는 사람들이 많아지길 진심으로 바란다.

이 책은 몇 번 보고 버릴 책이 아니다. 사전처럼 항상 궁금할 때 찾아보는 책이다. 중국어를 학습하는 여러분의 중국어 실력 향상에 항상 든든한 동반자가 되어줄 것이다. 저자 또한 항상 여러분 가까운 곳에 있으니 공부하다 어려운 점이 생기면 저자의 홈페이지에 질문해 주시면 언제든 답변해 드릴 것이다. 대한민국의 수많은 중국어 학습자들의 든든한 가이드가 되기 위해 초심을 잃지 않고 현장강의, 서적, 방송, 인터넷 강의를 통해 최선을 다할 것을 이 자리를 빌려 약속드린다.

중국어 문법은 문법을 배우기 위한 것이 아니라 중국어를 보다 잘하기 위해 배우는 것이다. 아무리 기초적인 내용이라도 문법을 제대로 학습하지 않으면 중국어를 말하거나 중작을 할 때 어순이 맞지 않아 큰 오류를 범할 수 있다. 〈마인드맵으로 그려낸 문정아의 중국어 어법 교과서〉 한 권으로 HSK 시험의 기초를 튼튼히 하여, 세련된 고급 중국어를 구사하고 중국어와 관련된 분야에서 숨겨진 잠재력을 발휘할 수 있기를 기원한다.

이 책은 컨셉 설정부터 집필, 출간되기까지 3년이라는 시간이 소요되었다. 그동안 저자가 집필한 16권의 책에 소요된 시간보다 더 오랜 기간을 준비했고, 훨씬 많은 노력을 기울였다. 저자뿐만 아니라 수십 여명의 사람들의 땀과 노력으로 책이 출간하게 되었다. 이 책을 통해 감사드리고 싶은 분이 너무 많지만 지면 관계상 감사 인사를 드리지 못하는 분들께 양해를 구한다.

이 책의 기획과 편집을 위해 도움을 주신 문정아중국어연구소의 한정수, 장성아, 박연주, 최숙영과 디자인에 힘써 주신 박현숙 이사님께 깊은 감사의 말씀을 드린다. 또한 지루하고 어려운 시간 속에서도 앞으로 이 책을 공부할 학생들을 생각하며 최선의 노력을 아끼지 않은 문정아중국어연구소 직원들과 감수, 교정 교열에 참여한 수강생 여러분들께 진심으로 머리 숙여 감사드린다. 처음 기획부터 데이터 수집, 집필, 감수, 교정 교열까지 전 과정의 책임자인 이송운과 감수를 담당해 주신 정의원 교수님께도 진심으로 감사의 마음을 전한다. 제 곁에서 늘 응원해 주시는 가족들과 매일 밤 늦게까지 야근을 하면서도 웃음을 잃지 않고, 무한한 열정을 가진 문정아중국어연구소 식구들에게 이 자리를 빌려 다시 한 번 깊은 감사의 말씀을 전하고 싶다.

저자 문정아

"어법의 네비게이션"

 HSK를 공부하면서 어법 책 한두 권쯤은 본 것 같은데, 이 책으로 공부해 보니 딱딱하게만 느껴지던 어법책들과 찡그린 얼굴로 씨름하며 공부했던 시간이 참 아쉽다. 우선 이 책을 딱 펼치는 순간, 마인드맵으로 내가 무엇을 공부하고 있고 어디쯤 진행 중인지, 동분서주하며 공부했던 어법들이 차례대로 자리를 잡게 해준다. 또 순서대로 깔끔하게 정리된 단원을 쉬운 예제와 함께 배워가면서 무작정 외워야 했던 어법들이 이해가 되고 내 머리 속에 쏘옥 집어넣고 〈콕 & 쏙 정리〉로 마무리를 한다. 또한 중요도 표시가 있어 급하게 복습할 때 편리했고, 무작정 반복하며 외워왔던 중요한 어법은 선생님께서 제공해주는 암기법에 따라 쉽고 재미있게 오랫동안 기억할 수 있게 되었다.   — 이윤정 —

"오래가는 어법충전 书 "

 시중에 나온 어법 책으로 공부했을 땐 기억에 잘 남지 않고 공부를 해도 이해가 되지 않는 부분들이 많았습니다. 그런데 '마인드맵으로 그려낸 문정아의 중국어 어법 교과서'는 마인드맵이 삽입되어 있어 어렵게만 느껴졌던 것들이 공부하면 할수록 머릿속에 잘 정돈이 되는 것 같은 기분이 듭니다. 하나의 문법형식을 떠올릴 때 마치 잘 정돈된 서랍에서 물건을 꺼내는 것처럼 생생히 기억에 남습니다. 또 공부할 때 처음과 마지막에 그림으로 정리되어 있어 나중에 기억할 때도 그림으로 떠올라 훨씬 오래 기억되는 것 같습니다. 그리고 책 중간 중간 껴있는 TIP들이 정말 세심한 부분까지도 고려한 것 같다는 생각이 듭니다.
                                                                                — 김유진 —

"흩어져 있던 조각 지식을 하나로 모아모아~ 어법 마인드맵"

 어법에 대해 수박 겉핥기식으로 부분 부분을 공부하기 보다는 하나의 체계와 틀을 잡고 싶었습니다. 그런 부분에서 이번 '마인드맵으로 그려낸 문정아의 중국어 어법 교과서'는 저에게 딱 맞는 교재라고 생각합니다. 무엇보다도 부분 부분만을 공부하는 방식에서 벗어날 수 있었던 것은 큰 체계의 틀이 잡혀 있는 어법 마인드맵 덕분이었습니다. 어법 마인드맵 덕택에 여기 저기 흩어져 있던 조각 지식을 한 곳으로 모아 체계의 틀을 형성하는데 큰 도움이 되었습니다.
                                                                                — 차미란 —

"기초부터 차근차근~ 체계적인 정리"

 그동안 많은 어법 책들을 접해봤지만, 공부를 해도 정리가 되지 않은 채 개별적인 어법 지식들이 머릿속에서 이리저리 떠돌아다니는 느낌이었는데, '마인드맵으로 그려낸 문정아의 중국어 어법 교과서'로 공부하면서 그 개별적인 지식들이 체계적으로 정리가 되는 것을 느꼈습니다. 문장 성분부터 어순에 대한 개념을 잘 정리하고 품사를 공부한 다음 각 문장의 유형을 공부하는 방법은 많은 도움이 되었다고 생각합니다.
                                                                                — 구교준 —

"머릿속에 저절로 그려져 외우기 쉬워요~!"

중국어에는 문법이 별로 없다고 생각하며 항상 문제를 감이나 경험으로 풀곤 했습니다. 그렇다 보니 문제를 풀 때마다 점수 차가 심했고, 틀려도 그 원인을 찾을 수 없었습니다. 그러던 차에 '마인드맵으로 그려낸 문정아의 중국어 어법 교과서'를 접하게 되면서 체계적으로 어법을 정리할 수 있었습니다. 특히 마인드맵으로 정리한 부분은 쉽게 이해할 수 있도록 짜여 있어 머릿속에 저절로 그려져 외우기에 편리했습니다. 그 중 저에게 가장 도움이 된 것은 책 양옆에 있는 부가 설명들을 통해 특별한 암기법을 알게 되어 복잡한 것을 쉽게 기억할 수 있게 된 것입니다. 또한, 꼭 외워야 할 부분들이 잘 정리되어 있었기 때문에 정확히 말로 설명할 수 없었던 어법의 미묘한 부분들을 말로 설명할 수 있을 만큼 자신감이 생겼습니다.

– 권영해 –

"내가 본 책 중 가장 속 시원한 참고서"

HSK와 중국어에 대한 좋은 책은 많았지만 이 책만큼 꼼꼼한, 문정아 선생님 같은 책은 없었다. 물론 문장, 회화 등에 대한 책은 많았지만 이렇게 '기초'를 만드는 방법에 대한 속 시원한 참고서는 찾아보기 힘들었다. 그런 면에서 좋은 가이드가 되어 주는 책이 나온 것 같고, 어법 기획에 대한 선생님의 애정과 열정을 느낄 수 있어 더욱 반가웠다.

– 추영진 –

"문정아 선생님 강의를 들으면 자다가도 떡이 나온다?!?!"

항상 몇 % 부족하던 나의 갈증을 깨끗이 해소시켜준 문 선생님의 명강의를 이 책 한 권으로 만나볼 수 있다. 다년간의 연구에 연구를 거듭하여 집필된 책으로 문정아 선생님의 노하우를 한 번에 만나볼 수 있는 책이 될 것이다. 그동안 나처럼 어법 기초가 부족해서 고민했던 HSK 수험생들이 이 책을 통해 다시는 나와 같은 실수를 반복하지 않았으면 하는 바람이다.

– 박정은 –

"선생님 수업의 알짜 중 알짜만 모아둔 금박씨 같은 책"

문정아 선생님의 누구보다도 명료하고, 간단한 공식화를 이용한 어법 설명이 바로 제게 어법 기초공사를 튼튼히 지어주었습니다. ^^ 이 책을 보면서 저는 선생님 수업의 알짜 중 알짜만 모아둔 금박씨라고 느꼈습니다. 그만큼 어법에서 가장 중요한 뼈대를 세울 수 있는 책인것 같아요. 게다가 센스있는 그림들로 지루하지 않고 어법책만이 가지는 그 딱딱한 느낌이 안 들거든요. *^^* HSK를 처음 시작하시는 분들께 강력 추천하고 싶어요. 이제 우리 어법만큼은 완전 다 맞아 주자구요~!! *^_____^*

– 김민주 –

"이 책 한 권으로 그동안의 어법책 수집은 그만!"

 내가 알고 있던 지식이 상세하게 글과 그림으로 정리된 마인드맵… 그동안 어법책을 많이 수집(?)하고 있었지만 앞부터 천천히 본 것이 아니라 궁금하고 필요한 부분만 뒤적거리고 있었던 나는 이번 마인드맵은 글로만 가득한 지루하던 어법책이 아니라 앞에서는 차근차근하게 어법을 설명한 후 뒤에서는 그림으로 마무리하여 눈에 쏙쏙 들어와 재미있게 그림을 보며 공부할 수 있었다. 이번 시험은 왠지 그동안의 공식을 쥐어짜지 않고 퍼즐같은 그림들을 기억해가면서 시험에서 쉽게 적용하게 되리라 믿는다.

– 이수진 –

"어법 그려주는 선생님"

 '마인드맵으로 그려낸 문정아의 중국어 어법 교과서'의 최대 장점은 '이미지 학습법'이라는 것이다. 단순한 어법 나열식이 아닌, 하나하나의 어법설명이 짜임새 있게 연결되어 있어, 어법이 지루한 학문이 아니라는 것을 깨닫게 해주었다. 중국어 어법에 대해서 잘 모르는 사람이라도 편안하게 부담 갖지 않고 눈으로 보고 읽으면서 자연스럽게 어법을 체득할 수 있을 것이다. '중국어 어법계의 거탑'으로 길이 남을 만한 책이 되리라 믿는다.^^

– 우인석 –

"오늘부터 어법 날씨 맑음"

 중국어를 공부하는 데 있어 어법 부분은 항상 먹구름이 낀 것처럼 맑지 못했는데, 이번에 한국에 들어왔다가 문정아 선생님의 마인드맵 어법 강의 소식을 듣고 수강하게 되었습니다. 저에게는 이 수업을 들었던 것부터가 아주 행운이었던 것 같습니다. 그 동안 원어민 선생님 수업을 들으면서 알아듣지 못한 부분은 그저 제 나름대로 공부하곤 했었는데 그것이 잘못된 공부 방법임을 깨닫게 되었습니다. '마인드맵으로 그려낸 문정아의 중국어 어법 교과서'를 통해 제가 그동안 중국어를 공부하면서 느꼈던 답답함이 해소된 것 같습니다.

– 민홍민 –

"상세한 어법 설명서"

 '마인드맵으로 그려낸 문정아의 중국어 어법 교과서'로 공부하면서 가장 좋았던 점은 제가 어렵게만 생각했던 중국어 어법이 모두 정리되어 있는 상세함입니다. 완벽하고 자세한 설명과 필요한 부분을 쉽게 찾을 수 있고, 사전이나 그 외의 책을 참고하지 않아도 될 만큼의 섬세하고 깔끔한 보충 편집, 전체적인 내용, 예문, 문제로 더욱 든든했습니다. 중국어 공부를 하며 느끼는 막막함을 이 책이 해결해 주었습니다.

– 이세희 –

"어순을 통한 어법의 재발견"

 첫 장, 중국어의 어순을 배우는 순간부터 그동안 막무가내로 배워왔던 어법에 대한 이해가 새로워지기 시작했고, 예문들이 눈에 쏙쏙 들어오기 시작했습니다. 책 내용 역시 깔끔하게 정리되어 있고, 그림이 있어 공부하는데 지겨울 겨를이 없었답니다. 쉬운 예문들로 금방 암기할 수 있어 다른 문장을 응용하기도 어렵지 않고, Preview로 핵심만을 정리하여 저에게 아주 큰 도움이 되었습니다. 아무리 봐도 지루하지 않고 볼 때마다 확실한 어법 체계가 세워지는 것 같아 어법을 공부하는 친구들에게 추천해주고 싶은 교재입니다. 문정아 선생님의 마인드맵 어법책으로 공부하면 新 HSK 6급! 문제 없을 것 같아요.　　　　　　　　　　　　　　　　　　　　　　　　 – 이진아 –

"나에게 자신감을 준 어법책"

 너무 폭넓고 어렵게만 느껴지던 중국어를 정말 쉽게 설명해 놓았다는 느낌을 받았습니다. 다년간 수천 수만의 학생들을 상대로 강의해 오신 문정아선생님의 조금이라도 쉽게 이해시키고자 하는 마음을 느낄 수 있었습니다. 무엇보다도 이 한마디는 자신 있게 할 수 있을 것 같습니다. "문정아 선생님 책은 부담스럽지 않고 기초를 튼튼히 해준다. 또 어디서든 누군가 중국어 어법에 관해 묻는다면 늘 자신있게 대답할 수 있는 자신감을 준다."　　　　　　　 – 조다미 –

❶ 어휘

본문이나 Speed check에 나오는 어려운 어휘의 발음과 뜻을 실어 사전을 뒤적거려야 하는 번거로움을 덜었습니다.

❷ 실력UP

본문 내용 중 좀더 깊이 있게 다뤄야 할 내용들이나 혼동하기 쉬운 어법들을 명쾌하게 비교해 놓았습니다.

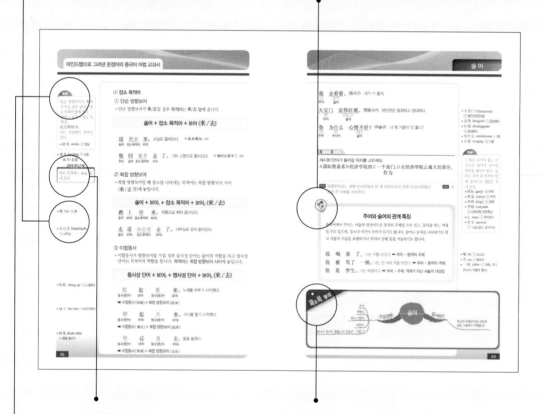

❸ 이것만은 꼭!

어법의 키워드라 할 수 있는 부분을 간략하게 정리했습니다.

❹ TIP

본문을 학습하기 위해 알아야 하거나 서로 연관되어 있는 어법을 빠르게 찾을 수 있도록 참고페이지를 표시하여 부분적인 어법이 아닌 유기적이며 체계적인 어법을 공부할 수 있도록 하였습니다.

❺ 콕&쏙 정리, Preview

핵심 단어와 관련 이미지를 가지고 흩어져 있던 어법을 지도로 그려 머릿속에 그려볼 수 있도록 했습니다. 중간 중간 '부분지도–Preview'를 삽입하고 매 단원의 마지막에 '전체지도–콕&쏙 정리'를 제시함으로 생각의 지도를 넓혀가는 한편 그 단원에서 배운 어법을 한 눈에 확인할 수 있도록 하였습니다.

▶ Preview

❻ ★ 중요도 표시

수년간 HSK에 출제된 문제와 기존 HSK수험서를
통계·분석한 자료를 토대로 중요한 어법을 선정하
여 능률적이고 효과적인 학습을 돕고자 하였습니다.

❼ 문샘 한마디

저자 문정아가 각 파트에서 중요하면서도 꼭 알아야
하는 내용을 다시 한번 요약, 정리하였습니다.

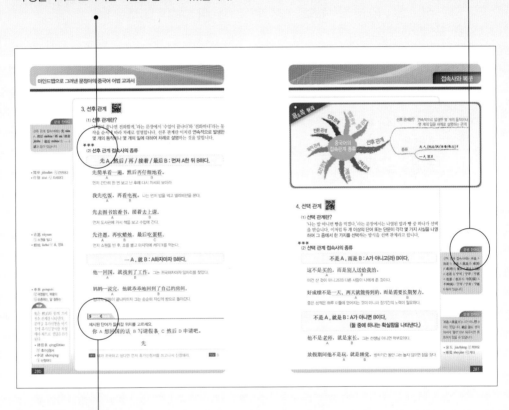

❽ SPEED CHECK

중간 점검 문제를 통해 자신이 얼마나 이해했고 또,
공부한 어법을 실전에서 얼마나 활용할 수 있는지를
바로바로 자가 진단할 수 있습니다.

❾ 어법 정리 비교표

반드시 차이점을 짚고 넘어가야 하는 어법들을 일목 요연하게 표로 정리하여 한눈에 비교 분석할 수 있도록 하였을 뿐 아니라, 다양한 예문들을 실어 이해를 도왔습니다.

❿ 쉼표하나

숨막히는 이론들로만 가득 찬 기존의 어법책 구성을 탈피하고 알아두면 피와 살이 될 중국에 관한 이야기와 상식들을 담았습니다.

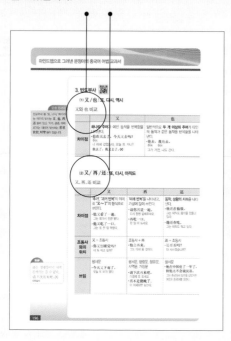

⑪ 직독직해

직독직해를 통해 우리말과 중국어의 어순이 어떻게 다른지 머리 속에 새기고 실제 언어 생활에서 어법이 어떻게 적용되는지 확인하고 스스로 분석할 수 있도록 하였습니다.

⑫ 색인

지금까지 한국과 중국에서 실시된 HSK기출문제의 유형과 기존의 어법책을 통계·분석하여 출제빈도가 높은 순서로 구성했습니다.

"수준에 따른 학습 처방전"

중국어 공부 처음이에요!!

▶ 중국어 어법, 이 책 한 권이면 더 이상 두려울 게 없다.

본 교재는 부분적인 지식만을 제공하는데 급급하지 않고 전반적인 중국어 실력을 향상시킬 수 있도록 구성하였습니다. 따라서 시간을 가지고 문장 성분, 품사, 문장 세 파트를 모두 마스터하면 기초가 탄탄해질 뿐만 아니라 고급으로 이어지는 실력을 키울 수 있을 것입니다.

▶ 당신은 이미 무한 반복 학습을 시작했다.

외국어 공부의 왕도는 반복 학습이라는 것은 누구나 한 번쯤은 들어보았을 것입니다.
본 교재를 [Preview → 본문 → speed check → 콕&쏙 정리]순으로 차근차근 공부하다 보면 책을 한 번만 보더라도 3~4번에 걸쳐 핵심어법을 반복 학습한 효과를 얻을 수 있습니다. 또한 부록 MINI BOOK을 가지고 다니며 어법을 머릿속에 그리는 습관을 키워 어법을 완벽하게 자기 것으로 만들어야 합니다.

3~4개월 이상 공부했어요!!

▶ 나에게 부족한 한 조각 찾기

중국어 어법을 문장 성분, 품사, 문장 세 파트로 정리해 놓아서 중국어를 처음 시작하는 사람뿐만 아니라, 어법 때문에 급수가 나오지 않거나, 이미 HSK에서 고득점을 얻은 실력자들까지 자신이 부족한 부분만 골라 맞춤식으로 적용하여 효과적이고 능률적인 학습을 할 수 있게 하였습니다.

▶ 색인, 이것이 바로 HSK에 나오는 중문법이다.

무방비 상태에서 방대한 어법지식을 일방적으로 받아들이는 초급 학습법을 졸업하고, 자신에게 정말 필요한 부분을 색인을 통해 찾아보며 공부할 수 있게 하였습니다. 시험에 자주 출제되었던 어법과 반드시 알아야 할 필수정보, 의문점들을 주요 어법과 중요도에 따라 일목요연하게 정리해 놓은 색인을 보며 학습하다 보면 어느새 빈틈없이 완벽해진 중국어 어법 실력을 확인할 수 있을 것입니다.

이제 곧 시험이에요!!

▶ 단기간에 당신의 성적을 역전시켜라.

본 교재로 당장 시험이 급한 수험생들이 짧은 시간 안에 시험에 대비할 수 있습니다. 어느 정도의 준비기간을 가지고 있는 학습자라면 처음부터 순서대로 내용을 숙지한 다음 Speed Checck를 통해 자신의 실력을 다지는 것이 효과적이지만, 시험을 코앞에 둔 경우라면, 먼저 부록 MINI BOOK으로 어법 이론을 단기간에 체계화시켜 나가는 것이 짧은 시간 안에 기대 이상의 효과를 거둘 수 있는 방법입니다.

▶ 중국어 어법에 마침표를 찍다.

기출문제를 바탕으로 한 실전 HSK 유형문제를 많이 다루어 HSK시험에 완벽하게 대비할 수 있도록 만전을 기했습니다. Speed Checck에서는 같은 맥락의 어법 개념이 한 곳에 모아져 있기 때문에 반복적으로 틀리는 문제를 확실하게 잡을 수 있고 필요한 부분만을 골라 시간 낭비없이 학습할 수 있게 했습니다. 또한 실전 감각을 키우고 HSK에 자주 출제되는 문제들을 파악해 실전에서 당황하지 않고 실력을 아낌없이 발휘할 수 있도록 했습니다.

"효과 200%를 위한 학습 처방전"

먼저 선행학습을 읽자!!

중국어 어법의 기본이라 할 수 있는 용어 정리 및 중국어 어법의 큰 뼈대를 그려놓은 선행학습을 먼저 읽고 난 뒤 공부를 시작한다면 좀 더 쉽게 어법을 체계화 시킬 수 있습니다. 급한 마음에 기본을 소홀히 하고 부분적인 지식을 얻는 데 급급해 하는 것은 탄탄한 실력을 다져 고급 중국어 실력까지 갖추기를 원하는 사람에게는 절대 금물입니다.

마인드맵과 이미지를 십분 활용하자!!

preview로 어법을 이미지화 하고 예문으로 완벽하게 이해한 뒤 '콕&쏙 정리'로 완전히 머릿속에 도장을 찍도록 합니다. 글씨로만 학습할 때보다 더 쉽게 이해되고 더 오래 기억되어 좋은 성적으로 이어지는 결과를 얻을 수 있을 것입니다.

부가설명을 꼼꼼히 챙겨 읽자!!

어법의 큰 틀을 이해한 뒤 본문 내용과 함께 여백부분의 부가설명들까지 꼼꼼히 읽고 이해한다면 이전과는 비교할 수 없을 만큼 향상된 실력을 확인할 수 있습니다. 세상의 모든 중국어 어법을 다 챙기겠다는 마음으로 하나도 빠짐없이 자기 것으로 만들도록 합니다.

시험 문제 앞에서 절대로 기죽지 말자!!

시험 문제 앞에서 당황한다면 그동안 갈고 닦은 본인의 진짜 실력을 마음껏 발휘하지 못한 채 후회만 남는 시험을 치루기 쉽습니다. 그러지 않기 위해서는 사전에 많은 문제를 접해보는 습관을 길러야 합니다. 직접 문제를 풀어보는 것이 바로 시험에 강해지는 길입니다. 평소에 Speed Checck를 통해 다양한 문제유형과 친해지고 익숙해지는 훈련을 한다면 저절로 실전에서 당황하지 않을 수 있는 실력을 가질 수 있습니다.

스스로 중국어를 진단하자!!

책을 어느 정도 공부했다면 어떤 문장을 보아도 어떻게 구성되어 있는지 알고, 잘못된 문장이라면 무엇이 잘못되었는지 알아야 합니다. 직독직해를 통해 실제 언어 속에서 어법이 어떻게 작용하는지 확인하고 스스로 분석해보도록 합니다. 단순히 문제의 맞고 틀림에 연연하는 초급 단계를 뛰어넘어 작문과 번역에도 자신감을 가지게 해줄 것입니다.

일러두기

❶ **품사표시:** 품사는 기호로 표시하였습니다.
- 명 명사
- 형 형용사
- 대 대명사
- 부 부사
- 수량 수량사
- 전 전차사
- 수 수사
- 조 조사
- 양 양사
- 접 접속사
- 동 동사
- 조동 조동사
- 사 사자성어

❷ **Preview, 콕&쏙 정리:** 어법지도는 1시 방향부터 시계 방향으로 설명하였습니다.

❸ **지역명 및 인명표기:** 지역명 및 인명은 모두 중국어 발음을 기준으로 표기하였습니다.
예) 上海 → 상하이, 小王 → 샤오왕

❹ **경성 표시와 격음부호:** 경성에는 성조 표시를 하지 않았고, 격음부호는 병음 안에 표기해 주었습니다.
예) 哥哥 gēge, 西安 xī'ān

❺ **'一'와 '不' 표기법:** 성조 변화를 적용하여 발음기호를 표기하였습니다.
예) 一天 yìtiān, 不客气 búkèqi

❻ **두 개 이상의 품사로 쓰이는 어휘:** 하나의 단어가 두 개 이상의 품사로 쓰이는 겸류사(兼类词)는 그 문장에 적합한 품사의 뜻으로 표기하였습니다.

언제 어디서나 쉽고 편한 중국어!

스마트러닝

문정아중국어의 강의를 스마트폰, 태블릿 PC로
언제 어디서나 이용할 수 있습니다.

자유로운 학습 환경
지하철, 카페, 도서관, 학교, 중국(해외)까지

수강 가능 강좌 8,000여 강
왕초보, 발음, 기초 회화부터 HSK까지

다운로드 서비스
Wi-Fi 환경없이 학습 가능

무료 강의 제공
완성도 높은 강의 300여 강 무료 제공

↑ 문정아중국어 모바일웹(m.no1hsk.co.kr) 좌측 상단 my – 앱다운로드에서 설치 가능합니다.

더 강력해진 문정아중국어 스마트러닝 앱

합리적인 **스마트러닝**

강력 추천

- 시간이 없어 매번 PC 앞에 앉아 공부하기 힘든 분들
- 대중교통 이용 중에도 틈틈이 강의를 듣고 싶으신 분들
- 업무, 학교수업 등 다른 사정으로 인해 학원 강의를 들을 수 없던 분들
- 경제적인 부담으로 매달 학원을 다닐 수 없었던 분들
- 원하는 곳에서 언제든 자유롭게 학습하고 싶으신 분들
- 책으로만 하는 학습이 아닌 듣고 따라하는 1:1 강의를 원하시는 분들

스마트러닝 앱을 설치할 수밖에 없는 **4가지** 이유!

01. 학습 환경

지하철, 카페, 도서관, 학교,
중국(해외) 어디서나 스마트폰, 태블릿만
있다면 자유롭게 학습 가능합니다.

02. 중국어 콘텐츠

왕초보, 발음, 기초, 중고급, 비즈니스 회화부터
HSK까지 총 8,000여 강! 문정아중국어의
모든 강좌 수강이 가능합니다.

03. 다운로드 기능

Wi-Fi 환경 없이도 강좌 다운로드
기능을 통하여 다운받은 강좌는 스트리밍으로
인한 데이터 걱정 없이 수강 가능합니다.

04. 무료 강의

오로지 중국어만 연구한
문정아 강사의 직강 300여 강을 무료로
수강 가능합니다.

스마트러닝

이용 가능 강좌 총 8,000여 강

- 기본적인 발음 강의부터 고급 HSK 과정까지 중국어 학습에
  필요한 모든 강좌를 스마트러닝 안에 담았습니다.

- 중국어 입문, 회화, HSK, 어법, 어휘, 한자, 중국 문화, 중국 전문가특강,
  중국어 번역 강의 등 모두 스마트러닝에서 수강하실 수 있습니다.

학습 계획표

날짜	내용	세부내용
1	중국어 어법 단위	01. 형태소 02. 단어 03. 구 04. 문장 05. 중국어 어순
	주어	01. 주어란? 02. 주어의 구성 성분 03. 주어를 생략할 수 있는 경우
2	술어	01. 술어란? 02. 술어의 구성 성분
	목적어	01. 목적어란? 02. 목적어의 구성 성분 03. 이중 목적어
3	관형어	01. 관형어란? 02. 관형어의 종류 03. 관형어와 的
4	관형어	04. 관형어가 여러 개 있을 경우 05. 관형어의 구성 성분
5	부사어	01. 부사어란? 02. 부사어의 종류 03. 부사어의 위치 04. 부사어와 地
6	부사어	04. 부사어가 여러 개 있을 경우 05. 부사어의 구성 성분
7	보어	01. 보어란? 02. 결과보어 03. 방향보어
8	보어	04. 가능보어 05. 정도보어
9	보어	06. 수량보어 07. 전치사구 보어
10	명사	01. 명사란? 02. 명사의 종류 03. 명사의 특징 04. 명사의 주요 쓰임
11	대명사	01. 대명사란? 02. 대명사의 종류 03. 대명사의 위치
12	수사	01. 수사란? 02. 수사의 종류
13	양사	01. 양사란? 02. 양사의 종류
14	동사	01. 동사란? 02. 동사와 목적어 03. 동사의 특징 04. 동사의 중첩

날짜	내용	세부내용
15	동사	05. 이합동사 06. 조동사 07. 동사의 주요 쓰임
16	형용사	01. 형용사란? 02. 형용사의 특징 03. 형용사의 중첩 04. 형용사의 주요 쓰임
17	부사	01. 부사란? 02. 부사의 종류 (1. 시간부사 ~ 3. 빈도부사)
18	부사	02. 부사의 종류 (4. 범위부사 ~ 6. 상태부사)
19	부사	02. 부사의 종류 (7. 어기부사) 03. 부사의 위치 04. 부사의 주요 쓰임
20	전치사	01. 전치사란? 02. 전치사의 종류 (1. 장소,시간 ~ 3. 방향)
21	전치사	02. 전치사의 종류 (4. 근거,방식 ~ 6. 원인,목적) 03. 전치사의 위치
22	전치사	04. 전치사의 주요 쓰임 05. 전치사의 활용 (把/被자문)
23	조사	01. 조사란? 02. 동태조사
24	조사	03. 구조조사 04. 어기조사
25	문형	01. 是자문 02. 有자문 03. 在자문 04. 의문문 05. 반어문
26	문형	06. 연동문 07. 겸어문
27	문형	08. 존현문 09. 비교문
28	접속사와 복문	01. 접속사란? 02. 복문이란? 03. 접속 관계의 종류 (1. 병렬 관계 ~ 3. 선후 관계)
29	접속사와 복문	03. 접속 관계의 종류 (4. 선택 관계 ~ 7. 목적 관계)
30	접속사와 복문	03. 접속 관계의 종류 (8. 전환 관계 ~ 9. 인과 관계)

목 차

PART 0 　　　　　　선행학습

PART 1 　　　　　　문장성분

01 | 주어

02 | 술어

03 | 목적어

PART 2 　　　품사

목 차

PART 0

선행학습

어순, 니가 문제였어!

"나는 밥을 먹는다"라는 말을 중국어로 하면 어떻게 될까?

우리 나라 말의 어순대로 '我饭吃'라고 하면 될 것 같지만 이것은 틀린 문장이다. 중국어는 한국어와 달리 술어가 먼저 오고 목적어가 뒤에 나오는 "나는 먹는다 밥을"의 어순을 갖기 때문이다.

또 다른 예로 "나는 그녀를 사랑한다"라는 문장을 살펴보자. 우리 나라 말은 어순을 바꿔 "그녀를 나는 사랑한다" 또는 "나는 사랑한다 그녀를"이라고 해도 그 기본 뜻은 크게 변하지 않지만 중국어 '我爱她'의 어순을 바꿔 '她爱我'라고 말하면 그 뜻은 "나는 그녀를 사랑한다"에서 "그녀는 나를 사랑한다"로 전혀 달라진다.

이처럼 중국어에서 어순이 가지는 중요성은 매우 크다. 많은 사람들이 중국어를 처음 배울 때 우리나라 말과 다른 어순 때문에 어려움을 느끼지만 정작 새로운 어휘를 익히는데 급급한 나머지 어순의 중요성을 소홀히 하는 경향이 있다. 하지만 아무리 많은 어휘를 알고 있더라도 어순에 맞지 않게 단어를 배열하면 그 뜻은 전혀 다르게 변할 수 있고, 각 어휘가 문장에서 가지는 역할을 제대로 파악하지 못하면 그 문장을 이해하는 데 큰 어려움이 따른다. 따라서 무엇보다 먼저 어순에 대한 개념을 확실히 잡아야 한다.

큰 숲을 보고 난 후 나무를 봐야 한다. 중국어의 체계를 잡으려면 어순부터 잡아라! 머지 않아 놀랍게 향상된 자신의 실력을 확인할 수 있을 것이다.

중국어 어법 단위

복문 두 개 이상의 단문으로 구성된 문장

형태소 뜻을 가진 더 이상 분리할 수 없는 가장 작은 단위

단어 문장을 구성하고 독립적으로 쓸 수 있는 가장 작은 단위

구 두 개 이상의 단어가 일정한 규칙에 맞게 결합하는 단위

단문 언어에서 사용하는 가장 작은 단위

01 형태소

중국어에서 뜻을 가진 더 이상 분리할 수 없는 가장 작은 단위를 형태소라고 합니다. 뜻을 가지고 있어 단어를 구성하나 직접 문장을 구성할 수는 없으며 대부분 1음절이고, 2음절 이상의 형태소는 많지 않습니다. 단순히 음을 따서 사용하는 외래어 또한 형태소에 속합니다.

姐 jiě 누나/언니, 我 wǒ 나, 吗 ma 서술문을 의문문으로 만들 때 씀, 穿 chuān 입다,

风 fēng 바람, 去 qù 가다, 葡萄 pútáo 포도, 巧克力 qiǎokèlì 초콜릿

02 단어

단어란 형태소로 구성되어 있고 **독립적으로 사용할 수 있는 가장 작은 단위**를 말합니다. 중국어에서 단어는 문장을 구성할 수 있고 대부분 1음절이거나 2음절입니다.

听 tīng 듣다, 看 kàn 보다, 中国 Zhōngguó 중국, 桌子 zhuōzi 책상,

学校 xuéxiào 학교

또 단어를 공통된 성질끼리 모아놓은 갈래를 품사라고 합니다. 품사에는 명사, 대명사, 수사, 양사, 동사, 형용사, 부사, 전치사, 조사, 접속사, 감탄사, 의성사 등이 있습니다.

> **TIP**
> 형태소
> 语素 yùsù = 词素 císù
> 단어 词 cí
> 구 短语 duányǔ
> 문장 句子 jùzi

> **TIP**
> 巧克力를 '巧', '克', '力'로 나누면 본래의 뜻을 지니지 않으므로 더 분리하면 형태소가 되지 못합니다.

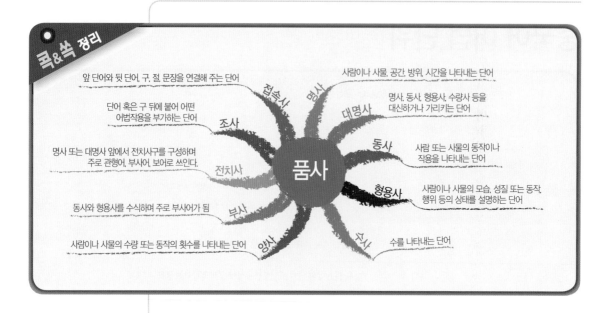

03 구

구는 두 개 이상의 단어가 일정한 규칙에 맞게 결합한 단위로, 很好, 打电话 등이 구에 해당됩니다. 구는 문장의 구성 성분으로 쓰이기도 하고, 단독으로 하나의 문장이 되기도 합니다.

丹丹的成绩很好。 딴딴의 성적은 매우 좋다.
    (부사+형용사) ➡ 형용사구

他常常给老师打电话。 그는 선생님께 자주 전화를 드린다.
    (동사+명사) ➡ 동사구

我不吃是有原因的。 내가 먹지 않는 데는 이유가 있다.
(주어+술어) ➡ 주술구

我在首尔学习。 나는 서울에서 공부한다.
  (전치사+명사) ➡ 전치사구

A: 你是教汉语的还是教英语的？
    (동사+명사+的)　(동사+명사+的) ➡ 的자구
  당신은 중국어 선생님입니까 아니면 영어 선생님입니까?

B: 教汉语的。 중국어 선생님입니다.
  (동사+명사+的) ➡ 的자구

➡ 구는 단독으로 문장이 되기도 한다.

- 成绩 chéngjì 몡성적
- 很 hěn 閉매우, 꽤
- 好 hǎo 휑좋다
- 打电话 dǎ diànhuà 전화를 하다
- 吃 chī 동먹다
- 原因 yuányīn 몡원인
- 在 zài 젠~에서
- 首尔 Shǒu'ěr 몡서울
- 学习 xuéxí 몡동공부(하다)

04 문장

1. 문장 성분

문장을 구성하는 성분으로는 주어, 술어, 목적어, 관형어, 부사어, 보어가 있습니다.

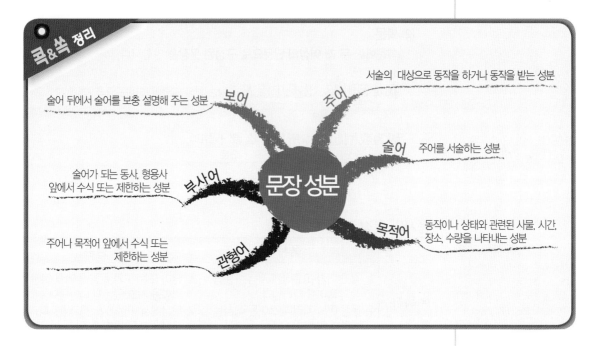

콕&쏙 정리

보어 술어 뒤에서 술어를 보충 설명해 주는 성분

주어 서술의 대상으로 동작을 하거나 동작을 받는 성분

술어 주어를 서술하는 성분

부사어 술어가 되는 동사, 형용사 앞에서 수식 또는 제한하는 성분

문장 성분

목적어 동작이나 상태와 관련된 사물, 시간, 장소, 수량을 나타내는 성분

관형어 주어나 목적어 앞에서 수식 또는 제한하는 성분

2. 문장의 종류

문장의 종류에는 크게 단문과 복문이 있습니다.

(1) 단문

단문은 언어에서 사용하는 가장 작은 단위로 단어 또는 구로 구성되고 완전한 하나의 의미를 갖습니다. 하나의 단문 안에는 주어와 술어의 관계가 한 번만 포함됩니다.

A: 你 想 吃 什么? 너 뭐 먹고 싶니?
　 단어 단어 단어　단어

B: 饺子。 만두.
　 단어

➡ 단어와 단어가 결합하여 문장이 되기도 하고 단어 하나로 문장이 될 수 있다.

- 想 xiǎng 조동 …하려고 하다
  …할 작정이다
- 什么 shénme 대 무엇
- 饺子 jiǎozi 명 만두

A: 你 想 吃 什么 饺子? 너는 어떤 만두를 먹고 싶니?
　　단어 단어 단어 　단어 　　단어

- 猪肉 zhūròu 명 돼지고기

B: 猪肉饺子。 돼지고기 만두.
　　명사구(단어+단어)

➡ 구 하나로 문장이 될 수 있다.

(2) 복문

복문이란 두 개 이상의 단문으로 구성된 문장을 말합니다.

我是韩国人，你是中国人。 나는 한국 사람이고 너는 중국 사람이다.
　　단문　　　　　단문
　　　　　복문

- 因为 yīnwèi
  접 ~때문에, 왜냐하면
- 起床 qǐ chuáng 이 일어나다
- 所以 suǒyǐ 접 그래서

因为我刚起床，所以什么都不想吃。
접속사　　단문　　接속사　　　단문
　　　　　　복문

나는 방금 일어나서 아무것도 먹고 싶지 않다.

품사와 문장 성분 비교

	품사	문장 성분
특징	1. 각 단어가 고유하게 지니는 문법 상의 의미를 나타낸다. 2. 문장 어느 자리에 쓰이든 품사는 변하지 않는다.	1. 단어 또는 구가 문장 안에서 어떤 역할을 하고 있는지 나타낸다. 2. 문장에서 어떻게 쓰였느냐에 따라 문장 성분은 변할 수 있다.
종류	명사, 대명사, 수사, 양사, 동사, 형용사, 부사, 전치사, 조사, 접속사, 감탄사, 의성사	주어, 술어, 목적어, 관형어, 부사어, 보어
예	·丹丹 学 法语。 　명　동　명 　주어 술어 목적어 　딴딴은 불어를 공부한다. 法语의 품사는 변하지 않지만 어디에 쓰였느냐에 따라 문장 성분은 목적어에서 주어로 바뀌었다.	·法语 很 容易。 　명　부　형 　주어 부사어 술어 　불어는 매우 쉽다.

문샘 한마디

여러분, 중국어에서 단어는 크게 '실사'와 '허사'로 나뉩니다. 실사는 명사, 대명사, 수사, 양사, 동사, 형용사로 구분되고 허사는 부사, 전치사, 접속사, 조사, 감탄사, 의성사로 구분됩니다.

- 法语 Fǎyǔ 명 불어, 프랑스어
- 容易 róngyì 형 쉽다

05 중국어 어순

〔부사어〕─〔관형어〕─〔주어〕─〔부사어〕─〔술어〕─〔보어〕─〔관형어〕─〔목적어〕

1. 보어와 목적어는 술어 뒤에 놓입니다.

주어 + 술어 + 보어 + 목적어

우리말에서는 보어와 목적어가 술어 앞에 오지만 중국어에서는 보어와 목적어가 술어 뒤에 놓입니다.

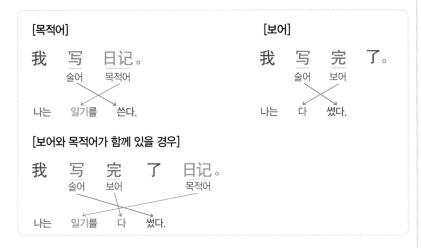

[목적어]

我 写 日记。
　　술어 목적어

나는 일기를 쓴다.

[보어]

我 写 完 了。
　　술어 보어

나는 다 썼다.

[보어와 목적어가 함께 있을 경우]

我 写 完 了 日记。
　　술어 보어 　　목적어

나는 일기를 다 썼다.

- 写 xiě 동쓰다
- 日记 rìjì 명일기

TIP
보어는 종류에 따라 목적어 앞에 올 수도 있고 뒤에 올 수도 있다.
참고: 87p

2. 수식어는 중심어 앞에 놓입니다.

(1) 관형어는 주어, 목적어를 수식 또는 제한하는 성분으로 주어 또는 목적어 앞에 놓입니다.

관형어 + 주어/목적어

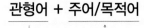

我的 姐姐 有 漂亮的 女儿。 나의 언니는 예쁜 딸이 있다.
관형어+的 　주어 술어 관형어+的 　목적어

TIP
문장에서 수식을 하는 성분을 수식어, 수식을 받는 성분을 중심어라고 한다. 문장 성분 중 관형어와 부사어는 수식어 역할을 하고 주어, 술어, 목적어는 중심어 역할을 한다.

- 女儿 nǚ'ér 명딸

(2) 부사어는 술어를 수식하는 성분으로 술어 앞에 놓입니다.

부사어 + 술어

我 已经 写 好了 一篇 文章。
주어 부사어 술어 보어+了 관형어 목적어

나는 이미 한 편의 글을 다 썼다.

TIP
부사어는 문장의 맨 앞에도 쓰일 수 있다.
[부사어 + 문장]
昨天他回来了。
어제 그가 돌아왔다.

- 已经 yǐjīng 부이미
- 篇 piān 양편 (문장을 셀 때)
- 文章 wénzhāng 명글, 문장

〈 중국어 기본구조 〉

문샘 한마디

중국어에서 수식어는 앞에, 중심어는 뒤에 놓입니다. 또 우리나라 말과 다르게 목적어와 보어는 술어 뒤에 놓입니다.

〈 수식어가 있는 경우 〉

PART 1

문장성분

01

PART 1 문장성분

주어

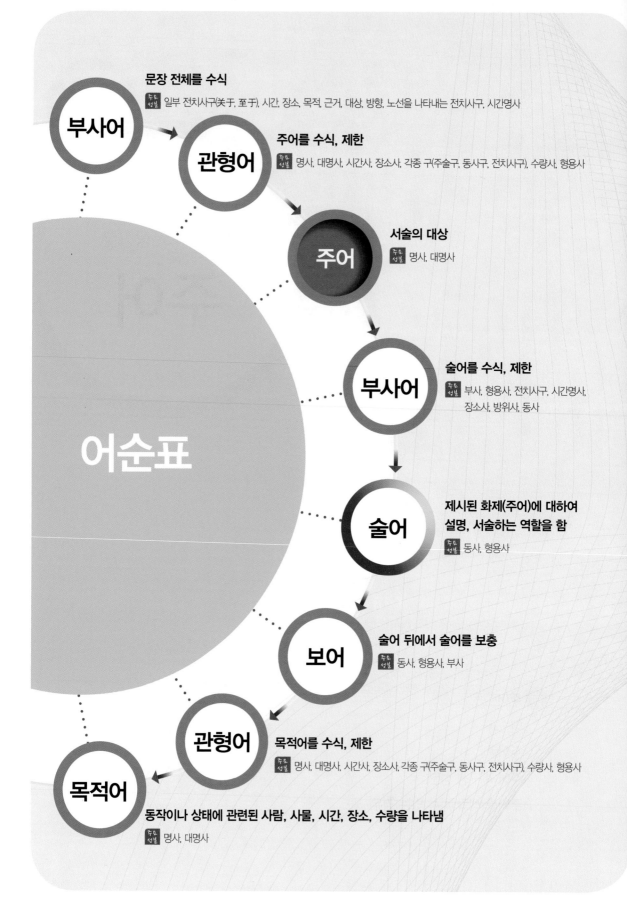

01 주어란?

주어(主语)는 서술의 대상으로 동작을 하거나 동작을 받습니다.

> ### 주어 ‖ 술어 | 목적어

我 ‖ 学习 | 汉语。 나는 중국어를 공부한다.
주어　　　술어　　　목적어

➡ 주어 我는 동작(学习)을 하는 주체이다.

Speed Check

제시된 단어가 들어갈 위치를 고르세요.
A 这么多菜，　B 也　C 不能　D 吃完。
　　　　　　　　　　　　谁

해석 이렇게 많은 음식은 누구도 다 먹지 못한다.　　　정답 B

02 주어의 구성 성분

1. 명사, 대명사

你 的 书 很 多。 너의 책이 아주 많다.
관형어 조 명 부사어 술어
　　　 주어

这里 是 我们 的 学校。 여기는 우리의 학교이다.
대 동 대 조 명
주어 술어 관형어 　 목적어

2. 수사, 수량사

八 是 中国人最喜欢 的 数字。 8은 중국인이 제일 좋아하는 숫자이다.
수 동 　주술구 　조 명
주어 술어 　관형어 　　 목적어

他 有 两个 孩子, 一个 是 女孩儿, 一个 是 男孩儿。
대 동 관형어 명 수량 동 명사구 수량 동 명사구
주어 술어 관형어 목적어 주어 술어 목적어 주어 술어 목적어
그는 두 명의 자녀가 있는데 하나는 여자 아이이고, 하나는 남자 아이이다.

문샘 한마디

여러분! 오늘은 주어에 대해 공부해 보겠습니다. 주어가 되는 품사는 명사, 대명사뿐만 아니라 수사, 수량사, 동사, 형용사가 있으며 다양한 구 역시 주어가 될 수 있어요.

TIP

谁는 也 또는 都 앞에 놓여 '누구도, 누구든지'라는 뜻을 나타낸다. B 이하의 '也 不能吃完'은 주어가 없어 대명사 谁를 필요로 하므로 B가 정답이다. 也와 不能은 주어 뒤에 쓰이는 부사로 C와 D 모두 답이 될 수 없다. 앞 문장에는 술어가 없으므로 A 또한 답이 될 수 없다.

TIP

수사 + 양사 = 수량사
两张 수량 두 장
참고: 149p

• 最 zuì 부 제일
• 喜欢 xǐhuan 동 좋아하다
• 数字 shùzì 명 숫자
• 孩子 háizi 명 아이

3. 동사, 형용사

去　恐怕　不行。 가는 것은 아마도 어렵겠다.
주어　부사어　술어

虚心　是　一种　美德。 겸손은 일종의 미덕이다.
주어　술어　관형어　목적어

- 恐怕 kǒngpà 〔부〕아마도
- 不行 bùxíng 〔부〕안 된다

- 虚心 xūxīn 겸손하다
- 种 zhǒng 〔양〕종류, 가지
- 美德 měidé 〔명〕미덕

4. 각종 구

你们二位　都　到这儿　来。 (명사구) 당신들 두 분 이리 오세요.
주어　　부사어　　술어

学习汉语　很　有意思。 (동사구) 중국어를 공부하는 것은 매우 재미있다.
주어　부사어　술어

你去　也　可以。 (주술구) 네가 가는 것도 괜찮다.
주어　부사어　술어

他说的　都　对。 (的자구) 그가 말하는 것은 모두 옳다.
주어　부사어　술어

TIP

구 : 두 개 이상의 단어가 일정한 규칙에 맞게 결합하는 단위
非常容易 매우 쉽다
(형용사구)
참고: 32p

- 位 wèi 〔양〕분(사람을 셀 때)
- 到 dào 〔전〕~로, ~에
- 有意思 yǒuyìsi 재미있다
- 可以 kěyǐ 〔조동〕~해도 괜찮다

TIP

C 앞에 있는 성분은 모두 的와 함께 주어를 수식 하는 관형어가 되고 人 은 C에 놓여 수식을 받는 주어가 된다.
- 椅子 yǐzi 〔명〕의자
- 坐 zuò 〔동〕앉다, 타다

Speed Check

제시된 단어가 들어갈 위치를 고르세요.
A　在那个椅子上　B　坐着的　C　就是　D　我的爸爸。
人

해석 저 의자에 앉아 있는 사람이 바로 우리 아버지이다.　정답 C

03 주어를 생략할 수 있는 경우

중국어는 주어를 생략해도 문장이 성립될 수 있습니다. 일반적으로 '문답', '명령과 건의', '불특정의 주어' 또는 '자연현상'에서는 주어를 생략합니다.

1. 문답

A : (你)吃饭了吗？ (너) 밥 먹었니?

B : (我)吃了。 (난) 먹었어.

2. 명령과 건의

(你)吃吧！ (너) 먹어라!

(我们)走吧！ (우리) 가자!

- 吧 ba 丞권유, 명령을 나타내는 어기조사

3. 불특정의 주어

活到老，学到老。 배움에는 끝이 없다.

朋友多，路好走。 친구가 많으면 이로운 점이 많다.

- 活 huó 통살다
- 路 lù 명길

4. 자연현상

下雨了。 비가 온다.

刮风了。 바람이 분다.

- 下雨 xià yǔ 비가 오다
- 刮风 guā fēng 바람이 불다

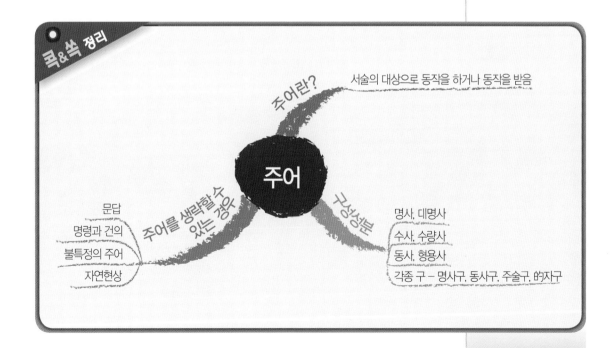

콕&쏙 정리

주어란? 서술의 대상으로 동작을 하거나 동작을 받음

주어

주어를 생략할 수 있는 경우

문답
명령과 건의
불특정의 주어
자연현상

구성성분

명사, 대명사
수사, 수량사
동사, 형용사
각종 구 – 명사구, 동사구, 주술구, 的자구

PART 1 문장성분

술어

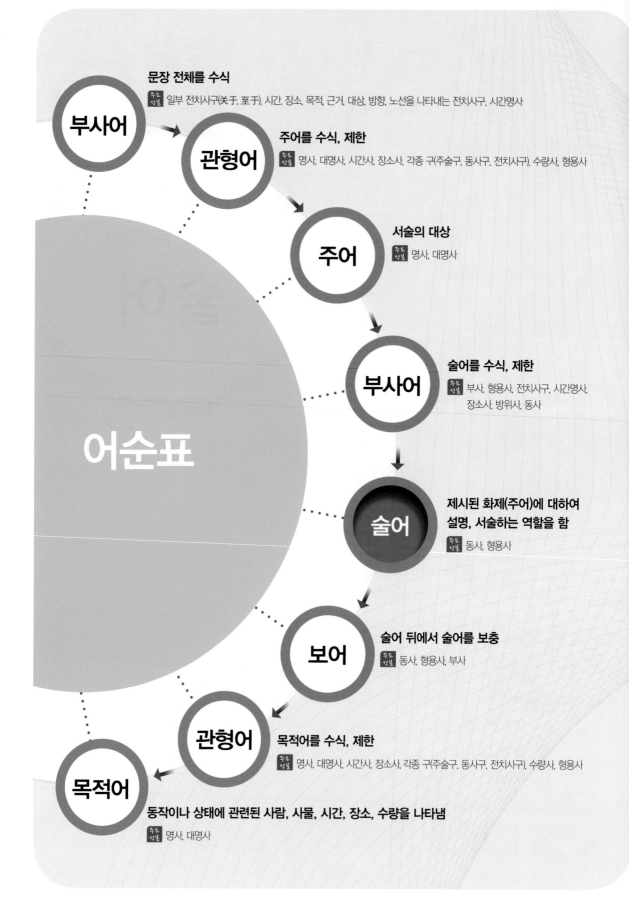

부사어 문장 전체를 수식
주요성분 일부 전치사구(关于, 至于), 시간, 장소, 목적, 근거, 대상, 방향, 노선을 나타내는 전치사구, 시간명사

관형어 주어를 수식, 제한
주요성분 명사, 대명사, 시간사, 장소사, 각종 구(주술구, 동사구, 전치사구), 수량사, 형용사

주어 서술의 대상
주요성분 명사, 대명사

부사어 술어를 수식, 제한
주요성분 부사, 형용사, 전치사구, 시간명사, 장소사, 방위사, 동사

술어 제시된 화제(주어)에 대하여 설명, 서술하는 역할을 함
주요성분 동사, 형용사

어순표

보어 술어 뒤에서 술어를 보충
주요성분 동사, 형용사, 부사

관형어 목적어를 수식, 제한
주요성분 명사, 대명사, 시간사, 장소사, 각종 구(주술구, 동사구, 전치사구), 수량사, 형용사

목적어 동작이나 상태에 관련된 사람, 사물, 시간, 장소, 수량을 나타냄
주요성분 명사, 대명사

01 술어란?

술어(谓语)는 제시된 화제(주어)에 대하여 설명, 서술하는 역할을 합니다.

> ### 주어 ‖ 술어 ｜ 목적어

我 ‖ 去 ｜ 中国。 나는 중국에 간다.
주어　　　술어　　　목적어

➡ 술어 去는 주어 我가 무엇을 하는지 나타낸다.

我 ‖ 爱 ｜ 你。 나는 너를 사랑해.
주어　　　술어　　　목적어

➡ 술어 爱는 주어 我의 상태를 나타낸다.

Speed Check

다음 문장을 바르게 고치세요.
我的妹妹才18岁，但她已经一个大学生了。

➡ _____

해석 나의 여동생은 겨우 18살이지만 이미 한 명의 대학생이다.
정답 我的妹妹才18岁，但她已经是一个大学生了。

02 술어의 구성 성분

1. 동사

老师　说，我们　听。 선생님은 말씀하시고, 우리는 듣는다.
　명　　동　　대　　동
주어　술어　주어　술어

她　不　来。 그녀는 오지 않는다.
대　부　동
주어 부사어 술어

2. 형용사

天气　暖和　了。 날씨가 따뜻해졌다.
　명　　형　　조
주어　술어

最近　工作　太　忙。 요즘 일이 너무 바쁘다.
　명　　명　부　형
부사어　주어　부사어 술어

TIP

술어가 빠진 문장으로 술어 是가 와야 한다.
● 才 cái 위 겨우

● 暖和 nuǎnhuo 형 따뜻하다
동 따뜻하게 하다

3. 대명사

你　怎么　了？ 너 왜 그래?
[대]　[대]　[조]
주어　술어

现在　情况　怎么样？ 지금 상황은 어때?
[명]　[명]　[대]
부사어　주어　술어

- 怎么了 zěnmele 왜 그래?
  (무슨 일 있니?란 뜻의 관용적
  인 표현으로 쓰인다)
- 情况 qíngkuàng [명] 상황
- 怎么样 zěnmeyàng
  [대] 어떻습니까?

4. 명사

명사는 일반적으로 단독으로 술어가 될 수 없습니다. 단, 날짜, 시간, 날씨 등을
나타낼 때는 명사만으로도 술어가 될 수 있습니다.

今天　星期天。 오늘은 일요일이다.
[명]　[명]
주어　술어

现在　两点。 지금은 2시이다.
[명]　[명]
주어　술어

明天　阴天。 내일은 흐리다.
[명]　[명]
주어　술어

- 星期天 xīngqītiān
  [명] 일요일

- 阴天 yīntiān
  [명] 흐린 날, 흐린 날씨

5. 수량사

수량, 가격, 나이 등을 설명할 때는 수량사가 술어로 쓰일 수 있습니다.

你们　自己　拿走，每人　三个。 너희 스스로 가져가라, 각자 3개씩이다.
[대]　[부]　[동]　[명]　[수량]
주어　부사어　술어　주어　술어

那本　杂志，十五块。 그 잡지는 15위안이다.
[대][양]　[명]　[수량]
관형어　주어　술어

我　的　弟弟　两岁，我　的　姐姐　十二岁。
[대]　[조]　[명]　[수량]　[대]　[조]　[명]　[수량]
관형어　　주어　술어　관형어　　주어　술어
내 남동생은 2살이고, 내 언니는 12살이다.

- 自己 zìjǐ [대] 자기, 자신
  [명] 친한 사이, 나 한 사람
  [부] 스스로, 저절로
- 拿走 názǒu [동] 가져가다
- 每人 měirén
  [명] 매사람, 각자
- 杂志 zázhì [명] 잡지
- 块 kuài [양] 위안
  (중국 화폐단위:회화체)
- 岁 suì [양] 세(나이를 셀 때)

6. 각종 구

你　这个吝啬鬼！ (명사구) 너 이런 구두쇠!
[대]　[명사구]
주어　술어

- 吝啬鬼 lìnsèguǐ [명] 구두쇠
  =铁公鸡 tiěgōngjī

我　去看看。(동사구) 내가 가 볼게.
[대]　[동사구]
주어　술어

天安门　宏伟壮观。(형용사구) 톈안먼은 웅장하고 장대하다.
[명]　[형용사구]
주어　술어

你　为什么　心情不好? (주술구) 너 왜 기분이 안 좋니?
[대]　부사어　[주술구]
주어　　　　술어

• 天安门 Tiān'ānmén
  [명]톈안먼(천안문)
• 宏伟 hóngwěi [형]웅장하다
• 壮观 zhuàngguān
  [형]장대하다
• 为什么 wèishénme [대]왜
• 心情 xīnqíng [명]기분

Speed Check

제시된 단어가 들어갈 위치를 고르세요.
A 国际贸易系 B 经济学院的 C 一个部门, D 在经济学院占最大的部分。
作为

해석 국제무역과는 경제 단과대학의 한 개 부문으로서 경제 단과대학에서
가장 큰 부분을 차지한다.　　　　　　　　　　　　　　　**정답** B

TIP

D 앞은 술어가 없는 문
장으로 술어가 들어갈
위치를 찾아야 한다. 술
어는 주어 뒤 목적어 앞
에 놓이므로 정답은 B
가 된다.
• 国际 guójì [명]국제
• 贸易 màoyì [명]무역
• 经济 jīngjì [명]경제
• 学院 xuéyuàn
  [명]단과대학, 전문학교
• 占 zhàn [동]차지하다
• 作为 zuòwéi
  [동]~으로삼다,~로 여기다

주어와 술어의 관계 특징

중국어에서 주어는 서술의 대상이므로 동작의 주체일 수도 있고, 동작을 받는 객체
일 수도 있으며, 장소나 시간이 주어가 되기도 합니다. 술어는 동작을 나타내기도 하
고 사물의 모습을 표현하거나 위치나 상태 등을 서술하기도 합니다.

我　喝　茶　了。 나는 차를 마셨다. ➡ 주어 – 동작의 주체

我　被　骂了　一顿。 나는 한 차례 욕을 먹었다. ➡ 주어 – 동작의 객체

他　是　学生。 그는 학생이다. ➡ 주어 – 주체, 객체가 아닌 서술의 대상임

• 喝 hē [동]마시다
• 骂 mà [동]욕하다
• 一顿 yídùn [양]차례, 끼니
  (식사나 꾸중의 횟수)

콕&쏙 정리

동사
형용사
명사, 대명사　　구성성분　　**술어**　　술어란?
수량사
명사구, 동사구, 형용사구, 주술구 – 각종 구

제시된 화제(주어)에 대하여
설명, 서술하는 역할을 함

PART 1 문장성분

목적어

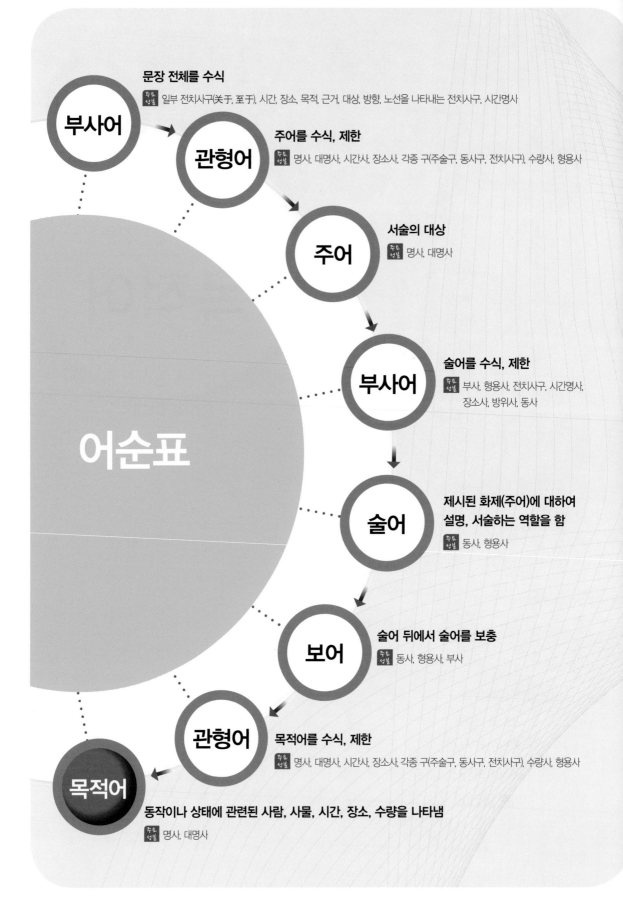

부사어

문장 전체를 수식

주요성분 일부 전치사구(关于, 至于), 시간, 장소, 목적, 근거, 대상, 방향, 노선을 나타내는 전치사구, 시간명사

관형어

주어를 수식, 제한

주요성분 명사, 대명사, 시간사, 장소사, 각종 구(주술구, 동사구, 전치사구), 수량사, 형용사

주어

서술의 대상

주요성분 명사, 대명사

부사어

술어를 수식, 제한

주요성분 부사, 형용사, 전치사구, 시간명사, 장소사, 방위사, 동사

어순표

술어

제시된 화제(주어)에 대하여
설명, 서술하는 역할을 함

주요성분 동사, 형용사

보어

술어 뒤에서 술어를 보충

주요성분 동사, 형용사, 부사

관형어

목적어를 수식, 제한

주요성분 명사, 대명사, 시간사, 장소사, 각종 구(주술구, 동사구, 전치사구), 수량사, 형용사

목적어

동작이나 상태에 관련된 사람, 사물, 시간, 장소, 수량을 나타냄

주요성분 명사, 대명사

01 목적어란?

중국어에서는 술어 뒤에 놓여 **동작이나 상태와 관련된 사람, 사물, 시간, 장소, 수량 등을 나타내는 말**을 목적어(宾语)라고 합니다. 따라서 목적어 중에는 '~을/를'이나 '~에게'라고 해석되지 않는 것도 있습니다.

> ## 주어 ‖ 술어 ｜ 목적어

목적어는 일반적으로 **동사 뒤에 놓**입니다.

我 ‖ 吃 ｜ 饭。 나는 밥을 먹는다.
_대　　_동　　_명
주어　　술어　　목적어

➡ 목적어 饭은 동작 吃와 관련된 사물이다.

Speed Check

제시된 단어가 들어갈 위치를 고르세요.
到底你想 A 买什么？B 这是我们家商店里 C 最便宜的 D 。
衣服

해석 도대체 너는 뭘 사려고 하는거니? 이것이 우리 상점에서 가장 저렴한 옷이다.
정답 D

02 목적어의 구성 성분

1. 명사

他 看 书。 그는 책을 본다.
_대　_동　_명
주어　술어　목적어

这个星期六 我 有 时间。 이번 주 토요일에 나는 시간이 있다.
_{명사구}　　_대　_동　_명
부사어　　　　주어　술어　목적어

2. 대명사

我 羡慕 你。 나는 네가 부러워.
_대　_동　_대
주어　술어　목적어

你 去 哪儿？ 너 어디에 가니?
_대　_동　_대
주어　술어　목적어

TIP

형용사는 뒤에 목적어를 수반하지 않는다.

TIP

술어 뒤 뒷 부분은 목적어를 수식하는 관형어가 되고 衣服는 D에 놓여 목적어가 된다.
- 到底 dàodǐ _부 도대체
- 便宜 piányi _형 (값이) 싸다

- 羡慕 xiànmù _동 부러워하다, 흠모하다

53

3. 수사, 수량사

- 身高 shēngāo 圐키
- 米 mǐ 圐미터(m)

我　的　身高　是　一米八。 나의 키는 180cm이다.
대　조　명　동　수량
관형어　　주어　술어　목적어

- 橙子 chéngzi 圐오렌지
- 斤 jīn 圐근

那个　橙子　很　好吃，我　要　买　五斤。
대 + 양　명　부　형　대　조동　동　수량
관형어　　주어　부사어　술어　주어　부사어　술어　목적어

그 오렌지는 정말 맛있어서 나는 다섯 근을 사려고 한다.

4. 동사, 형용사

- 打架 dǎ jià 圐싸우다

我　不　喜欢　打架。 나는 싸우는 것을 좋아하지 않는다.
대　부　동　동
주어　부사어　술어　목적어

- 从来 cónglái
  圐이제까지, 여태껏
- 嫌 xián 圐싫어하다, 꺼리다
- 麻烦 máfan
  圐번거롭다, 성가시다

老张　从来　不　嫌　麻烦。 라오장은 지금껏 성가신 것을 마다하지 않았다.
명　부 + 부　동　동
주어　　부사어　술어　목적어

5. 각종 구

- 老板 lǎobǎn
  圐사장님, 주인

这　位　是　我们公司　的　老板李先生。 (명사구)
대 + 양　동　명사구　조　명사구
주어　술어　관형어　　목적어

이분은 우리 회사의 사장님 이 선생님이시다.

- 准备 zhǔnbèi 圐준비하다
- 考 kǎo 圐시험보다

他　准备　考大学。 (동사구) 그는 대학시험을 준비한다.
대　동　동사구
주어　술어　목적어

我　要　便宜的。 (的자구) 나는 저렴한 것을 원한다.
대　동　的자구
주어　술어　목적어

- 觉得 juéde
  圐~라고 느끼다
- 件 jiàn 圐벌(옷을 셀때)
- 更 gèng 圐더욱

我　觉得　这件衣服更漂亮。 (주술구) 내 생각에 이 옷이 더 예쁜 것 같다.
대　동　주술구
주어　술어　목적어

03 이중 목적어

'他教我汉语(그는 나에게 중국어를 가르친다)'라는 문장에서 술어로 쓰인 教 뒤에는 我라는 목적어와 汉语라는 목적어가 연이어 쓰였습니다. 이처럼 중국어의 일부 동사는 목적어를 두 개 가질 수 있습니다.

他　　教　　我　　汉语。그는 나에게 중국어를 가르친다.
대　　술어　　목적어1　목적어2
주어

일반적으로 동사와 가까이 있는 목적어는 간접목적어가 되고, 동사와 멀리 위치한 목적어는 직접목적어가 됩니다. 간접목적어로는 사람이 주로 쓰이고, 직접목적어는 이와 관련된 사물이나 호칭으로 구성된 경우가 많습니다.

주 어	술 어	목적어	
	동 사	간접목적어 + 직접목적어	
		[사람]	[사물,호칭]

我　问　老师　一个　问题。나는 선생님께 질문 하나를 했다.
대　술어　간·목　관형어　직·목
주어

我　送　他　一件　礼物。나는 그에게 선물 하나를 준다.
대　술어　간·목　관형어　직·목
주어

爸爸　叫　我　宝贝。아빠는 나를 귀염둥이라고 부르신다.
대　술어　간·목　직·목
주어

我　还　了　他　一本　小说。나는 그에게 소설책 한 권을 돌려 주었다.
대　술어　조　대　수량　명
주어　　　　간·목　관형어　직·목

Speed Check

보기 중 잘못된 문장을 고르세요.
A 爷爷特别爱孙女，他叫她小宝宝。
B 我问了他一个问题，但他没有回答。
C 我要去上课，你替我还书他好吗？
D 今天是老王妻子的生日，所以他给妻子买了一件礼物。

해석　A 할아버지는 유달리 손녀를 예뻐하셔서 그녀를 귀염둥이라고 부른다.　　정답　C
　　　B 나는 그에게 질문 하나를 했지만 그는 대답하지 않았다.
　　　C 나는 수업에 가야 하는데, 네가 나 대신 그에게 책을 돌려줄 수 있겠니?
　　　D 오늘은 라오왕 아내의 생일이어서 그는 아내에게 선물 하나를 사주었다.

참조: 167p

TIP

두 개의 목적어를 갖는 동사
给 gěi 주다
送 sòng 보내다 · 주다
租 zū 임대하다
借 jiè 빌리다
卖 mài 팔다
还 huán 반환하다
告诉 gàosu 알리다
通知 tōngzhī 통지하다
报告 bàogào 보고하다
求 qiú 부탁하다
教 jiāo 가르치다
问 wèn 묻다
赔 péi 배상하다
称 chēng …라고 칭하다
叫 jiào …라고 부르다

● 问题 wèntí 명 문제

● 礼物 lǐwù 명 선물

● 宝贝 bǎobei 명 귀염둥이
● 小说 xiǎoshuō 명 소설

TIP

목적어 두 개가 연이어 쓰일 때는 사람을 나타내는 간접목적어가 사물을 나타내는 직접목적어보다 앞에 온다. 따라서 C는 你替我还他书好吗? 로 고쳐야 올바른 문장이 된다.

● 爷爷 yéye 명 할아버지
● 特别 tèbié
　부 특히, 특별히
● 宝宝 bǎobao
　명 귀염둥이, 착한 아기
● 回答 huídá
　명 동 대답(하다)
● 替 tì
　동 대신하다, 대신 해주다
● 妻子 qīzi 명 아내

의미상으로 본 중국어의 목적어 (宾语)

중국어의 목적어는 한국어나 영어의 목적어처럼 '~을(를)' 또는 '~에게'라고 해석되지 않아도 술어와 다음과 같은 관련이 있으면 목적어라고 합니다.

구 분	예	
동작 · 행위의 결과	做饭 写报告	밥을 하다. 리포트를 쓰다.
동작 · 행위의 도구	用热水 弹钢琴	온수를 사용하다. 피아노를 치다.
동작 · 행위의 장소	住宾馆 去北京 坐火车	호텔에 묵다. 베이징에 가다. 기차를 타다.
동작 · 행위의 존재, 출현, 소실	下雨 站着一个人 少了两块钱	비가 오다. 한 사람이 서 있다. 2위안이 부족하다.

- 报告 bàogào
  🅟 보고서, 리포트
- 热水 rèshuǐ 🅟 온수
- 弹 tán
  🅥 (악기를) 켜다, 연주하다
- 钢琴 gāngqín 🅟 피아노
- 住 zhù 🅥 살다
- 宾馆 bīnguǎn 🅟 호텔
- 火车 huǒchē 🅟 기차
- 站 zhàn 🅥 서다
- 少 shǎo 🅐 적다

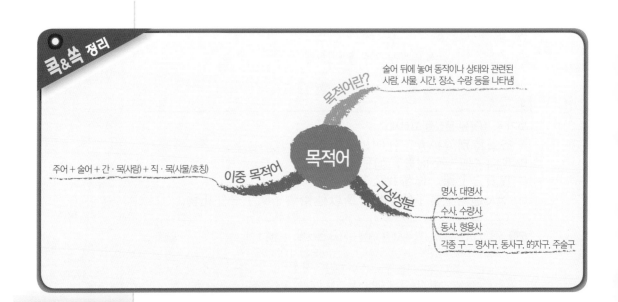

콕&쏙 정리

목적어

목적어란? — 술어 뒤에 놓여 동작이나 상태와 관련된 사람, 사물, 시간, 장소, 수량 등을 나타냄

이중 목적어 — 주어 + 술어 + 간 · 목(사람) + 직 · 목(사물/호칭)

구성성분 — 명사, 대명사 / 수사, 수량사 / 동사, 형용사 / 각종 구 – 명사구, 동사구, 的자구, 주술구

중국 맛보기

鸡蛋饼 jīdànbǐng

▶ 중국식 빈대떡이라 할 수 있습니다. 묽게 만든 밀가루 반죽을 동그란 철판에 얇게 둘러 평평하게 만든 후 그 위에 계란을 하나 풀고 중국식 고추장과 땅콩잼을 골고루 발라줍니다. 그 다음 잘게 다진 파와 기호에 따라 '香菜 xiāngcài'(우리나라에서는 '고수'라고 불리는 향이 진한 채소)를 뿌려줍니다. 그 위에 '油条 yóutiáo'(기름에 튀긴 꽈배기 모양의 빵)을 얹은 후 말아서 먹는 음식으로 지역에 따라 '春饼 chūnbǐng'으로 불리기도 합니다.

包子 bāozi

▶ 생긴 모양은 우리나라의 만두와 비슷하고 속이 야채나 고기로 채워져 있습니다. 속에 야채가 들어간 것을 '菜包 càibāo'라 하고 고기가 들어간 것을 '肉包 ròubāo'라고 합니다. 중국 사람들이 아침 식사로 즐겨먹는 음식입니다.

豆浆 dòujiāng

▶ 우리나라의 두유와 비슷하지만 좀 더 묽고 색깔이 뽀얗습니다. 한국의 두유는 단맛이 주류를 이루지만 중국의 '豆浆 dòujiāng'은 짠맛과 단맛이 있어 기호에 따라 선택할 수 있습니다.

羊肉串儿 yángròuchuànr

▶ 중국에서는 꼬치에 끼운 양고기를 숯불 위에다 굽는 신장 지역의 사람들을 자주 볼 수 있습니다. 양고기에 익숙하지 않은 한국 사람들은 처음 양꼬치를 먹어보고 비릿한 맛과 '籽然 zìrán'이라는 중국 특유의 향신료 때문에 먹는 것을 꺼리기도 하지만 한번 맛을 들이면 계속 먹고 싶어진답니다.

糖炒栗子 tángchǎo lìzi

▶ 까맣게 달구어진 돌에 설탕을 함께 넣고 볶은 밤을 말합니다. 잘 볶아진 밤은 껍질이 갈라져 있어 까먹기가 쉽고 밤 고유의 맛과 달콤한 설탕의 맛이 함께 어우러져 간식거리로 그만입니다.

PART 1 문장성분

관형어

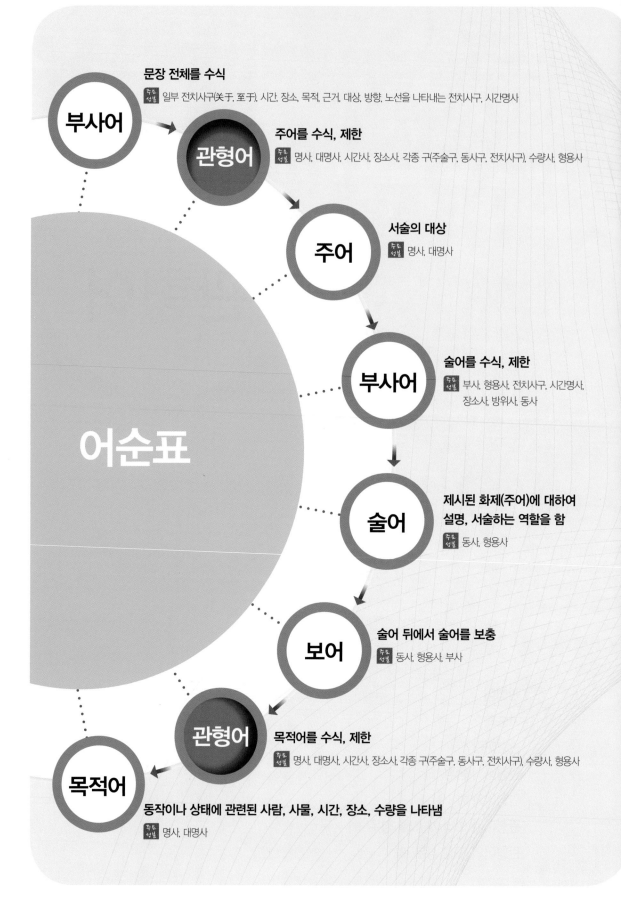

부사어

문장 전체를 수식

^{주요성분} 일부 전치사구(关于, 至于), 시간, 장소, 목적, 근거, 대상, 방향, 노선을 나타내는 전치사구, 시간명사

관형어

주어를 수식, 제한

^{주요성분} 명사, 대명사, 시간사, 장소사, 각종 구(주술구, 동사구, 전치사구), 수량사, 형용사

주어

서술의 대상

^{주요성분} 명사, 대명사

부사어

술어를 수식, 제한

^{주요성분} 부사, 형용사, 전치사구, 시간명사, 장소사, 방위사, 동사

어순표

술어

제시된 화제(주어)에 대하여 설명, 서술하는 역할을 함

^{주요성분} 동사, 형용사

보어

술어 뒤에서 술어를 보충

^{주요성분} 동사, 형용사, 부사

관형어

목적어를 수식, 제한

^{주요성분} 명사, 대명사, 시간사, 장소사, 각종 구(주술구, 동사구, 전치사구), 수량사, 형용사

목적어

동작이나 상태에 관련된 사람, 사물, 시간, 장소, 수량을 나타냄

^{주요성분} 명사, 대명사

01 관형어란?

관형어(定语)는 주로 **명사를 수식**하고, 주어나 목적어 앞에 놓여 이를 수식 또는 제한합니다.

| 관형어 | 주어 ‖ 술어 | 관형어 | 목적어 |

我们　学校 ‖ 有 ｜ 中国　留学生。 우리 학교에는 중국 유학생이 있다.
〔대〕　〔명〕　〔동〕　〔명〕　〔명〕
관형어　주어　술어　관형어　목적어

➡ 我们은 주어(学校)를, 中国는 목적어(留学生)를 수식, 제한한다.

Speed Check

제시된 단어가 들어갈 위치를 고르세요.
丹丹 A 家里很有钱，B 她 C 衣服 D 都是名牌。
穿的

해석 딴딴의 집에는 돈이 많아서 그녀가 입은 옷은 모두 명품이다.　　정답 C

TIP
관형어는 중국어로 '限定语 xiàndìngyǔ' 또는 '定语 dìngyǔ'라고 한다.

- 留学生 liúxuéshēng 〔명〕유학생

TIP
穿의 의미를 안다면 쉽게 풀리는 문제이다. 穿(입다)이 꾸며주기에 가장 적합한 단어는 衣服(옷)이다. 她穿은 주술구로서 衣服를 수식하는 관형어가 되었다.
- 名牌 míngpái 〔명〕명품

02 관형어의 종류

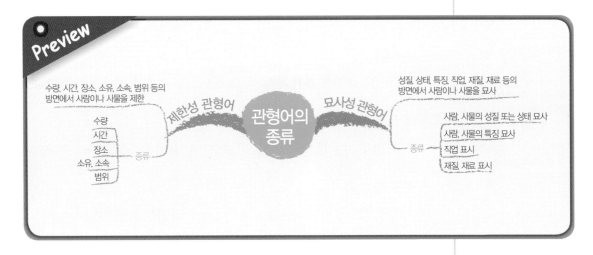

1. 묘사성 관형어

성질, 상태, 특징, 직업, 재질, 재료 등의 방면에서 사람이나 사물을 묘사합니다.

(1) 사람, 사물의 성질 또는 상태 묘사

老实人 　솔직한 사람　　　　　新买的牛仔裤 　새로 산 청바지

(2) 사람, 사물의 특징 묘사

戴眼镜的人 　안경 쓴 사람　　　关于韩流的书 　한류에 관한 책

(3) 직업 표시

体育老师 　체육 선생님　　　　内科医生 　내과의사

(4) 재질, 재료 표시

毛裤 　털 바지　　　　　　　玻璃杯 　유리컵

2. 제한성 관형어

수량, 시간, 장소, 소유, 소속, 범위 등의 방면에서 사람이나 사물을 제한합니다.

(1) 수량

三杯咖啡 　커피 세 잔　　　　五本书 　책 다섯 권

(2) 시간

2010年(的)世界杯足球赛 　2010년 월드컵　　明天的成功 　내일의 성공

(3) 장소

书包里的手机 　책가방 안의 휴대전화　　中国的长城 　중국의 만리장성

(4) 소유, 소속

我们(的)学校 　우리 학교　　　　哥哥的电脑 　오빠의 컴퓨터

(5) 범위

十八岁以上的人 　18세 이상인 사람　　昨天说的计划 　어제 말한 계획

- 老实 lǎoshi 휑 솔직하다
- 牛仔裤 niúzǎikù 몡 청바지

- 戴 dài 됭 착용하다
- 眼镜 yǎnjìng 몡 안경
- 关于 guānyú 젠 ~에 관하여
- 韩流 Hánliú 몡 한류
- 体育 tǐyu 몡 체육
- 内科 nèikē 몡 내과
- 医生 yīshēng 몡 의사
- 毛裤 máokù 몡 털 바지
- 玻璃 bōli 몡 유리
- 杯 bēi 몡 컵

- 咖啡 kāfēi 몡 커피

- 世界杯足球赛 Shìjièbēi zúqiúsài 월드컵
- 成功 chénggōng 몡됭 성공(하다)

- 手机 shǒujī 휴대전화
- 长城 Chángchéng 몡 만리장성

- 电脑 diànnǎo 몡 컴퓨터

- 以上 yǐshàng 몡 ~이상
- 计划 jìhuà 몡 계획

03 관형어와 的

Preview

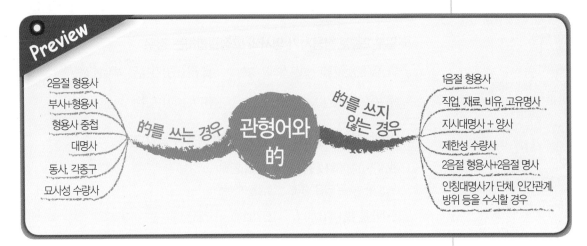

2음절 형용사
부사+형용사
형용사 중첩
대명사
동사, 각종구
묘사성 수량사

的를 쓰는 경우

관형어와 的

的를 쓰지 않는 경우

1음절 형용사
직업, 재료, 비유, 고유명사
지시대명사 + 양사
제한성 수량사
2음절 형용사+2음절 명사
인칭대명사가 단체, 인간관계, 방위 등을 수식할 경우

1. 的를 쓰지 않는 경우

(1) 1음절 형용사 + 的

1음절 형용사 뒤에는 일반적으로 的를 붙이지 않습니다.

这是个好办法。 이것은 좋은 방법이다.

昨天买的新耳机在哪儿? 어제 산 새 이어폰이 어디에 있지?

TIP

1음절 형용사 중 多, 少는 단독으로 관형어가 되지 않는다.
多人(×), 很多人(○)

• 办法 bànfǎ 몡방법
• 耳机 ěrjī 몡이어폰

(2) 직업, 재료, 비유, 고유명사 + 的

我想成为中文老师。 (직업) 나는 중국어 선생님이 되고 싶다.

她今天穿了牛仔裤。 (재료) 그녀는 오늘 청바지를 입었다.

这个孩子的牛脾气又来了。 (비유) 이 아이의 외고집이 또 시작되었다.

他们都准备考北京大学。 (고유명사) 그들은 모두 베이징대학 시험을 준비한다.

• 成为 chéngwéi 통~으로 되다

• 牛脾气 niúpíqi 몡외고집, 황소고집

(3) [지시대명사 + 양사] + 的

我尝过那道菜。 나는 그 요리를 맛본 적이 있다.

这件事跟我无关。 이 일은 나와 상관없다.

• 尝 cháng 통맛보다
• 道 dào 양코스(요리를 셀 때)
• 无关 wúguān 통상관없다

- 节 jié 웹교시
  (여러 개로 나누어 셀 때)
- 课 kè 웹수업
- 集合 jíhé 됩집합하다
- 痛苦 tòngkǔ 웹고통, 아픔
  웹고통스럽다, 괴롭다
- 经验 jīngyàn
  웹경험(하다)
- 富裕 fùyù 웹부유하다
- 幸福 xìngfú 웹행복하다
- 伟大 wěidà 웹위대하다

- 旁边 pángbiān 웹옆

(4) 제한성 수량사 + 的

我上六节课。 나는 6교시 수업을 한다.　集合了三十个人。 30명이 모였다.

(5) 일부 2음절 형용사가 명사와 고정결합하는 경우

痛苦(的)经验　고통스러운 경험　　富裕(的)生活　부유한 생활

幸福(的)人生　행복한 인생　　　伟大(的)人物　위대한 인물

(6) 인칭대명사가 단체, 인간관계, 방위 등을 수식할 경우

我们(的)学校有很多中国老师。 (단체)
우리 학교에는 많은 중국 선생님들이 계신다.

小明是我(的)朋友。 (인간관계) 샤오밍은 나의 친구이다.

站在他(的)旁边的就是我(的)妈妈。 (방위)
그의 옆에 서 있는 사람이 바로 내 어머니이다.

주의 소속, 소유의 의미를 나타낼때는 的를 생략할 수 없습니다.

我们公司的职员　우리 회사의 직원　　　　他的电脑　그의 컴퓨터

2. 的를 쓰는 경우

(1) 2음절 형용사 + 的

他是个聪明的孩子。 그는 똑똑한 아이이다.

最近很难找稳定的职业。 요즘에는 안정된 직업을 찾기 힘들다.

주의 2음절 형용사 중 일부 습관적으로 굳어진 표현은 的를 생략할 수 있습니다.

中级班　중급반　　　　　　发达国家　발달한 나라(선진국)

(2) 부사 + 형용사 + 的

那是非常贵的手机。 저것은 아주 비싼 휴대폰이다.

奶奶在农村过着十分平静的生活。
할머니는 농촌에서 아주 평온한 생활을 하고 계신다.

(3) 형용사 중첩 + 的

她戴着漂漂亮亮的手表。 그녀는 정말 예쁜 손목시계를 차고 있다.

我渴望舒舒服服的生活。 나는 편안한 생활을 갈망한다.

문쌤 한마디

的를 쓰지 않는 경우만 암기해 두면 나머지 경우는 的를 쓰는 경우겠지요?^^

- 聪明 cōngming
  웹똑똑하다
- 稳定 wěndìng
  웹안정하다, 가라앉다
  됩안정시키다

- 平静 píngjìng
  웹(상황, 환경 따위가)
  평온하다, 평정하다

- 手表 shǒubiǎo 웹손목시계
- 渴望 kěwàng 됩갈망(하다)

(4) 대명사 + 的

这样的书我买过一次。 이런 책을 나는 한 번 사본 적이 있다.

谁的同屋这么善良？ 누구 룸메이트가 이렇게 착해?

- 同屋 tóngwū 명 룸메이트
- 善良 shànliáng 형 선량하다, 착하다

(5) 동사 + 的 / 각종 구 + 的

昨天我们看的电影真不错。(동사 + 的)
어제 우리들이 본 영화는 정말 괜찮았다.

最近我跟上司的关系不太好。(전치사구 + 的)
요즘 나와 상사와의 관계는 그다지 좋지 않다.

- 不错 búcuò 형 훌륭하다
- 上司 shàngsi 명 상사
- 关系 guānxi 명 관계
- 不太~ bútài 그다지 ~하지 않다

(6) 묘사성 수량사 + 的

他有一个三岁的女儿。 그는 세 살짜리 딸이 있다.

我吃了六块钱一碗的牛肉面。 나는 한 그릇에 6위안인 쇠고기면을 먹었다.

TIP

'他有一个三岁的女儿.'에서 一个는 제한성 수량이고 三岁는 묘사성 수량사로 三岁 뒤에만 的가 붙는다.

관형어와 的

	的를 쓰지 않는 경우	的를 쓰는 경우
형용사	· 1음절 형용사 这是个好办法。 이것은 좋은 방법이다.	· 2음절 형용사 他有一个聪明的妹妹。 그는 한 명의 총명한 여동생이 있다. · 형용사구, 형용사 중첩 她戴着漂漂亮亮的手表。 그녀는 예쁜 시계를 차고 있다.
명사 대명사	· 재료/직업/비유/고유명사 他们都准备考北京大学。 그들은 모두 베이징 대학 시험을 준비한다. · 지시대명사+양사 我尝过这道菜。 나는 이 음식을 맛본 적이 있다. · 수식을 받는 단어가 단체, 인간 관계, 방위 등을 나타낼 때 小明是我(的)朋友。 샤오밍은 나의 친구이다.	· 소유, 소속의 의미 我们公司的职员 우리 회사의 직원 他的电脑 그의 컴퓨터 · 대명사 [谁/怎么样/这样/那样 + 的] 这是谁的钱包? 이건 누구의 지갑이지?
동사		· 동사 昨天我们看的音乐剧真不错。 어제 우리가 본 뮤지컬은 정말 괜찮았다.

- 职员 zhíyuán 명 직원

- 钱包 qiánbāo 명 지갑

- 音乐剧 yīnyuèjù 명 뮤지컬

- 体重 tǐzhòng 명체중
- 公斤 gōngjīn 양킬로그램

수량사	· 제한성 [수사+양사+명사] 三个月 3개월	· 묘사성 体重五十公斤的人。 체중이 50kg인 사람
각종 구		· 전치사구 最近我跟上司的关系不太好。 요즘 나와 상사의 관계는 그다지 좋지 않다.

Speed **C**heck

的를 생략할 수 있는 문장을 고르세요.
A 昨天晚上我去的那个餐厅真不错。
B 那个孩子穿着漂漂亮亮的衣服。
C 为了苗条的身材，你要做运动。
D 他是个聪明的人，他一看就什么都知道。

해석 A 어제 저녁에 내가 갔던 그 식당은 정말 괜찮다.
B 그 아이는 예쁜 옷을 입고 있다.
C 날씬한 몸매를 위하여 너는 운동을 해야 한다.
D 그는 총명한 사람이어서 한 번 보면 뭐든지 다 안다.

정답 D

TIP

2음절 형용사가 명사와 결합하여 고정적으로 쓰이는 경우 的를 생략할 수 있다.
- 餐厅 cāntīng 명식당
- 苗条 miáotiao 형 (여성의 몸매가) 날씬하다
- 身材 shēncái 명몸매

★★ 04 관형어가 여러 개 있을 경우

문샘 한마디

이렇게 외워요!

소시장에서 주술을 건 동전을 주워온 아이에게 지시해 수량과 형태를 더(的) 명확히 알아오게 했다.

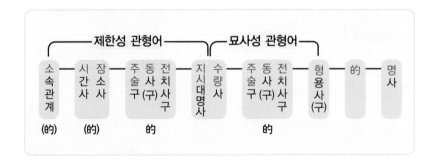

TIP

제한성 관형어 :
수량, 시간, 장소, 소유, 소속, 범위 등의 방면에서 사람이나 사물을 제한

묘사성 관형어 :
성질, 상태, 특징, 직업, 재질, 재료 등의 방면에서 사람이나 사물을 묘사
참고: 62p

- 可爱 kě'ai 형귀엽다
- 姑娘 gūniang 명아가씨

1. 제한성 관형어는 묘사성 관형어보다 앞에 위치합니다.

> 제한성 관형어 + 묘사성 관형어

丹丹　是　一个　＋　可爱　的　姑娘。
주어　술어　제한성 관형어　묘사성 관형어　　목적어
(수량)　　　(형용)
딴딴은 귀여운 아가씨이다.

她 是 我们学校 知识最丰富 的 老师。

주어 술어 제한성 관형어 묘사성 관형어 목적어

그녀는 우리 학교에서 지식이 가장 풍부한 선생님이다.

• 知识 zhīshi 명 지식
• 丰富 fēngfù 형 풍부하다

昨天 买的 那本 漫画 书 很 有意思。

제한성 관형어 묘사성 관형어 주어 부사어 술어

어제 산 그 만화책은 정말 재미있다.

• 漫画 mànhuà 명 만화

2. 수량사는 제한성 관형어 맨 끝, 묘사성 관형어 맨 앞에 위치합니다.

昨天 从上海 来的 那 两位 客人 正在 谈 生意。

제한성 관형어 주어 부사어 술어 목적어

어제 상하이에서 온 그 두 분의 손님은 사업 이야기를 하는 중이다.

• 客人 kèrén 명 손님
• 谈 tán 동 이야기하다
• 生意 shēngyi 명 장사

那本 40万字的 关于中国近代经济 的《经济论》已经 出版了。

제한성 관형어 묘사성 관형어 주어 부사어 술어

그 40만자의 중국 근대 경제에 관한《경제론》은 이미 출판되었다.

• 出版 chūbǎn 동 출판하다

Speed Check

빈칸에 적합한 것을 고르세요.

我今年比去年长了10公分, _____ 现在不能穿。

A 这件衣服去年穿的
B 去年穿的这件衣服
C 去年穿的衣服这件
D 去年这件穿的衣服

해석 나는 올해 작년보다 10cm가 자라서, 작년에 입었던 이 옷은 지금은 입을 수 없다.

정답 B

TIP

관형어는 [시간사(去年) + 동사(穿) + 的 + 지시대명사(这) + 양사(件)]의 순서로 중심어(衣服)를 수식한다.

• 长 zhǎng 동 자라다, 성장하다
• 公分 gōngfēn 명 cm(길이의 단위) = 厘米 límǐ

05 관형어의 구성 성분

1. 형용사

好 事 좋은 일

愉快 的 生活 유쾌한 생활

• 愉快 yúkuài 형 유쾌하다

2. 명사, 대명사

白色 的 衣服 흰옷

这 个 人 이 사람

• 白色 báisè 명 흰색

• 认识 rènshi 동알다
• 同学 tóngxué 명학우

3. 동사

走 的 时间 떠나는 시간   认识 的 同学 아는 학우
동   조   명   동   조   명

4. 각종 구

韩国和日本 的 关系 (명사구) 한국과 일본의 관계
명사구   조 명

借给我 的 书 (동사구) 나에게 빌려 준 책
동사구   조 명

两件 衣服 (수량사구) 두 벌의 옷
수량 명

• 为 wèi 전~을 위해
• 服务 fúwù 명서비스, 봉사
• 见解 jiànjiě 명견해

为客人 的 服务 (전치사구) 손님을 위한 서비스
전치사구 조 명

你们说 的 见解 (주술구) 너희들이 말한 견해
주술구   조 명

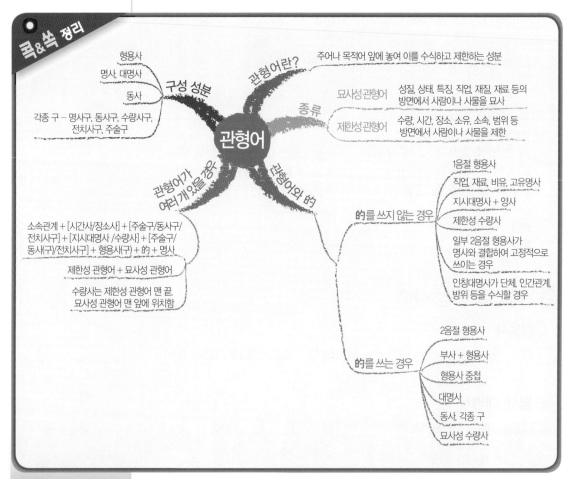

콕&쏙 정리

관형어

구성 성분
- 형용사
- 명사, 대명사
- 동사
- 각종 구 – 명사구, 동사구, 수량사구, 전치사구, 주술구

관형어란? : 주어나 목적어 앞에 놓여 이를 수식하고 제한하는 성분

종류
- 묘사성 관형어 : 성질, 상태, 특징, 직업, 재질, 재료 등의 방면에서 사람이나 사물을 묘사
- 제한성 관형어 : 수량, 시간, 장소, 소유, 소속, 범위 등 방면에서 사람이나 사물을 제한

관형어와 的

的를 쓰지 않는 경우
- 1음절 형용사
- 직업, 재료, 비유, 고유명사
- 지시대명사 + 양사
- 제한성 수량사
- 일부 2음절 형용사가 명사와 결합하여 고정적으로 쓰이는 경우
- 인칭대명사가 단체, 인간관계, 방위 등을 수식할 경우

的를 쓰는 경우
- 2음절 형용사
- 부사 + 형용사
- 형용사 중첩
- 대명사
- 동사, 각종 구
- 묘사성 수량사

관형어가 여러 개 있을 경우
- 소속관계 + [시간사/장소사] + [주술구/동사구/전치사구] + [지시대명사 /수량사] + [주술구/동사구/전치사구] + 형용사(구) + 的 + 명사
- 제한성 관형어 + 묘사성 관형어
- 수량사는 제한성 관형어 맨 끝, 묘사성 관형어 맨 앞에 위치함

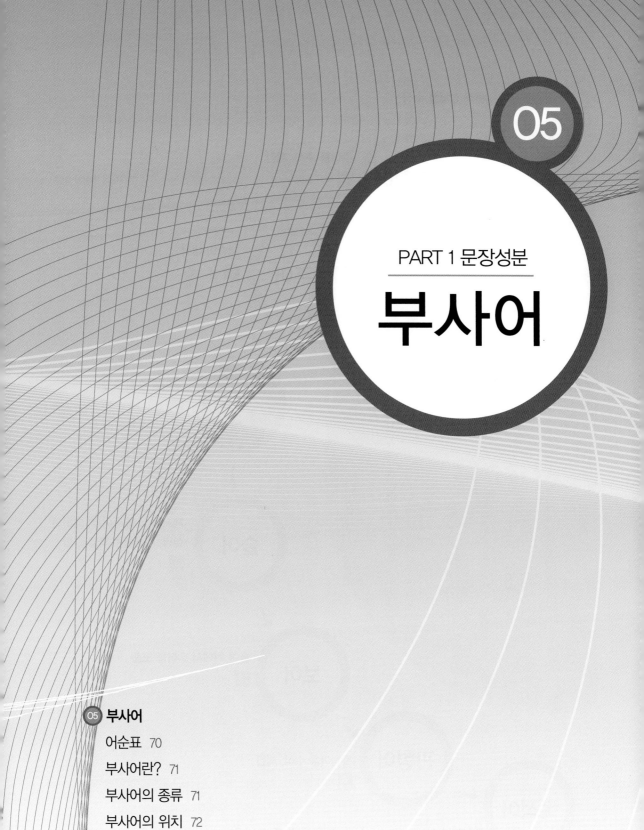

05

PART 1 문장성분

부사어

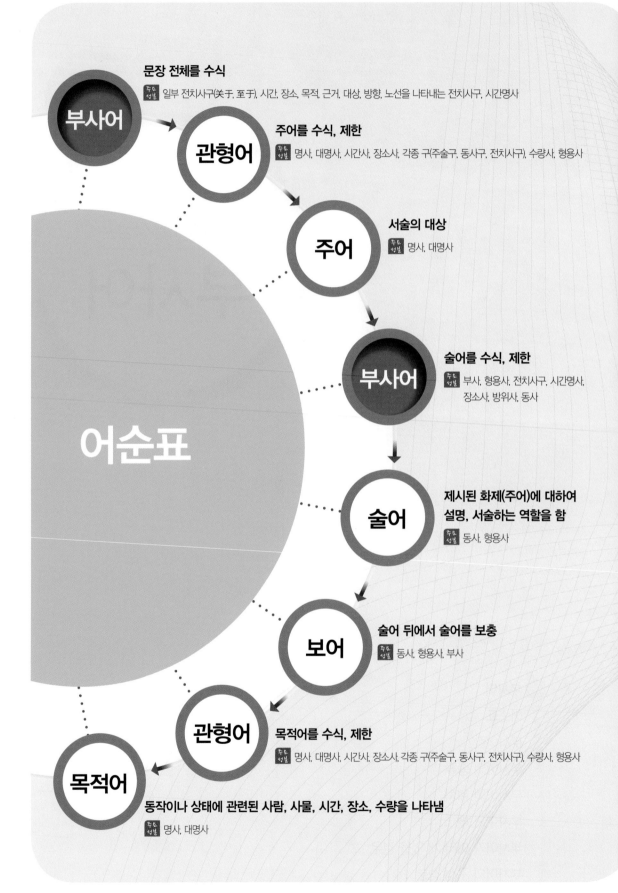

어순표

부사어 — 문장 전체를 수식
주요성분 일부 전치사구(关于, 至于), 시간, 장소, 목적, 근거, 대상, 방향, 노선을 나타내는 전치사구, 시간명사

관형어 — 주어를 수식, 제한
주요성분 명사, 대명사, 시간사, 장소사, 각종 구(주술구, 동사구, 전치사구), 수량사, 형용사

주어 — 서술의 대상
주요성분 명사, 대명사

부사어 — 술어를 수식, 제한
주요성분 부사, 형용사, 전치사구, 시간명사, 장소사, 방위사, 동사

술어 — 제시된 화제(주어)에 대하여 설명, 서술하는 역할을 함
주요성분 동사, 형용사

보어 — 술어 뒤에서 술어를 보충
주요성분 동사, 형용사, 부사

관형어 — 목적어를 수식, 제한
주요성분 명사, 대명사, 시간사, 장소사, 각종 구(주술구, 동사구, 전치사구), 수량사, 형용사

목적어 — 동작이나 상태에 관련된 사람, 사물, 시간, 장소, 수량을 나타냄
주요성분 명사, 대명사

01 부사어란?

부사어(状语)는 문장 맨 앞에서 문장 전체를 수식하거나, 술어 앞에 놓여 술어를 묘사 또는 제한합니다. 주로 부사, 형용사, 전치사구, 시간명사가 부사어로 쓰입니다.

부사어	주어	부사어	술어

明天　　我们　　都　　去。내일 우리들은 모두 간다.
부사어　　주어　　부사어　　술어

➡ 시간명사 明天은 문장 전체를 수식하는 부사어이다.

➡ 부사 都는 술어 去를 수식하는 부사어이다.

Speed Check

제시된 단어가 들어갈 위치를 고르세요.
A 我 B 看 C 完了 D 那本书，你可以借走。
已经

해석 나는 그 책을 이미 다 보았어, 네가 빌려가도 좋아.　　정답 B

TIP
已经은 부사어로 주어 (我) 뒤 술어(看) 앞에 놓인다.
• 可以 kěyǐ
 조통 ~해도 된다
• 借 jiè 통 빌리다

02 부사어의 종류

1. 묘사성 부사어

묘사성 부사어에는 동작자의 표정이나 상태 및 심리를 묘사하는 **동작자 묘사**와 동작의 방식을 묘사하는 **동작 묘사**가 있습니다.

同学们高高兴兴地进了教室。(동작자 묘사) 학우들은 기뻐하며 교실로 들어갔다.
➡ 高高兴兴(기뻐하다)은 同学们(학우들)이라는 동작자를 묘사한다.

他像个孩子一样高兴。(동작자 묘사) 그는 어린아이처럼 기뻐했다.
➡ 像个孩子一样(어린아이처럼)은 他(그)라는 동작자를 묘사한다.

快走吧，不然要迟到了。(동작 묘사) 빨리 가자, 그렇지 않으면 지각하겠어.
➡ 快(빨리)는 走(가다)라는 동작을 묘사한다.

TIP
묘사성 부사어로는 주로 형용사(구), 수량사가 쓰인다.
참고: 82p

• 教室 jiàoshì 명 교실

• 像 xiàng 부 마치

• 快 kuài 부 빨리
• 不然 bùrán 그렇지 않으면
• 迟到 chídào 통 지각하다

姐姐慢慢地走过来。(동작 묘사) 언니는 천천히 걸어왔다.

➡ 慢慢(천천히)은 走(걷다)라는 동작을 묘사한다.

2. 제한성 부사어

TIP

제한성 부사어로는 주로 시간명사, 부사, 전치사구가 있다.

정도, 시간, 장소, 범위, 빈도, 어기, 부정, 대상 등의 방면에서 문장 또는 술어 부분을 제한합니다.

认识你，我很高兴。(정도) 당신을 알게 되어서 저는 매우 기쁩니다.

今天晚上你有时间吗？(시간) 오늘 저녁 당신 시간 있습니까?

我们在房间里谈吧。(장소) 우리 방에서 얘기합시다.

大家都在找你，你在哪儿？(범위) 모두 너를 찾고 있어, 너 어디에 있어?

请再说一遍，可以吗？(빈도) 한 번 더 말씀해 주실 수 있습니까?

韩国的产品果然结实。(어기) 한국 제품은 역시 튼튼하다.

我没吃过中国菜。(부정) 저는 중국 음식을 먹어본 적이 없습니다.

奶奶给我讲了很多故事。(대상) 할머니는 나에게 많은 이야기를 들려주셨다.

- 房间 fángjiān 몡방
- 遍 biàn 얭번(동작을 셀 때)
- 果然 guǒrán 뾘과연
- 结实 jiēshi
  혱견고하다, 튼튼하다
  = 牢固 laogu
- 讲 jiǎng 됭말하다
- 故事 gùshi 몡이야기

03 부사어의 위치

부사어는 기본적으로 주어 뒤, 술어 앞에 쓰이고 일부 부사어는 주어 앞에 쓰이기도 합니다.

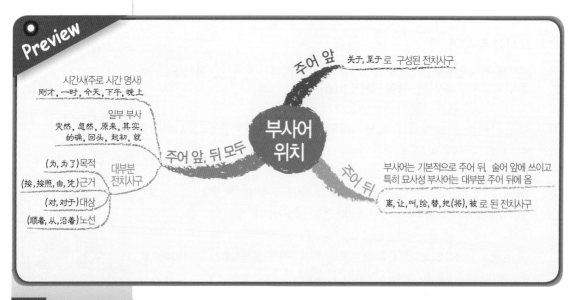

1. 주어 앞

'关于', '至于'로 구성된 전치사구가 부사어로 쓰이면 주어 앞에 놓입니다.

关于 / 至于 ~	주어	술어

关于这件事, 你 别 提 了。 이 일에 관해서 너는 언급하지 마라.
　전치사구　　대　부　동　조
　부사어　　　주어 부사어 술어

这 仅仅 是 我的 意见, 至于更好的办法, 你们自己 想一想。
대　부　동　대　명　　　전치사구　　　명사구　　동사중첩
주어 부사어 술어 관형어 목적어　　부사어　　　주어　　　술어

이것은 나의 의견일 뿐이고, 더 좋은 방법에 대해서는 너희가 스스로 생각해 보아라.

2. 주어 뒤

(1) 부사어는 기본적으로 주어 뒤, 술어 앞에 놓입니다. 특히 묘사성 부사어는 대부분 주어 뒤에 옵니다.

주어	부사어	술어

他 已经 看 过 这 本 书 了。 그는 이미 이 책을 읽었다.
대　부　동　조　대＋양　명　조
주어 부사어 술어　관형어 목적어

太阳 缓缓 地 从东边 升 起来 了。 태양이 천천히 동쪽에서
명　　부　　　전치사구　동　동　조　　　떠올랐다.
주어　　부사어　　　　술어 보어

(2) 离~/让~/叫~/给~/替~/把(将)~/被~ 등으로 이루어진 일부 전치사구는 주어 뒤에 옵니다.

我 家 离公司 不太 远。 우리 집은 회사에서 그다지 멀지 않다.
대　명　전치사구＋부　　형
관형어 주어　　부사어　　　술어

大门 被大风 刮 坏 了。 대문이 바람에 의해 망가졌다.
명　전치사구　동　형　조
주어　부사어　술어 보어

3. 주어 앞, 뒤

일부 부사어는 주어 앞, 뒤에 모두 올 수 있습니다.

(1) 시간사 (주로 시간명사)

刚才, 一时, 今天, 下午, 晚上

문샘 한마디

关于와 至于는 모두 전치사로 '~에 관하여'라는 뜻이 있습니다. 부사어로 쓸 때 关于 guānyú는 첫 번째 문장 맨 앞에서 한 가지 화제를 제시합니다. 至于 zhìyú는 두 가지 화제를 제시하여 두 번째 화제 앞에 위치합니다. 关于는 글의 제목으로도 쓰이며, 한 가지 화제 외에는 다른 화제를 이끌지 못합니다.

- 提 tí 동 (의견, 생각) 내놓다, 꺼내다, 제안하다
- 仅仅 jǐnjǐn 부 단지…뿐

TIP

关于 / 至于 + 주어

- 离 lí 전 ~로부터
- 让 ràng 전 …에게 …당하다
- 叫 jiào 전 ~에 의하여, (~하게 되다)
- 给 gěi 전 ~에게
- 替 tì 전 ~을 위하여
- 把 bǎ 전 ~을(를)
- 将 jiāng 전 ~을(를)
- 被 bèi 전 ~을 당하다
- 远 yuǎn 형 멀다
- 坏 huài 형 고장나다, 나쁘다

- 刚才 gāngcái 명 금방
- 一时 yìshí 명 잠시, 일시적

你　刚才　说　什么?
[대]　[시간명사]　[동]　[대]
주어　부사어　술어　목적어

刚才　你　说　什么?
[시간명사]　[대]　[동]　[대]
부사어　주어　술어　목적어

너 방금 뭐라고 했니?

(2) 일부 부사

- 突然 tūrán [부]갑자기
- 忽然 hūrán [부]갑자기
- 原来 yuánlái [부]원래
- 其实 qíshí [부]사실은
- 的确 díquè [부]분명히
- 回头 huítou [부]잠시 후
- 起初 qǐchū [부]처음
- 就 jiù [부]오직, 단지

突然，忽然，原来，其实，的确，回头，起初，就

突然　他　进来　了。
[부]　[대]　[동]　[조]
부사어　주어　술어

갑자기 그가 들어왔다.

他　突然　进来　了。
[대]　[부]　[동]　[조]
주어　부사어　술어

就　我　喜欢　这　种　音乐。 ('나'를 강조) 나만이 이 음악을 좋아한다.
[부]　[대]　[동]　[대] + [양]　[명]
부사어　주어　술어　관형어　목적어

我　就　喜欢　这　种　音乐。 ('음악'을 강조) 나는 이 음악만 좋아한다.
[대]　[부]　[동]　[대] + [양]　[명]
주어　부사어　술어　관형어　목적어

(3) 대부분의 전치사구

① 목적(为, 为了)

- 为了 wèile [전]~을 위해

- 健康 jiànkāng [명]건강
- 健身房 jiànshēnfáng [명]체육관, 헬스클럽

为了身体健康，他　每天　去　健身房。
[전치사구]　　　[대]　[명]　[동]　[명]
부사어　　　주어　부사어　술어　목적어

他　为了身体健康　每天　去　健身房。
[대]　[전치사구] +　[명]　[동]　[명]
주어　　부사어　술어　목적어

건강을 위해서 그는 매일 헬스클럽에 간다.

② 근거(按, 按照, 由, 凭)

- 按 àn [전]~에 따라
- 按照 ànzhào [전]~에 따라, ~대로
- 由 yóu [전]~으로, ~에 의해
- 凭 píng [전]~을 근거로
- 要求 yāoqiú [명][동]요구(하다)

按照学生的要求，学校　开　了　韩语班。
[전치사구]　　　[동]　[조]　[목적어]
부사어　　　주어　술어　목적어

学校　按照学生的要求　开　了　韩语班。
[명]　[전치사구]　[동]　[조]　[명]
주어　　부사어　술어　목적어

학생들의 요구에 따라 학교는 한국어 반을 열었다.

③ 대상(对, 对于)

对于中国人来说　春节　是　最　大　的　节日。
부사어　주어　술어　관형어　조　목적어
(전치사구)　(명)　(동)　(부+형)　(조)　(명)

春节　对于中国人来说　是　最　大　的　节日。
주어　부사어　술어　관형어　조　목적어
(명)　(전치사구)　(동)　(부+형)　(조)　(명)

중국인들에게 있어서 음력 설은 가장 큰 명절이다.

- 对于 duìyú 젠 ~에 대해서
- 春节 Chūnjié 명 설날(음력)
- 节日 jiérì 명 명절, 기념일

④ 노선(顺着, 从, 沿着)

沿着这条路　你　一直　走　就　到　银行。
부사어　주어　부사어　술어　부사어　술어　목적어
(전치사구)　(대)　(부)　(동)　(부)　(동)　(명)

你　沿着这条路　一直　走　就　到　银行。
주어　부사어　부사어　술어　부사어　술어　목적어
(대)　(전치사구)　(부)　(동)　(부)　(동)　(명)

이 길을 따라 곧장 가면 바로 은행에 도착한다.

- 顺着 shùnzhe 젠 ~을 따라
- 从 cóng 젠 ~부터
- 沿着 yánzhe 젠 ~을 따라
- 条 tiáo 양 길고 구부러질 수 있는 것을 세는 단위

Speed Check

보기 중 부사어의 위치가 잘못된 문장을 고르세요.
A 妈妈让我去市场买三斤苹果。
B 由于蛋糕好吃，所以那家蛋糕店的生意不错。
C 我们关于那个问题在会议上应该谈一谈。
D 我家离那家百货商店不太远，走着去大约十分钟左右。

해석　A 엄마는 나에게 시장에 가서 사과 세 근을 사게 하셨다.
B 케이크가 맛있어서 그 케이크가게는 장사가 잘 된다.
C 그 문제에 관해서 우리는 마땅히 회의 시간에 이야기해야 한다.
D 우리 집에서 그 백화점은 별로 멀지 않다. 걸어서 대략 십 여분 걸린다.
정답　C (⇨关于那个问题，我们在会议上应该谈一谈。)

TIP

'关于~'는 부사어로 쓰였을 때 주어 앞에만 놓이므로 '关于那个问题，我们在会议上应该谈一谈。' 이 올바른 문장이다.

- 蛋糕 dàngāo 명 케이크
- 应该 yīnggāi 조동 마땅히~해야 한다
- 百货商店 bǎihuò shāngdiàn 명 백화점
- 大约 dàyuē 부 대략, 아마
- 左右 zuǒyòu 명 내외, 쯤

04 부사어와 地

Preview

부사어와 地

地를 쓰는 경우
2음절 형용사
형용사 중첩, 형용사 구
동사
수량사 중첩
사자성어

地를 쓰지 않는 경우
1음절 형용사
부사(시간/어기/관련/빈도/범위/부정)
전치사구(장소/방향/노선/대상/근거/목적)
의문대명사, 지시대명사

1. 地를 쓰지 않는 경우

제한성 부사어는 일반적으로 地를 붙이지 않습니다.

(1) 1음절 형용사 + 地

你别客气，多吃点儿吧。 사양하지 마시고, 많이 드세요.

早去早回。 빨리 갔다가 빨리 오세요.

(2) 부사(시간/어기/관련/빈도/범위/부정) + 地

昨天他已经出发了。 (시간) 어제 그는 이미 출발했다.

到底你想怎么办？ (어기) 도대체 너는 어떻게 할 생각이니?

这么晚了，他怎么还不来？ (관련) 이렇게 늦었는데 그는 왜 아직 안 오지?

我常去那家超市。 (빈도) 나는 그 슈퍼마켓에 자주 간다.

我们一起去，好吗？ (범위) 우리 같이 갈래?

你别这么说。 (부정) 너 이렇게 말하지 마.

(3) 전치사구(장소/방향/노선/대상/근거/목적) + 地

① · 장소 : 在~　· 방향 : 往~，向~，从~　· 노선 : 沿着~，顺着~

他在网吧玩电脑呢。 (장소) 그는 PC방에서 컴퓨터 게임을 하며 놀고 있다.

我在候车室等汽车。 (장소) 나는 대합실에서 차를 기다리고있다.

往右拐。 (방향) 우회전하다.

我从我家去你那儿。 (방향) 나는 우리 집에서 네가 있는 곳으로 간다.

沿着这条马路一直走，就到地铁站。 (노선)
이 길을 따라 쭉 걸어가면 전철역이다.

② · 대상 : 对~，把~，跟~　· 근거 : 按照~，按　· 목적 : 为~，为了~

我对汉语很有兴趣。 (대상) 나는 중국어에 매우 흥미가 있다.

我们按照法律规定办事。 (근거) 우리들은 법률 규정에 따라 일을 처리한다.

为了实现自己的理想，一定要努力学习。 (목적)
자신의 이상을 실현하기 위해서는 반드시 열심히 공부해야 한다.

(4) 의문대명사, 지시대명사 + 地

钱是哪儿来的？ (의문대명사) 돈이 어디에서 났니?

为什么这样做？ (지시대명사) 왜 이렇게 했나요?

TIP

1음절 형용사가 부사어로 쓰였을 경우 地를 쓰지 않지만 중첩했을 경우에는 地를 쓸 수 있다.
慢慢儿(地)走。
천천히 가세요.

TIP

부사 뒤에는 보통 地를 붙이지 않지만 일부 2음절 부사 뒤에 地를 붙여서 강조를 나타내기도 한다.
他的手艺非常(地)好。
그의 솜씨는 매우 좋다.

- 出发 chūfā 통 출발하다
- 超市 chāoshì 명 슈퍼마켓
- 一起 yìqǐ 부 함께, 같이

TIP

시간부사 :
已经，就，才，曾经
어기부사 :
到底，偏偏，简直
관련부사 :
也，还，就
빈도부사 :
又，常，再，还
범위부사 :
一起，仅仅，只
부정부사 :
别，不，没，未
참고 : 189p

- 网吧 wǎngbā 명 PC방
- 玩 wán 통 놀다
- 候车室 hòuchēshì 명 대합실
- 往 wǎng 전 ~쪽으로
- 右 yòu 명 오른쪽
- 拐 guǎi 통 방향을 바꾸다
- 马路 mǎlù 큰길, 도로
- 地铁站 dìtiězhàn
  명 지하철역
- 有兴趣 yǒu xìngqù
  흥미가 있다
- 规定 guīdìng 명 규정
- 办事 bànshì
  통 일을 처리하다
- 实现 shíxiàn 통 실현하다
- 理想 lǐxiǎng 명 이상
- 努力 nǔlì 통 노력하다

2. 地를 쓰는 경우

대부분 동작이나 동작자를 수식하는 묘사성 부사어는 일반적으로 地를 씁니다.

문샘 한마디

地를 쓰는 경우만 외워두면 나머지는 모두 地를 쓰지 않는 경우겠죠 ^^

(1) 2음절 형용사 + 地

2음절 형용사 뒤에는 일반적으로 地를 쓰지만 생략하는 경우도 있습니다.

姐姐冷淡地拒绝了我的要求。 언니는 내 요구를 냉담하게 거절했다.

再仔细(地)看一遍吧。 다시 한 번 자세히 봐라.

- 冷淡 lěngdàn

쌀쌀하다, 불경기다
- 拒绝 jùjué

거절(하다)
- 仔细 zǐxì 상세하다

(2) 형용사 중첩, 형용사구 + 地

형용사가 중첩되었을 경우나 형용사구 뒤에서는 地를 쓸 수도 있고 생략할 수도 있습니다.

学生们早早(地)来到了学校。 (형용사 중첩)

학생들은 일찌감치 학교에 왔다.

你好好儿(地)在家里看书。 (형용사 중첩)

너는 집에서 책 잘 보고 있어라.

小溪弯弯曲曲(地)流入江河。 (형용사 중첩)

시냇물은 꼬불꼬불하게 강으로 흘러든다.

电视台很详细(地)报道了那儿的情况。 (형용사구)

방송국에서 그곳의 상황을 아주 자세히 보도하였다.

- 早早 zǎozǎo

일찌감치, 빨리
- 好好儿 hǎohāor

좋다, 성하다 / 잘, 마음껏
- 小溪 xiǎoxī 시내
- 弯弯曲曲 wānwan qūqū

(길이)꼬불꼬불하다
- 江河 jiānghé 강
- 电视台 diànshìtái 방송국
- 详细 xiángxì 자세하다
- 报道 bàodào 보도하다

(3) 동사 + 地

雨不停地下。 비가 끊임없이 내린다.　拼命地学习。 필사적으로 공부하다.

- 不停 bùtíng 멈추지 않다
- 拼命 pīnmìng

목숨을 바치다, 필사적이다

(4) 수량사 중첩 + 地

수량사 중첩 뒤에서는 地를 쓸 수도 있고 생략할 수도 있습니다.

办事的时候，要一件一件(地)办。 일을 할 때는 하나씩 처리해야 한다.

一个一个(地)搬。 하나하나 옮기다.

- 搬 bān 옮기다, 운반하다

(5) 사자성어 + 地

我不由自主地点了点头，答应了他。

나는 나도 모르게 고개를 끄덕이며 그에게 동의를 했다.

他全神贯注地聆听校长所说的话。

그는 모든 정신을 집중하여 교장선생님이 하시는 말을 공손히 들었다.

- 不由自主 bùyóu zìzhǔ

저절로, 자기도 모르게
- 全神贯注

quánshén guànzhù

모든 정신을 다 집중하다
- 聆听 língtīng 공손히 듣다

부사어와 地

문샘 한마디

대부분의 부사 뒤에는 地를 쓰지 않지만 강조해서 설명할 경우 非常, 确实, 肯定, 分明, 的确, 渐渐, 逐渐 등은 地를 붙이기도 합니다.

	地를 쓰지 않는 경우	地를 쓰는 경우
형용사	· 1음절 형용사 + 동사 你别客气，多吃点儿吧。 사양하지 말고 많이 드세요。	· 2음절 형용사 再详细(地)看一遍吧。 다시 자세히 한번 보세요。 · 형용사 중첩 慢慢儿(地)走。천천히 걸으세요。 孩子们高高兴兴(地)跑了出去。 아이들이 기쁘게 뛰어 나갔다。
수량사		· 수량사 중첩 办事的时候，要一件一件(地)办。 일을 할 때에는 하나씩 하나씩 해야 한다。

- 办事 bànshì 图일을 처리하다
- ~的时候 deshihou ~할 때

TIP

동사가 부사어로 쓰였을 경우에는 地를 생략할 수 없다。
- 包 bao 图빚다

Speed Check

보기 중에 구조조사 地를 생략할 수 없는 경우를 고르세요。
A 从前天开始，雨不停地下。
B 你不要乱包饺子，一个一个地包。
C 他详细地说了刚刚发生的事情的情况。
D 我弟弟的病慢慢地好起来了。

해석 A 그저께부터 비가 쉬지 않고 내린다。　　　　정답 A
B 너 제멋대로 마구 만두를 빚지 마라。하나씩 빚어라。
C 그는 막 발생한 사건의 싱황에 대해 자세히 이야기했다。
D 내 남동생의 병은 천천히 나아지기 시작했다。

05 부사어가 여러 개 있을 경우

문샘 한마디

이렇게 외워요!
시간 어기기를 빈번하게 하는 장소영이 행방이 묘연해져 목격자를 대상으로 행위를 조사하고 있다。

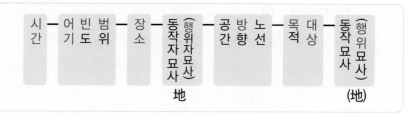

1. 일반적으로 시간을 나타내는 부사어가 앞에 옵니다.

他　正在　急急忙忙地　往家里　打　电话。
주어　　　　부사어　　　　술어　목적어
그는 다급하게 집으로 전화를 걸고 있는 중이다。

- 急忙 jímáng 웹급하다

他 　昨天 又 在家里 认真 地 复习 了 一遍。
　　[시간]+[빈도]+[장소]+[동작자 묘사]
주어　　　　　　　　부사어　　　　　　술어　　　보어

그는 어제 또 집에서 열심히 복습을 한 번 했다.

TIP

시간을 나타내는 부사어가 여러 개 있을 경우 :
시간명사 + 전치사구 + 부사

2. 동작자를 묘사하는 부사어가 동작을 묘사하는 부사어보다 앞에 옵니다.

> **동작자 묘사 + 동작 묘사**

他 高兴地 一步一步 走 起来 了。
　[동작자 묘사]+[동작묘사]
주어　　부사어　　　술어　보어

그는 즐거워하며 한 걸음 한 걸음 걷기 시작했다.

她 费劲儿地 一口一口 吃 下去 了。
　[동작자 묘사]+[동작묘사]
주어　　부사어　　　술어　보어

그녀는 힘들게 한 입 한 입 먹었다.

TIP

동작자 묘사 & 동작 묘사
동작자 묘사 부사어는 형용사나 형용사구로 구성되고 주어와 연결했을 때 자연스럽게 해석된다. 하지만 동작 묘사 부사어는 주어와 연결했을 때 자연스럽게 해석되지 않는다.
- 他很高兴 (O)
- 他一步一步 (×)

- 费劲(儿) fèijìn(r)
  [동] 힘을 들이다
- 口 kǒu [양] 모금, 식구

3. 전치사구

장소, 공간 등을 나타내는 부사어는 전치사구로 이루어져서 위치가 비교적 자유롭습니다.

我 认真地 在图书馆 准备 公务员 考试。(장소)
　[동작자 묘사]+[장소]
주어　부사어　　　　술어　관형어　목적어

在图书馆 我 认真地 准备 公务员 考试。(장소)
　[장소]　　[동작자 묘사]
부사어　주어　부사어　술어　관형어　목적어

나는 도서관에서 열심히 공무원 시험을 준비한다.

- 图书馆 túshūguǎn
  [명] 도서관
- 公务员 gōngwùyuán
  [명] 공무원
- 考试 kǎoshì
  [명][동] 시험(을 치다)

孩子们 常常 在补习班 把作业 做 完。(장소)
　　　[빈도]+[장소]+[대상]
주어　　　　부사어　　　술어　보어

在补习班 孩子们 常常 把作业 做 完。(장소)
　[장소]　　　　[빈도]+[대상]
부사어　　주어　　부사어　　술어　보어

아이들은 자주 학원에서 숙제를 다 한다.

- 补习班 bǔxíbān [명] 학원

她　从包里　把钱包　拿　了　出来。(공간)
　　　　[공간]　　[대상]
주어　　부사어　　　술어　　　　보어

她　把钱包　从包里　拿　了　出来。(공간)
　　[대상]　　[공간]
주어　　부사어　　　술어　　　　보어

그녀는 가방에서 지갑을 꺼냈다.

Speed Check

빈칸에 적합한 것을 고르세요.

我的孩子＿＿＿＿＿＿＿＿＿丢掉。

A 把拖鞋经常在学校　　　　　B 在学校经常把拖鞋
C 把学校经常在拖鞋　　　　　D 经常在学校把拖鞋

해석 우리 아이는 항상 학교에서 슬리퍼를 잃어버린다.　　　정답 D

06 부사어의 구성 성분

1. 부사

王老师　早就　走　了。 왕선생님은 벌써 가셨다.
　[명]　　[부]　[동][조]
주어　부사어　술어

这　件　事　非常　紧急。 이 일은 매우 급하다.
[대]＋[양]　　[부]　　[형]
관형어　　主어　부사어　술어

我　简直　高兴　极了。 나는 정말 기쁘다.
[대]　[부]　　[형]　　[부]
주어　부사어　술어　　보어

2. 형용사

他　热情　地　帮　过　我们。 그는 우리들을 친절하게 도와준 적이 있다.
[대]　[형]　[조]　[동]　[조]　[대]
주어　부사어　조　술어　조　목적어

路　有点儿　滑，小心　地　走。 길이 조금 미끄러우니, 조심히 가세요.
[명]　[부]　　[형]　[형]　[조]　[동]
주어　부사어　술어　부사어　　술어

TIP

부사어는 일반적으로
[빈도(经常)+장소(在
学校)+대상(把拖鞋)]
의 순서를 갖는다.

• 拖鞋 tuōxié [명]슬리퍼
• 丢掉 diūdiào
　[동]잃어버리다

• 早就 zǎojiù [부]벌써, 일찌감치

• 紧急 jǐnjí [형]급하다

• 热情 rèqíng [형]친절하다
• 帮 bāng [동]돕다
• 滑 huá [형]미끄럽다
• 小心 xiǎoxin [형]조심하다

3. 명사, 대명사, 수량사

明天　我　哥哥　从美国　回来。 내일 우리 오빠가 미국에서 돌아온다.
[시간명사] [대] [명] [전치사구] [동]
부사어　관형어　주어　부사어　술어

会议室里，老师们　在开会。 회의실에서 선생님들이 회의를 하고있다.
[장소명사] [명] [동사구]
부사어　주어　술어

你　怎么　还　不　知道　这　件　事？
[대] [대] + [부] + [부] [동] [대] + [양] [명]
주어　부사어　술어　관형어　목적어

너는 어째서 아직도 이 일을 모르니?

请　一个一个　地　算。 하나하나씩 계산해 주세요.
[동] [수량사 중첩] [조] [동]
술어1　부사어　술어2

• 还 hái [부] 아직도, 여전히

• 算 suàn [동] 계산하다

4. 동사

医生　关切　地　询问　病人　现在　的　情况。
[명] [동] [조] [동] [명] [명] [조] [명]
주어　부사어　술어　간·목　관형어　직·목

의사는 관심 있게 환자의 현재 상황에 대해 묻는다.

他　做　完　事儿，放心　地　回家　了。
[대] [동] [동] [명] [동] [조] [동] [조]
주어　술어　보어　목적어　부사어　술어

그는 일을 다 마치고, 안심하며 집으로 돌아갔다.

• 关切 guānqiè
  [명][동] 관심(을 갖다), 배려(하다)
• 询问 xúnwèn
  [동] 알아보다, 문의하다
  (이중 목적어를 동반함)
  询问 + 간·목 + 직·목
• 病人 bìngrén [명] 환자
• 放心 fàngxīn [동] 안심하다

5. 각종 구

那儿　的　人　非常热烈　地　迎接　了　我们。 (형용사구)
[대] [조] [명] [형용사구] [조] [동] [조] [대]
관형어　주어　부사어　술어　목적어

그곳 사람들은 매우 열렬히 우리를 반겨주었다.

他　满怀自信　地　等　着　结果。 (동사구)
[대] [동사구] [조] [동] [조] [명]
주어　부사어　술어　목적어

그는 자신감에 가득 차서 결과를 기다리고 있다.

我　向大家　表示　感谢。 (전치사구) 나는 모두에게 감사를 표한다.
[대] [전치사구] [동] [명]
주어　부사어　술어　목적어

• 热烈 rèliè [형] 열렬하다
• 迎接 yíngjiē
  [동] 마중하다, 받다, 연결하다

• 满怀 mǎnhuái
  [동] (원한, 기쁨 따위가)
  가슴에 꽉 차다
• 自信 zìxìn [명][동]
  자신(있다), 자신(하다)
• 结果 jiéguǒ [명] 결과
• 表示 biǎoshì [동] 표시하다

TIP

부사어가 되는 명사는 일반적으로 시간명사, 장소명사이다.

我　在六岁的时候　就　开始　学　钢琴　了。(전치사구)
[대]　　　[전치사구]　　　[부]　[동]　[동]　[명]　[조]
주어　　　　부사어　　　　술어　술어　술어　목적어
나는 여섯 살 때 피아노를 배우기 시작했다.

- 孤独 gūdú [형]외롭다

她　一个人孤独　地　喝　咖啡。(주술구)
[대]　[주술구]　[조]　[동]　[명]
주어　부사어　　　술어　목적어
그녀는 혼자 외롭게 커피를 마신다.

6. 사자성어

- 车祸 chēhuò [명]교통사고
- 若无其事 ruòwú qíshì [성]아무 일이 없었던 것 같다

自己　的　孩子　出　车祸　了，你　怎么　只是　若无其事　地　说说?
[명]　[조]　[명]　[동]　[명]　[조]　[대]　[대] ＋ [부] ＋ [성]　[조]　[동]
관형어　　주어　술어　목적어　　주어　　　　부사어　　　　　　술어
자신의 아이가 교통사고가 났는데, 넌 어째서 아무 일이 없었던 듯이 말하니?

- 几乎 jīhū [부]거의
- 三天两头 sāntiān liǎngtóu [성]사흘이 멀다 하고, 아주 빈번히

小王　几乎　三天两头　地　去　百货商店　买　衣服。
[명]　[부] ＋ [성]　[조]　[동]　[명]　[동]　[명]
주어　　부사어　　　술어　목적어　술어　목적어
샤오왕은 거의 사흘이 멀다 하고 백화점에 가서 옷을 산다.

부사어의 쓰임과 구성 성분

쓰임	주요 구성 성분
동작자 묘사	·형용사(구/중첩), 동사(구), 사자성어, 부사 她懒洋洋地过日子。 그녀는 활기 없이 생활한다. 他毫不犹豫地放弃了。 그는 조금의 망설임도 없이 포기했다. 他兴致勃勃地读完了全书。 그는 신이 나서 책을 전부 다 읽었다. 我偷偷知道了这件事。 나는 이 일을 남몰래 알아냈다.
동작 묘사	·형용사(구/중첩), 수량사(구/중첩), 동사(구), 의성어, 부사, 사자성어 他详细地叙述了事情的经过。 그는 일의 과정을 상세하게 진술했다. 只要你一步一步地努力做，就一定能实现。 네가 차근차근 열심히 하기만 하면 반드시 실현될 것이다. 她不停地安慰自己。 그녀는 계속해서 스스로를 위로했다. 大雨哗哗地下。 큰비가 주룩주룩 내렸다. 同学间也互相成为了好朋友。 학우들 간에도 서로 좋은 친구가 되었다. 大家七嘴八舌地议论起来了。 모두 왁자지껄하게 논의하기 시작했다.

- 懒洋洋 lǎnyángyáng [형]흥이나지 않다, 활기가 없다
- 毫不 háobu [부]조금도 …않다
- 犹豫 yóuyù [형]주저하다, 망설이다
- 放弃 fàngqì [동]포기하다
- 兴致勃勃 xìngzhì bóbó [성]흥미진진하다
- 叙述 xùshù [명][동]서술(하다), 설명(하다)
- 经过 jīngguò [명][동]경과(하다), 과정
- 安慰 ānwèi [동]위로하다
- 哗哗 huāhuā [의성]물이 넘쳐 흘러나는 소리
- 七嘴八舌 qīzuǐ bāshé [성]여러 사람이 제각기 떠들다

정도 부정 범위 빈도 상태 어기 관련	· 부사 发布会十分热闹。 발표회는 매우 떠들썩했다. (정도) 水果味甜未必好吃。 과일이 달다고 반드시 맛있는 것은 아니다. (부정) 光说不实现。 말만 하고 실현하지 않는다. (범위, 부정) 我常常去图书馆。 나는 자주 도서관에 간다. (빈도) 现在天气渐渐凉了。 지금 날이 점점 서늘해진다. (상태) 你究竟来不来? 너는 도대체 올 거니 안 올 거니? (어기) 校长也同意了。 교장선생님도 동의하셨다. (관련)	● 发布会 fābùhuì 몡발표회 ● 未必 wèibì 　뛤반드시 …한 것은 아니다 ● 光 guāng 뛤다만, 오직 ● 渐渐 jiànjiàn 뛤점점, 점차 ● 校长 xiàozhǎng 몡교장
시간	· 시간명사, 시간부사, 전치사구 假期我们打算去欧洲旅行。 방학기간에 우리는 유럽여행을 갈 것이다. 他们已经出发了。 그들은 이미 출발했다. 他从小就学习很不错。 그는 어려서부터 공부를 잘했다.	● 欧洲 Ōuzhōu 몡유럽
장소 노선 방향	· 장소명사, 전치사구 操场上, 同学们在打排球。 운동장에서 학우들이 배구를 하고 있다. 沿着这条路一直走, 就到邮局。 이 길을 따라 계속 가면 우체국에 도착한다. 昨天刚从北京回来。 어제 베이징에서 막 돌아왔다.	● 操场 cāochǎng 몡운동장
대상 목적 근거	· 전치사구 对学生的情况, 老师了如指掌。 학생의 상황에 대해 선생님은 훤히 알고 계시다. 为了考上清华大学, 他废寝忘食地学习。 칭화대학에 입학하기 위해 그는 먹고 자는 것도 잊고 공부한다. 按老师的要求去买教材。 선생님의 요구에 따라 교재를 사러간다.	● 了如指掌 liǎorú zhǐzhǎng 　졩제 손바닥 보듯 훤하다 ● 废寝忘食 fèiqǐn wàngshí 　졩먹고 자는 것도 잊다. 　어떠한 일에 전심전력하다

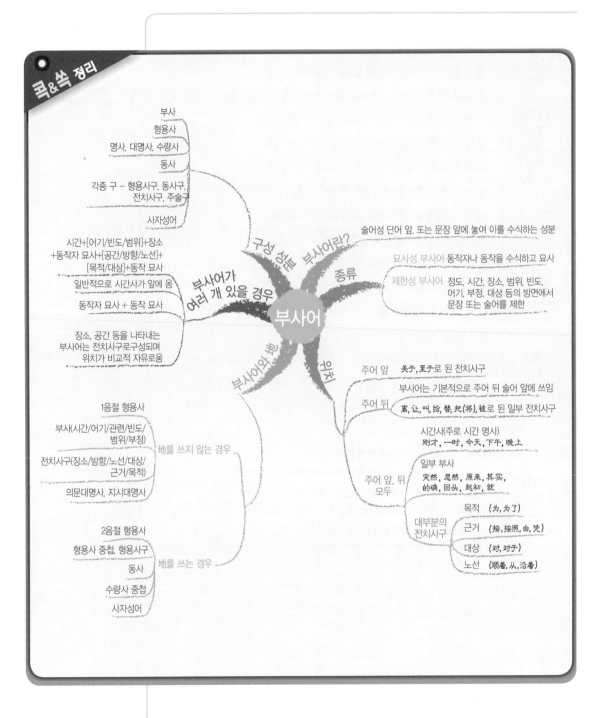

쾩&쏙 정리

부사어

구성 성분
- 부사
- 형용사
- 명사, 대명사, 수량사
- 동사
- 각종 구 – 형용사구, 동사구, 전치사구, 주술구
- 사자성어

부사어란?
- 술어성 단어 앞, 또는 문장 앞에 놓어 이를 수식하는 성분

종류
- 묘사성 부사어 동작자나 동작을 수식하고 묘사
- 제한성 부사어 정도, 시간, 장소, 범위, 빈도, 어기, 부정, 대상 등의 방면에서 문장 또는 술어를 제한

부사어가 여러 개 있을 경우
- 시간+[어기/빈도/범위]+장소 +동작자 묘사+[공간/방향/노선]+ [목적/대상]+동작 묘사
- 일반적으로 시간사가 앞에 옴
- 동작자 묘사 + 동작 묘사
- 장소, 공간 등을 나타내는 부사어는 전치사구로구성되며 위치가 비교적 자유로움

부사어와 地 위치

주어 앞
- 关于, 至于로 된 전치사구
- 부사어는 기본적으로 주어 뒤 술어 앞에 쓰임

주어 뒤
- 离, 让, 叫, 给, 替, 把(将), 被로 된 일부 전치사구

주어 앞, 뒤 모두
- 시간사(주로 시간 명사) 刚才, 一时, 今天, 下午, 晚上
- 일부 부사 突然, 忽然, 原来, 其实, 的确, 回头, 起初, 就
- 대부분의 전치사구
  - 목적 (为, 为了)
  - 근거 (按, 按照, 由, 凭)
  - 대상 (对, 对于)
  - 노선 (顺着, 从, 沿着)

地를 쓰지 않는 경우
- 1음절 형용사
- 부사(시간/어기/관련/빈도/ 범위/부정)
- 전치사구(장소/방향/노선/대상/ 근거/목적)
- 의문대명사, 지시대명사

地를 쓰는 경우
- 2음절 형용사
- 형용사 중첩, 형용사구
- 동사
- 수량사 중첩
- 사자성어

PART 1 문장성분

보 어

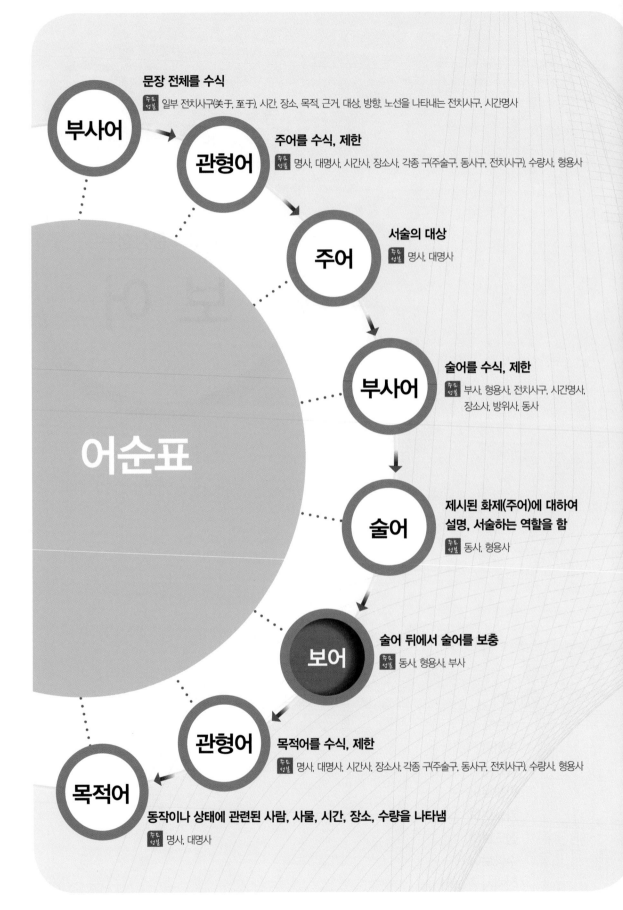

어순표

부사어 — 문장 전체를 수식
주요 설명 일부 전치사구(关于, 至于), 시간, 장소, 목적, 근거, 대상, 방향, 노선을 나타내는 전치사구, 시간명사

관형어 — 주어를 수식, 제한
주요 설명 명사, 대명사, 시간사, 장소사, 각종 구(주술구, 동사구, 전치사구), 수량사, 형용사

주어 — 서술의 대상
주요 설명 명사, 대명사

부사어 — 술어를 수식, 제한
주요 설명 부사, 형용사, 전치사구, 시간명사, 장소사, 방위사, 동사

술어 — 제시된 화제(주어)에 대하여 설명, 서술하는 역할을 함
주요 설명 동사, 형용사

보어 — 술어 뒤에서 술어를 보충
주요 설명 동사, 형용사, 부사

관형어 — 목적어를 수식, 제한
주요 설명 명사, 대명사, 시간사, 장소사, 각종 구(주술구, 동사구, 전치사구), 수량사, 형용사

목적어 — 동작이나 상태에 관련된 사람, 사물, 시간, 장소, 수량을 나타냄
주요 설명 명사, 대명사

01 보어란?

- 보어란 술어(동사, 형용사) 뒤에 놓여 그 의미를 보충하는 성분입니다. 보어의 종류에는 결과보어, 방향보어, 가능보어, 정도보어, 수량보어, 전치사구 보어가 있습니다.
- 보어가 있는 문장에서 중심적인 뜻은 술어보다 그 뒤에 있는 보어에 있습니다.

看	보다	
看完	다 보았다	(결과보어)
看出来	분간하다, 알아차리다	(방향보어)
看得懂	보고 이해하다	(가능보어)
看得仔细	자세히 보다	(정도보어)
看一遍	한 번 보다	(수량보어)

➡ 술어는 모두 看이지만 뒤에 어떤 보어가 쓰이냐에 따라 그 의미가 달라집니다.

TIP

보어와 목적어는 모두 술어 뒤에 놓이지만 차이가 있다.

보어:
형용사, 동사 등 술어성 성분
洗干净。 깨끗이 빨다

목적어:
명사, 대명사 등 명사성 성분
洗衣服。 옷을 빨다

• 懂 dǒng ⑤이해하다

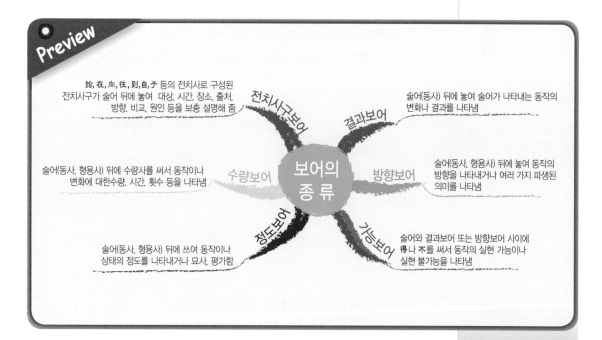

Preview

전치사구보어
给, 在, 向, 往, 到, 自, 于 등의 전치사로 구성된 전치사구가 술어 뒤에 놓여 대상, 시간, 장소, 출처, 방향, 비교, 원인 등을 보충 설명해 줌

결과보어
술어(동사) 뒤에 놓여 술어가 나타내는 동작의 변화나 결과를 나타냄

수량보어
술어(동사, 형용사) 뒤에 수량사를 써서 동작이나 변화에 대한수량, 시간, 횟수 등을 나타냄

보어의 종 류

방향보어
술어(동사, 형용사) 뒤에 놓여 동작의 방향을 나타내거나 여러 가지 파생된 의미를 나타냄

정도보어
술어(동사, 형용사) 뒤에 쓰여 동작이나 상태의 정도를 나타내거나 묘사, 평가함

가능보어
술어와 결과보어 또는 방향보어 사이에 得나 不를 써서 동작의 실현 가능이나 실현 불가능을 나타냄

02 결과보어

1. 결과보어란?

결과보어는 술어(동사) 뒤에 놓여 술어가 나타내는 동작의 변화나 결과를 나타 냅니다.

주 어	술 어	결과보어	목적어
	동 사	형용사 / 동사	

吃　　　　　먹다.

吃　饱　了 (결과) 배부르게 먹었다.
술어 결과보어

吃　够　了 (상태) 충분히 먹었다.
술어 결과보어

吃　完　了 (완료) 다 먹었다.
술어 결과보어

- 饱 bǎo 彲 배부르다
- 够 gòu 彲彲 충분하다

2. 결과보어의 부정 형식

술어 앞에 没를 사용하여 동작이 어떤 결과를 얻지 못했음을 나타냅니다. 이때 결 과보어 뒤에 了는 쓸 수 없습니다.

> 没 + 술어 + 결과보어 + 了̶

A : 你听懂了吗？ 알아 들으셨나요?

B : 对不起，没　听　懂。 죄송해요. 알아듣지 못했습니다.
　　　　　　没　술어 결과보어
　　　　　　＊没听懂了̶

- 演唱会 yǎnchànghuì 뎽 콘서트
- 票 piào 뎽 표

我　没　买　到　演唱会的票。 나는 콘서트 표를 사지 못했다.
　　没　술어 결과보어
　　＊没买到了̶

가정문이나 조건문의 부정은 不로 합니다.

我　不　买　到　演唱会的票，就不回家。
　　不　술어 결과보어
나는 콘서트 표를 사지 못하면 집에 가지 않겠다.

我　不　看　完　这本书，我就不睡觉。
　　不　술어 결과보어
나는 이 책을 다 보지 못하면 자지 않겠다.

★
3. 결과보어와 목적어의 위치

결과보어가 있는 문장에서의 목적어는 결과보어 뒤에 놓입니다.

> ### 주어 + 술어 + 결과보어 + 목적어

打　错　电话　了。 전화를 잘못 거셨습니다.
술어　결과보어　목적어

我　已经　收　到　了　电子邮件。 나는 이미 이메일을 받았다.
주어　부사어　술어　결과보어　　목적어

- 错 cuò 틀리다

- 收 shōu 받다
- 电子邮件 diànzǐ yóujiàn 이메일

4. 결과보어의 의문 형식

일반적으로 문장 끝에 '吗'를 붙이면 의문문이 됩니다. 결과보어가 있는 문장에서는 다음과 같은 형식으로 정반 의문문을 만듭니다.

> ### 주어 + 술어 + 결과보어 + 了没(有)?
> ### 주어 + 술어 + 没 + 술어 + 결과보어?

你喝完了吗?

= 你喝完了没有? 다 마셨습니까?

= 你喝没喝完?

5. 결과보어의 특징

> ### 주어 + 술어 + 결과보어 + 了₁ / 过 + 목적어 + (了₂)

(1) 술어와 결과보어 사이에 다른 성분이 들어갈 수 없습니다.

我　吃　好　了。 나는 잘 먹었다.
주어　술어　결과보어
＊我吃不好

我　听　见　了。 나는 들었다.
주어　술어　결과보어
＊我听不见

TIP

了₁ – 동태조사
동사 뒤에 쓰여 동작의 완성을 나타낸다.

了₂ – 어기조사
문장 끝에 놓여 상황 상태의 변화를 나타낸다.
참고: 232p

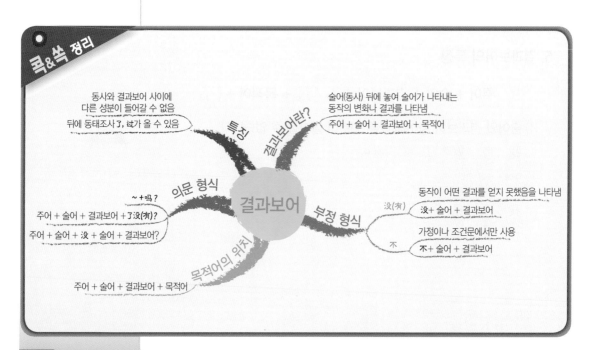

TIP

진행을 나타내는 동태 조사 着는 결과보어와 함께 쓰이지 않는다.

- 记 jì 동기억하다
- 碗 wǎn 양공기 (그릇을 셀 때)
- 冷面 lěngmiàn 명냉면

TIP

동태조사 了/过는 결과 보어 完 뒤에 와야 한다.

- 变成 biànchéng 동~로 변화하다
- 大人 dàrén 명어른, 성인

(2) '술어 + 결과보어' 뒤에는 일반적으로 동태조사 '了/过' 가 올 수 있습니다.

我 记 住 了 他 的 名字。 나는 그의 이름을 기억했다.
대 술어 결과보어 조 대 조 명
주어 술어 결과보어 관형어 목적어

她 从来 没 吃 完 过 一 碗 冷面。
대 부 + 술어 결과보어 수량 명
주어 부사어 술어 결과보어 관형어 목적어

그녀는 이제껏 냉면 한 그릇을 다 먹어본 적이 없다.

Speed Check

다음 중 잘못된 문장을 고르세요.
A 我的孩子变成大人了。
B 妈妈的话我听明白了。
C 准备好了，可以出发。
D 那本书，我看了完。

해석 A 우리 아이는 성인이 되었다.　　　　　　　정답 D
　　 B 어머니의 말을 나는 이해했다.
　　 C 준비가 다 되었으니 출발해도 된다.
　　 D 그 책을 나는 다 보았다.

콕&쏙 정리

동사와 결과보어 사이에 다른 성분이 들어갈 수 없음
뒤에 동태조사 了, 过가 올 수 있음

특징

결과보어란?
술어(동사) 뒤에 놓여 술어가 나타내는 동작의 변화나 결과를 나타냄
주어 + 술어 + 결과보어 + 목적어

의문 형식
~ + 吗?
주어 + 술어 + 결과보어 + 了没(有)?
주어 + 술어 + 没 + 술어 + 결과보어?

결과보어

부정 형식
동작이 어떤 결과를 얻지 못했음을 나타냄
没(有)　没 + 술어 + 결과보어
가정이나 조건문에서만 사용
不　不 + 술어 + 결과보어

목적어의 위치
주어 + 술어 + 결과보어 + 목적어

자주 쓰는 결과보어

결과보어의 대부분은 형용사이고 동사가 결과보어가 되는 경우는 비교적 적습니다. 형용사와 동사는 결과보어로 쓰일 때 본래의 의미와 다른 의미를 갖기도 합니다.

결과보어	의 미	예 문
好 hǎo	형 동작이 완성되었거나 만족스러운 정도에 이르렀음을 나타낸다.	菜做好了，你尝尝吧。 요리가 다 되었어, 맛 좀 봐.
完 wán	동 완료, 완성되다.	电视剧看完了。 드라마를 다 봤다.
懂 dǒng	형 알다, 이해하다.	老师的话我听懂了。 선생님의 말씀을 나는 알아들었다.
到 dào	동 ~에 이르다, ~을 이루어 내다.	钱包终于找到了。 지갑을 드디어 찾았다.
见 jiàn	동 감각기관, 동작동사(看, 听, 闻) 뒤에 붙어 동작의 결과를 나타낸다.	你听见了吗？ 너 들었어?
住 zhù	동 동작을 통해 사람 혹은 사물의 위치를 고정한다.	请记住我的手机号码。 제 휴대폰 번호를 기억해두세요.
掉 diào	동 ~해 버리다.	扔掉了。 던져 버렸다.
光 guāng	동 조금도 남지 않다.	这个月的工资花光了。 이번 달 월급을 다 썼다.
干净 gānjìng	형 깨끗하다, 하나도 남지 않다.	衣服都洗干净了。 옷을 모두 깨끗하게 빨았다.
清楚 qīngchu	형 분명하다, 명확하다.	讲清楚了。 분명하게 말했다.

• 尝 cháng 동맛보다

• 终于 zhōngyú 부마침내

• 号码 hàomǎ 명번호

• 扔 rēng 동버리다, 던지다

• 工资 gōngzi 명급여, 월급
• 花 huā 동(돈을) 쓰다

Speed Check

빈칸에 적합한 보어를 고르세요.

他把电视关____了。

A 住　　　　B 到　　　　C 完　　　　D 掉

해석 그는 텔레비전을 꺼버렸다.

정답 D

TIP

关과 어울리는 결과보어는 掉이다. 掉는 동사 뒤에 쓰여 '~해 버리다' 라는 뜻을 나타낸다.

03 방향보어

1. 방향보어란?

방향보어는 술어(동사, 형용사) 뒤에 놓여 동작의 방향이나 여러 가지 파생된 의미를 나타냅니다.

주 어	술 어	방향보어
	동사/형용사	방향을 나타내는 동사

跑　　　　뛰다.

跑　来　(방향) 뛰어오다.　　　唱　上了。(파생된 의미) 노래하기 시작했다.
술어　방향보어　　　　　　　　　술어　방향보어

跑　进　(방향) 뛰어들어가다.　　停　下了。(파생된 의미) 멈추었다.
술어　방향보어　　　　　　　　　술어　방향보어

2. 방향보어의 부정 형식

방향보어가 있는 문장은 일반적으로 没로 부정합니다.

> 没 + 술어 + 방향보어 + 목적어

她不在, 还　没　回　来。그녀는 없습니다. 아직 돌아오지 않았습니다.
　　　　　　没　술어　방향보어

太累了, 没　爬　上　山顶, 就　下　来　了。
　　　　没　술어　방향보어　목적어　　술어　방향보어
너무 힘들어서 정상까지 가지 않고 그냥 내려왔다.

가정문이나 조건문의 부정은 不로 부정합니다.

我　不　做　出　这道　题, 我就不回家。
　　不　술어　방향보어　관형어　목적어
나는 이 문제를 풀지 못하면, 집에 가지 않겠다.

你　不　闭　上　眼睛, 我就不告诉你。
　　不　술어　방향보어　목적어
네가 눈을 감지 않으면, 나는 너한테 안 알려줄 거야.

3. 방향보어의 종류

(1) 단순 방향보어

보어₁ : 上 / 下 / 进 / 出 / 回 / 过 / 起 / 开　　　보어₂ : 来 / 去

- 爬 pá 图기다, 올라가다
- 山顶 shāndǐng 图산 꼭대기

- 闭 bì 图닫다
- 告诉 gàosu 图알려주다

飞上 날아오르다	坐下 앉다
走进 걸어서 들어가다	走出 걸어서 나오다
走回 걸어서 돌아가다	走过 걸어서 지나가다
走来 걸어오다	走去 걸어가다
升起 솟아오르다	走开 비키다, 물러나다

• 升 shēng
  图 오르다, 올라가다

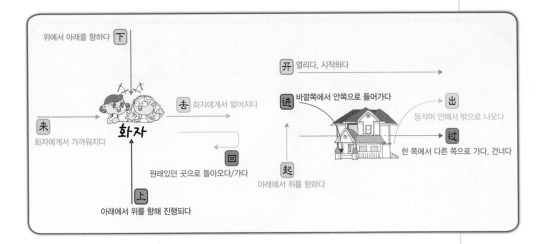

Speed **C**heck

빈칸에 적합한 보어를 고르세요.
陈西开始爱＿＿＿了导游这个职业。
A 到   B 上   C 中   D 下

해석 천시는 관광가이드라는 이 직업을 좋아하기 시작했다.   정답 B

TIP

上은 위로 향함을 나타낼 뿐만 아니라 동사 뒤에 쓰여 동작의 시작이나 계속됨을 나타내는 보어로 쓰인다.
• 导游 dǎoyóu
  图 관광가이드
• 职业 zhíyè 图 직업

(2) 복합 방향보어 (보어₁＋보어₂)

보어1 / 보어2	上	下	进	出	回	过	起	开
来	上来	下来	进来	出来	回来	过来	起来	开来
去	上去	下去	进去	出去	回去	过去	✗	开去

TIP

开는 来/去와 결합할 때 방향을 나타내지 않고 주로 파생 의미로 쓰입니다.
切开来 절개하다, 베어내다
传开去 널리 전해지다 (사방에) 퍼지다

93

小孩子　突然　跑　进来　了。 어린아이가 갑자기 뛰어 들어왔다.
주어　　부사어　술어 복합방향보어

他　已经　走　下去　了。 그는 이미 걸어 내려갔다.
주어　부사어　술어 복합방향보어

4. 방향보어와 목적어의 위치

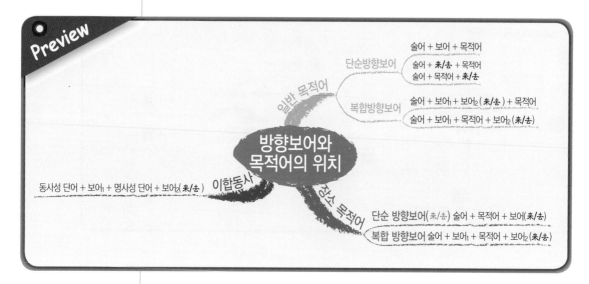

(1) 일반 목적어

① 단순 방향보어

• 일반적으로 목적어가 보어 뒤에 옵니다.

> **술어 + 단순 방향보어 + 일반 목적어**

• 寄 jì (우편으로) 부치다, 우송하다
• 封 fēng 봉투, 통
• 信 xìn 편지

姐姐　寄　来　了　一封　信。 누나가 편지 한 통을 보내왔다.
주어　술어 단순방향보어　관형어 일반목적어

老师　走　出　了　教室。 선생님은 교실을 걸어나가셨다.
주어　술어 단순방향보어　일반목적어

- 단순 방향보어 중 来나 去는 목적어 앞, 뒤에 모두 올 수 있습니다.

> **술어 + 来/去 + 일반 목적어**
> **술어 + 일반 목적어 + 来/去**

拿 来 了 一个 鸡蛋。 달걀 하나를 가져왔다.
술어　단순방향보어　　관형어　일반목적어

- 鸡蛋 jīdàn 명 달걀

拿 一个 鸡蛋 来。 달걀 하나를 가져와라.
술어　관형어　일반목적어 단순방향보어

带 去 了 一把 伞。 우산 하나를 가져갔다.
술어　단순방향보어　　관형어　일반목적어

带 一把 伞 去。 우산 하나를 가져가라.
술어　관형어　일반목적어 단순방향보어

② 복합 방향보어

- 목적어가 복합 방향보어 뒤에 옵니다.

> **술어 + 보어₁ + 보어₂ (来/去) + 일반 목적어**

我 想 出 来 一个 办法。 나는 한 가지 방법을 생각해 냈다.
주어　술어　보어₁　보어₂　관형어　일반목적어

从教室里 搬 出 去 一张 桌子。
부사어　　　술어　보어₁　보어₂　관형어　일반목적어
교실에서 책상 하나를 옮겨나가다.

- 목적어가 복합 방향보어 사이에 옵니다. 이때 来와 去만이 보어₂가 될 수 있습니다.

> **술어 + 보어₁ + 일반 목적어 + 보어₂ (来/去)**

你 想 出 一个 办法 来。 너는 한 가지 방법을 생각해 내라.
주어　술어　보어₁　관형어　일반목적어　보어₂

从教室里 搬 出 一张 桌子 去。
부사어　　　술어　보어₁　관형어　일반목적어　보어₂
교실에서 책상 하나를 옮겨나가라.

TIP

동작이 아직 발생하지 않았을 경우 来/去는 목적어 뒤에 쓴다.
[술어 + 목적어 + 来/去]
你去拿衣服来。
너 가서 옷을 가져와라.

TIP

단순 방향보어가 来/去 가 아닐 경우 보어는 장소 목적어 앞에 온다.
[술어 + 보어 + 장소 목적어]
我走出卧室。
나는 침실에서 걸어나 갔다.
• 卧室 wòshì 몡침실

• 家乡 jiāxiāng 몡고향
＝ 故乡/老家

이것만은 꼭!
장소 목적어는 来/去 앞에 온다.

(2) 장소 목적어

① 단순 방향보어

• 단순 방향보어가 来/去일 경우 목적어는 来/去 앞에 옵니다.

> **술어 + 장소 목적어 + 보어 (来/去)**

进 教室 来。 교실로 들어오다.　＊进来教室。(×)
술어　장소목적어　보어

他 回 家乡 去 了。 그는 고향으로 돌아갔다.　＊他回去家乡了。(×)
주어 술어 장소목적어 보어

② 복합 방향보어

• 복합 방향보어일 때 장소를 나타내는 목적어는 복합 방향보어 사이 (来/去 앞)에 놓입니다.

> **술어 + 보어₁ + 장소 목적어 + 보어₂ (来/去)**

• 楼 lóu 몡층

跑 上 楼 来。 위층으로 뛰어 올라오다.
술어 보어₁ 장소목적어 보어₂

• 办公室 bàngōngshì
　몡사무실

走 进 办公室 去 了。 사무실로 걸어 들어갔다.
술어 보어₁ 장소목적어 보어₂

(3) 이합동사

• 이합동사가 방향보어를 가질 경우 동사성 단어는 술어의 역할을 하고 명사성 단어는 목적어의 역할을 합니다. 목적어는 복합 방향보어 사이에 놓입니다.

> **동사성 단어 + 보어₁ + 명사성 단어 + 보어₂ (来/去)**

• 唱歌 chàng gē 툉노래하다

唱 起 歌 来。 노래를 부르기 시작했다.
동사성단어 보어₁ 명사성단어 보어₂

➡ 이합동사 (唱歌) + 복합 방향보어 (起来)

• 聊天 liáo tiān 툉이야기하다

聊 起 天 来。 수다를 떨기 시작했다.
동사성단어 보어₁ 명사성단어 보어₂

➡ 이합동사 (聊天) + 복합 방향보어 (起来)

• 转身 zhuǎn shēn
　툉몸을 돌리다

转 过 身 去。 몸을 돌렸다.
동사성단어 보어₁ 명사성단어 보어₂

➡ 이합동사 (转身) + 복합 방향보어 (过去)

5. 방향보어의 특징

(1) 방향보어 뒤에는 목적어와 동태조사 了, 过가 올 수 있습니다.

妈妈　送　来　了　很多好吃　的　东西。
　명　　동　동　조　경용품사구　조　　명
주어　술어　방향보어　　관형어　　　목적어

엄마가 맛있는 것을 많이 보내왔다.

我　跟教授　提　起　过　这个　问题。
대　전치사구　동　동　조　지·대·양　명
주어　부사어　술어　방향보어　관형어　목적어

나는 교수님에게 이 문제를 제기한 적이 있다.

• 教授 jiàoshòu 몡 교수

(2) 방향보어는 동작의 방향을 나타내는 본래의 의미와는 다른 파생된 의미를 나타내기도 합니다.

请你站起来。　일어나 주세요.

➡ 起来가 '아래에서 위로 향하다'는 방향의 의미를 나타낸다.

明年一定会好起来的。　내년에는 반드시 좋아질 것이다.

➡ 起来가 방향의 의미가 아닌 '시작과 지속'의 의미를 나타낸다.

• 一定 yídìng 囯 반드시

Speed Check

1. 보기 중 잘못된 문장을 고르세요.
　A 请你进来屋里。
　B 我差点儿认不出来他的脸。
　C 突然，下起雪来了。
　D 这么多菜谁也吃不下。

2. 다음 중 알맞은 보어를 고르세요.
　他的成绩渐渐好 ＿＿＿ 了。
　A 下去　　B 起来　　C 出来　　D 下来

해석 1. A 방 안으로 들어오세요.
　　　　B 나는 하마터면 그의 얼굴을 못 알아볼 뻔했다.
　　　　C 갑자기 눈이 내리기 시작했다.
　　　　D 이렇게 많은 음식은 누구도 먹을 수 없다.
　　　2. 그의 성적은 점점 좋아지기 시작했다.

정답 1. A / 2. B

TIP

1. 장소 목적어 屋里는 단순 방향보어 来 앞에 위치해 请你进屋里来. 가 되어야 한다.

• 差点儿 chàdiǎnr 囯 하마터면
• 认出 rènchū 동 분별하다, 식별하다

2. 好와 가장 잘 어울리는 보어는 起来이다. 起来는 '형용사+起来' 형태로 쓰이며, 어떤 상황이 발전되기 시작하여 정도가 계속 심화됨을 나타낸다.

• 渐渐 jiànjiàn 囯 점점, 점차

여러 가지 복합 방향보어

	의 미	예
出来	(안에서 밖으로)나오다	一位学生突然跑出来了。한 학생이 갑자기 뛰어나왔다. 你把那个家具搬出来吧。당신 그 가구를 옮겨주세요.
出去	(안에서 밖으로)나가다	你把桌子上的垃圾扔出去。책상 위의 쓰레기를 버려라. 他为什么走出去呢? 그는 왜 걸어나가는 거죠?
上来	(낮은 곳에서 높은 곳으로) 올라오다	一些学生往山顶上跑上来了。 몇몇 학생들이 산 정상으로 뛰어 올라왔다. 一条鲸鱼从水面跳上来了。 한 마리의 고래가 수면 위로 뛰어 올라왔다.
上去	(낮은 곳에서 높은 곳으로) 올라가다	我给爸爸送上去一瓶白酒。 나는 아빠에게 백주 한 병을 드렸다. 工人把椅子抬上去了。 노동자는 의자 두 개를 들어올렸다.
下来	① 분리 ② 사물의 고정 ③ 과거로부터 지속	把大衣脱下来。외투를 벗으세요. 你别走，留下来。가지 말고 남으세요. 五年英语学下来进步很大。 5년 동안 영어를 공부해오니 아주 많이 향상되었다.
下去	① 동작의 지속 ② 상태의 지속	我会坚持下去的。나는 버텨낼 것이다. 温度再低下去怎么办? 온도가 더 내려가면 어떡하지?
过来	① 정상적인 상태로 돌아오다 ② 이쪽에서 저쪽으로 방향을 바꾸다	你需要把睡懒觉的习惯改过来。 너는 늦잠 자는 습관을 고칠 필요가 있다. 把袜子翻过来洗吧。 양말을 뒤집어서 빨아라.
过去	① 본래의 정상적인 상태를 잃어버리다 ② 떠나거나 지나감을 나타낸다	我晕过去了。나는 기절했다. 飞过去了。날아갔다.
起来	① 분산되어 있던 것이 한 곳으로 모이다 ② 어떤 방면으로부터 예측, 평가하다 ③ 시작과 지속 ④ 회상 ⑤ 아래에서 위로 ⑥ 동작의 진행	把铅笔都收起来了。연필을 모두 모았다. 看起来他好像还在想那件事。(예측) 보아하니 그는 또 아직도 그 일을 생각하는 듯했다. 他突然笑起来。그는 갑자기 웃기 시작했다. 啊! 我想起来了。아! 생각났어. 站起来吧。일어나세요. 用起来很方便。쓰기에 매우 편리하다.

• 家具 jiājù 뗑가구

• 垃圾 lājī 뗑쓰레기

• 鲸鱼 jīngyú 뗑고래

• 白酒 báijiǔ
  뗑백주(술의 일종)
• 抬 tái 퉝들어 올리다,
  (위를 향해) 쳐들다

• 温度 wēndù 뗑온도
• 低 dī 쮕낮다
• 需要 xūyào 퉝필요하다
• 睡懒觉 shuì lǎnjiào
  늦잠을 자다
• 习惯 xíguàn 뗑습관, 버릇
  퉝습관이 되다
• 袜子 wàzi 뗑양말
• 翻 fān 퉝뒤집다
• 晕 yūn 퉝기절하다

TIP

起来는 평가의 의미로
쓰일 때 来로 바꿔쓸 수
있다.
看(起)来很不错。
보아하니 매우 괜찮다.
听(起)来很有意思。
듣자하니 매우 재미있다.

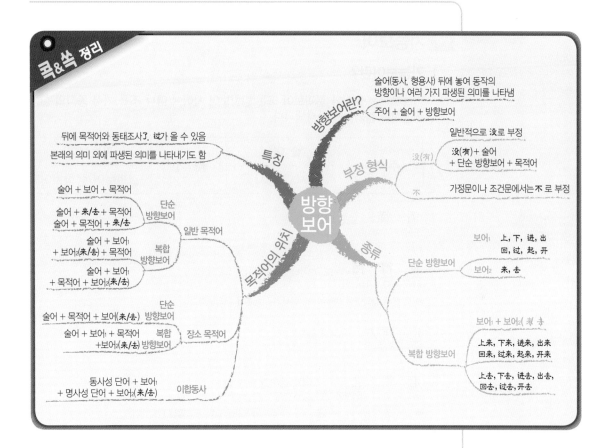

문쌤 한마디

가능보어는 주로 부정형식으로 쓰이고 긍정형식은 의문문을 제외하고는 쓰임이 비교적 적습니다.

04 가능보어

1. 가능보어란?

가능보어는 술어와 결과보어 또는 방향보어 사이에 得나 不를 써서 동작의 실현 가능이나 불가능을 나타냅니다.

주 어	술 어	得/不	가능보어
	동사/형용사		결과보어/방향보어

看　懂。 보고 이해하다.
술어　결과보어

看　得　懂。 보고 이해할 수 있다.
술어　得　가능보어

➡ 得 뒤에 결과보어 懂을 써서, 이해가 가능함을 나타낸다.

走　进去。 걸어서 들어간다.
술어　방향보어

走　得　进去。 걸어서 들어갈 수 있다.
술어　得　가능보어

➡ 得 뒤에 방향보어 进去를 써서, 걸어서 들어가는 것이 가능함을 나타낸다.

2. 가능보어의 부정 형식

가능보어의 得를 不로 바꾸면 불가능의 의미를 갖습니다.

> 술어 + 得 + 가능보어 : ～할 수 있다 (가능)
> ⬇
> 술어 + 不 + 가능보어 : ～할 수 없다 (불가능)

作业不多，一天做得完。 숙제가 많지 않아서, 하루면 다 할 수 있다.

作业太多，一天做　不　　完。 숙제가 너무 많아서, 하루에 다 할 수 없다.
　　　　　　　　술어　不　가능보어

这道题不难，回答得出来。 이 문제는 어렵지 않아서 대답할 수 있다.

这道题太难，回答　不　出来。 이 문제는 너무 어려워서 대답할 수 없다.
　　　　　　술어　不　가능보어

Speed **C**heck

제시된 단어가 들어갈 위치를 고르세요.

这部 A 电影 B 一个小时 C 看 D 完吗?

得

TIP
이 문제에서 得는 술어 看 뒤에 놓여 가능을 나타낸다.

해석 이 영화는 한 시간이면 다 볼 수 있어요? 　　　정답 D

3. 가능보어의 기타 형식

가능보어의 기본 형식은 '술어 + 得/不 + 결과/방향보어'이지만, 다른 형식으로도 가능보어를 만들 수 있습니다.

⑴ 술어 뒤에 '得了[liǎo]'나 '不了[liǎo]'를 써서 어떤 변화, 상태, 정도에 대한 가능과 불가능을 나타냅니다.

> 술어 + 得了 : ～할 수 있다, ～할 것이다 (가능, 추측)
> 술어 + 不了 : ～할 수 없다 (= 不能 + 술어)

这些菜，我一个人 吃 (술어) 得了。 이 음식들을 나 혼자 먹을 수 있다.

这些菜，我一个人 吃 (술어) 不了。 이 음식들을 나 혼자 먹을 수 없다.

下个星期，他 去 (술어) 得了 上海。 다음 주에 그는 상하이에 갈 수 있다.

下个星期，他 去 (술어) 不了 上海。 다음 주에 그는 상하이에 갈 수 없다.

⑵ 술어 뒤에 '得'나 '不得'를 써서 긍정, 확신에 대한 가능과 불가능을 나타냅니다.

> 술어 + 得 : ～할 수 있다 (확신)
> 술어 + 不得 : ～할 수 없다, ～해서는 안 된다 (금지, 경고)

这个节目，小孩子 看 (술어) 得。 이 프로그램은 어린이가 봐도 된다.

这个节目，小孩子 看 (술어) 不得。 이 프로그램은 어린이가 보면 안 된다.

문샘 한마디

不得는 일부 단음절 동사 뒤에서 '해서는 안 된다'라는 뜻을 나타냅니다.
做不得 해서는 안 된다.
吃不得 먹어서는 안 된다.
说不得 말해서는 안 된다.

• 节目 jiémù
  명 종목, 프로그램

고정격식화되어 한 단어처럼 쓰이는 단어도 있습니다.

舍得 shěde	아쉽지 않다	舍不得 shěbude	아쉽다, 미련이 남다, 섭섭하다
记得 jìde	기억하다	记不得 jìbude	기억하지 못하다
值得 zhíde	가치가 있다	不值得 buzhíde / 值不得 zhíbude 가치가 없다	
晓得 xiàode	알다	怪不得 guàibude	어쩐지
懂得 dǒngde	알다, 이해하다	顾不得 gùbude	돌볼 수 없다
懒得 lǎnde 하기 싫어하다, 귀찮아하다		恨不得 hènbude / 巴不得 bābude 간절히 바라다, 갈망하다	

★★ 4. 가능보어와 목적어의 위치

가능보어가 있는 문장에서의 목적어는 가능보어 뒤에 놓습니다.

> **주어 + 술어 + 得/不 + 가능보어 + 목적어**

现在 去, 买 得 到 票 吗? 지금 가면 표를 살 수 있습니까?
부사어 술어 술어 得 가능보어 목적어

突然 想 不 起来 他 的 名字。
부사어 술어 不 가능보어 관형어 목적어

갑자기 그의 이름이 생각나지 않는다.

TIP

[주어 + 술어 + 得/不 + 가능보어 + 목적어] 어순에 따라 정답은 B가 된다.

Speed Check

빈칸에 적합한 문장을 고르세요.

我们已经30多年没见了, 我 ＿＿＿＿＿＿＿＿ 。

A 不想起来他的脸　　　　　　B 想不起来他的脸
C 想起不来他的脸　　　　　　D 想不他的脸起来

해석 우리는 이미 30여 년 동안 보지 못했다. 나는 그의 얼굴이 기억나지 않는다.　**정답** B

5. 가능보어의 의문 형식

일반적으로 문장 끝에 '吗'를 붙이면 의문문이 됩니다. 가능보어가 있는 문장에서는 다음과 같은 형식으로 정반 의문문을 만듭니다.

주어 + 술어 得 가능보어 + 술어 不 가능보어?

你听得懂他的话吗? 너는 그의 말을 듣고 이해할 수 있니?

= 你 听 得 懂 听 不 懂 他的话?
　　술어 得 가능보어 술어 不 가능보어

中国的白酒, 你 喝 得 了 喝 不 了? 중국 백주를 너는 마실 수 있니?
　　　　　　술어 得 가능보어 술어 不 가능보어

你 去 得 了 去 不 了 她的结婚典礼? 그녀의 결혼식에 갈 수 있니?
　술어 得 가능보어 술어 不 가능보어

• 结婚 jié hūn [동]결혼하다
• 典礼 diǎnlǐ [명]의식

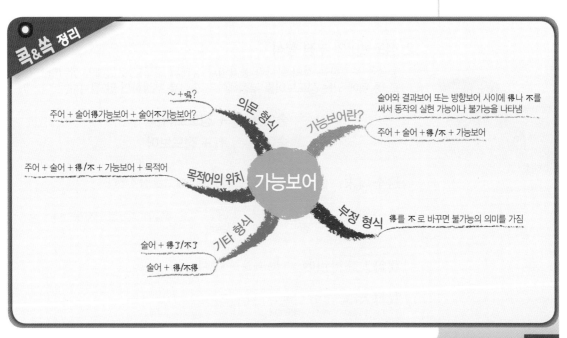

콕&쏙 정리

가능보어

의문 형식
~ + 吗?
주어 + 술어 得 가능보어 + 술어 不 가능보어?

가능보어란?
술어와 결과보어 또는 방향보어 사이에 得나 不를 써서 동작의 실현 가능이나 불가능을 나타냄
주어 + 술어 + 得/不 + 가능보어

목적어의 위치
주어 + 술어 + 得/不 + 가능보어 + 목적어

부정 형식
得를 不로 바꾸면 불가능의 의미를 가짐

기타 형식
술어 + 得了/不了
술어 + 得/不得

05 정도보어

1. 정도보어란?

정도보어는 술어(동사, 형용사) 뒤에 쓰여 동작이나 상태의 정도를 나타내거나 묘사, 평가합니다.

주 어	술 어	得	정도보어
	동사/형용사		동사/형용사/부사

吃 먹다.

吃 得 ┌ 很多。 (먹는 정도가 많다.) 많이 먹는다.
　　　　　정도보어

　　　　└ 很香。 (먹는 상태 묘사) 맛있게 먹는다.
　　　　　정도보어

- 香 xiāng ᴴ향기롭다, (음식이) 맛있다

정도보어는 주로 동사, 형용사, 부사로 구성되고 동사(구/중첩), 형용사(구/중첩), 사자성어 또는 고정격식된 단어들과 주술구도 정도보어로 쓰입니다.

高兴得蹦起来了。 (동사구) 기뻐서 팔짝 뛰었다.

打扫得干干净净。 (형용사 중첩) 깨끗하게 청소하다.

弄得乱七八糟。 (사자성어) 어지럽히다.

吓得他一声没吭。 (주술구) 놀라서 그는 소리도 내지 못했다.

- 蹦 bèng ᴴ뛰어오르다, 껑충 뛰다, 풀쩍 뛰다

- 乱七八糟 luànqī bāzāo ᴴ엉망진창이다
- 吭 kēng ᴴ소리를 내다, 말하다

2. 정도보어의 부정 형식

동작을 부정하는 것이 아니라 동작이나 상태의 정도를 부정해야 합니다. 그러므로 得 뒤에 있는 정도보어를 부정해야지 술어를 부정하면 안 됩니다.

문샘 한마디

'많이 먹는다(吃得很多)'의 부정은 '먹는 정도가 많지 않다(吃得不多)'이지, '안 먹는다(不吃)'가 아님을 주의하셔야 합니다.

- 周末 zhōumò ᴴ주말
- 休息 xiūxi ᴴ쉬다

> **술어 + 得 + 정도보어**
> **술어 + 得不 + 정도보어**

这个周末，他休息得很好。 이번 주말에 그는 잘 쉬었다.

这个周末，他休息 得不 好。 이번 주말에 그는 잘 쉬지 못했다.
　　　　　　　　술어　得不　정도보어

我每天睡得很晚。 나는 매일 늦게 잔다.

我每天睡 得不 晚。 나는 매일 늦게 자지 않는다.
　　　　술어　得不　정도보어

⭐⭐ 3. 상용되는 고정격식

'술어 + 得 + 정도보어'의 기본형식 외에도 다음과 같은 형식으로 동작이나 상태의 정도가 심함을 나타냅니다.

(1) 술어 + 极了/死了/坏了/透了

정도나 상황이 아주 심함을 나타냅니다. *주의: 得를 쓰지 않음

你也去吗? 那 <u>好</u> <u>极了</u>。 너도 가는 거야? 그거 너무 잘됐다.
　　　　　　술어 + 极了

　　　　　　 ＊好<s>得</s>极了

这几天我 <u>累</u> <u>死了</u>。 요 며칠 피곤해 죽겠다.
　　　　술어 + 死了

　　　　 ＊累<s>得</s>死了

我最近 <u>吃</u> <u>坏了</u> 肚子。 나는 요즘 배탈이 났다.　　　• 肚子 dùzi 몡배, 복부
　　　　술어 + 坏了

　　　　 ＊吃<s>得</s>坏了

我 <u>看</u> <u>透了</u> 你的心。 나는 너의 마음을 알아차렸어.
　　술어 + 透了

　　 ＊看<s>得</s>透了

(2) 술어 + 得多/得很/多了

정도나 상황의 충분함 또는 상태의 지나침을 나타냅니다.

你 <u>吃</u> <u>得多</u>, 容易胖。 너 많이 먹으면 살찌기 쉬워.　　• 胖 pàng 톙뚱뚱하다
　　술어 + 得多　　　　　　　　　　　　　　　　　　　• 夏天 xiàtiān 몡여름
今年夏天 <u>热</u> <u>得很</u>。 이번 여름은 매우 덥다.　　　　• 热 rè 톙덥다
　　　　술어 + 得很　　　　　　　　　　　　　　　　　• 简单 jiǎndān 톙간단하다
这么做, <u>简单</u> <u>多了</u>。 이렇게 하니까 훨씬 간단하다.
　　　　술어 + 多了

(3) 술어 + 得 + 要命/要死/不行/不得了

정도나 상황이 최고조에 이른 상태를 나타냅니다.

最近 <u>忙</u> <u>得</u> <u>要命</u>。 요즘 너무 바쁘다.
　　술어 + 得 + 要命

他拿到了入学通知书, <u>高兴</u> <u>得</u> <u>不得了</u>。　　• 入学 rùxué 동입학하다
　　　　　　　　　　　술어 + 得 + 不得了　　　　• 通知书 tōngzhīshū
그는 입학통지서를 받고 굉장히 기뻐했다.　　　　　　　 몡통지서

(4) 술어 + 得 + 慌

부정적인 의미로 불쾌감이나 부적합함을 나타내고 심리적, 육체적으로 견딜 수 없음을 나타냅니다.

> 보어 '很', '慌' 뒤에는 '了'를 쓰지 않는다.

- 烦 fán 통실증나다
  통짜증나게 하다

- 整天 zhěngtiān
  명온종일, 하루종일
- 饿 è 통배고프다

那件事让人 烦 得 慌。 그 일은 사람을 너무 귀찮게 한다.
　　　　　　술어 + 得 + 慌

整天没有时间吃饭，饿 得 慌。
　　　　　　　　　　술어 + 得 + 慌
하루종일 밥 먹을 시간이 없었다. 너무 배고프다.

4. 정도보어와 목적어의 위치

정도보어가 있는 문장에서 목적어가 있을 경우 목적어 뒤에 술어를 한 번 더 반복합니다. 정도보어를 만드는 得는 반복된 술어 뒤에 놓입니다. 이때 앞의 술어는 일반적으로 생략됩니다.

> 주어 + (술어) + 목적어 + 술어 + 得 + 정도보어

- 流利 liúlì 형유창하다

她 （说） 汉语 说 得 很 流利。 그녀는 중국어를 매우 유창하게 한다.
대 （통） 명 통 조 부 + 형
주어 （술어） 목적어 술어 得 　정도보어

＊她说汉语得很流利。(✕)　　＊她说得汉语很流利。(✕)

他 （唱） 歌 唱 得 很 好。 그는 노래를 잘 부른다.
대 （통） 명 통 조 부 + 형
주어 （술어） 목적어 술어 得 　정도보어

또한 목적어를 강조하거나 목적어가 복잡할 때는 목적어가 문장 맨 앞에 놓여 주어가 될 수 있습니다.

汉语，　她说得很流利。 (목적어 였던 汉语 강조: 회화체에서 많이 사용)
명 　　　　주술구
주어 　　　　술어
중국어를 그녀는 매우 유창하게 한다.

最近 在韩国 流行 的 歌，他唱得很好。 (목적어가 복잡할 경우)
명 + 전치사구 + 통 조 명　주술구
　　　관형어　　　　주어　술어
요즘 한국에서 유행하는 노래를 그는 잘 부른다.

Speed **C**heck

1. 문장을 바르게 고치세요.
　昨天我们吃泰国菜得很香。

　→ _____

TIP

1. [주어 + (술어) + 목적어 + 술어 + 得 + 정도보어]의 어순에 따라 '昨天我们吃泰国菜吃得很香'으로 고쳐야 올바른 문장이 된다.
2. 难이라는 동사가 술어로 쓰였고 그것과 가장 잘 어울리는 보어는 D 要命이다.
- 泰国 Tàiguó
  명태국

2. 빈칸에 들어갈 알맞은 말을 고르세요.

问题真是难得 ＿＿＿＿ 。

　　A 坏了　　　　B 多　　　　　C 透了　　　　D 要命

해석 1. 어제 우리는 태국음식을 맛있게 먹었다.　　**정답** 1. 昨天我们吃泰国菜吃得很香。
　　　　2. 문제가 정말 어렵다.　　　　　　　　　　　　2. D

5. 정도보어의 의문 형식

일반적으로 문장 끝에 '吗'를 붙이면 의문문이 됩니다. 정도보어가 있는 문장에서는 得 뒤의 정도보어를 '긍정+부정'하여 정반 의문문을 만듭니다.

> ### 술어 + 得 + 정도보어 不 정도보어?

他跑得快吗?

＝他跑　得　快　不　快?
　　술어　得　정도보어　不　정도보어

그는 빨리 달립니까?

他这次考试考得好吗?

＝他这次考试考　得　好　不　好?
　　　　　　술어　得　정도보어　不　정도보어

그는 이번 시험을 잘 보았습니까?

● 次 cì 📖번(횟수를 셀 때)

정도보어와 부사어

정도보어는 우리말의 부사어처럼 해석이 됩니다. 그럼 중국어에서 정도보어와 부사어의 차이에 대해 알아봅시다.

	정도보어	부사어
위치	[술어 + 得 + 정도보어] 吃　得　很多。 많이 먹는다. 술어　得　정도보어	[부사어 + 술어] 多　吃　点儿吧。 많이 먹어. 부사어　술어
1음절 형용사	동작을 묘사한다. 写得很快。 빨리 쓴다.	명령하거나 동작을 묘사한다. 快写! 빨리 써라!
2음절 형용사	결과를 나타낸다. 写得清楚。 명확하게 썼다.	동작을 묘사한다. 清楚地写。 명확하게 쓰다.
很	정도를 강하게 나타낸다. 快得很。 매우 빠르다.	정도를 약하게 나타낸다. 很快。 (매우) 빠르다.

정도보어와 가능보어 비교

	정도보어	가능보어
긍정형	[술어 + 得 + (정도부사) + 정도보어] 他说得很好。그는 말을 잘 한다.	[술어 + 得 + 가능보어] 他说得了。그는 말할 수 있다.
부정형	[술어 + 得 + 不 + 정도보어] 他说得不好。그는 말을 잘 못한다.	[술어 + 不 + 가능보어] 他说不了。그는 말할 수 없다.
목적어	[(술어) + 목적어 + 술어 + 得 + 정도보어] 他说汉语说得很好。 그는 중국어를 잘 말한다.	[술어 + 得 + 가능보어 + 목적어] 他说得了汉语。 그는 중국어로 말할 수 있다.
정반 의문문	[술어 + 得 + 정도보어 不 정도보어?] 他说得好不好? 그는 말을 잘 하니, 못하니?	[술어 得 가능보어 + 술어 不 가능보어?] 他说得了说不了? 그는 말을 할 수 있니, 할 수 없니?

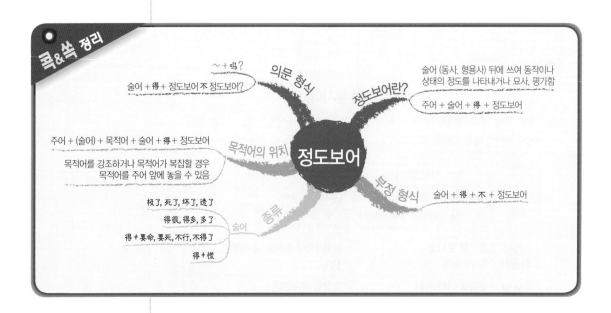

06 수량보어

1. 수량보어란?

수량보어는 술어(동사, 형용사) 뒤에 수량사를 써서 동작이나 변화에 대한 수량, 시간, 횟수 등을 나타내는 보어입니다. 수량보어는 동작의 횟수를 나타내는 동량보어(动量补语)와 동작, 상태의 시간이 길고 짧음을 나타내는 시량보어(时量补语)가 있습니다.

주 어	술 어	수량보어
	동사/형용사	동량보어/시량보어

听　　　듣다.

听　两次。(동작의 횟수) 두 번 듣다.
술어　동량보어

听　一个小时。(시간의 양) 한 시간 동안 듣다.
술어　　시량보어

2. 수량보어의 종류

(1) 동량보어

① 동량보어란?

동량보어는 동량사를 사용하여 **동작의 횟수**를 나타냅니다.

学 了 一遍。한 번 배웠다.
술어　　동량보어

见 过 两次。두 번 만난 적이 있다.
술어　　동량보어

② 동량보어의 부정 형식

동량보어에서 부정형식은 거의 쓰지 않고 동량보어가 있는 문장을 부정할 때, 동량보어는 부정부사와 술어 앞에 놓여 부사어가 됩니다.

> **동량보어 + (都/也) + 没 + 술어**

搬家以后，我们见过一次。이사한 이후에, 우리는 한 번 만난 적이 있다.
　　　　　　　　동량보어

⇨　搬家以后，我们一次 也 没 见 过。(일반적으로 쓰는 표현)
　　　　　　　　　　부사어　　没　술어

搬家以后，我们没见过一次。(거의 쓰지 않는 표현)
이사한 이후에, 우리는 한 번도 만난 적이 없다.

TIP

동량사
동작 혹은 변화의 횟수를 나타내는 양사
去过两次。두 번 가봤다.

TIP

동량보어는 부정 형식으로 쓸 경우 '一 … 都 / 也没 …' 형식으로 많이 쓰인다.

• 搬家 bānjiā 이사하다

그러나 문장 뒤에 기타 부연 설명이 있을 경우에는 '没 + 술어 + 동량보어'가 될 수 있습니다.

我们　没　见　过　几次，他就叫我哥哥。
　　　　没　술어　　동량보어

우리들은 몇 번 만나지도 않았는데, 그는 나를 형이라고 부른다.

③ 동량보어와 목적어의 위치

- 목적어가 일반명사일 경우, 동량보어는 목적어 앞에 옵니다.

> **술어 + 동량보어 + 목적어(일반명사)**

我　看　了　三遍　历史　书。나는 역사책을 세 번 보았다.
주어　술어　　동량보어　관형어　목적어

我　参加　过　一次　汉语水平考试。
주어　술어　조　동량보어　　목적어

나는 HSK시험을 한 번 본 적이 있다.

- 목적어가 대명사일 경우, 동량보어는 목적어 뒤에 옵니다.

> **술어 + 목적어(대명사) + 동량보어**

老师　叫　我　好　几遍，我　都　没　听　到。
주어　술어　목적어　관형 + 동량보어　주어　부 + 부사어　술어　보어

선생님은 나를 몇 번 부르셨는데 나는 모두 듣지 못했다.

我　去　过　那儿　两次，去　别　的　地方　吧。
주어　술어　조　목적어　동량보어　술어　관형어　　목적어　조

나는 그곳에 두 번이나 가봤어. 다른 곳으로 가자.

- 인명, 호칭, 지명을 표시하는 목적어는 동량보어 앞과 뒤에 모두 올 수 있습니다.

> **술어 + 목적어(인명/호칭/지명) + 동량보어**
> **술어 + 동량보어 + 목적어(인명/호칭/지명)**

她　找　过　小王　两次，他　都　不　在。(인명)
주어　술어　조　목적어　동량보어　주어　부 + 부사어　술어

- 历史 lìshǐ 몡 역사

- 参加 cānjiā 동 참가하다
- 汉语水平考试
  Hànyǔ Shuǐpíng Kǎoshì
  HSK(중국어 능력시험의 약자)

이것만은 꼭!
명사 목적어는 동량보어 뒤에만 쓰이고, 대명사 목적어는 동량보어 앞에만 쓰인다.

- 地方 dìfang 몡 곳, 지역

- 找 zhǎo 동 찾다.

她 找 过 两次 小王, 他 都 不 在。(인명)
주어 술어 동량보어 목적어 주어 부사어 + 술어

그녀는 샤오왕을 두 번 찾았는데, 그는 모두 자리에 없었다.

他 去 过 北京 一次。(지명)
주어 술어 목적어 동량보어

他 去 过 一次 北京。(지명)
주어 술어 동량보어 목적어

그는 베이징에 한 번 가본 적이 있다.

Speed Check

1. 제시된 단어가 들어갈 위치를 고르세요.

我 A 在那家 B 迪厅见过 C 他 D。
三次

2. 제시된 단어가 들어갈 위치를 고르세요.

我 A 打 B 过 C 保龄球 D。
两次

해석 1. 나는 그 디스코텍에서 그를 세 번 본 적이 있다.
2. 나는 볼링을 두 번 쳐 보았다.

정답 1. D
2. C

TIP

1. 목적어가 대명사일 경우 동량보어가 목적어 뒤에 온다.
● 迪厅 dìtīng 몡 디스코텍

2. 목적어가 일반명사일 경우 동량보어는 목적어 앞에 온다.
● 保龄球 bǎolíngqiú 몡 볼링

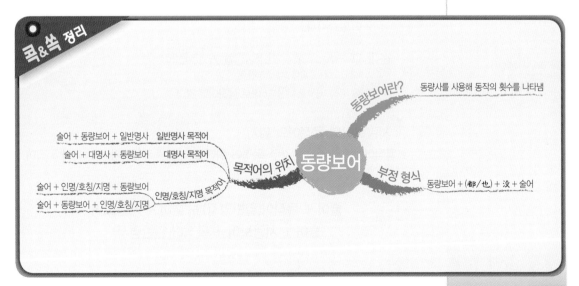

콕&쏙 정리

동량보어란? — 동량사를 사용해 동작의 횟수를 나타냄

동량보어

목적어의 위치
- 술어 + 동량보어 + 일반명사 — 일반명사 목적어
- 술어 + 대명사 + 동량보어 — 대명사 목적어
- 술어 + 인명/호칭/지명 + 동량보어 / 술어 + 동량보어 + 인명/호칭/지명 — 인명/호칭/지명 목적어

부정 형식 — 동량보어 + (都/也) + 没 + 술어

(2) 시량보어

① 시량보어란?

시량보어는 시간을 나타내는 수량사를 사용하여 동작, 상태의 시간이 길고 짧음을 나타냅니다.

• 分钟 fēnzhōng
명 분(시간의 단위)

等 了 二十分钟。 20분 동안 기다렸다.
술어 조 　　　시량보어

睡 了 两个小时。 2시간 동안 잤다.
술어 조 　　시량보어

② 시량보어의 부정 형식

시량보어는 부정 형식을 거의 쓰지 않습니다. 시량보어가 있는 문장을 부정할 때, 시량보어는 부정부사와 술어 앞에 놓여 부사어가 됩니다.

> **TIP**
> 동량보어와 시량보어는 모두 부정 형식을 쓸 경우 '— … 都/也没 …' 형식으로 많이 쓰인다.

┌─────────────────────────────────────┐
│ 시량보어 + (都/也) + 没 + 술어 │
└─────────────────────────────────────┘

• 饭店 fàndiàn 명 호텔

在这家饭店，我住了一天。 이 호텔에서 나는 하루 묵었다.
　　　　　　　　　시량보어

⇔ 在这家饭店，我 一天 也 没 住 过。 (일반적으로 쓰는 표현)
　　　　　　　　　　부사어　 没 술어

在这家饭店，我没住过一天。 (거의 쓰지 않는 표현)
이 호텔에서 나는 하루도 묵어본 적이 없다.

그러나 문장 뒤에 기타 부연 설명이 있을 경우에는 '没 + 술어 + 시량보어'가 될 수도 있습니다.

• 呆 dāi 동 머무르다

在北京 没 呆 几天，就去了上海。
　　　 没 술어 시량보어

베이징에 며칠 머무르지 않고 바로 상하이로 갔다.

③ 시량보어와 목적어의 위치

• 목적어가 일반명사일 경우, 목적어 뒤에 술어를 중복해주거나, 술어와 목적어 사이에 시량보어를 넣습니다.

┌─────────────────────────────────────┐
│ 술어 + 목적어(일반명사) + 술어 + 시량보어 │
│ 술어 + 시량보어 + 목적어(일반명사) │
└─────────────────────────────────────┘

我 看 电视 看 了 一个小时。
대 동 명 동 조 수량
주어 술어 목적어 술어 조 시량보어

나는 1시간 동안 텔레비전을 봤다.

我 看 了 一个小时 电视。
대 동 조 수량 명
주어 술어 조 시량보어 목적어

• 목적어가 대명사일 경우 시량보어 앞에 옵니다.

술어 + 목적어(대명사) + 시량보어

他 等 你 半天 了, 你 还 在这儿 干 什么?
대 동 대 수량 조 대 부 전치사구 동 대
주어 술어 목적어 시량보어 주어 부사어 술어 목적어

그가 너를 한참 기다렸는데 너는 아직 여기서 뭘 하는 거야?

老师 教 我们 两年 了。 선생님께서는 2년 동안 우리를 가르치셨다.
명 동 대 수량 조
주어 술어 목적어 시량보어

• 인명, 호칭은 시량보어 앞뒤에 모두 올 수 있지만 일반적으로 시량보어 앞에 쓰입니다.

술어 + 목적어(인명/호칭) + 시량보어
술어 + 시량보어 + 목적어(인명/호칭)

我们 等 丹丹 一会儿 吧。
대 동 명 수량 조
주어 술어 목적어 시량보어

우리 딴딴을 좀 기다리자.

我们 等 一会儿 丹丹 吧。
대 동 수량 명 조
주어 술어 시량보어 목적어

• 목적어가 지명일 경우 시량보어 앞에 옵니다.

술어 + 목적어(지명) + 시량보어

我 来 中国 两年 多 了。 나는 중국에 온지 2년이 넘었다.
대 동 명 수량 + 형 조
주어 술어 목적어 시량보어

我们一家人 住 北京 整整 五年 了。
명사구 동 명 형 + 수량 조
주어 술어 목적어 시량보어

우리 가족은 베이징에서 꼬박 5년을 살았다.

TIP

시량보어와 목적어(일반 명사) 사이에 的를 사용해 시량보어를 관형어로 쓸 수 있다.

我看了一个小时的电视。

• 半天 bàntiān
명 반나절, 한참

• 一会儿 yíhuìr
부 잠깐, 잠시

TIP

술어 + 了 + 시량보어
• 완료의 의미:
술어+了+시량보어
我学了半年。 나는 반년 동안 배웠다.
• 현재 지속의 의미:
술어+(了)+시량보어+了
我学(了)半年了。 나는 반년 동안 배워왔다. (지금도 배우고 있다.)

문샘 한마디

대명사 목적어와 지명 목적어는 시량 보어 앞에만 옵니다.

• 整整 zhěngzhěng
형 꼬박, 온전한

TIP

1. 목적어가 대명사일 경우 시량보어는 목적어 뒤에 온다.
2. 시량보어는 술어 뒤에 놓인다.

Speed Check

1. 제시된 단어가 들어갈 위치를 고르세요.

　　我等　A　了他　B，但他　C　还没来　D。
　　　　　　　半个小时

2. 제시된 단어가 들어갈 위치를 고르세요.

　　下课　A　以后　B　我　C　休息了　D。
　　　　　　　一会儿

해석 1. 나는 그를 30분이나 기다렸지만 그는 아직도 오지 않고 있다.
　　　2. 수업이 끝나고 나는 잠시 쉬었다.

정답 1. B
　　　2. D

콕&쏙 정리

시량보어란? 시간을 나타내는 수량사를 써서 동작, 상태의 시간이 길고 짧음을 나타냄

시량보어

목적어의 위치

- 술어 + 일반명사 + 술어 + 시량보어 ─ 일반명사 목적어
- 술어 + 시량보어 + 일반명사

- 술어 + 대명사 + 시량보어 ─ 대명사 목적어

- 술어 + 인명/호칭 + 시량보어 ─ 인명/호칭 목적어
- 술어 + 시량보어 + 인명/호칭

- 술어 + 지명 + 시량보어 ─ 지명 목적어

부정 형식
시량보어 + (都/也) + 没 + 술어

07 전치사구 보어

1. 전치사구 보어란?

给，在，向，往，到，自，于 등의 전치사로 구성된 **전치사구**가 술어 뒤에 놓여 보어의 역할을 합니다. 전치사구 보어는 술어의 대상, 시간, 장소, 출처, 방향, 비교, 원인 등을 보충해 줍니다.

문샘 한마디

전치사 给，在，向，往，到，自，于는 주어 뒤, 술어 앞 부사어 자리에도 쓰일 수 있고, 술어 뒤, 보어 자리에도 쓰일 수 있으므로 시험에서 이런 단어를 만나면 주의하여야 합니다.

주 어	술 어	전치사구 보어
	동사/형용사	给 / 在 / 向 / 往 / 到 / 自 / 于 + ~

这件 礼物 送 给你。 (대상) 이 선물을 너에게 줄게.
관형어 / 주어 / 술어 / 전치사구 보어

这件 事情 发生 在北京。 (장소) 이 일은 베이징에서 발생했다.
관형어 / 주어 / 술어 / 전치사구 보어

走 向胜利。 (방향) 승리를 향해 나아가다.
술어 / 전치사구 보어

火车 开 往首尔。 (방향) 기차가 서울을 향해 출발한다.
주어 / 술어 / 전치사구 보어

他 每天 工作 到很晚。 (시간) 그는 매일 아주 늦게까지 일한다.
주어 / 부사어 / 술어 / 전치사구 보어

她 来 自韩国。 (출처) 그녀는 한국에서 왔다.
주어 / 술어 / 전치사구 보어

我 父亲 忙 于写论文 没有时间来。 (원인)
관형어 / 주어 / 술어 / 전치사구 보어

나의 아버지는 논문을 쓰시느라 바빠서 오실 시간이 없다.

这个 价格 低 于市场。 (비교) 이 가격은 시장보다 싸다.
관형어 / 주어 / 술어 / 전치사구 보어

- 给 gěi (전) ~에게
- 在 zài (전) ~에, ~에서
- 向 xiàng (전) ~을 향해
- 往 wǎng (전) ~쪽으로
- 到 dào (전) ~까지
- 自 zì (전) ~부터
- 于 yú (전) ~에
- 发生 fāshēng (동) 발생하다
- 胜利 shènglì (명)(동) 승리(하다)

- 火车 huǒchē (명) 기차
- 开 kāi (동) 운전하다, 열다

- 论文 lùnwén (명) 논문

- 价格 jiàgé (명) 가격
- 市场 shìchǎng (명) 시장

Speed Check

제시된 단어가 들어갈 위치를 고르세요.
A 我送 B 从韩国带来的 C 纪念品 D 。
给他

TIP

전치사구 给他는 문장 안에서 보어로 쓰여 술어 뒤 목적어 앞인 B에 놓인다.
- 带来 dàilai (동) 가져오다
- 纪念品 jìniànpǐn (명) 기념품

해석 나는 그에게 한국에서 가져온 기념품을 주었다.　　　정답 B

2. 전치사구 보어의 부정 형식

전치사구 보어가 있는 문장을 부정할 때, 일반적으로 술어 앞에 부정부사를 쓰고 뒤의 了는 사라집니다.

> **부정부사(没/不) + 술어 + 전치사구 보어 + ~~了~~**

• 钥匙 yàoshi 명 열쇠

钥匙忘在家里。 열쇠를 집에 두고 왔다.

⇔ 钥匙 没 忘 在家里。 열쇠를 집에 두고 오지 않았다.
　　　 没　술어　전치사구 보어

那本书还给他了。 그 책을 그에게 돌려주었다.

⇔ 那本书 没 还 给他。 그 책을 그에게 돌려주지 않았다.
　　　　 没　술어　전치사구 보어

这件事发生在学校。 이 일은 학교에서 발생했다.

⇔ 这件事 没 发生 在学校。 이 일은 학교에서 발생하지 않았다.
　　　　 没　술어　전치사구 보어

가정문이나 조건문에서는 不로 부정합니다.

• 还 huán 동 반납하다, 돌려주다
• 罚款 fá kuǎn 이합 벌금을 물다

那本书 三天内 不 还 给图书馆，你会被罚款。
　　　　　　　不　술어　전치사구 보어

그 책을 3일 이내에 도서관에 반납하지 않으면 너는 벌금을 내야 할 거야.

我 不 看 到最后，就不回家。
　 不　술어　전치사구 보어

나는 마지막까지 보지 않으면 집에 가지 않을 거야.

Speed Check

보기 중 올바른 문장을 고르세요.
A 丹丹没来自日本。
B 这列火车开往不北京。
C 爸爸不出生于1967年。
D 我没交给老师。

TIP

A는 没대신 不를 써야 한다. B는 부정부사가 술어 뒤에 쓰였으므로 답이 될 수 없으며, '这列火车不是开往北京的'라고 해야 한다. C는 '爸爸不是出生于1976年'이라고 해야 올바른 문장이 된다.

해석 A 딴딴은 일본에서 온 것이 아니다.
　　 B 이 열차는 베이징으로 향하는 것이 아니다.
　　 C 아버지는 1967년에 출생한 것이 아니다.
　　 D 나는 선생님에게 건네주지 않았다.

정답 D

3. 전치사구 보어와 목적어의 위치

전치사구 보어가 있는 문장에서의 목적어는 전치사구 보어 뒤에 놓입니다. 술어
와 보어 사이에 놓이지 않는 것을 주의하세요.

> **주어 + 술어 + 전치사구 보어 + 목적어**

妈妈　递　给我　一把　钥匙。 엄마는 나에게 열쇠 하나를 건네준다.
주어　술어　전치사구 보어　관형어　　목적어

＊妈妈递一把钥匙给我。(×)

- 递 dì 건네주다
- 把 bǎ 자루가 있는 기구를 세는 단위

4. 전치사구 보어의 의문 형식

일반적으로 문장 끝에 '吗'를 붙이면 의문문이 됩니다. 전치사구 보어가 있는 문
장에서는 다음과 같은 형식으로 정반 의문문을 만듭니다.

> **주어 + 술어 + 전치사구 보어 + 了没有?**
> **주어 + 술어 没 술어 + 전치사구 보어?**

爸爸回到家了吗?

= 爸爸回　到家　了没有? 아빠는 집에 돌아오셨니?
　　술어　전치사구 보어　了没有

= 爸爸　回　没　回　到家?
　　　술어　没　술어　전치사구 보어

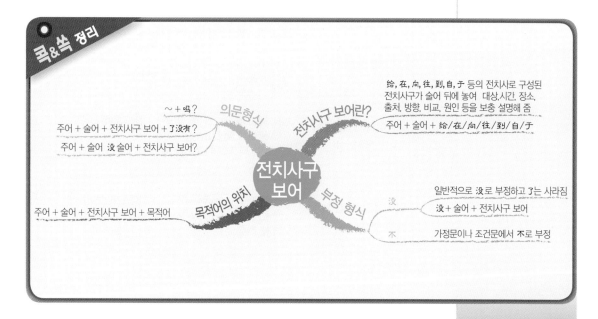

문샘 한마디

보어는 중국어를 공부할 때 가
장 어렵게 느껴지는 문장 성분
중 하나입니다. 여기서는 보어
를 보다 쉽게 익힐 수 있도록
묻고 답하는 형식으로 설명하
였습니다. 두 사람이 짝이 되
어 서로 묻고 답하는 연습을
통해 보어에 대한 자신감을 키
워 보는 것은 어떨까요?

자 ~ 그럼 시작해 볼까요?

• 惯 guàn ⑤ 습관이 되다

• 排球 páiqiú ⑲ 배구
• 了不起 liǎobuqi
  ⑱ 뛰어나다

• 安定 āndìng ⑱ 안정하다

묻고 답하며 보어 표현 익히기

甲	乙
天气怎么样？ 날씨 어때?	好极了 / 好得不得了。 너무 좋다. [정도보어] 热得要命。 심하게 덥다. [정도보어] 冷得很。 너무 춥다. [정도보어]
你喜欢吃中国菜吗？ 너 중국 음식 먹는 것 좋아하니?	吃得惯。 먹는 것에 익숙하다. [가능보어] 吃不惯。 먹는 것에 익숙하지 않다. [가능보어] 吃过一次。 한 번 먹어 보았다. [동량보어] 喜欢得很。 매우 좋아한다. [정도보어]
他(打)排球打得怎么样？ 그의 배구 실력은 어떠니?	了不起 / 打得很好。 매우 잘 친다. [정도보어] 看来很好。 보기에 잘하는 듯하다. [방향보어] 没看清楚。 정확하게 보지 못했다. [결과보어] 看不下去了。 더 이상 볼 수가 없다. (형편없다는 의미) [가능보어]
你记得她穿过的衣服吗？ 너는 그녀가 입었던 옷을 기억하니?	还记得。 아직 기억한다. [가능보어] 记不得。 기억하지 못한다. [가능보어] 记得很清楚。 정확하게 기억한다. [정도보어]
他的心情怎么样？ 그의 기분은 어떠니?	高兴极了。 아주 기뻐한다. [정도보어] 气死了。 몹시 화났다. [정도보어] 安定多了。 많이 안정이 되었다. [정도보어] 好起来了。 좋아졌다. [방향보어]
他爬山爬得怎么样？ 그의 산 오르는 실력은 어떠니?	爬得很好。 (산을) 잘 오른다. [정도보어] 他每次爬到山顶。 그는 매번 산꼭대기까지 오른다. [전치사구 보어]
你为什么不吃？ 너 왜 안 먹니?	吃不下。 (배불러서) 먹을 수 없다. [가능보어] 吃不了。 (너무 많아서) 먹을 수 없다. [가능보어] 吃不起。 (비싸서) 먹을 수 없다. [가능보어]

중국어에 날개달기

중국인들과 대화하다 보면 성어로 자신의 생각이나 의견을 표현하는 경우가 종종 있습니다. 이럴 때 우리도 미리 익혀둔 성어 한 마디로 자신의 중국어 실력을 뽐내보면 어떨까요?

坐井观天 zuòjǐng guāntiān

우물 안 개구리

易如反掌 yìrú fǎnzhǎng

손바닥을 뒤집는 것처럼 쉽다, 식은 죽 먹기

半斤八两 bànjīn bāliǎng

도토리 키 재기

日新月异 rìxīn yuèyì

날마다 새로워지다.

一见钟情 yíjiàn zhōngqíng

첫 눈에 반하다.

自作自受 zìzuò zìshòu

자업자득

莫名其妙 mòmíng qímiào

무슨 영문인지 모르겠다.

乱七八糟 luànqī bāzāo

엉망진창이다.

活到老 huódàolǎo , 学到老 xuédàolǎo

늙을 때까지 살고, 늙을 때까지 배운다. (끊임없이 배워 나감을 뜻함)

PART 2

품 사

PART 2 품사

명사와 대명사

01 명사란?

사람이나 사물, 공간, 방위, 시간을 나타내는 단어를 명사라고 합니다. 일반적으로 모든 사람과 사물에는 이름이 있고, 그 이름은 모두 명사에 속합니다.

电影 영화　　　　　　笔 펜　　　　　　花 꽃

명사는 문장 안에서 주어 또는 목적어로 쓰입니다.

中国 是 文明 古国。 중국은 문화가 오래된 나라이다.
[명]　[동]　[명]　[명]
주어　술어　　목적어

我 喜欢 上海。 나는 상하이를 좋아한다.
[대]　[동]　[명]
주어　술어　목적어

• 电影 diànyǐng [명]영화
• 笔 bǐ [명]펜
• 花 huā [명]꽃
• 文明 wénmíng
　[명]문명, 문화
• 古国 gǔguó
　[명]역사가 오래된 나라

02 명사의 종류

명사는 나타내는 대상이 무엇인지에 따라 다시 일반명사, 고유명사, 집합명사, 추상 명사, 시간명사, 방위명사, 장소명사로 나누어 집니다.

문샘 한마디

명사의 종류는 '매 시간 일고집 부리는 주(추)방장'이라고 외우면 쉽게 기억할 수 있습니다.

명사의 종류

종 류	예
일반명사	• 일반적으로 사람이나 사물을 나타내는 명사 人 rén 사람　国家 guójiā 국가　城市 chéngshì 도시　书 shū 책　山 shān 산 医生 yīshēng 의사　自行车 zìxíngchē 자전거　服务员 fúwùyuán 종업원
고유명사	• 어떤 특정한 사람이나 사물의 이름을 나타내는 명사 三国志 Sānguózhì 삼국지　中国 Zhōngguó 중국　全智贤 Quán zhìxián 전지현 韩国 Hánguó 한국　首尔 Shǒu'ěr 서울
집합명사	• 지칭하는 대상이 개체가 아니라 여러 개 혹은 여러 명인 명사 人口 rénkǒu 인구　观众 guānzhòng 관중　人类 rénlèi 인류　车辆 chēliàng 차량
추상명사	• 구체적인 것이나 물질이 아닌 추상적인 개념을 나타내는 명사 观念 guānniàn 관념　思想 sīxiǎng 사상　原则 yuánzé 원칙　爱 ài 사랑 理论 lǐlùn 이론
시간명사	• 날짜, 시간, 계절을 나타내는 명사 现在 xiànzài 지금　昨天 zuótiān 어제　今天 jīntiān 오늘　明天 míngtiān 내일 后天 hòutiān 모레　春节 chūnjié 설　三个小时 sāngexiǎoshí 세 시간 一个星期 yígexīngqī 일주일
방위명사	• 방향과 위치를 나타내는 명사 东 dōng 동　西 xī 서　南 nán 남　北 běi 북　上 shàng 위　下 xià 아래 左 zuǒ 왼쪽　右 yòu 오른쪽　前 qián 앞　中 zhōng 가운데　后 hòu 뒤
장소명사	• 장소를 나타내는 명사 体育馆 tǐyùguǎn 체육관　学校 xuéxiào 학교　家 jiā 집　教室 jiàoshì 교실 办公室 bàngōngshì 사무실　操场 cāochǎng 운동장

TIP

우리나라에서는 '동서남북'이라고 하지만 중국에서는 '东南西北'라고 한다.

1. 시간명사

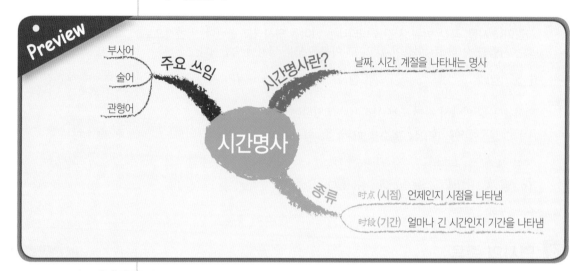

Preview

주요 쓰임
- 부사어
- 술어
- 관형어

시간명사란? 날짜, 시간, 계절을 나타내는 명사

시간명사

종류
- 时点 (시점) 언제인지 시점을 나타냄
- 时段 (기간) 얼마나 긴 시간인지 기간을 나타냄

(1) 시간명사란?

시간명사는 날짜, 시간, 계절 등을 나타내는 명사입니다.

(2) 시간명사의 종류

시간명사는 '시점(时点)'과 '기간(时段)'으로 나누어집니다.

시점과 기간

时点 shídiǎn	时段 shíduàn
언제인지 시점을 나타냄	얼마나 긴 시간인지 기간을 나타냄
今天，明天，两点 八点上班。여덟 시에 출근하다.	一天，三天，两个小时 上八个小时的班。여덟 시간 동안 일하다.

TIP

시점과 기간의 차이
시점: 시간의 흐름 중
    에 한 지점
기간: 어느 한 시점에
    서 또 다른 한 시
    점까지

(3) 시간명사의 주요 쓰임

① 시간명사는 주로 **주어 앞뒤에서 부사어 역할**을 합니다.

明年 我 去 中国。 내년에 나는 중국에 간다.
[시간명사] [대] [동] [명]
부사어 주어 술어 목적어

我 明年 去 中国。 나는 내년에 중국에 간다.
[대] [시간명사] [동] [명]
주어 부사어 술어 목적어

② 시간명사는 **시간 또는 날짜를 나타내고 술어**가 될 수 있습니다.

现在 　四点。 지금은 4시이다.
[시간명사]　[시간명사]
　주어　　　술어

今天 　八号。 오늘은 8일이다.
[시간명사]　[시간명사]
　주어　　　술어

③ 명사를 수식하는 **관형어**가 될 수 있습니다.

两年 　的 　留学生活 　特别 　难忘。
[시간명사]　[조]　　[명]　　[부]　　[구동]
관형어　　　　　주어　　부사어　　술어

2년 동안의 유학생활은 아주 잊기 어렵다.

今天 　的 　天气 　很 　不错。 오늘 날씨는 매우 좋다.
[시간명사]　[조]　[명]　[부]　[구동]
관형어　　　주어　부사어　술어

● 难忘 nanwang
[형] 잊기 어렵다, 잊을 수 없다

문샘 한마디

시간명사는 그밖에도 明天是
周末。에서와 같이 주어 또는
목적어로 쓰이기도 합니다.

2. 방위명사

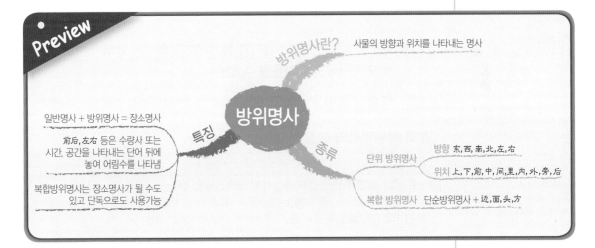

(1) 방위명사란?

방위명사는 사물의 방향과 위치를 나타내는 명사입니다.

(2) 방위명사의 종류

방위명사는 단순 방위명사와 복합 방위명사로 나누어 집니다.

TIP
以/之 + 단순 방위명사
형태로 복합 방위명사
를 만들 수 있다.
以东, 以上, 以前, 以外,
之东, 之上, 之外, 之中

① 단순 방위명사

방향 : 东 dōng, 西 xī, 南 nán, 北 běi, 左 zuǒ, 右 yòu
위치 : 上 shàng, 下 xià, 前 qián, 中 zhōng, 间 jiān, 里 li,
　　　 内 nèi, 外 wài, 旁 páng, 后 hòu

② 복합 방위명사

단순 방위명사 + 边 biān / 面 miàn / 头 tóu / 方 fāng :
上边, 里边, 前面, 里面, 外头, 前头, 后方, 东方

⑶ **방위명사의 특징**

① 위치를 나타내는 방위명사는 일반명사와 결합하여 장소명사를 만들
수 있습니다.

> **일반명사 + 방위명사 = 장소명사**

桌子 + 下 = 桌子下 책상 밑　抽屉 + 里 = 抽屉里 서랍 속

- 抽屉 chōuti 영서랍
- 里 li 영안, 속, 가운데

TIP
어림수 = 개수(概数)
개괄적이고 불확실한 수
참고: 151p

- 节日 jiérì 영기념일
- 前后 qiánhòu 영전후
- 左右 zuǒyou 영쯤, 가량

② 복합 방위명사 前后, 左右 등은 수량사 또는 나이, 시간, 공간을
나타내는 단어 뒤에 놓여 **어림수**를 나타냅니다.

节日前后 기념일 전후　　　　八岁左右 여덟 살 가량

③ 복합 방위명사도 장소명사가 될 수 있고, 의미가 통하기만 하면 거
의 모두 단독으로 사용할 수 있습니다.

右边是我的家。오른쪽이 우리 집이다.　外面下雨。밖에 비가 내린다.

- 历史 lìshǐ 영역사
- 舞台 wǔtái 영무대
- 作品 zuòpǐn 영작품
- 受 shòu 동받다
- 欢迎 huānyíng 동환영하다
- 歌手 gēshǒu 영가수
- 参考书 cānkǎoshū 영참고서
- 恶劣 èliè 형아주 나쁘다, 열악하다
- 教导 jiàodǎo 동지도하다
- 协助 xiézhù 동협조하다
- 前提 qiántí 영전제
- 帮助 bāngzhù 동돕다, 원조하다
- 顺利 shùnlì 형순조롭다
- 通过 tōngguò 동통과하다

在와 방위명사의 결합

> **在…上/中/下**

- **在…上** 방면/측면/공간적, 추상적 범위/조건에 있어서
在历史上 역사상　　在心理上 심리적으로　　在舞台上 무대에서　　在音乐上 음악에서
他的作品在世界上最受欢迎。그의 작품은 세계에서 가장 환영받는다.

- **在…中** 범위/과정 중에
在男歌手中 남자 가수 중에　　在现代小说中 현대 소설 중에　　在学习中 공부하는 중에
在许多参考书中 수많은 참고서 중에
在许多国家中, 我最想去德国。수많은 나라 중 나는 독일에 가장 가보고 싶다.

- **在…下** 범위/상황/조건하에서
在恶劣条件下 나쁜 조건하에서　　在老师的教导下 선생님의 지도하에서
在学校的协助下 학교의 협조하에서　　在这种前提下 이런 전제하에서
在姐姐的帮助下, 我顺利通过了考试。언니의 도움으로 나는 순조롭게 시험에 통과했다.

Speed Check

다음 중 알맞은 단어를 고르세요.
在许多男同学_____只有他一个人来了。
A 上　　B 中　　C 下　　D 里

해석 수많은 남학생 중 단지 그 사람 혼자만 왔다.　　　　정답 B

TIP
범위나 과정을 나타낼 때에는 在 … 中을 사용한다.

3. 장소명사

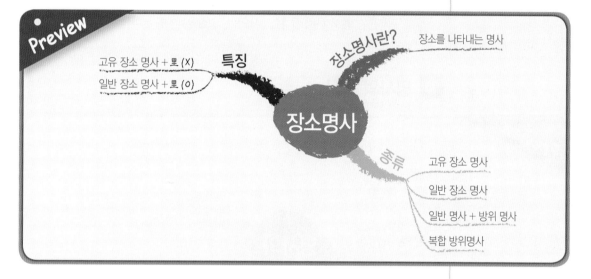

(1) **장소명사란?**

　　장소명사는 장소를 나타내는 명사입니다.

(2) **장소명사의 종류**

장소명사의 종류

종류	예
지명이나 건물의 이름을 나타내는 고유명사	中国，北京饭店
장소를 나타내는 일반 장소명사	学校，食堂，图书馆
일반명사 + 방위명사	包 + 里 → 包里
복합 방위명사	上面，下边，里面，外边

• 饭店 fàndiàn 명호텔
• 食堂 shítáng 명식당
• 包 bāo 명가방

(3) 장소명사의 특징

① 고유 장소명사는 방위사 '里'를 붙이지 않습니다.

• 首尔 Shǒu'ěr 몡서울
• 纽约 Niǔyuē 몡뉴욕

我在首尔里学习。➡ 我在首尔学习。(○) 나는 서울에서 공부한다.
爸爸在纽约里做生意。➡ 爸爸在纽约做生意。(○)

　　　　　　　　　　　　　　　　　　아빠는 뉴욕에서 사업을 하신다.

② 일반 장소명사 뒤에는 방위사 '里'를 써도 되고 안 써도 됩니다.

我在家(里)学习。 나는 집에서 공부한다.
小王在教室(里)看书。 샤오왕은 교실에서 책을 본다.

03 명사의 특징

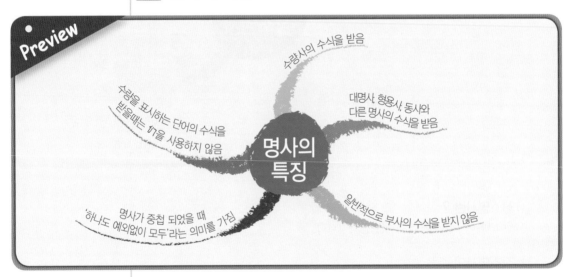

Preview

명사의 특징

- 수량사의 수식을 받음
- 대명사, 형용사, 동사와 다른 명사의 수식을 받음
- 일반적으로 부사의 수식을 받지 않음
- 명사가 중첩 되었을 때 '하나도 예외없이 모두'라는 의미를 가짐
- 수량을 표시하는 단어의 수식을 받을때는 '个'을 사용하지 않음

1. 수량사 + 명사

명사는 수량사의 수식을 받습니다.

两 个 人 두 사람
수 + 양 명
　수량사

六 节 课 6교시
수 + 양 명
　수량사

TIP
명사와 수사는 바로 결합 할 수 없고 반드시 사이에 양사가 필요하다.
참고: 149p

2. 대명사/형용사/동사/명사 + 명사

명사는 대명사, 형용사, 동사와 다른 명사의 수식을 받을 수 있습니다.

我 的 老师 나의 선생님
[대] + [조] [명]
관형어　　　　중심어

➡ 老师는 대명사 我의 수식을 받는다.

写 的 字 쓴 글씨
[동] + [조] [명]
관형어　　　　중심어

➡ 字는 동사 写의 수식을 받는다.

漂亮 的 衣服 예쁜 옷
[형] + [조] [명]
관형어　　　　중심어

➡ 衣服는 형용사 漂亮의 수식을 받는다.

中国 的 首都 중국의 수도
[명] + [조] [명]
관형어　　　　중심어

➡ 首都는 명사 中国의 수식을 받는다.

- 衣服 yifu [명] 옷
- 首都 shǒudū [명] 수도

3. ~~부사~~ + 명사

명사는 일반적으로 부사의 수식을 받지 않습니다.

~~很~~ 笔
부사　명사

~~米~~ 书
부사　명사

~~更~~ 台灯
부사　　명사

- 台灯 táidēng
  [명] 탁상용 전등, 스탠드

4. 명사 중첩

일반적으로 명사는 중첩할 수 없지만, '天, 家, 人, 年' 등의 일부 명사는 중첩이 가능합니다. 이러한 명사는 중첩되었을 때 '하나도 예외 없이 모두'라는 의미를 갖습니다.

人人都有梦想。 사람마다 모두 꿈이 있다.
[명사중첩]

家家都放鞭炮。 집집마다 모두 폭죽을 터트린다.
[명사중첩]

年年都在增长。 매년 증가하고 있다.
[명사중첩]

- 放 fàng [동] 불을 놓다
- 鞭炮 biānpào [명] 폭죽
- 增长 zēngzhǎng
  [동] 늘어나다, 증가하다

5. 명사 + 们

명사는 们으로 복수를 표현하지만 수량을 표시하는 단어의 수식을 받을 때는 '们'을 사용하지 않습니다.

朋友们 친구들　　　　弟兄们 형제들

很多客人~~们~~　　➡　　很多客人 (O) 매우 많은 손님

三个朋友~~们~~　　➡　　三个朋友 (O) 세 명의 친구

문샘 한마디

명사는 보어를 제외한 모든 문
장 성분으로 쓰일 수 있다.

- 成绩单 chéngjìdān
  명 성적표

TIP

명사는 '명사+的' 형태로
뒤의 명사를 수식할 수
있다.

- 红色 hóngsè 명 빨간색
- 钱包 qiánbāo 명 지갑
- 颜色 yánsè 명 색깔
- 鲜艳 xiānyàn
  형 (색이) 선명하다

04 명사의 주요 쓰임

1. 주어, 목적어

명사는 주로 주어 또는 **목적어**로 쓰입니다.

妈妈 是 老师。 어머니는 선생님이다.
주어 술어 목적어

我 看 成绩单。 나는 성적표를 본다.
주어 술어 목적어

2. 관형어

명사는 다른 명사를 수식하는 관형어가 될 수 있습니다.

红色 的 钱包 是 我的。 빨간 지갑은 내 것이다.
관형어 주어 술어 목적어

衣服 的 颜色 很 鲜艳。 옷의 색깔이 매우 선명하다.
관형어 주어 부사어 술어

3. 부사어

일부 명사는 술어 또는 문장 전체를 수식하는 부사어가 될 수 있습니다. 주로 시
점을 나타내는 시간명사와 장소를 나타내는 장소명사가 주어 앞뒤에서 부사어
로 쓰입니다.

我们 办公室 见。 우리 사무실에서 만나자.
주어 부사어 술어

➡ 办公室는 장소를 나타내는 명사로 술어 见을 수식한다.

每天晚上 我玩儿电脑。 매일 저녁 나는 컴퓨터를 하며 논다.
부사어 문장

➡ 每天晚上은 시간명사로 我玩儿电脑라는 문장 전체를 수식하고 있다.

4. 술어

명사는 일반적으로 술어가 될 수 없지만 **국적, 날씨, 시간**을 나타내는 명사는 술
어가 될 수 있습니다.

他 中国人。(국적) 그는 중국인이다.
[대] [명]
주어 술어

明天 晴天。(날씨) 내일은 맑은 날씨이다.
[명] [명]
주어 술어

后天 春节。(시간) 모레는 설날이다.
[명] [명]
주어 술어

TIP

명사가 술어가 된 경우는 보통 동사 是가 생략된 형태이다.
后天(是)春节。
모레는 설날이다.

● 晴天 qíngtiān
[명] 맑은 날, 쾌청한 날

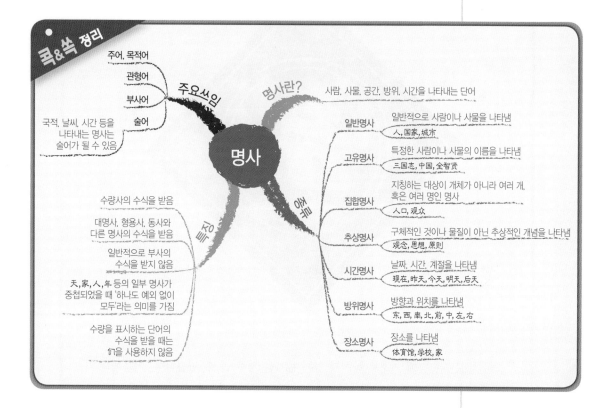

콕&쏙 정리

명사

명사란? 사람, 사물, 공간, 방위, 시간을 나타내는 단어

주요쓰임
- 주어, 목적어
- 관형어
- 부사어
- 술어 — 국적, 날씨, 시간 등을 나타내는 명사는 술어가 될 수 있음

종류
- 일반명사 — 일반적으로 사람이나 사물을 나타냄 — 人, 国家, 城市
- 고유명사 — 특정한 사람이나 사물의 이름을 나타냄 — 三国志, 中国, 全智贤
- 집합명사 — 지칭하는 대상이 개체가 아니라 여러 개, 혹은 여러 명인 명사 — 人口, 观众
- 추상명사 — 구체적인 것이나 물질이 아닌 추상적인 개념을 나타냄 — 观念, 思想, 原则
- 시간명사 — 날짜, 시간, 계절을 나타냄 — 现在, 昨天, 今天, 明天, 后天
- 방위명사 — 방향과 위치를 나타냄 — 东, 西, 南, 北, 前, 中, 左, 右
- 장소명사 — 장소를 나타냄 — 体育馆, 学校, 家

특징
- 수량사의 수식을 받음
- 대명사, 형용사, 동사와 다른 명사의 수식을 받음
- 일반적으로 부사의 수식을 받지 않음
- 天, 家, 人, 年 등의 일부 명사가 중첩되었을 때 '하나도 예외 없이 모두'라는 의미를 가짐
- 수량을 표시하는 단어의 수식을 받을 때는 们을 사용하지 않음

倒福

　중국에서는 문 앞에 거꾸로 붙여져 있는 福자를 자주 볼 수 있습니다. 처음에는 거꾸로 붙여 놓은 福자를 보고 글자를 모르는 중국 사람이 거꾸로 붙여 놓은 줄 알고 웃기도 합니다.

　하지만 원래 의미는 '복이 온다', 福到 [fúdào]의 到 발음과 '복자가 거꾸로 되다', 福倒 [fúdào]의 倒 발음이 똑같습니다. 그래서 '복이 온다'라는 의미로 福자를 거꾸로 붙여 놓은 것이랍니다.

01 대명사란?

대명사는 **명사를 대신하는** 단어로 사물에 일정한 이름을 붙이는 대신 그것을 직접 가리키는데 쓰이는 단어입니다.

这是送给你的礼物。 이것은 너에게 주는 선물이다.

➡ '이것은 너에게 주는 선물이다'라는 문장 안에서 '이것'은 선물이라는 대상을 가리키는 말로 대명사이다.

• 送 sòng 〈동〉보내다
• 给 gěi 〈전〉~에게
• 礼物 lǐwù 〈명〉선물

대명사는 가리키는 대상에 따라 사람을 대신 칭하는 **인칭대명사**와 사물, 장소 등을 가리키는 **지시대명사**, 그리고 의문문을 만드는 **의문대명사**로 나뉩니다.

他是我的好朋友。 (인칭대명사) 그는 나의 친한 친구이다.

那儿就是我的家。 (지시대명사) 저기가 바로 나의 집이다.

• 就是 jiùshì 바로 ~이다

你是谁呀? (의문대명사) 누구세요?

대명사는 명사를 대신하는 단어이기 때문에 그 기능이 명사와 크게 다르지 않습니다. 대명사는 모든 문장 성분이 될 수 있지만 주로 **주어**와 **목적어**로 쓰입니다.

★ 02 대명사의 종류

대명사의 종류에는 인칭대명사, 지시대명사, 의문대명사 세 종류가 있습니다.

1. 인칭대명사

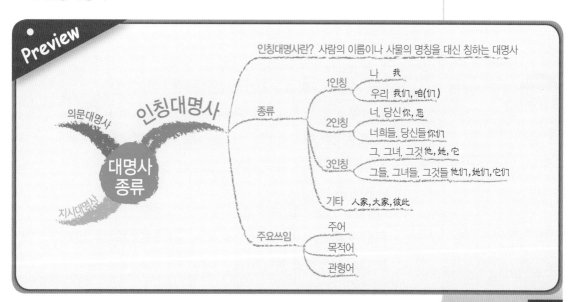

Preview

인칭대명사란? 사람의 이름이나 사물의 명칭을 대신 칭하는 대명사

인칭대명사

- 종류
  - 1인칭
    - 나 我
    - 우리 我们, 咱(们)
  - 2인칭
    - 너, 당신 你, 您
    - 너희들, 당신들 你们
  - 3인칭
    - 그, 그녀, 그것 他, 她, 它
    - 그들, 그녀들, 그것들 他们, 她们, 它们
  - 기타 人家, 大家, 彼此
- 주요쓰임
  - 주어
  - 목적어
  - 관형어

의문대명사

지시대명사

대명사 종류

(1) 인칭대명사란?

나, 너, 그녀 등 사람의 이름이나 사물의 명칭을 대신 칭하는 대명사를 인칭대명사라고 합니다.

(2) 인칭대명사의 종류

인칭대명사의 종류

	사람			사물
	1인칭	2인칭	3인칭	
단수	我 wǒ 나	你 nǐ 너 您 nín 당신(존칭)	他 tā 그 她 tā 그녀	它 tā 그것
복수	我们 wǒmen 우리 咱(们) zánmen 우리	你们 nǐmen 너희	他们 tāmen 그들 她们 tāmen 그녀들	它们 tāmen 그것들
	人家 rénjia 다른 사람, 그 사람, 자기 자신 大家 dàjiā 모든 사람, 모든 이			

・我们 wǒmen / 咱们 zánmen

	我们	咱们
공통점	我们과 咱们은 모두 '우리'라는 의미이다.	
차이점	듣는 사람을 포함할 수도 있고, 포함하지 않을 수도 있다.	반드시 말하는 사람과 듣는 사람 모두를 포함한다.
예	我们要去上课，你回去吧。 우리는 수업을 가야하니, 너는 돌아가라. (듣는 사람을 포함하지 않은 경우) 我们吃冷面吧。 우리 냉면 먹자. (듣는 사람을 포함한 경우)	咱们一起去看电影吧。 우리 같이 영화 보러 가자.

・人家 rénjia
다른 사람, 그 사람 또는 자기 자신을 나타낼 수 있습니다.

这台笔记本是人家的。(다른 사람) 이 노트북은 다른 사람 것이다.

人家小王就不那么想。(그 사람) 샤오왕 그 사람은 그렇게 생각하지 않는다.

人家好不容易才做完。(자기 자신) 내가 겨우 다 했다.

・彼此 bǐcǐ
대명사로 '서로', '피차'의 의미입니다.

我们彼此之间从没距离感。우리는 서로 여태껏 거리감이 없었다.

我们是不分彼此的好朋友。우리는 아주 친밀한 좋은 친구이다.

TIP

人家는 대명사로 쓰일 경우 '다른 사람', '그 사람', '자기 자신'을 나타내고, 이때 家는 경성으로 읽는다. 하지만 명사로 쓰였을 경우에는 '사람이 사는 집' 또는 '가정'을 뜻하며, 그때 家는 1성으로 읽는다.

・上课 shàng kè
　동 수업하다
・冷面 lěngmiàn 명 냉면
・笔记本 bǐjìběn
　명 노트북, 공책
・容易 róngyì 형 하기 쉽다

TIP

好容易 와 好不容易는 모두 '가까스로', '겨우'라는 뜻을 나타내는 부사이다.

TIP

互相 hùxiāng
互相은 부사로 동사 앞에 놓이며 '서로', '상호'의 의미이다.
・互相帮助。서로 돕는다.
・在外地你们要互相关心。
외지에서 너희는 서로 관심을 가져야 한다.

・距离感 jùlígǎn 명 거리감
・不分彼此 bùfēn bǐcǐ
　성 네 것 내 것을 가르지 않는다, 아주 친밀하다

(3) 인칭대명사의 주요 쓰임
인칭대명사는 주로 주어, 목적어, 관형어로 쓰입니다.

① 주어

我 是 韩国人。 나는 한국사람이다.
대 동 명
주어 술어 목적어

他 是 医生。 그는 의사이다.
대 동 명
주어 술어 목적어

• 医生 yīshēng 명 의사

我们 来 自世界各地。 우리는 세계 각지에서 왔다.
대 동 전+사+구
주어 술어 보어

② 목적어

谁 叫 我? 누가 날 부르지?
대 동 대
주어 술어 목적어

昨天 我 看 见 了 他。 어제 나는 그를 보았다.
명 대 동 동 조 대
부사어 주어 술어 보어 목적어

在学校 认识 了 他们。 학교에서 그들을 알았다.
전+사+구 동 조 대
부사어 술어 목적어

③ 관형어

我 妹妹 是 大学生。 내 여동생은 대학생이다.
대 명 동 명
관형어 주어 술어 목적어

她 的 表情 很 有意思。 그녀의 표정은 매우 재미있다.
대 조 명 부 형
관형어 주어 부사어 술어

• 表情 biǎoqíng 명 표정

她们 的 家 在 学校附近。 그녀들의 집은 학교 부근에 있다.
대 조 명 동 명+사+구
관형어 주어 술어 목적어

Speed Check

다음 중 알맞은 단어를 고르세요.
姐姐，我晚上跟朋友有约会，别等我回来，_____先睡吧。
A 咱们　　　　B 他　　　　C 你　　　　D 别人

해석 언니, 나는 저녁에 친구와 데이트가 있어, 내가 돌아오기를 기다리지 말고 먼저 자.
정답 C

TIP
2인칭을 나타내는 대명사는 你이다.
• 约会 yuēhuì 명 동 약속(하다)
• 别 bié 부 ~하지 마라
• 睡 shuì 동 잠자다

2. 지시대명사

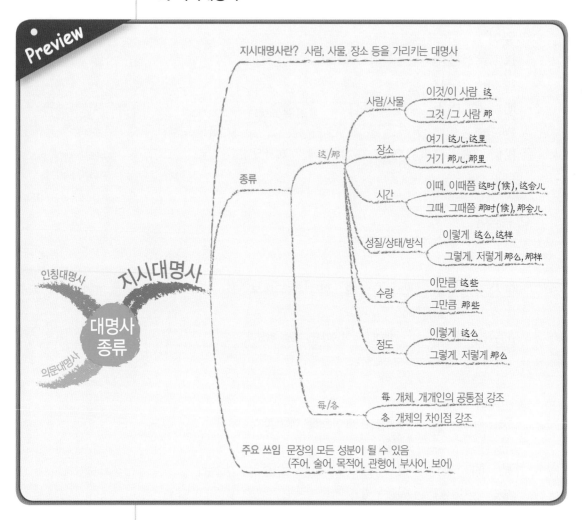

Preview

지시대명사란? 사람, 사물, 장소 등을 가리키는 대명사

종류

这/那

사람/사물
이것/이 사람 这
그것 /그 사람 那

장소
여기 这儿, 这里
거기 那儿, 那里

시간
이때, 이때쯤 这时(候), 这会儿
그때, 그때쯤 那时(候), 那会儿

성질/상태/방식
이렇게 这么, 这样
그렇게, 저렇게 那么, 那样

수량
이만큼 这些
그만큼 那些

정도
이렇게 这么
그렇게, 저렇게 那么

每/各

每 개체, 개개인의 공통점 강조
各 개체의 차이점 강조

주요 쓰임 문장의 모든 성분이 될 수 있음
(주어, 술어, 목적어, 관형어, 부사어, 보어)

인칭대명사
지시대명사
대명사 종류
의문대명사

(1) 지시대명사란 ?

사람, 사물, 장소 등을 가리키는 대명사를 지시대명사라고 합니다.

(2) 지시대명사의 종류

这와 那의 비교

	这	那
쓰임	가까운 것	먼 것
사람/사물	这(个) zhège 이것 / 이 사람	那(个) nàge 그것 / 그 사람

장소	这儿 zhèr 这里 zhèlǐ	여기	那儿 nàr 那里 nàlǐ	거기, 저기
시간	这会儿 zhèhuìr 这时候 zhèshíhou	이때, 이때쯤	那会儿 nàhuìr 那时候 nàshíhou	그때, 그때쯤
성질/상태/ 방식	这么 zhème 这样 zhèyàng	이렇게	那么 nàme 那样 nàyàng	그렇게, 저렇게
수량	这些 zhèxiē	이만큼	那些 nàxiē	그만큼
정도	这么 zhème	이렇게	那么 nàme	그렇게, 저렇게

TIP

사람 + 这儿/ 那儿
→ 장소명사화
咱们去老师那儿吧。
우리 선생님이 계신 그
곳으로 가자.
你来我这儿好不好?
너 내가 있는 곳으로
오는게 어때?

每와 各의 비교

	每	各
특징	'~마다, 매'의 의미로 개체, 개개 인의 공통점 강조	'각자, 각각'의 의미로 개체의 차 이점 강조
쓰임	**每 + (수사) + 양사 + 명사** ·每(一)次考试 (O) 매 시험마다 　每考试(×) ·每(一)家商店 (O) 매 상점마다 　每商店(×) ※**人，天，月，年，星期，小时** 　등은 양사 생략 가능 ·每(个)人 매 사람마다 ·每(个)年 매 해마다	**各 + 수사 + 양사 + 명사** ·各个商店 (O)　　각 상점 　各一家商店 (×) ※ 일반적으로 1음절 명사 앞에는 양 　사를 쓰지 않음 ·各班 (O) 각 반　·各省 (O) 각 성 　各个班 (×)　　各个省 (×)

문샘 한마디

各와 함께쓰일수있는 양사는
한정적이며 个 gè, 种 zhǒng,
样 yàng, 位 wèi, 门 mén,
届 jiè, 级 ji, 界 jiè, 项 xiang,
条 tiáo, 类 lèi 등이 있습니다.

(3) 지시대명사의 주요 쓰임

지시대명사는 문장의 모든 성분이 될 수 있으며 주로 주어, 목적어, 관형어, 부
사어로 쓰입니다.

① 주어

那儿　就　是　我们　的　学校。 저기가 바로 우리 학교이다.
대　　　부　동　대　　조　명
주어　부사어 술어 관형어　목적어

这些　已经　太　旧　了，换　新的　吧。
대　　부 + 부　형　조　동　的자구　조
주어　부사어　　술어　　　술어 목적어

이것들은 이미 너무 낡았으니 새것으로 바꾸자.

• 旧 jiù 형오래되다
• 换 huàn 동바꾸다

- 时时 shíshí 📖항상, 늘
- 总 zǒng 📖항상, 늘

② 술어

他　时时　这样。 그는 항상 이렇다.

[CH]주어　[부]부사어　[CH]술어

你　为什么　总　那样？ 너는 늘 왜 그러니?

[CH]주어　[CH]+[부]부사어　[부]술어

③ 목적어

- 剩 shèng 📖남다
- 自己 zìjǐ 📖스스로, 저절로
- 挑 tiāo 📖고르다

我们　的　学校　就　在　那儿。 우리 학교는 바로 저기에 있다.

[CH]관형어　[조]　[주]주어　[부]부사어　[동]술어　[CH]목적어

剩下的　是　这些，　你　自己　挑　吧。

[的자구]주어　[CH]술어　[목]목적어　[CH]주어　[부]부사어　[동]술어　[조]

남은 것은 이것들이니 너 스스로 골라라.

④ 관형어

- 冬天 dōngtiān 📖겨울
- 比较 bǐjiào 📖비교적
- 短 duǎn 📖짧다

这儿　的　冬天　比较　短。 이곳의 겨울은 비교적 짧다.

[CH]관형어　[조]　[명]주어　[부]부사어　[형]술어

那里　的　水果　比较　好吃。 그곳의 과일은 비교적 맛있다.

[CH]관형어　[조]　[명]주어　[부]부사어　[형]술어

⑤ 부사어

你　为什么　这样　做？ 너 왜 이렇게 하니?

[CH]주어　[CH]+[CH]부사어　[동]술어

你　这么　学　下去，一定　能　考　上　大学。

[CH]주어　[CH]부사어　[동]술어　[동]보어　[부]+[조동]부사어　[동]술어　[동]보어　[명]목적어

네가 이렇게 공부해 나간다면 반드시 대학에 붙을 것이다.

⑥ 보어

他　总是　做　得　那么　好。 그는 언제나 그렇게 잘한다.

[CH]주어　[부]부사어　[동]술어　[조]　[CH]+[형]보어

- 温柔 wēnróu

　📖부드럽다, 상냥하다

你　的　妹妹　说话　这么　温柔。

[CH]관형어　[조]　[명]주어　[동]술어　[CH]+[형]보어

네 여동생 말하는 것이 이렇게 부드럽다.

Speed Check

1. 빈칸에 적합한 단어를 고르세요.

国庆节 _____ 一个星期，我们班的几个同学一起去了泰国。

A 的   B 这   C 那   D 这么

2. 빈칸에 적합한 단어를 고르세요.

我上大学 _____，你还没去英国留学呢。

A 那会儿   B 这会儿   C 一会儿   D 过会儿

해석 1. 국경절 그 일주일 동안 우리 반의 몇 명 친구들은 함께 태국에 갔다.   정답 1. C
　　　2. 내가 대학 다닐 때, 넌 아직 영국으로 유학가지 않았었잖아?   2. A

TIP

1. 这와 那는 [这/那
+(수량사)+명사] 형
식으로 앞의 사물을
다시 가리킨다. 술어
去 뒤에 있는 了로 보
아 지난 일을 서술하
는 문장임을 알 수 있
으므로 답은 C가 된
다.
• 国庆节 Guóqìng Jié
  명 국경절(10월 1일)
• 泰国 Tàiguó 명 태국

2. 那会儿은 '(과거나
미래 시점의) 그때'라
는 뜻으로 이 문장 안
에서는 과거의 '그때'
를 나타낸다. 这会儿
은 '이때', 一会儿은
'잠시', 过会儿은 '잠시
후'라는 뜻을 나타내
므로 답이 될 수 없다.
• 还没…呢 háiméi…ne
  아직 …하지 않았다

3. 의문대명사

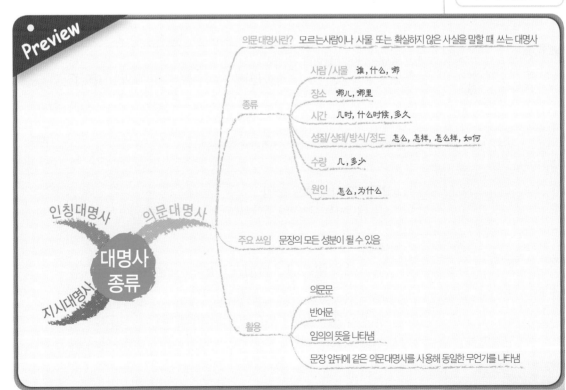

Preview

의문대명사란? 모르는 사람이나 사물 또는 확실하지 않은 사실을 말할 때 쓰는 대명사

대명사 종류
　인칭대명사
　의문대명사
　지시대명사

종류
　사람/사물   谁, 什么, 哪
　장소   哪儿, 哪里
　시간   几时, 什么时候, 多久
　성질/상태/방식/정도   怎么, 怎样, 怎么样, 如何
　수량   几, 多少
　원인   怎么, 为什么

주요 쓰임   문장의 모든 성분이 될 수 있음

활용
　의문문
　반어문
　임의의 뜻을 나타냄
　문장 앞뒤에 같은 의문대명사를 사용해 동일한 무언가를 나타냄

TIP

나이 묻는 표현
· 열살 이하의 아이에
  게: 你几岁了?
· 또래에게:
  你多大了?
· 어른에게:
  您多大年纪了?

(1) 의문대명사란?

'누구, 무엇, 어디'처럼 모르는 사람이나 사물 또는 확실하지 않은 사실을 말할 때 쓰이는 대명사를 의문대명사라고 합니다. 의문대명사는 의문문 외에도 반어문을 만들거나 '누구라도', '무엇이라도'라는 뜻을 나타낼 때 사용됩니다.

(2) 의문대명사의 종류

의문대명사의 종류

	의문대명사	
사람/사물	谁 shuí　누구	
	什么 shénme　무엇	
	哪 nǎ　어느	
장소	哪儿 nǎr，　哪里 nǎli　어디	
시간	几时 jǐshí，什么时候 shénmeshíhou　언제，多久 duōjiǔ　얼마동안	
성질/상태/ 방식/정도	怎么 zěnme，怎样 zěnyàng，怎么样 zěnmeyàng，如何 rúhé　어떻게, 어떠한	
수량	几 jǐ，多少 duōshao　얼마	
원인	怎么 zěnme，为什么 wèishénme　왜	

Speed Check

제시된 단어가 들어갈 위치를 고르세요.

他　A　真　B　不知道该　C　教　D　自己的孩子。

怎么

해석 그는 어떻게 자신의 아이를 가르쳐야 할지 정말 알 수 없었다.　　정답 C

TIP

[怎么+동사] 형식으로
방식을 물어볼 수 있다.
여기에서 怎么는 동사 教
앞에 쓰여 '가르치다'라
는 동사의 방식을 묻는
것이 가장 자연스럽다.

(3) 의문대명사의 주요 쓰임

의문대명사는 문장의 모든 성분이 될 수 있습니다.

① 주어

谁　是　你　的　男朋友?　누가 너의 남자친구니?
대　술　대　ㅈ　목적어
주어　술어　관형어　　　목적어

哪里　是　吸烟区?　어디가 흡연실인가요?
대　술　명
주어　술어　목적어

· 男朋友 nánpéngyou
  명 (남자)애인
· 吸烟区 xiyānqū
  명 흡연구역

② 술어

今天　天気　怎么样？　오늘 날씨 어때?
[명]　[명]　[대]
부사어　주어　술어

这　件　衣服　如何？　이 옷 어때?
[대]＋[양]　[명]　[대]
관형어　주어　술어

• 如何 rúhé
[대] 어떠한가, 어째서

③ 목적어

你　想　吃　什么？　너 뭐 먹고 싶어?
[대]　[조동]＋[동]　[대]
주어　부사어　술어　목적어

这　道　题　的　答案　是　多少？　이 문제의 답은 얼마지?
[대]＋[양]＋[명]　[조]　[명]　[동]　[대]
관형어　주어　술어　목적어

• 答案 dá'an [명] 답안

④ 관형어

你　喜欢　什么　颜色？　너 무슨 색 좋아해?
[대]　[동]　[대]　[명]
주어　술어　관형어　목적어

他　妻子　是　哪里　人？　그의 아내는 어디 사람이니?
[대]　[명]　[동]　[대]　[명]
관형어　주어　술어　관형어　목적어

• 妻子 qīzi [명] 아내

⑤ 부사어

你　怎么　不　吃　呢？　너 왜 안 먹니?
[대]　[대]＋[부]　[동]　[조]
주어　부사어　술어

导演　为什么　选　他　做　主角？
[명]　[대]　[동]　[대]　[동]　[명]
주어　부사어　술어　겸어　술어　목적어
감독님은 왜 그를 주인공으로 선택했지?

• 导演 dǎoyǎn
[명][동] 감독(하다)
• 选 xuǎn [동] 고르다, 선택하다
• 主角 zhǔjué
[명] 주인공, 주연

⑥ 보어

他　长　得　怎么样？　그는 어떻게 생겼니?
[대]　[동]　[조]　[대]
주어　술어　보어

飞机　起飞　多久　了？　비행기가 이륙한 지 얼마나 되었지?
[명]　[동]　[대]　[조]
주어　술어　보어

• 长 zhǎng
[동] 생기다, 성장하다
• 飞机 fēijī [명] 비행기
• 起飞 qǐfēi
[동] 이륙하다, 날아오르다

TIP

'무엇, 어떤'이라는 의미로 好处와 함께 쓰일 수 있는 단어는 B이다.
怎么와 怎么样은 '어떻게'라는 뜻으로 성질, 상태, 정도를 묻는데 쓰이고 为什么는 이유를 묻는데 쓰인다.

- 睡觉 shuì jiào
  图잠을 자다
- 起床 qǐ chuáng
  图일어나다
- 好处 hǎochu
  图이익, 이로운 점

Speed Check

빈칸에 적합한 단어를 고르세요.
早点儿睡觉，早点儿起床，有_____好处？你能说出来吗？
A 怎么　　　B 什么　　　C 为什么　　　D 怎么样

해석 일찍 자고 일찍 일어나는 것은 어떤 좋은 점이 있지? 너 말할 수 있어?　　정답 B

★ (4) 의문대명사의 활용

① 의문문을 만듭니다.

你去哪儿? 너 어디 가니?

现在几点了? 지금 몇 시나 되었지?

② 반어문을 만듭니다.

谁说我没有男朋友。（我有男朋友。）
내가 남자친구 없다고 누가 그래? (나는 남자친구가 있다.)

什么和你没关系。（和你有关系。）
뭐가 너와 상관이 없다는 거야? (너와 상관이 있다.)

③ '누구라도', '무엇이라도', '어디라도'라는 뜻을 나타냅니다.

> ### 의문대명사 + 都/也

- 女朋友 nǚpéngyou
  图(여자)애인
- 一起 yìqǐ 图함께, 같이

谁都知道我是你的女朋友。 내가 너의 여자친구라는 것은 누구라도 다 안다.

跟你在一起，去哪儿都可以。 너와 함께라면 어디든지 갈 수 있어.

妻子做的菜，什么都好吃。 아내가 만든 음식은 무엇이든 다 맛있다.

④ 문장 앞뒤에 같은 의문 대명사를 사용해 동일한 무언가를 나타내며 앞부분은 주로 조건을 제시합니다.

> ### ~의문대명사~, ~의문대명사~

你想买什么，就买什么。 네가 사고 싶은 것을 사.
➡ 문장의 앞부분 '你想买什么'는 조건을 제시한다.

今天的晚会谁想参加，谁就可以参加。

오늘 저녁 모임에 참가하고 싶은 사람은 누구나 참가할 수 있다.

➡ 문장의 앞부분 '今天的晚会谁想参加'는 조건을 제시한다.

• 晚会 wǎnhuì
  명 저녁모임
• 参加 cānjiā 동 참가하다

★★ 03 대명사의 위치

대명사는 일반적으로 수량사 앞에 쓰이고, 인칭대명사는 지시대명사 앞에 놓입니다.

문샘 한마디

'인·지·수·량·명' 이렇게 첫 글자만 외우면 편하겠죠?

인칭대명사 + 지시대명사 + 수량사(수사+양사) + 명사

我们 这 三 个 人 　우리 이 세 사람
인·대 지·대 수 양 명

咱们 这 五 个 人 　우리 이 다섯 사람
인·대 지·대 수 양 명

他们 那 两 所 学校 　그들의 그 두 학교
인·대 지·대 수 양 명

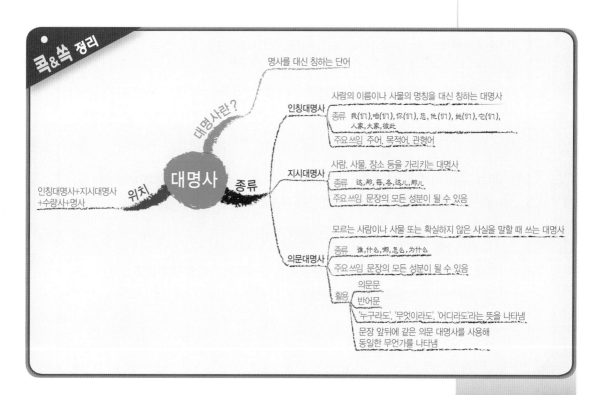

콕&쏙 정리

명사를 대신 칭하는 단어

대명사란?

대명사

위치　　　종류

인칭대명사+지시대명사
+수량사+명사

인칭대명사
사람의 이름이나 사물의 명칭을 대신 칭하는 대명사
종류　我(们),咱(们),你(们),您,他(们),她(们),它(们),
　　　人家,大家,彼此
주요 쓰임　주어, 목적어, 관형어

지시대명사
사람, 사물, 장소 등을 가리키는 대명사
종류　这,那,每,各,这儿,那儿
주요 쓰임　문장의 모든 성분이 될 수 있음

의문대명사
모르는 사람이나 사물 또는 확실하지 않은 사실을 말할 때 쓰는 대명사
종류　谁,什么,哪,怎么,为什么
주요 쓰임　문장의 모든 성분이 될 수 있음
활용　의문문
　　　반어문
　　　'누구라도', '무엇이라도', '어디라도'라는 뜻을 나타냄
　　　문장 앞뒤에 같은 의문 대명사를 사용해
　　　동일한 무언가를 나타냄

이제는 중국어가 필수인 시대다!

빠른 경제 성장과 2008년 베이징올림픽, 2010년 상하이 엑스포 등 세계적으로 주목받고 있는 중국!

중국어가 영어와 더불어 필수 외국어가 될 것이라는 전망에 따라 많은 학부모들이 앞다투어 자녀에게 중국어를 가르치고 있고, 심지어 유치원 때부터 조기유학을 생각하는 학부모들도 생겨났습니다.

또, 현재 중·고등학교 학생들에게 중국어가 큰 인기를 누리면서 중국어 교사의 수요가 자연스레 늘고 있고, 회사 내에는 중국어를 못하면 진급하는데 지장이 있을 것이라는 위기감이 고조되면서 학생뿐만 아니라 직장인들까지도 중국어학원을 찾고 있습니다.

한국, 중국 간에 사회, 경제적 교류가 활발해짐에 따라 수출입 및 물류 분야에서 중국어 능통자를 원하고 있고, 기업들의 중국 진출로 인해 현지 관리 업무를 담당할 사람들이 필요하게 되었습니다.

그 밖에 인적, 문화적 교류가 활발해지면서 중국 인사 초빙이나 중국발 기사, 자료의 발췌가 잦아지고 동시에 문학 작품의 관심 또한 증대되고 있어 중국어 전공의 기자, 통역가, 번역가의 역할도 중요해지고 있습니다.

02

PART 2 품사

수량사

01 수사란?

수를 나타내는 모든 단어는 수사에 속합니다. 수사에는 수의 많고 적음을 나타내는 기수, 순서를 나타내는 서수, 그리고 불확실하거나 대략적인 수를 나타내는 어림수가 있습니다.

- 一 하나, 二 둘, 三 셋, 四 넷 　　　　　　　　　　　　　(기수)

- 第一 첫 번째, 第二 두 번째, 五月 5월, 三楼 3층 　　　　(서수)

- 七八个 7~8개, 两三天 2~3일, 四五年 4~5년 　　　　　(어림수)

수사는 명사를 직접 수식할 수 없고, 수사와 명사 사이에 반드시 양사가 있어야 합니다.

- 一　个　人 (O) 한 사람 　　　　二　人 (X)
  수　양　명 　　　　　　　　　　수　명

02 수사의 종류

1. 기수

기수는 수의 많고 적음을 나타냅니다. 기수는 다시 정수, 소수, 배수, 분수로 나뉩니다.

(1) 정수

- 숫자: 零 líng 0　一 yī 1　二 èr / 两 liǎng 2　三 sān 3　四 sì 4
  　　　　五 wǔ 5　六 liù 6　七 qī 7　八 bā 8　九 jiǔ 9　十 shí 10

- 단위: 十 shí 십　百 bǎi 백　千 qiān 천　万 wàn 만　亿 yì 억

① 중간에 '0'이 있을 경우 그 '0'이 몇 개든지 '零'은 한 번만 씁니다.

4008 ➡ 四千零八　　　　　　　20003 ➡ 两万零三
1045007 ➡ 一百零四万五千零七

② 끝에 '0'이 있을 경우 그 '0'이 몇 개이든 생략해 읽으며, 단위사도 생략할 수 있습니다.

4500 ➡ 四千五(百)　　6000 ➡ 六千　　590 ➡ 五百九(十)

③ 100, 1000, 10000을 나타낼 때 百, 千, 万 앞에 一를 써줍니다.

一百 백　　　一千 천　　　一万 만

④ 전화번호나 방의 호수 등을 읽을 때 숫자 '一'는 습관적으로 'yāo'로 발음합니다.

> **TIP**
> 뒤에 양사가 올 때에는 단위사를 생략할 수 없다.
> 780 : 七百八(十)
> 780 个 : 七百八十个

- 火警 huǒjǐng
  (명) 119번(화재신고 전화번호)

119 火警 ➡ 一一九火警 [yāoyāojiǔ huǒjǐng] 119번(화재신고)

318 房间 ➡ 三一八房间 [sānyāobā fángjiān] 318호 방

(2) 소수

소수란 소수점으로 표시하는 숫자입니다. ' . '은 '点'으로 읽습니다.

- 点 diǎn (명) (소수)점

0.2 ➡ 零点二   805.8 ➡ 八百零五点八

앞의 숫자는 일반 정수와 같은 방법으로 읽고 ' . ' 이후의 숫자는 단위 없이 수사만 읽습니다.

446.9103 ➡ 四百四十六点九一零三 [sìbǎisìshíliù diǎn jiǔyīlíngsān]

9.0537 ➡ 九点零五三七 [jiǔ diǎn língwǔsānqī]

★★ (3) 배수

'한 배, 두 배' 등 배로 표시하는 숫자를 배수라고 합니다. 배수를 표현할 때에는 숫자 뒤에 倍를 써 주거나 多了 또는 增加了를 사용할 수 있습니다.

TIP

가감승제
+ 加 jiā   더하기
− 减 jiǎn 빼기
× 乘 chéng 곱하기
÷ 除 chú 나누기

- 倍 bèi (양) ~배
  (동) 갑절로 늘다
- 增加 zēngjiā (동) 증가하다

TIP

翻一番 fānyìfān
2배가 되었다.

| A는 B의 C배이다. ➡   A 是 B 的 C 倍 |
| C배로 늘었다. ➡   增加到 C 倍 |
| 즉 A는 B보다 (C−1)배가 더 많아졌다/늘었다. (그래서 C배가 되었다.) |
| ➡ A 比 B 多了   (C−1) 倍 |
| ➡ A 比 B 增加了 (C−1) 倍 |

十是五的两倍。 10은 5의 2배이다.

增加到两倍。 2배로 늘었다. (증가하여 본래 상태의 2배가 되었다.)

增加了一倍。 1배 늘었다. (1배가 증가하여 본래 상태의 2배가 되었다.)

※ 중국어와 한국어의 배수 표현은 다르기 때문에 각별히 주의하여야 합니다.

- 销售额 xiāoshòu'é
  (명) 판매금액

- 오늘의 판매금액은 어제의 3배이다.

今天的销售额   是   昨天的 三倍。

- 오늘의 판매금액은 어제보다 2배 증가했다.(어제의 3배이다.)

今天的销售额   比   昨天   多了   两倍。

今天的销售额   比   昨天   增加了   两倍。

문샘 한마디

배수는 혼동하기 쉬운 내용이라서 예를 통해 살펴보겠습니다.
'今天的销售量是三百吨, 今天的销售量比昨天的增加了两倍。'라면 어제의 판매량은 一百吨입니다.

(4) 분수

'몇 분의 몇'으로 표현되는 숫자를 분수라고 합니다. 중국에서는 分之를 사용하여 '几分之几'로 읽습니다. %(퍼센트)는 백분율을 사용해 '百分之几'로 읽습니다.

$\dfrac{3}{8}$ ➡ 八分之三　　35% ($\dfrac{35}{100}$) ➡ 百分之三十五

분수 앞에 정수가 있을 경우에는 앞의 정수를 읽고 又를 붙입니다.

$2\dfrac{2}{5}$ ➡ 二又五分之二

2. 서수

순서를 나타내는 수를 서수라고 합니다. 기본적으로 앞에 '第[dì]'를 써서 순서를 나타냅니다.

第一天 첫날　第二天 둘째 날　第五周 다섯 번째 주　第三位 세 번째 분

- 周 zhōu 명주
- 位 wèi 양분

★★★
3. 어림수

대략적이고 불확실한 수를 어림수라고 합니다.

(1) 나란히 있는 숫자를 연이어 사용해 대략적인 숫자를 나타낼 수 있습니다. (단 九 와 十, 十 와 十一 는 연이어 사용할 수 없습니다.)

七八个　(O) 7~8개　　　九十个　(X)　　　十十一个　(X)

TIP
어림수는 중국어로 概数 gàishù라고 한다.

(2) 두 숫자가 습관에 의해 고정 결합하여 '몇몇' 또는 '수량이 적음'을 나타내는 어림수도 있습니다.

看过两三遍　두세 번 보았다.

只说了一两句话　단지 몇 마디만 하였다.

TIP
어림수 两三과 一两은 二三 또는 一二로 쓰일 수 없다.

(3) 숫자 뒤에 '多, 来, 左右, 前后, 上下' 등을 써서 어림수를 나타낼 수 있습니다.

<u>多 duō 와 来 lái</u>

- '多'는 앞의 숫자보다 약간 많음을 나타냅니다.

一个多小时　한 시간 넘게

三个多月　삼 개월 넘게

- '来'는 앞의 숫자보다 약간 많거나 적음을 나타냅니다. 소수나 분수에는 쓰이지 않고, 정수에만 쓸 수 있습니다.

一个来小时　한 시간쯤

三个来月　삼 개월쯤

TIP
숫자 10의 경우 어림수 多와 来가 양사 앞에 놓였을 때와 뒤에 놓였을 때 차이가 있다.
· 十多块钱
➡ 11块钱~12块钱
· 十块多钱
➡ 10.1~10.2…
· 十来块钱
➡ 8块钱~12块钱
· 十块来钱
➡ 9.8块钱~10.2块钱

- 0으로 끝나는 숫자 : 숫자 ＋ 多/来 ＋ 양사 ＋ 명사
  - 二十多个人　이십 여 명
  - 二十来天　이십 여 일
- 1~9로 끝나는 숫자 : 숫자 ＋ 양사 ＋ 多/来 ＋ 명사
  - 三个多小时　세 시간 조금 넘게
  - 一年多时间　일 년여의 시간

左右 zuǒyòu

- 실제 수와 거리가 멀지 않고, 조금 많거나 조금 적음을 나타냅니다.

  五万元左右　오만여 위안　　　一米八左右　1m 80cm정도

  三十岁左右　서른 살 쯤

- 시점과 기간을 모두 나타낼 수 있지만 시간을 나타내는 **수량사 뒤에만** 쓸 수 있고 명사 뒤에는 쓸 수 없습니다.

  两点左右(O)　두 시 쯤
  시점(수량사)

  中秋节左右(X)
  시점(명사)

  一个星期左右(O)　일주일 정도
  기간(수량사)

  端午节左右(X)
  시점(명사)

- 中秋节 Zhōngqiū Jié
  명 추석, 한가위
- 端午节 Duānwǔ Jié
  명 단오절

前后 qiánhòu

의미는 기본적으로 左右와 같고 시간을 나타낼 때만 쓸 수 있습니다. 하지만 시점만 나타낼 수 있고 기간은 나타낼 수 없습니다. 주로 시간을 나타내는 **명사 뒤**에 쓰입니다.

문샘 한마디

시간을 나타낼 때 左右는 주로 수량사 뒤에 쓰이고 前后는 명사 뒤에 쓰인다.

春节前后(O)　설날 전후
시점(명사)

三天前后(X)
기간(수량사)

- 圣诞节 Shèngdàn Jié
  명 성탄절, 크리스마스

圣诞节前后(O)　크리스마스 전후
시점(명사)

五个小时前后(X)
기간(수량사)

上下 shàngxià

上下는 수량에 쓰여 일정 수량보다 **약간 많거나 적음**을 나타내고 주로 **나이**를 가리킵니다.

五十岁上下(O)　쉰살 쯤　　　七十上下(O)　칠십 쯤

TIP

1. 多는 1~9로 끝나는 숫자 뒤에서 어림수를 나타낼 때 양사 뒤에 놓인다. 여기서 来는 어림수가 아닌 '~이래로'라는 뜻으로 쓰였다.
- 瓶 píng
  (양) 병(음료를 셀 때)
- 啤酒 píjiǔ (명) 맥주

2. 前后는 시점을 나타내는 단어 뒤에 쓰이므로 A와 C는 답이 될 수 없고 在는 전치사로 명사 国庆节 앞에 놓여야 한다.
- 凉 liáng
  (형) 서늘하다, 차갑다
- 长袖 chángxiù
  (명) 긴소매

Speed Check

1. 제시된 단어가 들어갈 위치를 고르세요.

一个　A　星期来，他已经　B　喝了五　C　瓶啤酒　D。

多

2. 빈칸에 들어갈 알맞은 말을 고르세요.

上海的天气_____就开始转凉了。你去那儿时，穿长袖吧。

A 前后在国庆节 　　　　　B 国庆节在前后
C 在前后国庆节 　　　　　D 在国庆节前后

해석 1. 일주일 여간 그는 이미 다섯 병의 맥주를 마셨다.
2. 상하이의 날씨는 국경절을 전후로 추워지기 시작해요. 그곳에 가실 때 긴소매 옷을 입으세요.

정답 1. A / 2. D

二 & 两

二과 两은 똑같이 '2'라는 숫자를 나타내지만 쓰임에는 차이가 있습니다.

○ 二을 쓰는 경우

· 十 앞에는 二만 쓸 수 있습니다.

二十 (O) 이십 　　　　　两十 (X)

· 서수, 분수, 소수 및 기수 앞뒤에는 모두 二을 씁니다.

第二个 (O) 두 번째 (서수) 　　第两个 (X)

二分之一 (O) 이 분의 일 (분수) 　两分之一 (X)

○ 两을 쓰는 경우

· 일반적으로 양사 앞에는 两을 씁니다.

两件衣服 옷 두 벌 　　　　两支笔 펜 두 자루

· 百，千，万，亿 앞에는 흔히 两을 씁니다.

两千万 (O) 이천만 　　　　二千万 (X)

两亿 (O) 이억 　　　　　二亿 (X)

二과 两의 쓰임

	년	월	일	시	분
时点	2002년 二零零二年	2월 二月	2일 二号	2시 两点	2분 二分
时段	2년 两年	2개월 两个月	이틀 两天	두 시간 两个小时	2분 两分钟

TIP

일반적으로 양사 앞에
两을 쓴다. 个는 양사이
므로 二이 아닌 两을 써
야 한다.
• 一共 yígòng
  🔲합계, 전부

Speed Check

다음 중 잘못된 문장을 고르세요.

A 屋子里有二个人。　　　　B 我已经等了两个小时。

C 一共两百三十五块。　　　D 给我两斤牛肉。

해석 A 방 안에 두 사람이 있다.　　B 나는 이미 두 시간을 기다렸다.　　　정답 A
　　 C 모두 235위안이다.　　　　　 D 소고기 두 근 주세요.

콕&쏙 정리

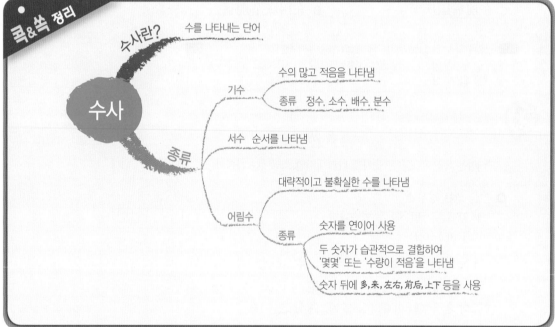

수사란? — 수를 나타내는 단어

수사

종류

기수 — 수의 많고 적음을 나타냄
　　　종류 정수, 소수, 배수, 분수

서수 — 순서를 나타냄

어림수 — 대략적이고 불확실한 수를 나타냄
　　　종류 — 숫자를 연이어 사용
　　　　　 두 숫자가 습관적으로 결합하여
　　　　　 '몇몇' 또는 '수량이 적음'을 나타냄
　　　　　 숫자 뒤에 多, 来, 左右, 前后, 上下 등을 사용

손 〇〇 으로 숫자 세는 방법

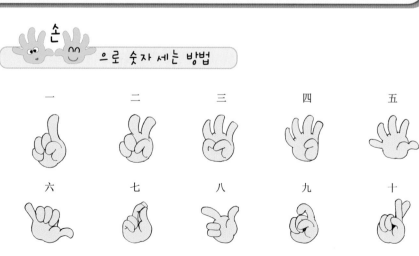

一　　　二　　　三　　　四　　　五

六　　　七　　　八　　　九　　　十

01 양사란?

양사란 사람, 사물의 단위나 동작의 횟수를 나타내는 단어를 말합니다. 양사는 크게 명사를 세는 **명량사**와 동작횟수를 세는 **동량사**로 나뉩니다.

我吃了一块巧克力。(명량사) 나는 초콜릿 한 조각을 먹었다.
➡ '巧克力'이라는 사물을 세는 양사 块가 쓰였다.

请你再说一遍。(동량사) 다시 한 번 말씀해 주세요.
➡ '说'라는 동작을 세는 양사 遍이 쓰였다.

양사는 혼자서 쓰일 수 없고 반드시 수사, 지시대명사, 의문대명사와 결합하여 문장 성분이 되고 주로 **관형어**로 쓰입니다.

一 个 한 개
수 양

这 个 이것
지·대 양

几 个 몇 개
의·대 양

昨天我买了一件衣服。 나는 어제 옷 한 벌을 샀다.
➡ 수사 一 와 양사 件이 결합하여 수량사 형태로 衣服를 수식하는 관형어로 쓰였다.

你要几个苹果？ 너는 사과 몇 개를 원하니?
➡ 의문대명사 几와 양사 个가 결합하여 苹果를 수식하는 관형어로 쓰였다.

★★
02 양사의 종류

1. 명량사

(1) 명량사란?

명사를 세는 양사로 사람이나 사물의 수량을 나타냅니다.

(2) 명량사의 종류

① 개체 양사

하나하나 개수를 셀 수 있는 사람이나 사물에 쓰이며, 각각의 명사는 고유의 양사와 결합합니다.

개체 양사의 종류

양사	쓰임	예
个 gè	~개, ~명 (사용범위가 가장 넓음)	~人 rén 사람, ~面包 miànbāo 빵, ~问题 wèntí 문제
条 tiáo	길고 구부러질 수 있는 것	~河 hé 강, ~路 lù 길, ~领带 lǐngdài 넥타이
张 zhāng	평면이거나 펼 수 있는 것	~桌子 zhuōzi 책상, ~纸 zhǐ 종이, ~地图 dìtú 지도 ~照片 zhàopiàn 사진, ~床 chuáng 침대
把 bǎ	손잡이가 있는 것	~伞 sǎn 우산, ~刀 dāo 칼, ~椅子 yǐzi 의자
根 gēn	얇고 긴 것 (주로 생물)	~头发 tóufa 머리카락, ~黄瓜 huángguā 오이, ~草 cǎo 풀
本 běn	(책 등을 셀 때) 권	~书 shū 책, ~杂志 zázhì 잡지, ~词典 cídiǎn 사전
棵 kē	식물을 셀 때	~树 shù 나무, ~白菜 báicài 배추
支 zhī	딱딱하고 얇고 긴 무생물	~笔 bǐ 필기구, ~枪 qiāng 총
座 zuò	크고 고정적인 것	~山 shān 산, ~桥 qiáo 다리, ~楼房 lóufáng 층수가 있는 집
家 jiā	가정, 기업 (영리 목적)	~饭店 fàndiàn 호텔, ~公司 gōngsī 회사
所 suǒ	학교, 병원, 집 (비영리 목적)	~房子 fángzi 집, ~学校 xuéxiào 학교, ~医院 yīyuàn 병원(一家医院이라고도 함)
口 kǒu	식구, 모금, 마디 (입과 관련)	~人 rén 식구, ~水 shuǐ 물(모금)
块 kuài	덩어리, 조각, 화폐 단위	~糖 táng 사탕, ~石头 shítou 돌맹이, ~肉 ròu 고기, ~钱 qián 위안
件 jiàn	사물, 일, 사건, 서류	~衣服 yīfu 벌(옷), ~事 shì 일
辆 liàng	자전거, 차량	~自行车 zìxíngchē 자전거, ~汽车 qìchē 차
封 fēng	봉투	~信 xìn 편지

② 집합 양사

'부부', '장갑' 처럼 두 개 이상의 사람이나 사물로 구성된 것에 쓰입니다.

집합 양사의 종류

양사	쓰임	예
双 shuāng	쌍을 이루는 것, 짝수	~袜子 wàzi 양말, ~眼睛 yǎnjing 눈
对 duì	커플, 짝, 쌍	~情人 qíngrén 연인, ~翅膀 chìbǎng 날개
副 fù	조, 벌, 컬레(짝으로 된 물건), 얼굴 표정	~眼镜 yǎnjìng 안경, ~笑脸 xiàoliǎn 웃는 얼굴
套 tào	세트	~西服 xīfú 양복, ~家具 jiāju 가구
群 qún	무리 (모여 있는 사람, 동물, 물건)	~人 rén 사람, ~马 mǎ 말

批 pī	한 무리 (사람), 일꾼, 한 무더기 (물건)	~军人 jūnrén 군인, ~货 huò 물건
堆 duī	무더기, 더미	~沙子 shāzi 모래, ~书 shū 책
帮 bāng	무리 (모여있는 사람)	~人 rén 사람, ~朋友 péngyou 친구
伙 huǒ	무리, 패, 떼 (부정적인 의미가 강함)	~贼 zéi 도둑, ~歹徒 dǎitú 악한 사람

③ 도량사

도량형의 계산 단위로 무게나 길이를 측정할 때 사용하는 단위입니다.

도량사의 종류

길 이	公里 gōnglǐ 킬로미터(km)	米 mǐ 미터(m)	厘米 límǐ 센티미터(cm)
중 량	公斤 gōngjīn 킬로그램(kg)	斤 jīn 근(500g)	克 kè 그램(g)

他在百米赛跑中得了第一名。 그는 100미터 달리기에서 일등을 했다.

我减肥以后瘦了三公斤。 나는 다이어트를 한 이후 3kg이 빠졌다.

- 赛跑 sàipǎo
  (동)(달리기)경주
- 减肥 jiǎnféi
  (동) 체중을 줄이다, 다이어트 하다
- 瘦 shòu (형) 마르다, 여위다

④ 차용 명량사

'물 한 컵', '밥 한 그릇'에서 '컵'과 '그릇'은 일반 명사이지만 물과 밥을 세는 양사로 쓰였습니다. 이처럼 중국어에서는 일부 명사를 임시로 빌려 명사를 세는 양사로 사용합니다.

一院子狗 정원 가득 있는 개   一屋子人 방 안 가득한 사람

一桌子菜 한 상 가득한 요리   一身汗 온 몸 가득한 땀

- 院子 yuànzi (명) 정원
- 汗 hàn (명) 땀

⑤ 一些와 一点儿

'一些, 一点儿'은 '몇몇' 또는 '약간' 등 정해져 있지 않은 수량을 나타내는 양사입니다.

一些와 一点儿 비교

	명사와 쓰였을 경우	형용사 / 동사와 쓰였을 경우
(一)些 yìxiē	[一些 + 명사] 명사 앞에 쓰여서 정해지지 않은 양을 나타낸다. · 一些人 몇몇 사람 (명) · 一些东西 몇 개의 물건 (명)	[형용사/동사 + 一些] 형용사와 동사 뒤에 쓰여서 그다지 높지 않은 정도를 나타낸다. · 好一些 조금 좋다. (형) · 吃一些 조금 먹다. (동)

이것만은 꼭!

一些와 一点儿은 명사 앞, 형용사/동사 뒤에 쓰인다.

| (一)点儿
yìdiǎnr | [一点儿 + 명사]

명사 앞에 쓰여서 사물의 수량이 적음을 나타낸다.

· 我买(一)点儿东西。
　　　　　ㅇ
나는 물건을 조금 산다. | [형용사/동사 + 一点儿]

형용사와 동사 뒤에 쓰여 정도를 나타내며 '약간'이라는 뜻을 갖는다.

· 小心 (一)点儿。
조심하세요.

· 我要大(一)点儿的。
　　　　ㅎ
나는 좀 더 큰 것을 원한다. |

Speed Check

1. 빈칸에 적합한 양사를 고르세요.

他的家有五 ＿＿＿ 人，爷爷、奶奶、爸爸、妈妈还有他。

A 家　　　　B 个　　　　C 口　　　　D 群

2. 빈칸에 적합한 양사를 고르세요.

这＿＿＿树是我出生的时候爸爸种的。

A 个　　　　B 棵　　　　C 根　　　　D 块

해석 1. 그의 집에는 다섯 식구가 있다. 할아버지, 할머니, 아버지, 어머니 그리고 그이다.
2. 이 나무는 내가 태어났을 때 아버지께서 심으신 것이다. 　정답 1. C / 2. B

TIP

1. 가족을 세는 양사는 口이다.
2. 나무를 세는 양사는 棵이다.
● 种 zhòng 심다

2. 동량사

(1) 동량사란?

동작 혹은 변화의 횟수를 나타내는 양사를 동량사라고 합니다.

(2) 동량사의 종류

① 일반 동량사

일반 동량사의 종류

양사	쓰임	예
次 cì	번, 차례, 반복적으로 나타나거나 그럴 수 있는 동작의 횟수를 나타낸다.	中国我去过三次。 중국에 나는 세 번 가 보았다.
下 xià	짧은 시간에 진행되는 동작의 횟수를 나타낸다.	你来看一下。 너 와서 한 번 봐봐.
	동사 뒤에 붙어서 어기를 완화시키는 작용을 한다.	请你来一下。 잠깐 와주세요.

回 huí	次와 기본적인 쓰임은 같고 회화에서 많이 쓰인다.	中国我去过三回。 중국에 나는 세 번 가보았다.
顿 dùn	일반적으로 식사할 때, 꾸짖을 때, 욕하고 때릴 때 사용하며 동작의 횟수를 나타낸다.	老师教训了他一顿。 선생님은 그를 한 번 꾸짖었다.
场 chǎng	완전하게 한 번 진행이 끝났음을 나타낸다. 문화, 예술, 공연 및 체육 활동에 자주 쓰인다.	我看了一场戏。 나는 공연 한 편을 봤다.
趟 tàng	왕복을 나타낸다.	我要去一趟上海。 나는 상하이에 한 번 다녀올 생각이다.
遍 biàn	하나의 동작 행위의 시작부터 끝까지의 과정 전체를 나타낸다.	再说一遍。 다시 한 번 말해봐.
番 fān	시간과 공을 들여서 한 행동에 자주 쓰인다. 그 앞에는 수사 '一'만을 쓸 수 있고 회화에서는 잘 쓰이지 않는다.	我研究了一番。 나는 연구를 한 차례 했다.

- 教训 jiàoxùn
동 훈계하다, 꾸짖다
- 戏 xì 명 공연

- 研究 yánjiū
명 동 연구(하다)

Speed Check

빈칸에 적합한 양사를 고르세요.

我的孩子只去过一 ___ 那个公园，但他已经记住了去那个公园的路线。

A 顿　　　　　B 场　　　　　C 次　　　　　D 番

해석 우리 아이는 단지 한 번 그 공원에 가보았지만,
이미 그 공원에 가는 노선을 기억해 두고 있다.

정답 C

TIP

去라는 동사와 가장 적합한 동량사는 次로, 次는 번, 차례 또는 반복적으로 나타나거나 그럴 수 있는 동작과 함께 쓰인다.

- 记住 jìzhù
동 확실히 기억해두다
- 路线 lùxiàn
명 노선, 여정

② 차용 동량사

동작을 셀 때에도 **명사를 빌려 양사로** 사용할 수 있는데 일반적으로 동작, 행위와 관련된 도구나 인체기관을 나타내는 명사를 임시로 빌려 사용합니다. 예를 들어 '보다'라는 동작은 '눈'이라는 명사를, '먹다'라는 동작은 '입'이라는 명사를 빌려 그 동작의 횟수를 나타낼 수 있습니다.

看了一眼　한 번 봤다.

咬了一口　한 입 물었다.

打了一拳　한 대(주먹) 때렸다.

- 咬 yǎo 동 물다
- 拳 quán 명 주먹

159

TIP

研究와 같이 공을 들여서 한 행동을 셀 때에는 番을 쓴다.

• 足球 zúqiú 📖축구(공)
• 比赛 bǐsài
  📖⑤시합(하다)
• 经济 jīngjì 📖경제
• 发展 fāzhǎn
  ⑤발전하다

Speed Check

양사가 잘못 쓰여진 문장을 고르세요.
A 我跟男朋友看了一场足球比赛。
B 爸爸，过来吃一口我包的包子。
C 关于中国的经济发展老张研究了一回。
D 明天请你来我家一趟。

───────────────────────────

해석 A 나와 남자친구는 축구경기를 보았다.   정답 C
　　 B 아빠, 오셔서 제가 빚은 만두 좀 드셔보세요.
　　 C 중국 경제 발전에 관해 라오짱은 연구를 한 차례 했다.
　　 D 내일 당신이 우리 집에 한 번 와주세요.

사람을 세는 양사　个, 口, 名, 位

个 : 회화체에서 사용　→　一个人 한 사람
口 : 식구를 셀 때　→　五口人 다섯 식구
名 : 신분 또는 순위를 나타낼 때　→　一名学生 학생 한 명
　　　　　　　　　　　　　　　　　　第一名 일등
位 : 존중의 뜻을 표현할 때　→　一位客人 손님 한 분

동물을 세는 양사　条, 头, 只, 匹

条 + 가늘고 긴 동물 → 虫子 곤충　蛇 뱀　鱼 물고기
头 + 몸집이 큰 동물 → 牛 소　猪 돼지　大象 코끼리
只 + 鸟 새　鸡 닭　老虎 호랑이
匹 + 马 말　狼 늑대　骆驼 낙타

• 虫子 chóngzi 📖곤충
• 蛇 shé 📖뱀
• 鱼 yú 📖물고기
• 猪 zhū 📖돼지
• 大象 dàxiàng 📖코끼리
• 鸟 niǎo 📖새
• 鸡 jī 📖닭
• 老虎 lǎohǔ 📖호랑이
• 狼 láng 📖늑대
• 骆驼 luòtuo 📖낙타

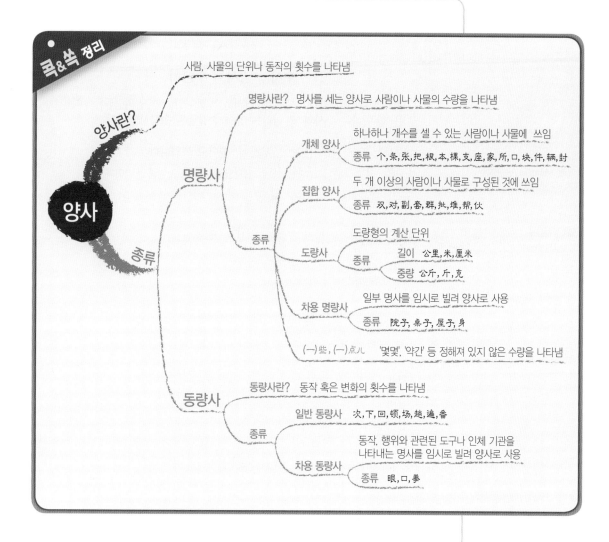

쾩&쏙 정리

양사란?

양사

사람. 사물의 단위나 동작의 횟수를 나타냄

명량사란? 명사를 세는 양사로 사람이나 사물의 수량을 나타냄

명량사

개체 양사 — 하나하나 개수를 셀 수 있는 사람이나 사물에 쓰임
종류 个,条,张,把,根,本,棵,支,座,家,所,口,块,件,辆,封

집합 양사 — 두 개 이상의 사람이나 사물로 구성된 것에 쓰임
종류 双,对,副,套,群,批,堆,帮,伙

종류

도량사 — 도량형의 계산 단위
종류 길이 公里,米,厘米
중량 公斤,斤,克

차용 명량사 — 일부 명사를 임시로 빌려 양사로 사용
종류 院子,桌子,屋子,身

(一)些,(一)点儿 '몇몇', '약간' 등 정해져 있지 않은 수량을 나타냄

동량사

동량사란? 동작 혹은 변화의 횟수를 나타냄

일반 동량사 次,下,回,顿,场,趟,遍,番

종류

차용 동량사 — 동작. 행위와 관련된 도구나 인체 기관을 나타내는 명사를 임시로 빌려 양사로 사용
종류 眼,口,拳

수사 + 양사 = 수량사

수량사란 수사와 양사가 결합된 형태를 말합니다. '한 권의 책'에서 '한 권'은 '한'이라는 수사와 '권'이라는 양사가 결합된 수량사입니다.

수량사는 주로 관형어, 보어, 부사어, 술어로 쓰입니다.

• 失眠 shīmián 뗑 불면증

失眠 也 是 一种 病。(관형어) 불면증도 일종의 병이다.
주어 부사어 술어 관형어 목적어

• 流氓 liúmáng
뗑 건달, 불량배

突然 进来 了 一帮 流氓。(관형어)
부사어 술어 조 관형어 목적어
갑자기 불량배 한 무리가 들어왔다.

再 读 一遍。(보어) 다시 한 번 읽어 보아라.
부사어 술어 보어

对面 的 女孩儿 看 了 我 一眼。(보어)
관형어 조 주어 술어 조 목적어 보어
맞은편 여자아이가 나를 한 번 보았다.

• 吞 tūn 동 삼키다

我 一口 吞 下去 了。(부사어) 나는 한 입에 삼켜 버렸다.
주어 부사어 술어 보어 조

• 看透 kàntòu
간파하다, 알아차리다

妈妈 一眼 看 透 了 孩子 的 心。(부사어)
주어 부사어 술어 보어 조 관형어 조 목적어
엄마는 한 눈에 아이의 마음을 알아차렸다.

孩子 已经 八岁 了。(술어) 아이가 벌써 8살이 되었다.
주어 부사어 술어 조

今天 七号。(술어) 오늘은 7일이다.
주어 술어

03

PART 2 품사

동 사

01 동사란?

동사란 사람 또는 사물의 동작, 변화, 존재 등을 나타내는 단어를 말합니다. '학교에 가다', '영화를 보다', '숙제를 하다', '음악을 듣다'에서 '가다'와 '보다', '하다', '듣다'는 동작을 나타내는 단어로 동사입니다.

去学校。 학교에 가다.　　　　　做作业。 숙제를 하다.

看电影。 영화를 보다.　　　　　听音乐。 음악을 듣다.

02 동사와 목적어

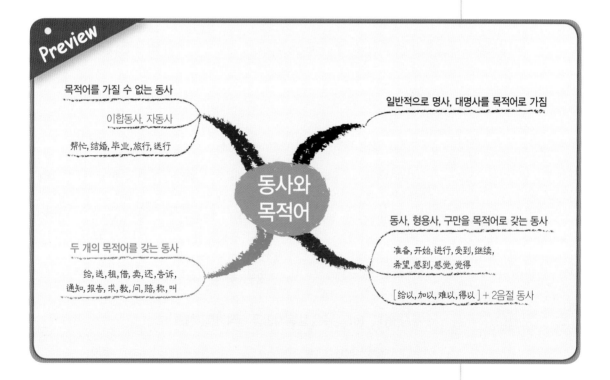

Preview

목적어를 가질 수 없는 동사
　이합동사, 자동사
　帮忙, 结婚, 毕业, 旅行, 送行

일반적으로 명사, 대명사를 목적어로 가짐

동사와 목적어

동사, 형용사, 구만을 목적어로 갖는 동사
　准备, 开始, 进行, 受到, 继续,
　希望, 感到, 感觉, 觉得
　[给以, 加以, 难以, 得以] + 2음절 동사

두 개의 목적어를 갖는 동사
　给, 送, 租, 借, 卖, 还, 告诉,
　通知, 报告, 求, 教, 问, 赔, 称, 叫

대부분의 동사는 뒤에 목적어를 수반할 수 있습니다. 일반적으로 명사, 대명사로 된 목적어를 갖고 몇몇 일부 동사는 동사, 형용사, 구만을 목적어로 갖습니다. 그밖에 두 개의 목적어를 갖는 동사와 목적어를 가질 수 없는 동사가 있습니다.

TIP

형용사는 목적어를 수반하지 않는다.
참고: 183p

1. 명사, 대명사를 목적어로 갖는 동사

동사는 일반적으로 명사 또는 대명사를 목적어로 갖습니다.

我　看　书。나는 책을 본다.
[대] [동] [명]
주어　술어　목적어

他　去　哪儿？ 그는 어디에 가니?
[대] [동] [대]
주어　술어　목적어

2. '동사 / 형용사 / 구'만을 목적어로 갖는 동사

일부 동사는 명사, 대명사를 목적어로 갖지 못하고 동사, 형용사 또는 구만을 목적어로 갖습니다.

- 讨论 tǎolùn [동]토론하다
- 会议 huìyì [명]회의

开始　讨论(O)　토론을 시작하다.
[동]　[동]

开始　会议 (×)
[동]　[명]

觉得　有趣(O)　흥미있다고 느낀다.
[동]　[형]

觉得　心情 (×)
[동]　[명]

이처럼 명사, 대명사를 목적어로 갖지 않는 동사는 다음과 같습니다.

- 运动 yùndòng
  [명][동]운동(하다)
- 实验 shíyàn [동]실험하다
- 邀请 yāoqǐng [동]초청하다
- 支持 zhīchí [동]지지하다
- 成功 chénggōng
  [명][동]성공(하다)
- 幸福 xìngfú [형]행복하다
- 良好 liánghǎo [형]양호하다
- 有趣 yǒuqù [형]재미있다

准备 zhǔnbèi 준비하다	开始 kāishǐ 시작하다	进行 jìnxíng 진행하다
准备参加 참가를 준비하다	开始运动 운동을 시작하다	进行实验 실험을 진행하다
受到 shòudào 받다	继续 jìxù 계속하다	希望 xīwàng 희망하다
受到邀请 초청을 받다	继续支持 계속 지지하다	希望成功 성공을 희망하다
感到 gǎndào 느끼다	感觉 gǎnjué 느끼다	觉得 juéde 생각하다
感到幸福 행복하다고 느끼다	感觉良好 양호하다고 생각하다	觉得有趣 재미있다고 여기다

- 表扬 biǎoyáng
  [동]칭찬하다
- 努力 nǔlì [동]노력하다

동사 给以, 加以는 2음절 동사만을 목적어로 갖습니다.

给以 gěiyǐ 주다	加以 jiāyǐ 가하다
给以表扬 칭찬을 하다	加以努力 노력을 가하다

형용사 难以와 조동사 得以도 2음절 동사만을 목적어로 갖습니다.

- 接受 jiēshòu [동]받아들이다
- 发表 fābiǎo [동]발표하다

难以 nányǐ ~기 어렵다	得以 déyǐ ~할 수 있다
难以接受 받아들이기 어렵다	得以发表 발표할 수 있다

3. 두 개의 목적어를 갖는 동사

给 gěi 주다	送 sòng 보내다, 주다	租 zū 임대하다
借 jiè 빌리다, 빌려주다	卖 mài 팔다	还 huán 반환하다
告诉 gàosu 알리다	通知 tōngzhī 통지하다	报告 bàogào 보고하다
求 qiú 부탁하다	教 jiāo 가르치다	问 wèn 묻다
赔 péi 변상하다	称 chēng …라고 칭하다	叫 jiào 부르다

我租了 房东 一个房间。 나는 집주인에게 방 한 칸을 빌렸다.
　　　 간·목　　 진·목

他告诉了 我 真相。 그는 나에게 진상을 알려주었다.
　　　　 간·목 진·목

老板通知 我们 明天休息。 사장님은 우리에게 내일 쉰다고 통지했다.
　　　　 간·목 진·목

4. 목적어를 가질 수 없는 동사

帮忙 : 帮忙她　➡　帮她的忙 (O) 그녀를 돕다.

结婚 : 结婚他　➡　跟他结婚 (O) 그와 결혼하다.

毕业 : 毕业北京大学　➡　毕业于北京大学 (O)
　　　　　　　　　　　　 베이징대학을 졸업하다.

送行 : 送行我　➡　为我送行 (O) 나를 배웅하다.

旅行(旅游/观光) : 旅行(旅游/观光)中国

　　➡ 去中国旅行(旅游/观光) (O)
　　　中国을 여행하다./관광하다.

　　➡ 游览中国 (O) 중국을 유람하다.

Speed Check

다음 중 잘못된 문장을 고르세요.
A 如果考不上大学的话，肯定会感到难受。
B 虽然没有明显的成就，但是继续进行研究。
C 我觉得蓝色最漂亮，请给以我蓝色。
D 这道题难以解释。

해석 A 만약 대학에 붙지 못한다면 분명히 괴로움을 느낄 것이다.　　　정답 C
　　 B 비록 뚜렷한 성과는 없지만 연구를 계속 진행하다.
　　 C 저는 파란색이 가장 예쁜 것 같아요. 저에게 파란색을 주세요.
　　 D 이 문제는 설명하기 어렵다.

TIP
이중목적어
참고: 55p

• 房东 fángdōng 명집주인
• 真相 zhēnxiàng 명진상
• 休息 xiūxi 동휴식하다

TIP
목적어를 가질 수 없는 동사는 대부분 이합동사이다. 동사와 명사가 합쳐진 이합동사는 스스로 동목 구조를 이루기 때문에 뒤에 목적어를 가질 수 없다.
참고: 172p

• 送行 sòngxíng
　동배웅하다
• 观光 guānguāng
　동관광하다
• 游览 yóulǎn 동유람하다

TIP
C에서 쓰인 给以는 2음절 동사만을 목적어로 갖는 동사로, 给로 고쳐 请给我蓝色라고 해야 올바른 문장이 된다.
• 肯定 kěndìng
　부확실히, 반드시
• 难受 nánshòu
　형(육체적, 정신적으로) 괴롭다, 참을 수 없다
• 明显 míngxiǎn
　형뚜렷하다
• 成就 chéngjiù
　명성과, 성취
• 继续 jìxù 동계속(하다)
• 蓝色 lánsè 명푸른색
• 解释 jiěshì 동설명하다, 해설하다

03 동사의 특징

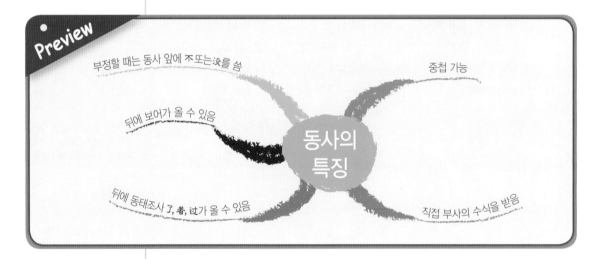

Preview

부정할 때는 동사 앞에 不또는没를 씀

중첩 가능

뒤에 보어가 올 수 있음

동사의 특징

뒤에 동태조사 了, 着, 过가 올 수 있음

직접 부사의 수식을 받음

1. 중첩 가능

대부분의 동사는 **중첩**할 수 있습니다.

听听 좀 듣다　　研究研究 연구해 보다　　帮帮忙 도와주다

2. 부사 + 동사

동사는 일반적으로 직접 **부사**의 수식을 받을 수 있습니다.

• 刚 gāng 민방금

我　刚　回家。 나는 방금 집에 돌아왔다.

주어　부사어　술어

• 放学 fàngxué
학교가 파하다

他　才　放学。 그는 이제서야 학교가 파했다.

주어　부사어　술어

我们　都　去　学校。 우리는 모두 학교에 간다.

주어　부사어　술어　목적어

3. 동사 + 了 / 着 / 过

대부분의 동사 뒤에 了, 着, 过가 올 수 있습니다.

• 躺 tǎng 동눕다

看了 봤다　　躺着 누워 있다　　来过 온 적이 있다

4. 동사 + 보어

대부분의 동사 뒤에 보어가 올 수 있습니다.

吃好 잘 먹었다.　　　跑上去 달려 올라가다.
　결과보어　　　　　　　방향보어

走不了 걸을 수 없다.　　喝得不多 많이 마시지 않았다.
　가능보어　　　　　　　　정도보어

问过两次 두 번 물어본 적이 있다.
　수량보어

5. 동사의 부정

> 不 / 没 + 동사

동사를 부정할 때에는 일반적으로 동사 앞에 不 또는 没를 씁니다.

妈妈不在, 孩子不停地哭。 엄마가 없어서 아이는 계속 운다.

没听懂。 못 알아 들었다.

04 동사의 중첩

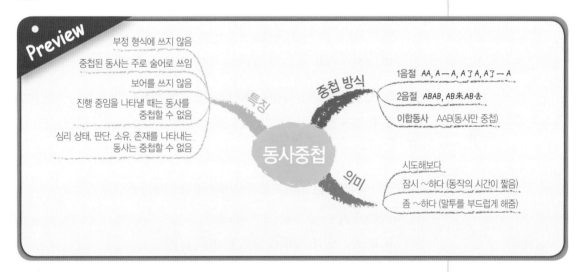

★ 1. 동사 중첩 방식

(1) 1음절

AA	: 等等, 走走
A — A	: 想一想, 找一找
A 了 A	: 看了看, 笑了笑
A 了 一 A	: 听了一听, 想了一想

● 等 děng 〔동〕기다리다
● 找 zhǎo 〔동〕찾다

TIP

이밖에 관용적인 표현으로 A 来 A 去, A 一下가 있다.
A来A去：走来走去,
　　　　想来想去
A一下：看一下,
　　　　试一下

(2) 2음절

| ABAB | ：休息休息, 讨论讨论 |

| AB 来 AB 去 | ：考虑来考虑去, 研究来研究去 |

(3) 이합동사

'동사 + 명사'로 구성된 이합동사를 중첩할 경우에는 동사만 중첩합니다.

| AAB | ：散散步, 帮帮忙 |

见面 ： 见见面 (O)　　　　见面见面 (×)

跳舞 ： 跳跳舞 (O)　　　　跳舞跳舞 (×)

• 跳舞 tiào wǔ 图춤을 추다

2. 동사 중첩 의미

동사를 중첩한 후에는 의미의 변화가 생깁니다.

(1) '시도해보다'라는 의미를 나타냅니다.

这件衣服怎么样? 你试一试。 이 옷 어때? 네가 한 번 입어봐!

饭做好了，请尝一尝！ 밥이 다 되었으니 맛 좀 보세요.

• 试 shì 图시도하다
• 尝 cháng 图맛보다

(2) '잠시 ~하다'라는 의미로 동작의 시간이 짧음을 나타냅니다.

他看看问题就知道了。 그는 문제를 보자마자 바로 알았다.

自己想想就明白了。 스스로 생각해보고 곧 이해했다.

(3) '좀 ~하다'라는 의미로 말투를 부드럽게 만들어 줍니다.

请给我看一看。 저에게 좀 보여주세요.

星期天，听听音乐收拾收拾房间真舒服！
일요일에는 음악도 좀 듣고 방도 좀 치우고 정말 편안해!

• 收拾 shōushi 图정리하다
• 房间 fángjiān 图방
• 舒服 shūfu 图편안하다

Speed Check

빈칸에 들어가기에 적합한 동사 중첩형태를 고르세요.
我的姐姐心情不好的时候，跟我一起去卡拉OK_____。
A 唱歌唱歌　　B 唱唱歌　　C 唱唱歌歌　　D 唱歌了唱歌

해석 우리 언니는 기분이 좋지 않을 때 나와 함께 노래방에 가서 노래를 부른다.
정답 B

TIP

唱歌는 이합동사로 동사 성분인 唱만 중첩한다.
• 心情 xīnqíng 图마음
• 卡拉OK kǎlā OK 图노래방

3. 동사 중첩 특징

(1) 중첩된 동사는 일반적으로 부정 형식에 쓰지 않습니다.

你~~不~~看看。 ➡ 你看看。(○) 너 좀 봐봐.

你~~没~~谈谈。 ➡ 你谈谈。(○) 너 이야기 좀 해봐.

> **TIP**
>
> 중첩된 동사는 일반적으로 부정 형식을 쓰지 않지만 의문문이나, 반어문일 경우 쓰일 수 있다.
> 你怎么没等等我就走了呢?
> 너는 왜 나를 기다리지 않고 바로 가버렸니?

(2) 중첩된 동사는 주로 술어로 쓰입니다.

你　快　说说。 너 어서 말해.
주어　부사어　술어

你　仔细　考虑考虑。 너 꼼꼼하게 고려해라.
주어　부사어　　술어

(3) 보어가 있는 문장에서 동사는 중첩할 수 없습니다.

我　看　完　了。(~~看看~~) 나는 다 보았다.
주어　술어　보어

我　听　懂　了。(~~听听~~) 나는 듣고 이해했다.
주어　술어　보어

> **TIP**
>
> 중첩된 동사는 술어 외에도 주어, 목적어로 쓰일 수 있지만 관형어, 부사어, 보어로는 잘 쓰이지 않는다.

(4) 진행 중임을 나타낼 때는 동사를 중첩할 수 없습니다.

我正在做功课呢。(~~做做~~) 나는 지금 공부하고 있는 중이다.

他正在打篮球呢。(~~打打~~) 그는 지금 농구하고 있는 중이다.

(5) 심리 상태, 판단, 소유, 존재를 나타내는 동사는 중첩할 수 없습니다.

爱 사랑하다 (상태)	是 ~이다 (판단)
有 ~가 있다 (소유)	在 ~에 있다 (존재)

我爱家人。(~~爱爱~~) 나는 가족을 사랑한다.

他是医生。(~~是是~~) 그는 의사이다.

我有漫画书。(~~有有~~) 나는 만화책이 있다.

他在书店。(~~在在~~) 그는 서점에 있다.

- 漫画书 manhuàshū
  만화책

05 이합동사

동사와 명사가 합쳐져 하나의 뜻을 나타내는 동사를 이합동사라고 합니다. 예를 들어 见面은 '보다'라는 동사 '见'과 '얼굴'이라는 명사 '面'이 합쳐진 '만나다'라는 뜻의 이합동사입니다.

자주 쓰이는 이합동사로는 다음과 같은 것들이 있습니다.

见面 jiàn miàn 만나다 동+명	毕业 bì yè 졸업하다 동+명	旅行 lǚ xíng 여행하다 동+명
帮忙 bāng máng 도와주다 동+명	结婚 jié hūn 결혼하다 동+명	离婚 lí hūn 이혼하다 동+명
聊天 liáo tiān 이야기하다 동+명	生气 shēng qì 화내다 동+명	散步 sàn bù 산책하다 동+명
辞职 cí zhí 사직하다 동+명	丢脸 diū liǎn 체면을 잃다 동+명	请客 qǐng kè 초대하다 동+명
吃惊 chī jīng 놀라다 동+명	抽烟 chōu yān 담배를 피우다 동+명	吹牛 chuī niú 허풍을 떨다 동+명

이합동사를 구성하는 동사와 목적어는 스스로 동목구조를 이루기 때문에 뒤에 목적어를 가질 수 없습니다.

我想见面~~他~~。 ➡ 我想见他的面。(O) 나는 그 사람이 보고 싶어.

我会帮忙~~你~~。 ➡ 我会帮你的忙。(O) 나는 널 도와줄 수 있어.

TIP
목적어를 가질 수 없는 동사
참고: 167p

이합동사는 '**전치사 + 명사 + 이합동사**' 형태로 잘 쓰이기 때문에 자주 쓰이는 이합동사와 전치사를 함께 공부해 두는 것이 좋습니다.

跟 老师 见面。 선생님과 만나다.
전치사 + 명사 + 이합동사

到 法国 旅行。 프랑스에서 여행하다.
전치사 + 명사 + 이합동사

跟 丹丹 结婚。 딴딴과 결혼하다.
전치사 + 명사 + 이합동사

与 朋友 聊天。 친구와 잡담하다.
전치사 + 명사 + 이합동사

给 孩子 帮忙。 아이에게 도움을 주다.
전치사 + 명사 + 이합동사

给 公司 丢脸。 회사를 망신시키다.
전치사 + 명사 + 이합동사

在 教室 上课。 교실에서 수업하다.
전치사 + 명사 + 이합동사

在 公园 散步。 공원에서 산책하다.
전치사 + 명사 + 이합동사

Speed Check

제시된 단어가 들어갈 위치를 고르세요.

我今天上午11点才起床，所以我又 A 迟到 B 了，他非常 C 生 D 气。

我的

TIP

生气는 이합동사로 뒤에 목적어를 가질 수 없다.
● 迟到 chídao ⑤ 지각하다

해석 나는 오늘 오전 11시가 되어서야 일어났다. 그래서 나는 또 지각을 했고, 그는 나에게 몹시 화가 났다.　　정답 D

06 조동사

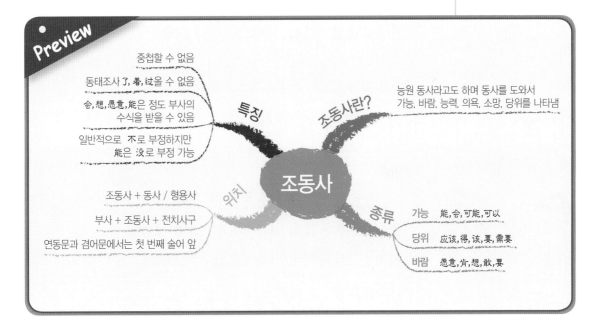

조동사는 능원 동사라고도 하며, 동사를 도와서 가능, 바람, 능력, 의욕, 소망, 당위를 나타냅니다.

TIP

- 能 néng …할 수 있다, 될 수 있다.
- 会 huì …할 수 있다, …할 가능성이 있다.
- 可能 kénéng …이 가능하다.
- 可以 kéyǐ …할 수 있다.

TIP

可能은 부사로 쓰일 경우 '아마(也许, 或许)'의 의미를 나타낼 수 있다.

- 游泳 yóu yòng
  명 동 수영(하다)

TIP

- 应该 yīnggāi 마땅히…해야 한다.
- 得 děi …해야 한다. (구어)
- 该 gāi 응당 …해야 한다.
- 要 yào …해야 한다.
- 需要 xūyào …해야 한다.

- 判断 pànduàn
  명 동 판단(하다)
- 尊重 zūnzhòng
  동 존중하다

TIP

- 愿意 yuànyì …하기를 바라다.
- 肯 kěn 기꺼이 …하다.
- 想 xiǎng …하고 싶다.
- 敢 gǎn 감히 …하다, …할 용기가 있다.
- 要 yào …를 바라다, 원하다, 희망하다.

1. 조동사의 종류

(1) 가능

能，会，可能，可以

这儿不能进来。 여기에 들어오면 안 된다.

我一定会去的。 나는 꼭 갈 것이다.

他今天不可能来。 그는 오늘 올 수 없을 것이다.

云云明天下午可以去游泳。 원원은 내일 오후 수영하러 갈 수 있다.

(2) 당위

应该，得，该，要，需要

我们应该做完作业。 우리는 반드시 숙제를 다 마쳐야 한다.

我们得等他来。 우리는 그가 오기를 기다려야 한다.

什么事该做不该做，你怎么不会判断呢?
해야 할 일이 뭐고 하지 말아야 할 일이 뭔지 너는 왜 판단하지 못하니?

我们要尊重别人。 우리는 다른 사람을 존중해야 한다.

需要坐一个小时的飞机。 1시간 동안 비행기를 타야 한다.

(3) 바람

愿意，肯，想，敢，要

我愿意跟你一起走。 나는 너와 같이 가기를 바란다.

我的事儿他肯帮忙。 나의 일을 그는 기꺼이 도와준다.

只要你想去，问题就好办。
네가 가고 싶어 하기만 한다면 문제는 처리하기 쉽다.

他这个人敢说敢做。 그 사람은 감히 말하고 감히 행동한다.

我要买这本书。 나는 이 책을 사기를 원한다.

가능을 나타내는 조동사 能, 会, 可以 비교

	能	会	可以
능력	① 능력, 조건을 갖고 있음을 나타내고 능력이 비교적 높은 정도, 수준에 이르렀음을 나타낸다. ·一天能看三本书。 하루에 책 세 권을 읽을 수 있다. ·我能吃三个面包。 나는 빵 세 개를 먹을 수 있다. ② 능력을 강조한다. ·才三岁的丹丹能说很多话。 겨우 세 살인 딴딴은 매우 많은 말을 할 수 있다. ③ 어떤 능력을 회복했음을 나타낸다. ·他的脚好了, 能走了。 그의 발이 다 나아서 걸을 수 있게 되었다.	① 배워서 할 수 있는 어떤 일에 대한 능력, 조건을 나타낸다. ·他会说英语。 그는 영어로 말할 수 있다. ·他会滑雪。 그는 스키를 탈 줄 안다. ② 기교를 강조한다. ·他很会说, 大家都同意了他的意见。 그는 정말 말을 잘해서, 모두가 그의 의견에 동의했다.	×
예측·추측	예측, 추측을 나타낼 수 있다. ·我一定能做到。 나는 꼭 해낼 수 있다.	예측, 추측을 나타낼 수 있다. 습관적으로 뒤에 的가 붙는다. ·他会答应的。 그는 허락할 것이다.	×
허가	부정문에 많이 쓰인다. ·天已经黑了, 不能出去。 날이 이미 어두워져서 나가면 안 된다.	×	긍정문에 많이 쓰인다. ·天已经亮了, 可以出去。 날이 이미 밝았으니 나가도 된다.
가능	객관적인 가능을 나타낸다. ·他住院了, 不能上班。 그는 입원을 해서 출근할 수 없다.	주관적인 가능을 나타낸다. ·他已经长大了, 会理解妈妈的。 그도 이제 다 컸으니 엄마를 이해할 수 있을 것이다.	가능을 나타낼 수 있다. ·我可以拿二十公斤。 나는 20㎏을 들 수 있다.
가치	×	×	~할 가치가 있다. ·这么好的书可以看看。 이렇게 좋은 책은 볼만한 가치가 있다.
부정	不, 没 모두 사용할 수 있다. ·我不能喝酒。 나는 술을 못 마신다. ·我没能去照顾他。 나는 그를 돌봐주러 갈 수 없었다.	일반적으로 不를 사용한다. ·我不会游泳。 나는 수영을 할 줄 모른다.	일반적으로 不를 사용한다. ·我不可以乱花钱。 나는 함부로 돈을 쓸 수 없다.

· 滑雪 huá xuě
🔊스키를 타다

· 答应 dāying
🔊대답하다, 허락하다

· 亮 liàng 🔊밝다

· 住院 zhù yuàn
🔊입원하다
· 理解 lǐjiě 🔊이해하다

· 照顾 zhàogù
🔊보살피다, 돌보다
· 乱 luàn 함부로, 마구
· 花钱 huā qián
🔊돈을 쓰다

2. 조동사의 위치

(1) 조동사는 **동사나 형용사 앞**에 옵니다.

> ### 조동사 + 동사/형용사

我 想 去 中国。 나는 중국에 가고 싶다.
　　(조동) (동)

你的身体 会 好 起来的。 너의 몸은 좋아질 것이다.
　　　　(조동) (형)

(2) 조동사는 **부사 뒤, 전치사구 앞**에 옵니다.

> ### 부사 + 조동사 + 전치사구

非常 愿意。 몹시 원하다.
(부) (조동)

我 会 跟你 走。 나는 너와 함께 갈 것이다.
(대) (조동) (전치사구) (동)

我 一定 要 在这儿 看 报。 나는 꼭 여기에서 신문을 봐야 한다.
(대) (부) (조동) (전치사구) (동) (명)

(3) **연동문과 겸어문**에서 조동사는 **첫 번째 술어 앞**에 옵니다.

• 연동문 : 연속해서 술어로 쓰이는 동사(구)가 두 개 이상 나와 하나의 주어를 갖는 문장
참고: 257p
• 겸어문 : 앞 동사의 목적어가 뒷 동사의 주어를 겸하는 문장
참고: 261p

• 带 dài (동)지니다, 데리다
• 棒球赛 bàngqiúsài (명)야구경기

• 연동문 : 我 要 去 韩国 学 韩语。 나는 한국에 가서 한국어를 배우려고 한다.
　　　　　　 조동사 술어1　　 술어2

周末 我 想 带 女朋友 去看 棒球赛。
　　　　 조동사 술어1　　　 술어2(동사구)
주말에 나는 여자친구를 데리고 야구경기를 보러 갈 생각이다.

• 겸어문 : 大家 要 请 他 唱歌。 모두들 그에게 노래를 불러줄 것을 청하다.
　　　　　　 조동사 술어1 겸어 술어2

你 应该 通知 他 明天 有 会议。
　　 조동사　 술어1 겸어 부사어 술어2
너는 그에게 내일 회의가 있다고 통지해야 한다.

Speed Check

1. 제시된 단어가 들어갈 위치를 고르세요.

这样天天出去玩儿，A 你 B 到底 C 考 D 上大学？

想不想

2. 조동사의 위치가 바르지 않은 것을 고르세요.

A 你应该把今天的作业做完。

B 小李要去商店买运动鞋。

C 我的女朋友跟我会走的。

D 爸爸不会让我去旅游的。

해석 1. 이렇게 매일 나가 놀다니 너 도대체 대학에 갈 생각이 있는 거니 없는 거니? 정답 1. C

2. A 너는 오늘 숙제를 다 해야만 한다. 2. C

B 샤오리는 상점에 가서 운동화를 사려고 한다.

C 내 여자친구는 나와 갈 것이다.

D 아빠는 나를 여행가지 못하도록 할 것이다.

3. 조동사의 특징

(1) 조동사는 중첩할 수 없습니다.

你能教汉语吗？(能能) 너는 중국어를 가르칠 수 있니?

我会骑马。(会会) 나는 말을 탈 줄 안다.

(2) 조동사 뒤에 동태조사 了, 着, 过 는 올 수 없습니다.

我会了开车。 ➡ 我会开车了。(O) 나는 운전할 수 있게 되었다.

他要着躺看书。 ➡ 他要躺着看书。(O) 그는 누워서 책을 보려고 한다.

我想过问几次。 ➡ 我想问过几次。(O) 나는 몇 번 물어 보려고 했다.

(3) 会, 想, 愿意, 能은 정도부사의 수식을 받을 수 있습니다.

这个人 太 会 说谎了，我们总是被骗。
      [정도부사] [조동사]

이 사람은 너무 거짓말을 잘해서 우리는 항상 속는다.

很 想 去你那儿。 네가 있는 곳으로 몹시 가고 싶다.
[정도부사] [조동사]

TIP

1. 想은 조동사로 동사 考 앞에 놓인다.

• 到底 daodi
  [부] 도대체, 결국

• 考上 kǎoshàng
  [동] (시험에)합격하다

2. 조동사는 전치사구 앞에 놓이므로 조동사 会와 전치사구 跟我의 위치를 바꿔 '我的女朋友会跟我走的'라고 해야 올바른 문장이 된다.

TIP

회화에서 可以는 중첩 가능하다.

TIP

동태조사 了, 着, 过 : 동작의 진행 과정과 상태를 나타낸다.
我买了一本书。
나는 책 한 권을 샀다.
참고: 229p

• 说谎 shuō huǎng
  [이합] 거짓말하다

• 骗 piàn [동] 속이다

他十分 愿意 和我们生活在一起。

(정도부사) (조동)

그는 우리와 함께 생활하기를 몹시 원한다.

最近我 很 能 睡，可能和吃药有关系。

(정도부사) (조동)

요즘 내가 잠을 잘 자는 것은, 아마도 약 먹는 것과 관계가 있는것 같다.

⑷ **일반적으로 조동사를 부정할 경우에는 不를 사용하지만 조동사 能은 不, 没를 모두 사용할 수 있습니다.**

我 不 想去中国。 나는 중국에 가고 싶지 않다.

我 不 能 一个人去。 나는 혼자 갈 수 없다.

我 没 能 去上海。 나는 상하이에 갈 수 없었다.
➡ 能은 没로 부정할 수 있다.

07 동사의 주요 쓰임

1. 술어

동사는 주로 술어로 쓰입니다.

我 看 电影。 나는 영화를 본다.

(대) (동) (명)

주어 술어 목적어

我 在图书馆 做 功课。 나는 도서관에서 공부를 한다.

(대) (전치사구) (동) (명)

주어 부사어 술어 목적어

明天 妈妈 参加 一个很重要 的 会议。

(명) (명) (동) (수량 + 부 + 관) (조) (명)

부사어 주어 술어 관형어 목적어

내일 어머니는 매우 중요한 회의에 참석하신다.

2. 보어

일부 동사는 보어로 쓰일 수 있습니다.

我 看 得 懂 老师写 的 中文。

(대) (동) (조) (동) (주술구) (조) (명)

주어 술어 보어 관형어 목적어

나는 선생님께서 쓰신 중국어를 알아볼 수 있다.

昨天 我 看 见 你们 了。 어제 나는 너희를 보았다.
[명] [대] [동] [동] [대] [조]
부사어 주어 술어 보어 목적어

• 仿佛 fǎngfú [부]마치…같이

我 仿佛 听 见 春天 的 声音 了。
[대] [부] [동] [동] [명] [조] [명] [조]
주어 부사어 술어 보어 관형어 목적어

나는 마치 봄의 소리가 들리는 것 같았다.

콕&쏙 정리

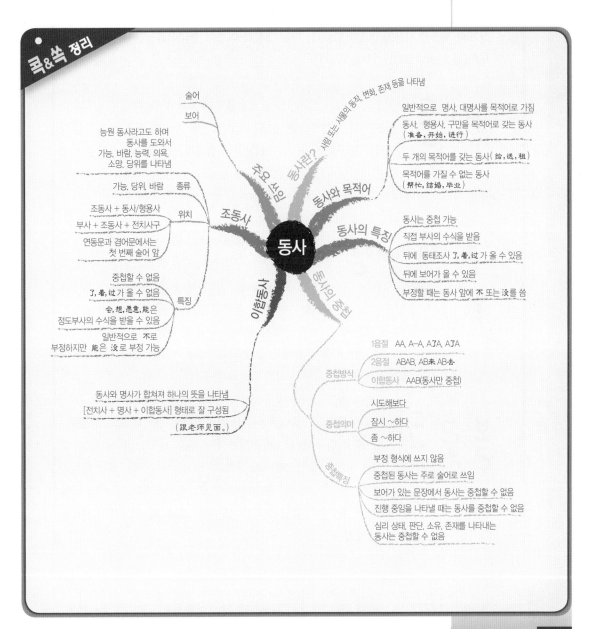

지금 중국 젊은이들 사이에서는 ...

한류 〈韓流〉

한국 문화에 열광하는 중국 젊은이들!

한국 드라마와 영화가 중국으로 수출되고, 한국 배우들의 중국 진출이 활발해지면서 갈수록 많은 중국인들이 한국 문화에 열광하고 있습니다. 중국인들은 지금 한국 스타일의 옷을 입고 싶어하고, 한국 상표의 제품을 사용하고 싶어합니다. 한류 열풍과 더불어 한국어를 배우려는 중국인들도 점차 늘어나고 있습니다.

명품 〈名牌〉

중국의 많은 젊은이들이 명품을 선호하고 있습니다. 중국 젊은이들은 한국 젊은이들과 마찬가지로 명품을 자신의 사회적 지위를 나타내는 도구로 사용하고 있습니다. 경제적으로 풍족하지 않은 학생들이 이미테이션 상품(假冒商品 jiǎmào shāngpǐn)을 사서라도 명품을 가지고 다니려 하는 것도 그러한 그들의 심리가 반영된 것입니다.

온라인게임 〈网络游戏〉

중국에서는 网吧[wǎngbā]라고 불리는 PC방에서 며칠 밤을 세워가며 온라인 게임을 즐기는 젊은 세대들을 자주 볼 수 있습니다. 그들에게 온라인 게임은 일종의 대리만족입니다. 세계의 영웅이 된다거나 남보다 뛰어난 능력을 가진 사람이 되는 것 등이 현실 생활에서는 불가능하지만 온라인상에서는 가능하기 때문입니다. 불만족스러운 현실에서 잠시나마 도피하고 싶은 중국 젊은이들에게 있어 온라인 게임은 하나의 도피처가 되고 있습니다.

블로그 〈博客〉

요즘 블로그가 중국 네티즌들 사이에서 큰 인기를 모으고 있습니다. 중국 인구 중 약 1억 여명 이상이 블로그를 운영하고 있고, 블로그 사이트도 계속해서 늘고 있는 추세입니다. 블로그는 특별한 제약 없이 자신이 좋아하거나 관심있는 분야에 대해 자유롭게 글을 올릴 수 있고 다른 사람들과 정보를 공유할 수 있어 앞으로도 블로그를 이용하는 사람들의 수는 꾸준히 증가할 전망입니다.

PART 2 품사

형용사

01 형용사란?

형용사는 사람이나 사물의 모습, 성질을 나타내거나 동작, 행위 등의 상태를 설명합니다. 예를 들어 '그는 매우 멋지다'에서 '멋지다'는 사람의 모습을 설명하고, '날씨가 매우 덥다'에서 '덥다'는 날씨 상태를 설명한 말로 '멋지다'와 '덥다'는 모두 형용사입니다.

他很帅。 그는 매우 멋지다.　　　工作很忙。 일이 매우 바쁘다.

天气非常热。 날씨가 매우 덥다.　　毛衣很暖和。 스웨터는 아주 따뜻하다.

• 帅 shuài [형] 멋지다

02 형용사의 특징

1. 부사 + 형용사

대부분의 형용사는 부사의 수식을 받을 수 있는데 주로 **정도부사의 수식을 받습**니다.

我　很　高兴。 나는 매우 기쁘다.
[대]　[부]　[형]
주어　부사어　술어

这　道　题　比较　容易。 이 문제는 비교적 쉽다.
[지·대] + [양]　[명]　[부]　[형]
관형어　주어　부사어　술어

문샘 한마디

정도를 나타내는 부사를 '정도부사'라고 하며 정도부사에는 太, 比较, 很, 非常, 挺, 相当, 十分, 最, 更, 有点儿 등이 있습니다.

2. 형용사 + ~~목적어~~

형용사는 목적어를 가질 수 없습니다.

难~~汉语~~。　➡　汉语很难。(O) 중국어는 매우 어렵다.

复杂~~汉字~~。　➡　汉字很复杂。(O)　한자는 아주 복잡하다.

• 复杂 fùzá [형] 복잡하다

3. 형용사의 부정

형용사를 부정할 때에는 일반적으로 不를 사용하고, 변화가 없음을 나타낼 때에는 没를 사용합니다.

> **不 + 형용사**

这件衣服不好看。 이 옷은 예쁘지 않다.

钱不够，不能去旅游。 돈이 모자라서 여행을 갈 수 없다.

TIP

不 bù 는 뒤에 4성이 오면 2성으로 변한다.
不太好。별로이다.
butàihǎo

TIP

·还没(有)~呢'는 '아직
~하지 않았다'의 의미
이다.

她还没来呢。
그는 아직 오지 않았다.

没 + 형용사

病还没好。 병이 아직 낫지 않았다.

衣服还没干。 옷이 아직 마르지 않았다.

03 형용사의 중첩

1. 형용사 중첩 의미

형용사를 중첩했을 경우에는 그 정도가 강해지고 감성적 색채를 가지게 됩니다.

兔子有红红的眼睛。 토끼는 새빨간 눈이 있다.

房间里有淡淡的香气。 방 안에는 은은한 향기가 있다.

• 兔子 tùzi 뗑토끼

• 淡 dàn 뗑엷다

★★
2. 형용사 중첩 방식

(1) 1음절

| AA | :大大, 小小, 轻轻, 重重 |

(2) 2음절

2음절 형용사의 중첩방식

형식	특징	예
AABB	일반적인 2음절 형용사 중첩 방식으로 정도가 강해짐을 나타낼 때	漂亮 → 漂漂亮亮, 明白 → 明明白白, 清楚 → 清清楚楚, 暖和 → 暖暖和和, 热闹 → 热热闹闹
ABAB	형용사 자체에 정도의 뜻을 포함할 때	雪白 → 雪白雪白, 通红 → 通红通红, 冰凉 → 冰凉冰凉, 笔直 → 笔直笔直
A里AB	헐뜯거나 비방하는 등 부정적인 의미를 가질 때	糊涂 → 糊里糊涂, 小气 → 小里小气, 土气 → 土里土气, 傻气 → 傻里傻气
ABB	생동적인 의미를 가질 때	胖 → 胖乎乎, 黑 → 黑乎乎, 绿 → 绿油油, 红 → 红彤彤, 火辣 → 火辣辣

• 轻 qīng 뗑가볍다
• 重 zhòng 뗑무겁다
• 热闹 rènao 뗑번화하다
• 雪白 xuěbái
  뗑눈처럼 하얗다
• 通红 tōnghóng 뗑새빨갛다
• 冰凉 bīngliáng
  뗑매우 차다
• 笔直 bǐzhí 뗑곧다
• 糊里糊涂 húlihútú
  뗑어리석다
• 小里小气 xiǎolixiǎoqì
  뗑인색하다
• 土里土气 tǔlitǔqì
  뗑촌스럽다
• 傻里傻气 shǎlishǎqì
  뗑바보같다
• 胖乎乎 pànghūhū
  뗑뚱뚱하다
• 黑乎乎 hēihūhū
  뗑새까맣다
• 绿油油 lùyóuyóu
  뗑푸르고 싱싱하다
• 红彤彤 hóngtōngtōng
  뗑새빨갛다
• 火辣辣 huǒlàlà
  뗑몹시 뜨겁다, 화끈하다,
  초조하다

3. 형용사 중첩 후 특징

중첩된 형용사가 술어, 보어, 관형어로 쓰일 경우에는 뒤에 的를, 부사어로 쓰일 경우에는 뒤에 地를 붙여 줍니다.

她 的 皮肤 白白的。(술어) 그녀의 피부는 매우 하얗다.
관형어　주어　술어

• 皮肤 pífū 몡 피부

她 长 得 漂漂亮亮的。(보어) 그녀는 매우 예쁘게 생겼다.
주어　술어　보어

兔子 有 长长的 耳朵。(관형어) 토끼는 긴 귀가 있다.
주어　술어　관형어　목적어

• 耳朵 ěrduo 몡 귀

孩子 高高兴兴地 唱歌。(부사어) 아이는 매우 즐겁게 노래한다.
주어　부사어　술어

형용사를 중첩하면 정도가 강해지고 감정적 색채를 갖게 되기 때문에 **정도부사와 부정부사를 쓰지 않습니다.**

他的房间干干净净的。= 他的房间很干净。 그의 방은 매우 깨끗하다.

他的房间~~很~~干干净净。

他的房间~~不~~干干净净。

• 干净 gānjìng 톙 깨끗하다

Speed Check

1. 빈칸에 알맞은 형용사의 중첩형태를 고르세요.

这家俱乐部总是_____，看起来，生意不错。

A 热闹热闹　　B 热热闹闹　　C 热闹了热闹　　D 热闹一点

2. 빈칸에 알맞은 형용사의 중첩형태를 고르세요.

老王听到他孩子生病的消息，就_____回家了。

A 匆忙匆忙地　　B 匆忙跑地　　C 匆忙匆忙　　D 匆匆忙忙地

해석 1. 이 클럽은 언제나 북적거린다. 보아하니 장사가 잘 되는 것 같다.
　　2. 라오왕은 그의 아이가 병이 났다는 소식을 듣고, 바로 급히 집으로 돌아갔다.
정답 1. B / 2. D

TIP

1. 热闹는 AABB 형식으로 중첩되며 정도가 강해짐을 나타낸다.
• 俱乐部 jùlèbù 몡 클럽
• 生意 shēngyi 몡 장사, 영업

2. 匆忙은 AABB 형식으로 중첩되며 문장 안에서 부사어로 쓰이기 때문에 뒤에 '地'를 붙여야 한다.
• 消息 xiāoxi 몡 소식
• 匆忙 cōngmáng 톙 매우 급하다, 매우 바쁘다

동사와 형용사 중첩 비교

술어로 자주 쓰이는 동사와 형용사는 둘 다 중첩이 가능하지만 중첩 방식이
나 중첩 후의 의미변화에 있어 차이가 있습니다.

	동사 중첩	형용사 중첩
1음절	AA, A一A, A了A, A了一A	AA
	等等, 想一想, 看了看, 听了一听	大大
2음절	ABAB, AB来AB去	AABB, ABAB, A里AB, ABB
	休息休息, 考虑来考虑去	清清楚楚, 雪白雪白, 糊里糊涂, 胖乎乎
의 미	① '시도해보다'라는 의미를 나타낸다. (~해보다) ② 동작의 시간이 짧음을 나타낸다. (잠시 ~하다) ③ 말투를 부드럽게 만들어준다. (좀 ~하다)	일반적으로 정도가 강해지고 감정적 색채를 갖게 된다.

04 형용사의 주요 쓰임

대부분의 형용사는 술어, 관형어로 쓰이고 일부는 보어 또는 부사어로도 쓰입
니다.

1. 술어

(1) 정도부사가 있을 경우

형용사가 술어로 쓰일 때에는 일반적으로 정도를 나타내는 **정도부사와 함께**
쓰입니다.

这本　书　很　好。 이 책은 매우 좋다.
대+양　명　정도부사　형
관형어　주어　부사어　술어

부정을 나타낼 경우 정도부사는 보통 사라집니다.

这本　书　不　好。 이 책은 안 좋다.
대+양　명　부정부사　형
관형어　주어　부사어　술어

(2) 정도부사가 없는 경우

1음절 형용사가 정도부사의 수식 없이 단독으로 술어가 되었을 경우 비교나 대비의 의미를 갖습니다.

我　高　你　矮。나는 크고 너는 작다.
대　　술어　주어　술어
주어

苹果　多，梨　少。사과는 많고 배는 적다.
명사　형　명사　형
주어　술어　주어　술어

- 矮 ǎi 혱 (키가)작다

- 梨 lí 명 배
- 少 shǎo 혱 (양이)적다

2. 관형어

일반적으로 '형용사 + (的) + 명사' 형태로 명사를 수식합니다.

温和　的　人　온화한 사람　　美丽　的　夜晚　아름다운 밤
관형어　조　명　　　　　관형어　　　중심어
중심어

坏　人　나쁜 사람　　　　高　个子　큰 키
관형어 중심어　　　　　　관형어　중심어

TIP

형용사가 관형어가 될 때 구조조사 的의 쓰임
1음절 형용사 + 的 (×)
2음절 형용사 + 的 (○)
부사 + 형용사 + 的 (○)
형용사 중첩 + 的 (○)
참고: 63~65p

- 美丽 měilì 혱 아름답다
- 夜晚 yèwǎn 명 밤

3. 보어

술어 뒤에서 술어를 보충해 주는 보어가 될 수 있습니다.

(1) 결과보어

我　终于　写　好　了。나는 마침내 다 썼다.
대　부사어　술어　보어　조
주어

他　一口　喝　完　了。그는 한 입에 다 마셨다.
대　수량　喝　완　조
주어　부사어　술어　보어

(2) 정도보어

爸爸　来　得　早，妈妈　来　得　晚。(비교)
명　동　조　형　명사　동　조　형
주어　술어　　보어　주어　술어　　보어

아빠는 일찍 왔고, 엄마는 늦게 왔다.

'비교'의 의미가 없을 때 정도부사를 붙입니다.

爸爸　来　得　很早。(비교의 의미가 없을 경우) 아빠는 아주 일찍 왔다.
명　동　조　정도부사+형
주어　술어　　보어

- 终于 zhōngyú
  閈 마침내, 끝내

TIP

형용사가 정도보어가 될 경우에는 '술어+得+형용사' 형태가 된다.

TIP

형용사가 부사어가 될
때 구조조사 地의 쓰임
1음절 형용사 + 地 (×)
2음절 형용사 + 地 (○)
형용사 중첩/형용사구
+ 地 (○)
참고: 76~77p

• 热情 rèqíng
　열정적이다, 친절하다

• 着急 zháojí
　조급해하다, 초조해하다

4. 부사어

'형용사 + (地) + 술어' 형태로 술어를 묘사, 수식하는 부사어가 될 수 있습니다.

他　很　热情　地　帮助　了　我们。
　주어　　부사어　　　　술어　　　목적어

그는 아주 친절하게 우리를 도와주었다.

别　着急，　慢慢　吃　吧。 서두르지 말고 천천히 먹어.
부사어　술어　　부사어　술어

콕&쏙 정리

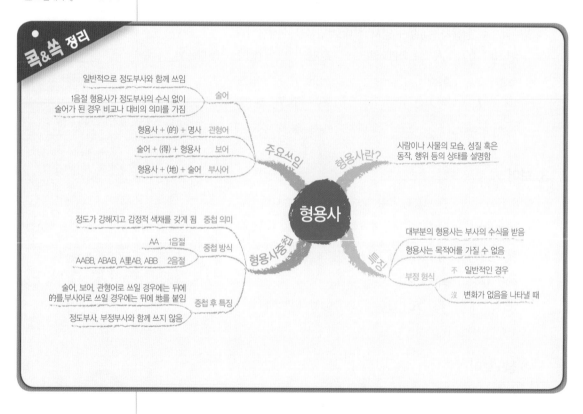

일반적으로 정도부사와 함께 쓰임

1음절 형용사가 정도부사의 수식 없이
술어가 된 경우 비교나 대비의 의미를 가짐 ── 술어

형용사 + (的) + 명사　관형어

술어 + (得) + 형용사　보어

형용사 + (地) + 술어　부사어 ── 주요쓰임

형용사란? ── 사람이나 사물의 모습, 성질 혹은
동작, 행위 등의 상태를 설명함

형용사

정도가 강해지고 감정적 색채를 갖게 됨　중첩 의미

AA　1음절

AABB, ABAB, A里AB, ABB　2음절 ── 중첩 방식

술어, 보어, 관형어로 쓰일 경우에는 뒤에
的를, 부사어로 쓰일 경우에는 뒤에 地를 붙임　중첩 후 특징

정도부사, 부정부사와 함께 쓰지 않음 ── 형용사 중첩

특징 ── 대부분의 형용사는 부사의 수식을 받음

형용사는 목적어를 가질 수 없음

부정 형식　不　일반적인 경우

没　변화가 없음을 나타낼 때

PART 2 품사

부 사

05

01 부사란?

부사란 동작이나 행위를 나타내는 동사와 성질을 묘사하는 형용사를 수식하는 단어로 동작의 시간, 정도, 빈도, 범위, 부정, 상태, 어기를 설명합니다. 중국어에서 모든 부사는 **부사어**가 될 수 있고, 부사의 주요 역할은 술어 또는 문장 전체를 수식하는 부사어가 되는 것입니다.

我常常去图书馆。 나는 자주 도서관에 간다.

➡ 부사 常常은 부사어로 술어 去를 수식한다.

突然她跑进教室来了。 갑자기 그녀가 교실로 뛰어들어왔다.

➡ 부사 突然은 부사어로 뒷 문장 전체 她跑进教室来了를 수식한다.

TIP

부사어 : 문장 맨 앞에서 문장 전체를 수식하거나, 술어 앞에 놓여 술어를 묘사 또는 제한하는 성분

참고: 71p

★★★ 02 부사의 종류

부사의 종류

종류	예
시간 부사	**• 시간을 나타내는 부사** 都 dōu 이미　　刚 gāng 마침, 이제 막　　刚刚 gānggāng 지금 막　　已 yǐ 이미 才 cái 겨우　　已经 yǐjing 이미, 벌써　　曾经 céngjīng 일찍이, 이전에 就 jiù 곧, 바로　　马上 mǎshàng 즉시　　正 zhèng 지금, 현재(진행, 지속) 在 zài 지금(막) ~하고 있다　　正在 zhèngzài ~하고 있는 중이다 快(要) kuàiyào 곧(~하다)　　就(要) jiùyào 머지않아, 곧
정도 부사	**• 동작이나 상태의 정도를 나타내는 부사** 很 hěn 매우　　　　非常 fēicháng 매우　　　　太 tài 매우, 몹시, 너무 挺 tǐng 매우　　　　十分 shífēn 매우　　　　相当 xiāngdāng 상당히 更 gèng 더, 더욱　　够 gòu 매우, 아주　　有点儿 yǒudiǎnr 조금, 약간 蛮 mán 매우, 아주　　真 zhēn 매우, 아주　　多么 duōme 얼마나 稍 shāo 약간, 조금　　稍微 shāowēi 약간, 조금　　稍稍 shāoshāo 약간 比较 bǐjiào 비교적　　最 zuì 가장, 제일　　怪 guài 매우
빈도 부사	**• 동작의 횟수를 나타내는 부사** 时常 shícháng 늘　　　往往 wǎngwǎng 종종　　也 yě 또, 또한　　再 zài 또 一直 yìzhí 늘, 자주　　经常 jīngcháng 자주　　还 hái 또, 다시 一向 yíxiàng 줄곧, 원래　　常常 chángcháng 늘, 항상　　又 yòu 또
범위 부사	**• 동작의 범위를 제한하는 부사** 才 cái ~에야 비로소　　光 guāng 다만　　就 jiù ~만, 단지　　都 dōu 전부　　只 zhǐ 단지 仅仅 jǐnjǐn 다만, 겨우　　一起 yìqǐ 함께　　仅 jǐn 다만, 겨우　　一共 yígòng 합쳐서, 모두
부정 부사	**• 부정을 나타내는 부사** 不 bù 아니다　　没 méi 아직 ~하지 않다　　别 bié ~하지 마라 无 wú ~하지 않다　　未 wèi 아직 ~하지 않다
상태 부사	**• 동작이나 상태의 상황을 나타내는 부사** 突然 tūrán 갑자기　　忽然 hūrán 갑자기　　猛然 měngrán 갑자기　　逐步 zhúbù 점점 逐渐 zhújiàn 점점　　渐渐 jiànjiàn 점점

TIP

突然과 忽然은 모두 '갑자기, 뜻밖에'라는 뜻을 나타내며, 일반적으로 바꾸어 쓸 수 있다. 그러나 突然은 忽然보다 뜻이 강하고 주어 앞에 자주 쓰이며, 忽然은 주어 뒤에만 쓰인다. 이밖에도 猛然은 突然과 의미가 같으나 어감과 동작의 행위나 기세가 더 강하다.

어기 부사	• 말의 분위기, 말투를 나타내는 부사		
	原来 yuánlái 원래, 알고보니 差点儿 chàdiǎnr 하마터면, 거의 难道 nándào 설마~ 하겠는가? 明明 míngmíng 명백히, 확실히 竟然 jìngrán 뜻밖에도, 의외로	大概 dàgài 대략, 아마도 只好 zhǐhǎo 할 수 없이 一定 yídìng 반드시, 꼭 竟 jìng 뜻밖에, 결국 究竟 jiūjìng 도대체, 필경	到底 dàodǐ 도대체, 결국 大约 dàyuē 대체로, 대략 居然 jūrán 뜻밖에

TIP

1. 부사 一定은 조동사 会 앞에 놓인다.
• 计划 jìhuà
  명동 계획(하다)

2. 반어문을 사용하여 의미를 강조하는 문장으로 难道가 가장 적합하다.
• 难怪 nánguài
  뷔 어쩐지
• 难道 nándào …吗 ma
  /不成 bùchéng
  뷔 설마 ~하겠는가?,
  그래 ~란 말인가?
• 何况 hékuàng
  접 하물며

3. 문맥상 '갑자기'라는 뜻의 突然이 가장 적합하다.
• 刮风 guā fēng
  이합 바람이 불다
• 果然 guǒrán
  뷔 과연, 생각대로
• 不然 bùrán
  접 그렇지 않다면

Speed Check

1. 제시된 단어가 들어갈 위치를 고르세요.
　　这个星期二之前，我 A 会 B 做 C 完 D 这次研究计划。
　　　　　　　　　　　一定

2. 빈칸에 적합한 단어를 고르세요.
　　你经常说我们学校的学生不好，_____你不是这里的学生吗?
　　A 难怪　　　　　B 难道　　　　　C 何况　　　　　D 怎么

3. 빈칸에 적합한 단어를 고르세요.
　　刚才从图书馆借书回来的时候，_____刮了风。
　　A 果然　　　　　B 突然　　　　　C 不然　　　　　D 当然

해석 1. 이번주 화요일 전에 나는 반드시 이번 연구 계획을 완성할 것이다.
2. 너는 자주 우리 학교 학생들이 나쁘다고 말하는데 너는 여기의 학생이 아니라는 거니?
3. 방금 도서관에서 책을 빌려 올 때 갑자기 바람이 불었다.
정답 1. A / 2. B / 3. B

1. 시간부사

(1) 刚/刚刚/刚才 : 막, 방금, 조금 전

刚, 刚刚과 刚才 비교

	刚/刚刚	刚才
위치	[刚/刚刚 + 동사] 부사로 동사 앞에만 쓸 수 있다. •我刚到机场，他就来电话了。 　내가 공항에 막 도착하자 그가 전화를 해왔다. •老师刚刚说完，你怎么没听见? 　선생님이 방금 말씀하셨는데 너는 왜 못 들으니?	[刚才 + 주어 / 주어 + 刚才] 명사로 주어 앞뒤에 모두 쓸 수 있다. •刚才老师说什么? 　방금 선생님이 뭐라고 말씀하셨지? •你刚才听见了吗? 너 방금 들었니?

| 쓰임 | 일이나 상황이 발생된지 얼마 안 되었음을 나타낸다.
・我刚写完作业。(일)
 나는 지금 막 숙제를 다 했다.
・天刚刚亮。(상황) 날이 막 밝아졌다. | 말하기 얼마전, 아주 짧은 시간을 나타낸다.
・刚才你同学来过电话。
 지금 막 너의 학우가 전화했었다.
・你刚才去了哪儿? 너 방금 어디 갔었니? |
| | 뒤에 부정부사를 쓸 수 없다.
・刚刚我没看见。 | 뒤에 부정부사를 쓸 수 있다.
・刚才我没看见。방금 나는 보지 못했다. |

(2) 已经 / 曾经 : 이미 ~했다.

已经과 曾经 비교

	已经	曾经
차이점	어떤 일이 이미 발생하였을 때 ・延延已经下班了。 옌옌은 이미 퇴근했다.	과거에 어떤 행위나 상황이 있었을 때 ・我曾经和他一起工作过。 나는 예전에 그와 함께 일한 적이 있다.
	현재 지속형일 수도 있다. ・我已经在哈尔滨住了两年了。 나는 하얼빈에서 이미 2년 동안 살았다. (아직도 살고 있다.)	동작이 이미 끝난 상태를 나타낸다. ・我曾经在哈尔滨住过两年。 나는 예전에 하얼빈에서 2년간 산 적이 있다. (지금은 살고 있지 않다.)
	일반적으로 얼마 전에 완료된 일을 나타낸다. ・这部电影我已经看过了, 看别的好不好? 이 영화 나는 이미 봤는데 다른거 보는게 어때?	일반적으로 오래 전에 완료된 일을 나타낸다. ・我曾经学过日语, 但现在都忘了。 나는 예전에 일어를 배운 적이 있지만 지금은 다 잊어버렸다.

TIP

曾经의 부정 형식은 不曾经이 아니라 不曾이나 未曾을 쓴다.
我未曾去过日本。
나는 일본에 가본 적이 없다.

・哈尔滨 Ha'ěrbīn
  [명] 하얼빈(중국지명)

(3) 正 / 在 / 正在 : 지금 ~하는 중이다.

正, 在, 正在 비교

	正	在	正在
차이점	동작의 진행을 강조	상태의 지속을 강조	동작의 진행과 상태의 지속을 강조
형식	正 + 동사 + (着)呢 ・他正休息呢。 그는 쉬고 있는 중이다. ・他正休息。(×)	在 + 동사 + (呢) ・他在休息(呢)。 그는 쉬고 있는 중이다.	正在 + 동사 + (呢) ・他正在休息(呢)。 그는 쉬고 있는 중이다.
从과의 결합	我正从网上找资料呢。 나는 인터넷에서 자료를 찾는 중이다.	・我在从网上找资料。(×)	・我正在从网上找资料。 나는 인터넷에서 자료를 찾고 있는 중이다.

・资料 zīliào [명]자료

⑷ 快/就/快要/就要 : 동작이 곧, 머지않아 발생할 것을 나타낸다.

快, 就, 快要, 就要 비교

TIP

같은 뜻의 將要 jiāng yào 는 문어체로 쓰인다.

	快	就	快要	就要
의미	가까운 미래를 나타낸다. ·暑假快到了。 곧 여름 방학이다.	가까운 미래를 나타내며, '즉시', '곧'이라는 의미이다. ·等一会儿, 我就来。 기다려, 내가 곧 올게.	快 보다 더 가까운 시간을 나타낸다. ·我快要到了。 나는 곧 도착한다.	就 보다 더 가까운 시간을 나타낸다. ·留学生活就要结束了。 유학생활이 곧 끝난다.
쓰임	[快…了] ·快下课了。 곧 수업이 끝난다. ·快十二点了。 곧 열두시이다. 시간명사의 수식을 받을 수 없다. ·妈妈 7点快回来了。(×) ·快七点了, 妈妈快回来了。 곧 7시다, 엄마는 곧 오신다.	[就…了] ·我借完书, 就走。 나는 책을 빌리고 바로 갈 것이다. 시간명사의 수식을 받을 수 있다. ·不到五分钟, 我就到。 5분도 안 되어서 나는 도착할 것이다.	[(已经/都)+快要…了] ·天已经快要黑了。 날이 곧 어두워질 것이다. ·上课时间快要到了。 수업시간이 곧 다가온다. 시간명사의 수식을 받을 수 없다. ·弟弟明天快要回来了。(×)	[시간명사 + 就要…了] ·天马上就要黑了。 날이 곧 어두워질 것이다. 시간명사의 수식을 받을 수 있으며, 시간이 더 가까워짐을 나타낸다. ·弟弟明天就要回来了。 동생이 내일이면 돌아온다.

Speed Check

제시된 단어가 들어갈 위치를 고르세요.

A 他的女儿 B 八岁 C 就已经 D 能拉小提琴了。
才

해석 그의 딸은 겨우 여덟 살인데 벌써 바이올린을 켤 수 있다.　　　　**정답** B

TIP

才는 '겨우'라는 뜻의 부사로 수량사 八岁 앞에 놓여 나이가 많지 않음을 나타낸다.
· 拉 lā
⑧ (현악기 등을) 연주하다
· 小提琴 xiǎotíqín
⑱ 바이올린

2. 정도부사

⑴ 挺~的 / 够~的 / 蛮~的 / 怪~的 : 매우 ~하다.

挺厉害的。 정말 대단하다.　　/　　够累的。 매우 피곤하다.

蛮好吃的。 매우 맛있다.　　/　　怪别扭的。 매우 부자연스럽다.

⑵ 真~啊! : 정말 ~하다! / 多么~啊! : 얼마나 ~한가!

真漂亮啊! 정말 예쁘다!　　/　　这多么容易啊! 이거 얼마나 쉽니!

문샘 한마디

정도부사 중 '매우~하다'라는 의미의 부사는 挺, 够, 蛮, 怪 등이 있고 '정말~하다'라는 부사는 真, '얼마나'는 多么 등이 있습니다. '조금, 약간'을 나타내는 부사는 稍, 稍微, 稍稍 등이 있습니다.

· 别扭 bièniu
⑱ (말, 글따위가) 부자연스럽다

(3) **稍＋不＋동사 : 조금 ～하지 않으면, ～하다.** (주로 小心, 注意, 留神 등의
동사와 같이 쓰인다.)

我稍<u>不</u>注意你，你就要偷懒。
내가 조금만 너를 신경쓰지 않으면, 너는 바로 게으름 피우려고 한다.

下很多雪了，稍<u>不</u>留神就会摔倒。
눈이 많이 내려서 조금이라도 조심하지 않으면 넘어질 수 있다.

(4) **稍微 / 稍稍＋동사/형용사＋(一)点儿 / 一些 / 一下 : 약간 좀 ～
하다.** (양이 적음, 정도가 약함, 시간이 짧음을 나타낸다.)

你稍微过去<u>一下</u>。 조금만 가주세요.

同学们稍稍休息<u>一下</u>。 학우 여러분 조금 쉬세요.

我稍稍喝了<u>点儿</u>可乐。 나는 콜라를 조금 마셨다.

我稍稍晚了<u>一些</u>。 나는 조금 늦었다.

(5) **稍微 / 稍稍＋有点儿＋형용사 : 조금 ～하다.** (마음에 들지 않거나, 일이
뜻대로 되지 않음을 나타낸다.)

我稍微<u>有点儿</u>冷。 나는 조금 춥다.

这件事稍稍<u>有点儿</u>奇怪。 이 일은 조금 이상하다.

Speed Check

제시된 단어가 들어갈 위치를 고르세요.
关于数学 A 我 B 是专家，但这道题 C 我觉得 D 难。
有点儿

해석 수학에 관해서는 내가 전문가이지만 이 문제는 좀 어려운 것 같다. 정답 D

옆 단어장:
- 注意 zhùyì 图주의하다, 조심하다
- 偷懒 tōulǎn 图꾀부리다, 게으름 피우다
- 留神 liúshén 图주의하다, 조심하다
- 摔倒 shuāidǎo 图넘어지다

TIP
有点儿은 '조금～하다'
라는 뜻으로 형용사 앞
에 쓰여 불만족스러움
을 나타낸다.
- 关于 guānyú 웬～에 관한
- 数学 shùxué 뗑수학
- 专家 zhuānjiā 뗑전문가

3. 빈도부사

(1) 又 / 也 : 또, 다시, 역시

又와 也 비교

문샘 한마디

빈도부사 중 '또, 다시, 역시'라는 의미의 부사는 又, 也, 再, 还 등이 있고, '자주, 종종, 때때로'라는 의미의 부사에는 常常, 往往, 时常 등이 있습니다.

	又	也
차이점	**하나의 주어**가 예전 동작을 반복함을 나타낸다. •你昨天去了，今天又去吗? 　주어 너 어제 갔었는데, 오늘 또 가니? 他去了，我又去了。(X)	일반적으로 **두 개 이상의 주어**가 타인의 동작과 같은 동작을 반복함을 나타낸다. •他去，我也去。 　주어　주어 그가 가면, 나도 간다.

(2) 又 / 再 / 还 : 또, 다시, 아직도

又, 再, 还 비교

	又	再	还
차이점	'추가', '과거 반복'의 의미로 '又~了'의 형식으로 쓰인다. •他又看了一遍。 그는 또다시 한번 봤다. •他又吃了一口。 그는 또 한 입 먹었다.	'미래 반복'을 나타내고, 가설에 많이 쓰인다. •请你再说一遍。 다시 한번 말해주세요. •再吃一口。 한 입 더 드세요.	동작, 상황의 지속을 나타낸다. •他还在做饭。 그는 아직도 음식을 만들고 있다. •他还在吃。 그는 아직도 먹고 있다.
조동사와의 위치	又 + 조동사 •你又想睡觉吗? 너 또 자고 싶어?	조동사 + 再 •他会再来。 그는 다시 올 것이다.	还 + 조동사 •还要买吗? 더 사시겠습니까?
쓰임	평서문 •今天又下雨了。 오늘 또 비가 왔다.	평서문, 명령문, 청유문, 사역문, 가정문 •请下次再来吧。 다음에 또 오세요. •再不走就晚了。 더 지체하면 늦는다.	평서문 •他在中国住了一年了，但他还不会说汉语。 그는 중국에서 일년을 살았지만 여전히 중국어를 못한다.

TIP

还는 명령문이나 사역문에서는 쓸 수 없다.
请下次还来吧。(X)
사역동사

(3) 常常 / 往往 : 자주, 종종, 때때로

常常과 往往 비교

	常常	往往

차이점	주관적 의미로, 과거와 미래 모두 사용 가능하다.
	・希望咱们以后常常出去逛街。
	  이후에 우리 자주 쇼핑하러 나가길 바라.
	・他常常不守信用。
	  그는 자주 신용을 지키지 않는다.
		과거의 객관적인 결과로, 미래에는 쓰이지 않는다.
		・希望咱们以后往往出去逛街。(X)

	동작의 빈도를 나타낸다.
	・星期六，他常常迟到。
	  토요일에 그는 자주 지각을 한다.
	・他常常迟到。
	  그는 자주 지각을 한다.
		동작이 일정한 **규칙**이 있어야 하고, 문장 안에 동작과 관련된 **조건**, **상황** 등이 있어야 한다.
		・星期六，他往往迟到。(O)
		  토요일에 그는 자주 지각을 한다.
		・他往往迟到。(X)

부정 형식	不＋常～(O) / 不＋常常～(X) ・他不常喝酒。(O) 그는 자주 술을 마시지 않는다. ・他不常常喝酒。(X)	부정부사의 수식을 받지 않는다. 不＋往往～(X) ・他不往往喝酒。(X)

・希望 xīwàng 圄희망하다
・逛街 guàng jiē 圄거리를 돌아다니다, 거리 구경을 하다
・信用 xìnyòng 圀圄신용(하다)
・迟到 chídào 圄지각하다

(4) 一直 / 一向 : 줄곧, 내내

一直와 一向 비교

	一直	一向

차이점	동작이나 상태를 유지하는 것을 나타낸다.
	・他一直在看书。
	  그는 줄곧 책을 보고 있다.
	・他的成绩一直很不错。
	  그의 성적은 줄곧 좋았다.
	・他学习一直很用功。
	  그는 줄곧 열심히 공부했다.
		행위나 습관에 변동이 없음을 나타내고 인품, 성격, 태도 등을 수식한다.
		(일반적으로 동작동사를 수식하지 않는다.)
		・我爸的身体一向很好。
		  우리 아빠의 건강은 줄곧 좋았다.
		・他对人一向很热情。
		  그는 사람들에게 언제나 따뜻하다.
		・他一向在看书。(X)

・用功 yònggōng 圄열심히 공부하다

TIP

1. 也는 '~도'라는 뜻으로 두 가지 일이 같음을 나타낼 수 있다. 의사와 서비스가 모두 일류이므로 也는 服务 뒤에 놓는다.

- 一流 yīliú 명일류
- 服务 fúwù 통서비스하다
- 同样 tóngyàng 형같다, 다름없다

2. 等은 지속적으로 이어지는 동작이므로 A가 답이 된다.

- 演唱会 yǎnchànghuì 명콘서트

Speed Check

1. 제시된 단어가 들어갈 위치를 고르세요.

这家医院的医生是一流的，A 这家医院的 B 服务 C 同样是 D 一流的。

也

2. 빈칸에 적합한 단어를 고르세요.

演唱会12点开始，咱们_____要等两个小时左右。

A 还　　　　B 又　　　　C 再　　　　D 也

해석 1. 이 병원의 의사들은 일류이고 이 병원의 서비스도 역시 일류이다.　　정답 1.C
2. 콘서트가 12시에 시작하니 우리는 두어 시간 더 기다려야 한다.　　　　　2.A

4. 범위부사

(1) 才 / 就 : 비로소, 겨우/곧, 벌써 (시간, 수량, 나이와 관련된 표현에서 많이 쓰인다.)

才와 就 비교

- 打通 dǎ tōng 연결시키다
- 半天 bàntiān 명한나절, 한참동안

		才	就
차이점		수량이 많음 ·打了好几次电话，才打通了。 전화를 여러 번하고 나서야 비로소 연결되었다.	수량이 적음 ·没说几句，他就明白了。 몇 마디 안 했는데 그는 이해했다.
		시간이 긺 ·说了半天，他才明白了。 한참을 이야기하고 나서야 그는 겨우 이해했다.	시간이 짧음 ·他一听就生气了。 그는 듣자마자 화를 냈다.
		나이가 많음 ·她到四十岁才生了孩子。 그녀는 40살이 되어서야 겨우 아이를 낳았다.	나이가 어림 ·她十五岁就考上大学了。 그녀는 15살에 대학에 합격했다.

到处 & 处处

到处와 处处는 '도처에', '곳곳에', '어느 곳이나'라는 뜻을 나타내며, 부사 都와 자주 결합합니다. 문장 안에 장소사나 都가 없을 경우 到处만 사용 가능합니다. 반면 모든 면을 나타낼 때는 处处만 사용 가능합니다.

- 到处 dàochù 명도처, 곳곳
- 处处 chùchù 명어디서나

·下雪了，到处都是一片雪白。(处处) 눈이 내려서, 어디든지 모두 눈처럼 새하얗다.

·你不要到处乱画。(处处) 너 아무곳에나 마구 그리지 말아라.

·在外地要处处小心。(到处) 외지에서는 어디에서나 조심해야 한다.

·这世界处处有爱心。(到处) 이 세계에는 곳곳에 사랑하는 마음이 있다.

Speed **C**heck

제시된 단어가 들어갈 위치를 고르세요.
你的好 A 脑瓜儿怎么了？我刚才 B 说过了，你 C 怎么不 D 记得呢？

都

해석 너의 좋던 머리가 어떻게 된거야?
내가 방금 다 말했는데 너는 왜 기억을 못하니?

정답 B

TIP

都는 부사로 명사 앞 인 A와 대명사 앞인 C 는 먼저 답에서 제외되 고, 说 앞에 놓여 '모두 말했다'로 쓰이는 것이 알맞다.

• 脑瓜儿 náoguār
  명머리, 두뇌

5. 부정부사

(1) 不/没 : ~이 아니다, ~하지 않는다

不와 没 비교

문샘 한마디

	不	没
시제	과거, 현재, 미래에 모두 사용 가능 ·她昨天不吃饭，今天也不吃。 그녀는 어제 밥을 먹지 않았고 오늘도 먹지 않는다.(과거, 현재) ·明天他不来。그는 내일 안 온다. (미래)	과거, 현재에만 사용 가능 (미래×) ·她昨天没吃饭，今天也没吃。 그녀는 어제 밥을 먹지 않았고 오늘도 먹지 않았다.(과거, 현재) ·明天他没来。(X)
차이점	사실과 바람, 판단에 대한 부정 ·我不吃葡萄。나는 포도를 먹지 않는다. (사실에 대한 부정을 나타낸다.) ·树叶不红。나뭇잎이 붉지 않다. (원래 나무잎의 색깔이 붉지 않다.) 습관성 동작이나 심리 상태를 나타내 는 동사의 부정 ·他不喝酒，不抽烟，非常健康。 그는 술도 안 마시고, 담배도 안 피우고 매우 건강하다. ·他不爱你。그는 너를 사랑하지 않는다. ·他不喜欢看书。 그는 책 보는 것을 좋아하지 않는다.	동작의 발생, 상태의 변화에 대한 부정 ·我没吃葡萄。나는 포도를 먹지 않았다. (동작이 발생하지않았음을 나타낸다.) ·树叶还没红。나뭇잎이 아직 붉어지지 않았다. (상태가 변화되지않았음을 나타낸다.) 습관성 동작이나 심리 상태를 나타내 는 동사의 부정에 사용 불가 ·他没喝酒，没抽烟，非常健康。(X) ·我没爱你。(X) ·他没喜欢看书。(X)

그밖에 부정부사로는 不必,
未必, 何必 등이 있습니다.
不必 : ~할 필요가 없다.
未必 : 반드시 ~한 것이 아니다.
何必 : 구태여(하필) ~할 필요
가 있겠는가?

• 树叶 shùyè 명나뭇잎
• 红 hóng 형붉다

• 抽烟 chōu yān
  동담배를 피다

Speed **C**heck

빈칸에 적합한 단어를 고르세요.
我今年忙得不得了，所以＿＿能请假休息。

A 可   B 再   C 要   D 不

해석 나는 올해 너무 바빠서 휴가를 내어 쉴 수가 없다.

정답 D

TIP

문장을 해석할 수 있다 면 답은 금방 나온다. 올 해 바쁘기 때문에 휴가 를 낼 수 없으므로 정답 은 부정부사 不가 된다.

• 请假 qǐng jià
  동휴가를 신청하다

6. 상태부사

(1) 逐步 / 逐渐 / 渐渐 : 차츰차츰, 점점

逐步, 逐渐, 渐渐 비교

		逐步	逐渐	渐渐
형식		[逐步 + 동사] ·计算机逐步得到了普及。 컴퓨터는 점차 보급되었다.	[逐渐 + 동사/형용사] ·他的病逐渐好起来了。 그의 병이 차츰차츰 좋아지기 시작했다. ·参加讨论的学生逐渐减少了。 토론에 참가하는 학생이 점점 줄어들었다.	[渐渐 + 동사/형용사] ·渐渐地暖和起来了。 점점 따뜻해지기 시작했다. ·飞机渐渐起飞了。 비행기가 점점 이륙하기 시작했다.
쓰임		주로 스스로 하는 행위에 쓰인다. ·模型逐步形成了。 조금씩 모형이 형성되었다.	정도나 수량이 순서에 따라 증가하거나 감소하는 것을 나타내고, 주로 자연스럽게 변화하는 것에 쓰인다. ·共同的学习中我们彼此逐渐熟悉起来了。 함께 공부하며 우리는 서로 차츰차츰 친해지기 시작했다.	정도나 수량이 증가하거나 감소하는 것을 나타내고, 주로 자연스럽게 변화하는 것에 쓰인다. ·刚开始很陌生，渐渐熟悉起来了。 막 시작했을 때는 낯설었는데 점점 익숙해지기 시작했다.
강조		의식적으로 조금씩 조금씩 변하는 것을 강조한다. ·事业的逐步扩展，使企业更加坚固。 사업의 점진적인 확장은 기업을 더욱 견고하게 한다. ·中国的市场逐步走向世界。 중국의 시장은 점차 세계를 향해 나아가다.	원래 있던 것에 천천히 변화가 일어남을 강조한다. ·我们的感情随着时间逐渐加深了。 우리의 감정은 시간에 따라 점점 깊어졌다. ·西藏旅游的热度逐渐升温。 티베트 여행의 열기는 점점 고조되다.	없던 것이 새롭게 생기는 변화를 강조한다. ·春天到了，树上渐渐长出嫩芽来了。 봄이 되어 나무에 점점 새싹이 자라났다. ·太阳从东边渐渐升起。 태양이 동쪽에서 점점 떠오르다.

- 普及 pǔjí
  동 보급되다, 확대되다

- 模型 móxíng
  명 모형, 모델, 견본
- 形成 xíngchéng
  동 형성하다

- 扩展 kuòzhǎn 동 확장하다
- 坚固 jiāngù 형 견고하다
  동 견고하게 하다
- 随着 suízhe 전 …에 따라
- 加深 jiāshēn
  동 (정도나 경지 등이) 깊어지게 하다
- 西藏 Xīzàng 명 티베트
- 升温 shēngwēn
  동 (온도가) 상승하다
- 嫩芽 nènyá 명 새싹

7. 어기부사

(1) 到底 / 究竟 : 도대체, 마침내

到底와 究竟 비교

	到底	究竟
공통점	뒤에 吗를 붙일 수 없다. ·你到底会这道题吗? → 你到底会不会这道题? 너는 도대체 이 문제를 풀 수 있니, 없니? ·你究竟想考大学吗? → 你究竟想不想考大学? 너는 도대체 대학을 가고 싶은 거니, 아니니? 주어가 의문대명사일 경우 반드시 주어 앞에 쓰인다. ·到底谁能考第一呢? 도대체 누가 일등을 할 수 있지? ·究竟什么使他改变了主意? 도대체 무엇이 그가 생각을 바꾸도록 한 거지?	
차이점	비교적 긴 과정을 거친 후의 어떤 결과 앞에 쓸 수 있다. ·他到底还是没回家。 그는 결국 집에 가지 않았다. ·他到底还是答应去了。 그는 마침내 가겠다고 대답했다.	비교적 긴 과정을 거친 후의 어떤 결과 앞에 쓸 수 없다. 他究竟还是没回家了。 他究竟还是答应去了。

* 主意 zhǔyi
  명 방법, 생각, 의견

(2) 居然 / 竟然 / 竟 : 뜻밖에도, 상상외로

居然과 竟然, 竟 비교

양사	居然	竟然/竟
위치	주어 앞에 쓰일 수 있다. ·那么重要的事件, 居然你一无所知。 그렇게 중요한 일을 뜻밖에 네가 전혀 모르다니.	주어 뒤에만 쓰인다. ·那么重要的事件, 你竟然一无所知。 그렇게 중요한 일을 네가 뜻밖에 전혀 모르다니.
차이점	① 쉽지 않거나 불가능한 일을 해냈을 때 사용한다. (칭찬의 의미로 사용가능) ·他才上小学, 居然能流利地说出五个国家的语言。 그는 겨우 초등학교에 다니는데, 뜻밖에도 5개 국어를 유창하게 말한다. ② 일어나서는 안 되는 일이 발생했을 때 사용한다. ·一个正规大学居然有这么能力差的老师。 하나의 정규대학에 뜻밖에 이렇게 능력이 부족한 선생님이 계시다니.	예상을 빗나갔거나 뜻밖의 일에 쓰인다. ·北京竟然也会发生地震! 베이징에도 뜻밖에 지진이 발생할 수 있다니! ·他竟忘了明天是妈妈的生日。 그는 뜻밖에 내일이 어머니의 생신이라는 것을 잊어버렸다.

* 重要 zhòngyào 형 중요하다
* 一无所知 yìwú suǒzhī
  성 아무것도 모른다

* 地震 dìzhèn 명 지진

* 忘 wàng 동 잊다

* 正规 zhèngguī
  형 정규적인, 정식의
* 差 chà 형 표준미달이다, 좋지 않다

★★★
03 부사의 위치

1. 일반부사

부사는 일반적으로 부사어로 쓰여 주어 뒤 술어 앞에 놓입니다.

> 주어 + 부사어(부사) + 술어

我 非常 喜欢 运动。 나는 운동을 매우 좋아한다.
대(주어) 부(부사어) 동(술어) 명(목적어)

哈尔滨 的 冬天 简直 太 冷 了。
명(관형어) 조 명(주어) 부·부(부사어) 형(술어) 조

하얼빈의 겨울은 그야말로 너무 춥다.

• 简直 jiǎnzhí
부그야말로, 너무나, 징말

2. 전치사구와 함께 쓰인 부사

전치사구와 함께 쓰였을 경우에는 부사가 전치사구 앞에 놓입니다.

> 부사 + 전치사구

他们 都 从中国 回来 了。 그들은 모두 중국에서 돌아왔다.
대(주어) 부 + 전치사구(부사어) 동(술어) 조

延延 终于 跟老师 说 好 了。 옌옌은 마침내 선생님과 이야기를 끝냈다.
명(주어) 부 + 전치사구(부사어) 동(술어) 형(보어) 조

> **TIP**
> 전치사구
> '전치사+명사'로 구성된 구를 전치사구라 한다.
> 离 家 집에서부터
> 전 + 명

3. 부정부사

(1) 부정부사 不와 没는 일반부사와 같이 술어 앞에 놓입니다.

> 주어 + 부정부사(不/没) + 술어

今天 不 是 星期四。 오늘은 목요일이 아니다.
주어 부정부사 술어 목적어

最近 情绪 很 不 稳定。 요즘 정서가 아주 불안정하다.
부사어 주어 부사어 부정부사 술어

上个周末 我 没 去 游乐场。 지난 주말 나는 유원지에 가지 않았다.
부사어 주어 부정부사 술어 목적어

> **TIP**
> 轻易 qīngyì는 '쉽게', '간단하게'라는 의미의 부사로 不 앞뒤에 모두 놓일 수 있으며, 의미는 같다.
> 不轻易相信他。
> 쉽게 그를 믿지 않는다.
> 轻易不放弃。
> 쉽게 포기하지 않는다.

• 情绪 qíngxù 명정서, 기분
• 稳定 wěndìng 형안정되다
• 游乐场 yóulèchǎng
  명유원지

(2) 일반적으로 일반부사와 부정부사가 함께 쓰였을 때는 일반부사가 부정
부사 앞에 옵니다.

> **일반부사 + 부정부사(不/没)**

他 <u>根本</u> <u>不</u> 会那么做。 그는 아예 그렇게 할 줄 모른다.
　　 일반부사 +부정부사

我 <u>从来</u> <u>没</u> 吃过这种水果。
　 일반부사 +부정부사

나는 지금껏 이런 종류의 과일을 먹어본 적이 없다.

经济不景气，我们学校 <u>几乎</u> <u>没</u> 有就业的。
　　　　　　　　　　　 일반부사 + 부정부사

경기가 좋지 않아서 우리 학교에서 취업한 사람이 거의 없다.

(3) 일부 부사는 부정부사 뒤에만 쓰입니다.

> **부정부사(不/没) + 只 / 仅 / 曾 / 马上 / 一起**

我不只去过一次北京。 나는 베이징에 한 번만 가본 것이 아니다.

这本小说不仅读过一回。 이 소설은 한 번만 읽은 것이 아니다.

我没曾想过他会那样做。
나는 이전에 그가 그렇게 할 것이라고 생각한 적이 없었다.

你不用马上回答我。 너는 바로 대답할 필요가 없다.

我没和他一起去。 나와 그는 함께 가지 않았다.

(4) 都，全，太，很，一定은 부정부사가 앞에 오느냐 뒤에 오느냐에 따
라 의미가 달라집니다.

> **전체부정 : ～ 都 / 全 / 太 / 很 / 一定 + 不 : 모두～하지 않다.**
> **부분부정 : ～ 不 + 都 / 全 / 太 / 很 / 一定 : 모두～한 건 아니다.**
> **　　　　　　　　　　　　　　　　　　　 그다지～하지 않다.**

我们都不是韩国人。 우리는 모두 한국 사람이 아니다.
➡ 전체부정 : 한국 사람이 한 명도 없다.

我们不都是韩国人。 우리가 모두 한국 사람은 아니다.
➡ 부분부정 : 한국 사람이 아닌 사람도 있다.

- 根本 gēnběn 图전혀, 아예

- 从来 cónglái
  图지금까지, 여태껏

- 经济 jīngjì 图경제
- 景气 jǐngqì 图경기
  图경기가 좋다(주로 부정형식
  으로 쓰임)
- 几乎 jīhū 图거의
- 就业 jiùyè 图취업하다

> **문샘 한마디**
>
> 부정부사 뒤에만 쓰이는 부사
> 에는 只, 仅, 曾, 马上, 一起
> 등이 있습니다.

这些内容我全不懂。 이러한 내용이 나는 전부 다 이해가 안 간다.

➡ 전체부정 : 이해되는 부분이 한 부분도 없다.

这些内容我不全懂。 이러한 내용이 나는 다 이해가 안 되는 것은 아니다.

➡ 부분부정 : 이해가 안 되는 부분도 있다.

这件事一定不是他干的。 이 일은 반드시 그가 한 것이 아니다.

➡ 전체부정 : 그가 이 일을 했을 가능성이 없다.

这件事不一定是他干的。 이 일은 꼭 그가 했다고 할 수 없다.

➡ 부분부정 : 그가 이 일을 했을 가능성이 있다.

04 부사의 주요 쓰임

1. 부사어

부사의 주요 역할은 부사어가 되는 것이고, 모든 부사는 부사어가 될 수 있습니다.

我 家 一共 有 四口 人。 우리 집 식구는 모두 4명이다.
(대) (명) (부) (동) (수량) (명)
관형어 주어 부사어 술어 관형어 목적어

• 一共 yìgòng
  (부) 합계, 전부, 모두

家人 都 来 了。 가족이 다 왔다.
(명) (부) (동) (조)
주어 부사어 술어

就 他 没 来。 단지 그만 안 왔다.
(부) (대) (부) (동)
부사어 주어 부사어 술어

2. 보어

일부 부사는 술어 뒤에 쓰여 보어 역할을 합니다.

我 累 得 很。 나는 몹시 피곤하다.
(대) (형) (조) (부)
주어 술어 보어

今天 我 得了 100分, 高兴 极了。
(명) (대) (동) (수량) (형) (부)
부사어 주어 술어 목적어 술어 보어

오늘 나는 100점을 맞아 너무 기분이 좋다.

• 糟糕 zāogāo
  (동) (일이나 상황 등이)
  엉망이 되다

我 的 心情 糟糕 极了。 나의 심정은 완전히 엉망이다.
(대) (조) (명) (동) (부)
관형어 주어 술어 보어

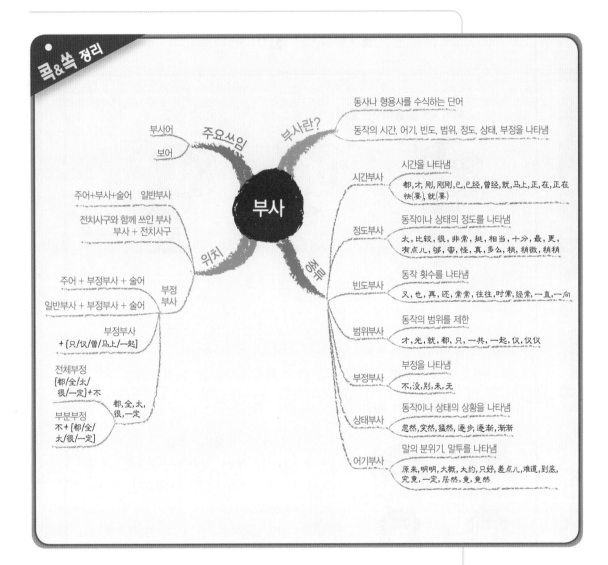

부사

부사란?
- 동사나 형용사를 수식하는 단어
- 동작의 시간, 어기, 빈도, 범위, 정도, 상태. 부정을 나타냄

시간부사 시간을 나타냄
都, 才, 刚, 刚刚, 已, 已经, 曾经, 就, 马上, 正, 在, 正在 快(要), 就(要)

정도부사 동작이나 상태의 정도를 나타냄
太, 比较, 很, 非常, 挺, 相当, 十分, 最, 更, 有点儿, 够, 密, 怪, 真, 多么, 稍, 稍微, 稍稍

빈도부사 동작 횟수를 나타냄
又, 也, 再, 还, 常常, 往往, 时常, 经常, 一直, 一向

범위부사 동작의 범위를 제한
才, 光, 就, 都, 只, 一共, 一起, 仅, 仅仅

부정부사 부정을 나타냄
不, 没, 别, 未, 无

상태부사 동작이나 상태의 상황을 나타냄
忽然, 突然, 猛然, 逐步, 逐渐, 渐渐

어기부사 말의 분위기, 말투를 나타냄
原来, 明明, 大概, 大约, 只好, 差点儿, 难道, 到底, 究竟, 一定, 居然, 竟, 竟然

주요쓰임
- 부사어
- 보어

위치
- 일반부사 : 주어+부사+술어
- 부사 + 전치사구 : 전치사구와 함께 쓰인 부사
- 부정부사 :
  - 주어 + 부정부사 + 술어
  - 일반부사 + 부정부사 + 술어
- 부정부사 + [只/仅/曾/马上/一起]
- 都, 全, 太, 很, 一定
  - 전체부정 [都/全/太/很/一定]+不
  - 부분부정 不+[都/全/太/很/一定]

잠시 쉬어갈까요?

목의 피로를 풀어주는 동작

 1  2  NG

1. 의자에 몸을 똑바로 세운 채 앉습니다. 오른손으로 머리를 잡고, 왼손으로 허리를 잡습니다.
2. 허리를 곧게 세우고 오른손을 옆으로 당겨주면서 15초 정도 유지해 줍니다.
3. 한 방향을 마치면 반대 방향도 이 동작과 같이 3회씩 반복합니다.

※고개를 당길 때 몸이 앞으로 기울거나 어깨가 따라 올라와서는 안 됩니다.

어깨가 편안한 동작

1. 의자에 허리를 곧게 세우고 앉습니다. 오른쪽 팔을 앞으로 뻗고 왼쪽 손목을 이용해 오른쪽 팔뚝부터 손목까지 쓸어내리며 오른팔을 몸 쪽으로 밀착시켜 줍니다.
2. 상체를 왼쪽 방향으로 돌리고 시선은 오른쪽 손끝을 따라 가도록 합니다. 반대 방향도 이와 같은 방법으로 반복합니다.

눈과 뇌의 피로를 풀어주는 동작

1. 양손 엄지손가락을 관자놀이에 대고 오른쪽으로 10회, 왼쪽으로 10회씩 힘껏 누르며 돌려줍니다.
2. 네 손가락을 이용해 눈 주변을 가볍게 마사지 하거나, 머리 전체를 열 손가락으로 톡톡 두들겨 주는 것도 도움이 됩니다.

PART 2 품사

전치사

01 전치사란?

전치사는 명사나 대명사 앞에서 전치사구를 구성하며 동작이나 성질과 관련된 시간, 장소, 방식, 범위, 대상 등을 나타냅니다. 전치사는 혼자서 문장 성분으로 쓰일 수 없고 명사나 대명사 또는 어떤 구의 앞에 쓰여 **전치사구**를 만듭니다. 전치사구의 주요 역할은 술어를 수식하는 부사어가 되는 것입니다.

전치사구(전치사 + 명사/대명사)	동사/형용사
부사어	**술어**

我 在 校门口 等 你。 나는 교문에서 너를 기다리겠다.
　　전　명
　　부사어　　　술어

➡ 전치사 在는 명사 校门口와 결합하여 전치사구를 이루며, 이 전치사구는 부사어로 쓰였다.

你 跟 他 说 吧。 너는 그와 이야기 해라.
　　전　대　술
　　부사어　술어

➡ 전치사 跟은 대명사 他와 결합하여 전치사구를 이루며, 이 전치사구는 부사어로 쓰였다.

★★★
02 전치사의 종류

전치사의 종류

문쌤 한마디

시간을 나타내는 전치사로는 自从 zìcóng과 自打 zìdǎ, 当 dāng도 쓰일 수 있습니다.

종류	예
장소, 시간	• ~에서(부터), ~로 부터 从 cóng, 自 zì, 由 yóu, 打 dǎ, 离 lí, 在 zài, 于 yú
화제	• ~에 대하여, ~에 관한, ~으로 말하자면 对 duì, 对于 duìyú, 关于 guānyú, 至于 zhìyú
방향	• ~을 향해서 向 xiàng, 朝 cháo, 往 wǎng
근거, 방식	• ~에 따라, ~을 근거로 按 àn, 按照 ànzhào, 据 jù, 以 yǐ, 凭 píng, 依照 yīzhào
대상	• ~에 대하여 给 gěi, 对 duì, 跟 gēn, 和 hé, 把 bǎ, 被 bèi
원인, 목적	• ~때문에, ~를 위하여 由于 yóuyú, 为 wèi, 为了 wèile

1. 장소, 시간 : ～에서

从, 自, 由, 打 비교

문쌤 한마디

장소, 시간을 나타내는 전치사
는 从,自,由,打,离,在,于
등이 있습니다.

		从	自	由	打
차이점	쓰임	从…[来说/来看/上说] : ~의 방면에서 말하자면	自从 + 시간 : ~에서, ~부터 과거의 시제만을 가리킴 [来/发/出]+自 : 동사 뒤 전치사구 보어로 쓰여 출처를 나타냄	由+동작주체+적극적인 행위 동사	自打 + 시간 : ~에서, ~부터(시간의 기점을 표시함)
	어투	회화체	문어체	회화체	회화제
공통점		① 从/自/由/打 + 장소/시간 (장소의 출발점, 시작 기점) ② 시제 제한이 없다. ③ 고정격식 : 从/自/由/打… 起/到(至)/开始 (~부터 ~까지)			

TIP

打의 다양한 의미
1. 동 사다 = 买
2. 동 (선화를) 걸다 = 打(电话)
3. 동 (직물따위를) 짜다 = 织

(1) 从

从 : 从今以后，再也不犯同样的错误。
오늘 이후로 다시는 같은 실수를 하지 않을 것이다.

从上海到首尔坐飞机要一个半小时。
상하이에서부터 서울까지 비행기로 한 시간 반 걸린다.

• 犯 fàn 동 (잘못을) 범하다
• 同样 tóngyàng 형 같다
• 错误 cuòwù 명 잘못

从… 来说 : 从法律的角度来说，你那样做，就是不对的。
법률적인 관점에서 말하자면, 네가 그렇게 하는 것은 잘못된 것이다.

• 法律 fǎlǜ 명 법률
• 角度 jiǎodu 명 각도, 관점
• 淑女 shūnǚ 명 숙녀

从… 来看 : 从这张照片来看，她很像淑女。
이 사진으로 보아 그녀는 매우 숙녀같다.

从… 上说 : 从道理上说，我们应该帮助他。
도리상으로 말하면 우리는 마땅히 그를 도와주어야 한다.

(2) 自

自 : 打算自北京国际机场出发。 베이징 국제공항에서 출발할 예정이다.

她自小长相可爱。 그녀는 어려서부터 귀엽게 생겼다.

• 打算 dǎsuàn 동 ~할 예정이다
• 机场 jīchǎng 명 공항

自从 + 시간 : 自从去年学校毕业以来，就没见过他。
작년에 학교를 졸업하고나서 그를 만나지 못했다.

来自 : 他来自香港。 그는 홍콩에서 왔다.

• 香港 Xiānggǎng 고유 홍콩
• 肺腑 fèifǔ 명 진심

发自 : 他说的都是发自肺腑的话。
그가 한 말은 모두 진심에서 우러나온 말이다.

出自 :这些流言出自他的口。 이 헛소문들은 그의 입에서 나왔다.

- 流言 liúyán
  명 근거없는 소문, 헛소문

(3) 由

由 :打闹声由附近的操场传过来。
떠드는 소리가 근처 운동장에서 전해져 온다.

画报展览由明天开始。 화보 전람은 내일부터 시작된다.

由 + 동작 주체 + 적극적인 행위 동사 :由我来管理。 내가 관리한다.

- 打闹 dǎnào
  통 소란을 피우다, 시끄럽게 하다
- 操场 cāochǎng 명 운동장
- 传 chuán 통 전달하다

(4) 打

打 :打明天起，一定要早睡早起。
내일부터 반드시 일찍 자고 일찍 일어나야 한다.

我打心里佩服那位老师。 나는 마음속으로부터 그 선생님께 감탄했다.

自打 + 시간 :我自打去年开始，就把酒给戒了。
나는 작년부터 술을 끊었다.

- 佩服 pèifú
  통 탄복하다, 감탄하다
- 戒 jiè 통 끊다

(5) 离 : 거리(공간, 시간, 추상적인 거리)를 나타낸다.

离 + 기준점 :离学校，还有一公里。 (공간) 학교까지 아직 1㎞가 남았다.

离高考，只有一个月。 (시간)
대학 입학시험날까지 한 달밖에 남지 않았다.

(6) 在 : 동작이 행해지는 장소나 시간을 나타낸다.

在 + 장소/시간 :在床上睡吧。 침대에서 주무세요.

我在小的时候就已经会说英语了。
나는 어렸을 때 이미 영어를 할 수 있었다.

TIP

A 离 B
대상과 기준점, 즉 A와 B는 동등해야 한다.
公司离我很远。(X)
(公司와 我는 건물과 사람이므로 동격이 아니다.)
➡公司离我这儿很远。(O)
회사는 내가 있는 곳에서 멀다.

TIP

在는 동사 뒤에서 결과보어의 역할도 한다.
昨天睡在床上了。
어제 침대에서 잤다.
(동작을 행한 결과 ~에 있었다.)

TIP

1. 거리를 나타내는 전치사는 离로 '~로부터 떨어지다'라는 의미를 나타낸다.
- 超市 chāoshì
  명 대형마트
2. 我는 동작의 주체로 由와 결합한다.

Speed Check

빈칸에 적합한 단어를 고르세요.

1. 他说的那个超市我知道，___ 我的学校只有500米。
   A 从　　　　B 在　　　　C 离　　　　D 自

2. 你别担心。对于这件事，___ 我来找办法。
   A 从　　　　B 自　　　　C 由　　　　D 打

해석 1. 그가 말한 그 마트를 내가 아는데 우리 학교에서 500m밖에 안 걸린다.
2. 걱정하지 마세요, 이 일에 관해서는 제가 방법을 찾아 볼게요. 　정답 1. C / 2. C

在는 방위명사 上/中/下/方面/以下/之下/以内/之内/之间 과도 결합하여 '범위'를 나타내기도 합니다. (참고: 128p)

- 他的作品已经在业务上取得了很大成就。
  그의 작품은 이미 업무상 큰 성과를 얻었다.

- 在朋友中，就他事业最成功。 친구들 중 그의 사업만 가장 성공했다.

- 在朋友的帮助下，他克服了一切困难，终于成功了。
  친구의 도움 아래, 그는 모든 시련을 극복했고 마침내 성공하였다.

- 在经济学方面，他很有关心。 경제학 방면에 그는 매우 관심이 있다.

- 他们的年龄都在18岁以下。 그들의 나이는 모두 18세 이하이다.

- 他的汉语实力不在我之下。 그의 중국어 실력은 나보다 못하지 않다.

- 一般论文字数在一万字以内。 일반적으로 논문 글자수는 만 자 이내이다.

- 在两天之内完成这项工作。 이틀 내에 이 일을 완성한다.

- 在两个女孩之间，我该如何选择?
  두 명의 여자 중에 나는 어떻게 선택해야 하지?

- 取得 qǔdé
  图취득하다, 얻다
- 成就 chéngjiù
  图图성취(하다)
- 克服 kèfu 图극복하다
- 困难 kùnnan 图곤란, 어려움

2. 화제 : ~에 대해서
对와 对于 비교

문샘 한마디

화제를 나타내는 전치사에는 对, 对于, 关于, 至于 등이 있습니다.

		对	对于

차이점		사람과 사람 사이 관계 또는 동작의 대상에 사용할 수 있다.
		·他对我很好。(O)
		  그는 나에게 매우 잘해준다.
		·他对我点头问好。(O)
		  그는 나에게 머리를 끄덕이며 인사했다
			사람과 사람 사이의 관계 또는 동작의 대상에 사용할 수 없다.
			·他对于我很好。(X)
			
			·他对于我点头问好。(X)

		조동사와 부사 앞, 뒤에 모두 놓인다.
		★★★
		对~ + 조동사/부사 (O)
		·我们对汉语都很感兴趣。(O)
		  우리는 모두 중국어에 관심이 많다.
		조동사/부사 + 对~ (O)
		·我们都对汉语很感兴趣。(O)
		  우리는 모두 중국어에 관심이 많다.
			조동사와 부사 뒤에 놓일 수 없다.
			★★★
			对于~ + 조동사/부사 (O)
			·我们对于汉语都很感兴趣。(O)
			  우리는 모두 중국어에 관심이 많다.
			조동사/부사 + 对于~ (X)
			·我们都对于汉语很感兴趣。(X)

주 의		对 ⟷ 对于	

이것만은 꼭!

对와 对于는 모두 주어 앞에 놓일 수 있다. 对는 对于보다 의미와 사용범위가 넓기 때문에 对于를 对로 바꿔 쓸 수 있지만 对는 对于로 바꿔 쓰지 못한다.

对于, 关于, 至于 비교

	对于	关于	至于
차이점	对于 + 사람/사물/행위 (주관적 성격) ·对于考生来说，时间就是生命。 수험생에게 있어서 시간은 생명이다.	关于 + 범위/내용 (객관적 성격) ·关于电脑，他很在行。 컴퓨터에 관해서 그는 매우 능숙하다.	至于 + 범위/내용 ·至于能否成功，我也不能确定。 성공할 수 있을지 없을지는 나도 확정할 수 없다.
		한 개의 화제 ·关于语法，我自己学习。 어법에 관해서는 내 스스로 공부한다.	두 개의 화제 ·我决定考北大了，至于专业，我还没定下来。 나는 베이징대에 가기로 결정했지만 전공에 대해서는 아직 결정하지 않았다.
위치			

※ 至于는 두 개의 화제를 제시하여 두 번째 화제 앞에 위치한다.

부사어 对于(O) 关于(O) — 주어 — 부사어 对于(O) 关于(x) — 술어 — 관형어 关于(O) — 목적어

- 考生 kǎoshēng 명 수험생
- 在行 zàiháng 형 능숙하다
- 能否 néngfǒu = 能不能 …할 수 있을까?
- 确定 quèdìng 동 확정하다

Speed Check

제시된 단어가 들어갈 위치를 고르세요.

A 我 B 跟丽丽交往10年多了，C 她 D 我什么都知道。

关于

해석 나와 리리는 사귄지 십 년이 더 되었다. 나는 그녀에 관해서는 뭐든지 다 안다.

정답 C

TIP

关于는 '～에 대해서'라는 의미의 전치사로, 부사어로 쓰였을 때에는 주어 앞에만 올 수 있다.

- 交往 jiāowǎng 명 동 교제(하다), 왕래(하다)

3. 방향 : ～ 향해서

向, 朝, 往 비교

	向	朝	往
차이점	向 + 사람 + 동사 (추상/동작 관련 구체동사) ·我军向敌人进攻。 우리 군은 적을 향해 진격했다. ·我向她解释。 나는 그녀에게 해명했다.	朝 + 사람 + 동사 (동작 관련 구체동사) ·孩子朝妈妈走过去。 아이는 엄마를 향해 걸어간다. ·我朝她解释。(x)	往 + 사람 ·职员往老板走。(x)
	向 + 방향 + 동사 ·鸟向南飞。 새는 남쪽을 향해 난다.	朝 + 방향 + 동사 ·一直朝前走。 줄곧 앞을 향해 간다.	往 + 방향 + 동사 ·学生往学校走。 학생은 학교를 향해 간다.

문쌤 한마디

방향을 나타내는 전치사에는 向, 朝, 往 등이 있습니다.

- 进攻 jìngōng 동 진격하다
- 解释 jiěshì 동 해명하다

- 寄 jì 图부치다, 맡기다

TIP

朝는 사람을 가리키는 명사와 쓰일 때 신체 동작이나 구체적인 동작에만 쓰이고 추상적 동사에는 쓸 수 없다.
朝姐姐学习。(×)
向姐姐学习。(○)
언니에게 배우다.

- 敬礼 jìnglǐ 图경례하다

- 奔 bēn 图내달리다
- 风筝 fēngzheng 圀연
- 火气 huǒqì
  圀화기, 노기, 분
- 竟然 jìngrán
  图결국, 의외로
- 栋 dòng
  昭동(건물을 셀 때)
- 阳台 yángtái 圀발코니

TIP

往은 사람이나 물건을 나타내는 단어와 직접 쓰일 수 없다.
往我来。(×)
往我这儿来。(○)
내가 있는 이쪽으로 오세요.

- 批 pī 昭묶음
  (많은 양의 물건을 셀 때)
- 货 huò 圀물건, 화물

TIP

朝, 往, 向은 모두 방향을 나타내는 전치사이지만, '차, 기차, 배 등이 ~을 향하여 출발하다'를 나타낼 때는 往을 사용한다.
- 武汉 Wǔhàn 교위우한
- 航班 hángbān
  圀항공편 (비행기나 배)
- 误点 wùdiǎn
  图연착되다

		방향을 나타내지만 고정된 상태일 때 사용한다. ·门朝西开。 문이 서쪽으로 열려 있다.	이동을 나타낸다. ·礼物寄往中国。 선물을 중국으로 보낸다.
보어로 쓰임	[飞/走/转/奔/流/通] +向	×	[开/飞/寄/送/派/通] +往

(1) 向

向 + 사람/방향 : 向老师敬礼。 (사람) 선생님께 경례하다.

这条河向东流。 (방향) 이 강은 동쪽을 향해 흐른다.

[飞/走/转/奔/流/通] + 向 :

我做的风筝终于飞向了蓝天。
내가 만든 연이 마침내 푸른 하늘로 날아갔다.

你不要把火气都转向我。 너 화를 모두 나에게 돌리지 말아라.

(2) 朝

朝 + 사람/방향 : 他竟然朝我笑。 (사람) 그는 뜻밖에도 나를 향해 웃었다.

这栋楼的阳台都朝北。 (방향)
이 건물의 발코니는 모두 북향이다.

(3) 往

往 + 방향 : 不要往后走。 뒤로 가지 말아라.

[开/飞/寄/送/派/通] + 往 :

飞机飞往上海。 비행기는 상하이를 향해 간다.

这批货要送往北京。 이 화물들은 베이징으로 보내려고 한다.

Speed Check

빈칸에 적합한 단어를 고르세요.
由于下雨，飞_____武汉的K233次航班误点。

A 朝　　　　　B 往　　　　　C 右　　　　　D 向

해석 비가 와서 우한으로 가는 K233 항공편은 연착되겠습니다.　　　　　정답 B

4. 근거, 방식

(1) 按照 / 根据 : ~에 따라, ~에 근거하여

按照와 根据 비교

	按照	根据
차이점	기준에 따라 ~한 행동을 한다. · 按照家人的要求，我报考了医科大学。 가족들의 요구에 따라 나는 의과대학에 지원했다.	사실 또는 근거에 따라 판단하고 결론을 내린다. · 这部电影是根据网络小说改编的。 이 영화는 인터넷 소설을 근거로 각색한 것이다.

(2) 以 + 근거/방식 : ~을 근거로 하다, ~을 방식으로 삼다.

以와 作为 비교

	以 + 근거/방식	作为 + 명사성 목적어
쓰임	· 어떤 사건과 사실을 근거, 방식으로 한다.	· 사람의 어떤 신분이나 자격, 또는 사물의 성질을 말한다. · 'A作为B' 형태로 쓰여 '~으로 여기다, 간주하다'를 나타낸다.
예	· 她以妻子的名义继承了遗产。(근거) 그녀는 아내라는 명분으로 유산을 상속 받았다. · 以叙述文的方式写文章。(방식) 서술문 방식으로 글을 쓰다.	· 作为老师要正确指导学生。(자격) 선생님으로서 올바르게 학생들을 지도해야 한다. · 这间屋子就作为你的书房用吧。 (~으로 삼다.) 이 방을 너의 서재로 삼아라.

Speed Check

빈칸에 적합한 단어를 고르세요.

你_____学生的身份可以借书。

A 以   B 对   C 由于   D 给

해석 너는 학생의 신분으로 책을 빌릴 수 있다.   정답 A

5. 대상

(1) 给 : ~에게

这封信是他给我写的。 이 편지는 그가 나에게 쓴 것이다.

문샘 한마디

근거, 방식을 나타내는 전치사에는 按, 按照, 据, 以, 凭, 依照 등이 있습니다. 유사한 의미의 동사로는 根据와 作为가 있습니다.

- 要求 yāoqiú 명요구
- 报考 bàokǎo 통지원하다
- 医科 yīkē 명의과
- 网络 wǎngluò 명네트워크
- 改编 gǎibiān 통개편하다, 편집하다

- 名义 míngyì 명의, 명분

TIP

身份이라는 단어를 보고 답이 以라는 것을 유추해 낼 수 있다. 以는 '~(으)로(써)'라는 뜻을 나타낸다.

문샘 한마디

대상을 나타내는 전치사에는 给, 对, 跟, 和, 把, 被 등이 있습니다.

他给我留下了深刻的印象。 그는 나에게 깊은 인상을 남겼다.

(2) 对 : ～에게

老师对学生说明。 선생님이 학생에게 설명을 한다.

老板对客人很热情。 주인은 손님에게 매우 친절하다.

(3) 跟 / 和 : ～와(과), ～에게

你去跟他说。 네가 가서 그와 이야기해라.

李樱跟小王联系。 리잉이 샤오왕에게 연락하다.

我和你不一样。 나는 너와 다르다.

我很想和同学们说清楚。 나는 학우들에게 분명하게 말하고 싶다.

- 联系 liánxì
  명동 연락(하다)
- 说服 shuōfú
  동 설득하다, 납득시키다

(4) 把 : ～을/를 (목적어를 술어 앞으로 전치시켜 행동을 가함을 강조한다.)

你把衣服洗干净。 너는 옷을 깨끗이 빨아라.

孩子把饭全吃了。 아이는 밥을 모두 먹었다.

(5) 被 : ～을 당하다. (피동을 나타낸다.)

我被他的话感动了。 나는 그의 말에 감동했다.

父亲最后被医生说服了。 부친은 결국 의사의 말에 설득당했다.

TIP

把 자문
문장의 목적어를 '把 +
명사' 형식으로 만들어
동사 앞으로 전치시켜
행동을 가함을 강조하
는 문장
참고: 219p

被 자문
전치사 被를 써서 피동
을 나타내는 문장
참고: 222p

6. 원인, 목적

(1) 由于 : ～때문에, ～로 인하여

由于感冒，我今天没去上课。 감기 때문에 나는 오늘 수업에 가지 않았다.

由于他的优秀成绩，学校给他发了奖学金。
그의 우수한 성적 때문에 학교는 그에게 장학금을 지급했다.

(2) 为 / 为了 : ～을 위해

为国民服务。 국민을 위해 봉사하다.

为了你，我什么都愿意做。 널 위해서라면 나는 무엇이든지 다 하겠다.

문쌤 한마디

원인, 목적을 나타내는 전치사
에는 由于, 为, 为了 등이 있습
니다.

- 感冒 gǎnmào
  동명 감기(에 걸리다)
- 优秀 yōuxiù 형 우수하다
- 奖学金 jiǎngxuéjīn
  명 장학금

TIP

'~때문에'라는 뜻의 원인을 나타내는 전치사는 由于뿐이다.
- 贫血 pínxuè 명빈혈
- 献血 xiànxiě 동헌혈하다

Speed Check

빈칸에 적합한 단어를 고르세요..

_____ 贫血，小李从来没献过血。

A 对于   B 至于   C 由于   D 关于

해석 빈혈 때문에 샤오리는 지금까지 헌혈을 해 본 적이 없다.   정답 C

★★★
03 전치사의 위치

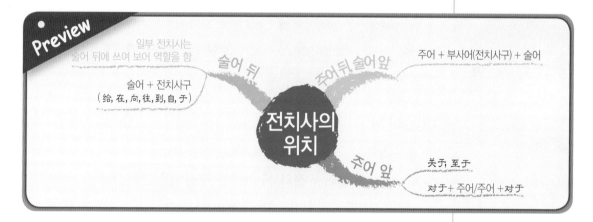

Preview

일부 전치사는 술어 뒤에 쓰여 보어 역할을 함

술어 뒤 — 술어 + 전치사구 (给, 在, 向, 往, 到, 自, 于)

주어뒤 술어앞 — 주어 + 부사어(전치사구) + 술어

전치사의 위치

주어 앞 — 关于, 至于 / 对于 + 주어/주어 + 对于

1. 주어 뒤, 술어 앞

전치사는 일반적으로 전치사구 형태로 부사어 역할을 하며 주어 뒤, 술어 앞에 놓입니다.

> **주어 + 부사어(전치사구) + 술어**

我 从韩国 来。 나는 한국에서 왔다.
대 전치사구 동
주어 부사어 술어

这门 课 到明年 结束。 이 수업은 내년에 끝난다.
대+양 명 전치사구 동
관형어 주어 부사어 술어

- 结束 jiéshù 동마치다

2. 주어 앞

일부 전치사는 주어 앞에 올 수 있습니다.

> **부사어(전치사구) + 주어**

关于中国历史的书，我　已经　看　了　不少。
　전치사구　　　대　　부　　동　　조　　부
　부사어　　　주어　부사어　술어　　보어

중국 역사에 관한 책을 나는 이미 적지 않게 읽었다.

我决定考北大了，至于专业，我　还没　定　下来。
　　　　　　　　전치사구　대　부　동　동
　　　　　　　　부사어　주어　부사어　술어　보어

나는 베이징대에 가기로 결정했지만 전공에 대해서는 아직 결정하지 않았다.

단, 对于는 주어 앞뒤에 모두 올 수 있습니다.

对于这件事　我　已经　忘　了。나는 이 일에 대해 이미 잊었다.
　전치사구　대　부　동　조
　부사어　주어　부사어　술어

这件　事　对于我来说　很　重要。이 일은 나에게 매우 중요하다.
대+양　명　전치사구　＋　부　형
관형어　주어　　부사어　　술어

3. 술어 뒤

일부 전치사는 술어 뒤에 쓰여 보어 역할을 합니다.

술어 + 전치사구(给/在/向/往/到/自/于)

我　出生　于仁川。나는 인천에서 태어났다.
대　동　전치사구
주어　술어　보어

他　的　感情　发　自内心。그의 감정은 마음속에서 우러나오다.
대　조　명　동　전치사구
관형어　　주어　술어　보어

04 전치사의 주요 쓰임

전치사는 단독으로 문장 성분이 될 수 없고, 항상 '전치사구(전치사 + 명사/대명사)' 형태로 문장 성분으로 씁니다. 전치사구의 주된 쓰임은 **부사어**가 되는 것입니다.

1. 부사어

我　从日本　来。나는 일본에서 왔다.
대　전치사구(전+명)　동
주어　부사어　술어

他　向我　走来。그는 나를 향해서 걸어왔다.
대　전치사구(전+대)　동
주어　부사어　술어

TIP

전치사구 보어
참고: 115p

2. 관형어

我　有　从美国　带来　的　衣服。
［대］　［동］　전치사구（전＋명）　＋　［동］　［조］　［명］
주어　술어　　　　관형어　　　　　　　목적어

나는 미국에서 가지고 온 옷이 있다.

• 带来 dàilái ［동］가져오다

这些　都　是　给朋友　买　的　礼物。
［대］　［부］　［동］　전치사구（전＋명）＋　［동］　［조］　［명］
주어　부사어　술어　　　관형어　　　　　　목적어

이것들은 모두 친구에게 주려고 산 선물들이다.

3. 보어

这趟　火车　开　往长春。　이 기차는 장춘으로 간다.
［대］＋［양］　［명］　［동］　전치사구（전＋명）
관형어　주어　술어　　보어

• 趟 tàng ［양］차례, 번
• 长春 Chángchūn ［지명］ 장춘 (길림성의 시 이름)

所有　的　江河　最后　都　流　向海洋。
［관형］　［조］　［명］　［명］　＋　［부］　［동］　전치사구（전＋명）
관형어　　　주어　　부사어　　술어　　　보어

모든 강은 마지막에 모두 해양으로 흘러든다.

• 江河 jiānghe ［명］하천, 강
• 流 liú ［동］흐르다

05 전치사의 활용

★★
1. 把 자문

(1) 把 자문이란?

문장의 목적어를 '把 + 명사' 형식으로 만들어 술어 앞으로 전치시켜 행동을 가함을 강조하는 문장입니다.

我　把　作业　做　完　了。　나는 숙제를 다 했다.
주어　　　명사　술어　보어(동작의 결과)

➡ 作业에 做라는 행위를 가해 完이라는 결과가 나타난다.

TIP
'把+명사'는 전치사구로 술어 앞에서 부사어의 역할을 한다.

(2) 형식

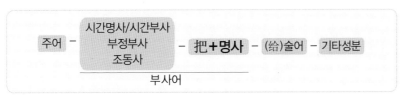

TIP
부사 都, 순은 '把+명사' 뒤, 술어 앞에 쓰인다.
我把钱全都取出来了。
나는 돈을 모두 찾았다.

이것만은 꼭!

把자문에서 술어로 쓰일 수
없는 동사

· 지각, 심리활동
喜欢, 生气, 害怕,
决定, 愿意, 认识,
听见, 同意, 相信

· 판단, 존재, 상태
是, 有, 在, 叫, 当,
等于, 像, 不如

· 신체활동
坐, 站, 躺, 趴

· 小说 xiǎoshuō 몡 소설

· 词典 cídiǎn 몡 사전
· 递 dì 동 전달하다

① 把는 명사를 술어 앞으로 전치시킵니다.

丹丹 把 那件 <u>衣服</u> 洗 好 了。 딴딴은 그 옷을 다 빨았다.
주어 　관형어 명사 술어 보어

② 부사와 조동사는 把자 앞에 쓰입니다.

你 快 把 作业做完。 너 빨리 숙제를 다 해라.
　 부사

我 能 把 这些菜吃完。 나는 이 요리를 다 먹을 수 있다.
　 조동사

③ 부정 형식

부정부사는 把자 앞에 쓰입니다.

我 没 把 小说看完。 나는 소설책을 다 보지 못했다.
　 부정부사

我 没 把 这件事放在心里。 나는 이 일을 마음에 담아두지 않았다.
　 부정부사

(3) 특징

① 불특정한 명사는 把자문에 쓰일 수 없고, 이미 알고 있는 것이나 명
확한 것이어야 합니다.

把<u>那本词典</u>递给我。(O) 그 사전을 나에게 전해줘.
　 특정명사

➡ 那本词典(그 사전)은 어떤 사전을 가리키는 것인지 명확하기 때문에 把자문에서 사용할
수 있다.

把<u>一本词典</u>递给我。(×)
　 불특정명사

➡ 一本词典(한 권의 사전)은 어느 사전을 가리키는 것인지 명확하지 않기 때문에 把자문
에서 사용할 수 없다.

② 일반적으로 把의 술어로 동사 혼자 쓰일 수 없고, 把자문 뒤에 기타
성분이 함께 쓰입니다.

· 동사 중첩

咱们 把房间 <u>收拾收拾</u>。 우리 방을 정리하자.
주어 　부사어 동사중첩

你们 把书 <u>整理整理</u>。 너희 책을 좀 정리해라.
주어 　부사어 동사중첩

TIP

把자문에서는 일반적으
로 过를 쓰지 않는다.
단, 결과보어가 있을 경
우에는 사용 가능하다.
· 他从来没把一碗冷面
吃过.(×)
· 他从来没把一碗冷面
吃完过.(O)
그는 지금껏 냉면 한
그릇을 다 먹어본 적
이 없다.

• 동사 + 了/着

你	把毛衣	脱	了	吧。 스웨터를 벗으렴.
주어	부사어	술어(동사)	조사	

• 毛衣 máoyī 몡스웨터
• 脱 tuō 동벗다

你	把窗户	开	着	吧。 너 창문을 열어 놓아라.
주어	부사어	술어(동사)	조사	

• 동사 + 결과/방향보어

我	把你的衣服	弄	脏	了。 내가 너의 옷을 더럽혔다.
주어	부사어	술어(동사)	결과보어	

• 脏 zāng 혱더럽다

你	帮	我	把信	寄	出去	吧。 너는 나를 도와 편지를 보내라.
주어	술어	목적어	부사어	술어(동사)	방향보어	

我	把那些菜	吃	得完
주어	부사어	술어	가능보어

• 동사 + 목적어

你	把这件事	告诉	老师	吧。
주어	부사어	술어(동사)	목적어	

너는 이 일을 선생님께 말씀 드려라.

我们	把这个消息	通知	丹丹	吧。
주어	부사어	술어(동사)	목적어	

우리 이 소식을 딴딴에게 알리자.

두개의 목적어를 갖는 동사
참고: 167p

Speed Check

제시된 단어가 들어갈 위치를 고르세요.
1. 丽丽去朋友家 A 玩儿 B 的时候，顺便 C 那本书 D 借来了。
　　　　　　　　　　　　　把
2. 我 A 把今天的作业 B 做完 C 了 D 。
　　　　　　　　　给

해석 1. 리리는 친구 집에 놀러 간 김에 그 책을 빌려왔다.
　　 2. 나는 오늘 숙제를 다 했다.

정답 1. C
　　 2. B

1. 把는 명사를 술어 앞으로 전치시키는 전치사로 명사 那本书 앞에 놓인다.
• 顺便 shùnbiàn 閂~하는 김에
2. 把자문에서 술어 앞에 처치를 강조하는 给가 올 수 있다.

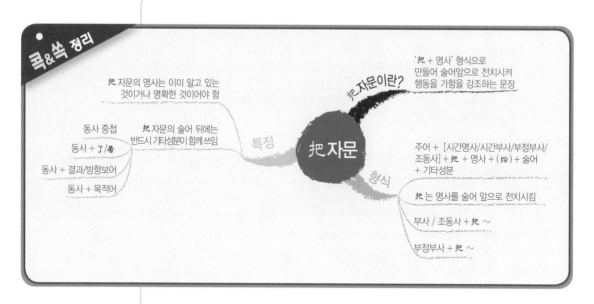

콕&쏙 정리

把 자문의 명사는 이미 알고 있는 것이거나 명확한 것이어야 함

'把 + 명사' 형식으로 만들어 술어앞으로 전치시켜 행동을 가함을 강조하는 문장

把 자문이란?

동사 중첩

把 자문의 술어 뒤에는 반드시 기타성분이 함께쓰임

동사 + 了/着

동사 + 결과/방향보어

동사 + 목적어

특징

把 자문

형식

주어 + [시간명사/시간부사/부정부사/조동사] + 把 + 명사 + (给) + 술어 + 기타성분

把 는 명사를 술어 앞으로 전치시킴

부사 / 조동사 + 把 ~

부정부사 + 把 ~

★★
2. 被 자문

(1) 被 자문이란?

전치사 **被**를 사용하여 '~에게 ~을 당하다'라는 피동을 나타내는 문장입니다. 被 대신 叫, 让을 쓸 수 있습니다.

門　被　我　打开　了。문은 나로 인해 열렸다.
　주어　　　명사　술어

➡ 주어 門은 동작을 받는 대상이고 명사 我는 동작의 주체이다.

(2) 형식

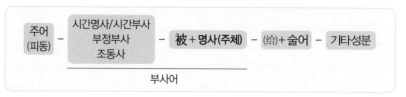

주어 (피동)	시간명사/시간부사 부정부사 조동사	被 + 명사(주체)	(给)+술어	기타성분
	부사어			

① 被 자문에서는 被 뒤에 오는 명사가 동작의 주체입니다.

我　被　老师　批评　了　一顿。나는 선생님께 꾸중을 한 번 들었다.
주어　　　명사　술어　　　보어

➡ 批评 이라는 동작의 주체는 명사 老师이다.

TIP

일반적으로 被 대신 叫, 让을 써서 피동을 나타낼 수 있다. 그러나 被 뒤의 명사는 생략할 수 있지만, 叫, 让 뒤에서는 명사를 생략할 수 없다.

TIP

被자와 把자가 함께 쓰였을 경우 일반적으로 被가 앞에 온다.

• 他被(叫)他的妹妹把那个秘密给发现了。

그는 그의 여동생에 의해 그 비밀이 발각되었다.

• 批评 pīpíng 통비평하다
• 顿 dùn 양~번(동작의 횟수)

② 부사와 조동사는 被 앞에 옵니다.

家里的东西 <u>都</u> 被 小偷抢走了。 집안의 물건을 모두 도둑이 훔쳐 갔다.
　　　　　 부사

- 小偷 xiǎotōu 몡좀도둑
- 抢走 qiǎngzǒu
　　 통훔쳐 도망치다

我不 <u>会</u> 被 你打的。 나는 너에게 맞지 않을 것이다.
　　 조동사

③ 부정 형식

부정부사는 被자 앞에 쓰입니다.

我 <u>没</u> 被 老师 批评。 나는 선생님께 꾸중듣지 않았다.
　 부정부사

谁 也 <u>没</u> 被 解雇。 누구도 해고당하지 않았다.
　　　 부정부사

- 解雇 jiěgù 통해고하다

(3) 특징

① 주어는 명확한 것이어야 합니다.

<u>那个包裹</u> 被 丹丹 取走了。(O) 그 소포는 딴딴이 찾아갔다.
명확한 주어

- 包裹 bāoguǒ 몡소포
- 取走 qǔzǒu 통찾아가다

➡ 那个包裹(그 소포)는 어떤 소포를 말하는 것인지 명확하므로 被자문에서 사용할 수 있다.

<u>一个包裹</u> 被 丹丹 取走了。(✕)

불명확한 주어

➡ 一个包裹(한 개의 소포)는 어느 소포를 말하는 것인지 명확하지가 않으므로 被자문에서
　 사용할 수 없다.

② 보통 동사 혼자서 被자문의 술어가 될 수 없고, 술어 뒤에 기타 성분
이 오거나 被자 앞에 부사어가 와서 함께 쓰입니다.

今天忘带伞了，被雨淋湿<u>了</u>。(O) 오늘 우산을 잊고 안 가져와서 비에 젖었다.
　　　　　　　　　　조사(기타성분)

- 淋湿 línshī 통젖다

➡ 술어 뒤에 동태조사 了가 쓰였다.

今天忘带伞了，被雨<u>淋湿</u>。(✕)
　　　　　　　　　술어

➡ 일반적으로 술어 혼자서 쓰이지 않는다.

他的话<u>可能</u>被人误解。(O) 그의 말은 다른 사람에게 오해를 받을 수 있다.
　　　부사어

- 误解 wùjiě
　　 몡통오해(하다)

➡ 被자 앞에 부사어 可能이 쓰였다.

TIP

被는 동작의 주체가 되는
목적어 앞에 쓰여 피동을
나타낸다.
- 一干二净 yìgān èrjìng
  (조금도 남기지 않고)
  완전히, 깨끗이

Speed Check

제시된 단어가 들어갈 위치를 고르세요..

今天是 A 我们的结婚纪念日吗？B 怎么 C 我忘得一干二净 D 。

被

해석 오늘이 우리 결혼기념일이야? 어떻게 내가 까맣게 잊어버렸지?　　정답 C

把와 被의 비교

	把	被
기본어순	주어＋把 명사＋술어＋기타성분	주어＋被 명사＋술어＋기타성분
주어	동작을 하는 자	동작을 당하는 자
기타성분	동태조사 过 (×) / 가능보어 (×)	동태조사 着 (×) / 가능보어 (×) / 동사중첩 (×)
위치	시간명사 시간부사 부정부사 ＋ 把 조동사	시간명사 시간부사 부정부사 ＋ 被 조동사

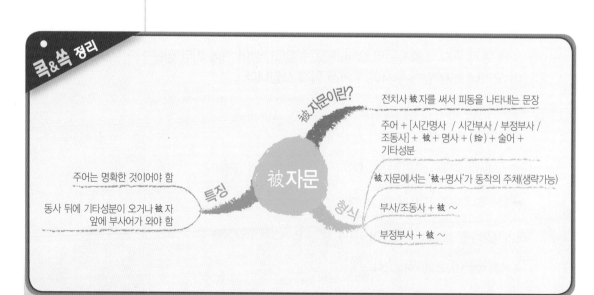

콕&쏙 정리

被자문이란? ─ 전치사 被 자를 써서 피동을 나타내는 문장

주어 ＋ [시간명사 / 시간부사 / 부정부사 /
조동사] ＋ 被 ＋ 명사 ＋ (给) ＋ 술어 ＋
기타성분

被 자문에서는 '被＋명사'가 동작의 주체(생략가능)

被자문

형식 ─ 부사/조동사 ＋ 被 ∼

부정부사 ＋ 被 ∼

특징 ─ 주어는 명확한 것이어야 함

동사 뒤에 기타성분이 오거나 被 자
앞에 부사어가 와야 함

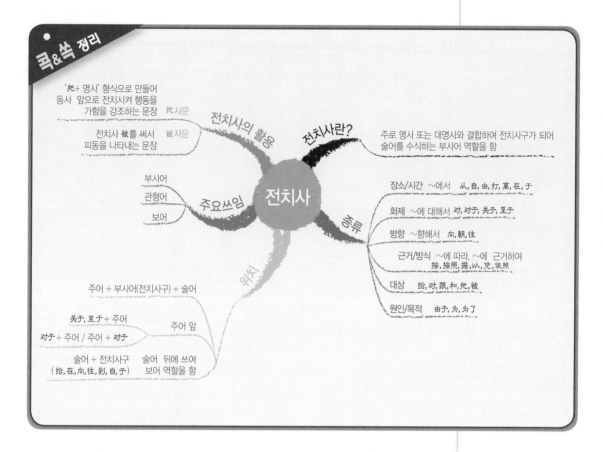

콕&쏙 정리

전치사란?
주로 명사 또는 대명사와 결합하여 전치사구가 되어 술어를 수식하는 부사어 역할을 함

전치사의 활용
- '把+명사' 형식으로 만들어 동사 앞으로 전치시켜 행동을 가함을 강조하는 문장 把자문
- 전치사 被를 써서 피동을 나타내는 문장 被자문

주요쓰임
- 부사어
- 관형어
- 보어

종류
- 장소/시간 ~에서 从,自,由,打,离,在,于
- 화제 ~에 대해서 对,对于,关于,至于
- 방향 ~향해서 向,朝,往
- 근거/방식 ~에 따라, ~에 근거하여 按,按照,据,以,凭,依照
- 대상 给,对,跟,和,把,被
- 원인/목적 由于,为,为了

위치
- 주어 + 부사어(전치사구) + 술어
- 주어 앞
  - 关于,至于+ 주어
  - 对于+ 주어 / 주어 + 对于
- 술어 뒤에 쓰여 보어 역할을 함
  - 술어 + 전치사구 (给,在,向,往,到,自,于)

PART 2 품사

조 사

01 조사란?

조사란 단어나 구, 명사, 동사, 형용사 혹은 문장 끝에 붙어 각종 부가적 의미를 나타내거나, 어법관계 또는 말투를 나타내는 단어를 말합니다. 또한 조사는 문장의 의미를 파악하는 것을 도와줍니다. 조사는 혼자 쓰일 수 없으며 특별히 해석되지 않고 단지 어법상의 특징만을 갖습니다. 중국어에서 조사는 어법 기능에 따라 동태조사, 구조조사, 어기조사로 나뉩니다.

> **문샘 한마디**
>
> 동태조사에는 了 le, 着 zhe, 过 guo 등이 있습니다.

我听了音乐。(동태조사) 나는 음악을 들었다.

你的鞋很好看。(구조조사) 너의 신발은 매우 예쁘다.

你会说汉语吗？(어기조사) 너는 중국어를 말할 줄 아니?

02 동태조사

1. 동태조사란?

동작의 진행 과정과 상태를 나타내는 조사입니다.

我买了一本书。(동작의 완료) 나는 책 한권을 샀다.

我站着说话。(동작의 진행, 지속) 나는 서서 이야기를 하고 있다.

我听说过你的名字。(과거의 경험) 나는 너의 이름을 들어본 적이 있다.

• 站 zhan 〔동〕서다

2. 동태조사의 종류

(1) 了

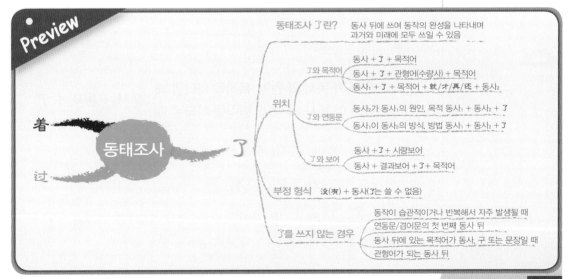

① 동태조사 了란?

동사 뒤에 쓰여, 동작의 완성을 나타내며 과거와 미래에 모두 쓰일 수 있습니다.

我 学了电脑。 (과거) 나는 컴퓨터를 배웠다.
　　동사
➡ 컴퓨터(电脑)를 배우는(学) 동작이 완성되었음을 나타낸다.

我 见了他就回去。 (미래) 나는 그를 만나고 곧 돌아가겠다.
　　동사
➡ 만나다(见)라는 동작이 실현됨을 나타내고 시제는 미래이다.

② 동태조사 了의 위치

• 了와 목적어

> · 동사 + 了 + 목적어
> · 동사 + 了 + 관형어(수량사) + 목적어
> · 동사₁ + 了 + 목적어 + 부사어(就 / 才 / 再 / 还) + 동사₂

他 昨天 帮 了 我。 그는 어제 나를 도왔다.
　　　　동사　　목적어

我 买 了 两张 电影票。 나는 두 장의 영화표를 샀다.
　　동사　관형어　목적어

老师 听 了 我的 话，就 笑 起来了。
　　동사₁　관형어　목적어 부사어 동사₂
선생님은 내 말을 듣고 웃기 시작하셨다.

你 吃 了 饭，再 去 吧。 너는 밥을 먹고 가라.
　　동사₁　목적어 부사어 동사₂

★ 了와 연동문

> · 동사₂가 동사₁의 원인, 목적을 나타낼 때
> · 동사₁이 동사₂의 방법, 방식을 나타낼 때 　: 동사₁ + 동사₂ + 了

她 来 告诉 了 我那件事。 (동사₂가 동사₁의 원인)
　　동사₁ 동사₂
그녀는 와서 나에게 그 일을 알려주었다.

他们 去 爬山 了。 (동사₂가 동사₁의 목적) 그들은 등산하러 갔다.
　　　동사₁ 동사₂

TIP
앞의 동작 후 곧 다음 동작이 이어질 때 첫 번째 동사 뒤에 了를 붙일 수 있다. 이럴 경우 뒷 문장에는 보통 부사 就, 才, 再, 还가 온다.

TIP
연동문
연속해서 술어로 쓰이는 동사가 두 개 이상 나와 하나의 주어를 갖는 문장
참고: 257p

• 爬山 pá shān 🔊 등산하다

我们 坐 地铁 去 了 他家。 (동사₁이 동사₂의 방법)
　　　동사₁　　　　동사₂

우리는 지하철을 타고 그의 집에 갔다.

• 了와 보어

> · 동사 + 了 + 시량보어
> · 동사 + 결과보어 + 了 + 목적어

她在上海 住 了 一年。 그녀는 상하이에서 1년을 살았다.
　　　　　동사　　시량보어

咱们 听 懂 了 老师讲的 内容。
　　동사 결과보어　　　　　　목적어

우리는 선생님이 강의하시는 내용을 알아들었다.

③ 부정 형식

부정을 나타낼 때는 부정부사 没(有)를 사용하고 동태조사 了는 쓸 수 없습니다.

> 没(有) + 동사 +了̶

我昨天看了电影。 나는 어제 영화를 보았다.

⇔ 我昨天没看电影。 나는 어제 영화를 보지 않았다.

④ 동태조사 了를 쓰지 않는 경우

• 동작이 습관적이거나 반복해서 자주 발생될 때에는 了를 붙일 수 없습니다.

夏天常常下了̶大雨。

➡ '자주, 늘'이라는 뜻의 부사 常常과 동태조사 了는 함께 쓰일 수 없다.

她每个周末总去了̶逛街。

➡ '늘, 언제나'라는 뜻의 부사 总은 동태조사 了와 함께 쓰일 수 없다.

• 연동문/겸어문의 첫 번째 동사 뒤에는 了를 쓸 수 없습니다.

他开了̶车上班。 (연동문)　　妈妈让了̶我打扫房间。 (겸어문)
　　동사　　　　　　　　　　　　　　동사

• 동사 뒤에 있는 목적어가 동사, 구 또는 문장일 때 동사 뒤에는 了가 올 수 없습니다.

我这个月开始了̶学瑜伽。
　　　　　　　　　　구

➡ 开始가 学瑜伽라는 '구'를 목적어로 갖기 때문에 了가 올 수 없다.

• 地铁 dìtiě 영 지하철

TIP

시량보어
시간을 나타내는 수량사를 사용해 동작, 상태의 시간이 길고 짧음을 나타낸다.
참고: 112p

결과보어
동사 뒤에 놓여 동사가 나타내는 동작의 변화나 결과를 나타낸다.
참고: 38p

• 内容 nèiróng 영 내용

• 打扫 dǎsǎo 동 청소하다

• 瑜伽 yújiā 영 요가

231

同学们准备X去运动。
구

➡ 准备가 去运动이라는 '구'를 목적어로 갖기 때문에 了는 올 수 없다.

• 동사가 다른 명사를 수식하는 관형어가 될 때 관형어가 되는 동사 뒤에는 了를 쓰지 않습니다.

昨天参加X的足球比赛很有意思。
시간명사 / 동사
관형어

➡ 昨天参加는 足球比赛를 수식하는 관형어로써 동사 参加 뒤에 了가 올 수 없다.

前天寄X的信，他已经收到了。
시간명사 / 동사
관형어

➡ 前天寄는 信을 수식하는 관형어로써 동사 寄 뒤에 了가 올 수 없다.

⑤ 동태조사 了₁과 어기조사 了₂

동태조사 了₁과 어기조사 了₂ 비교

	동태조사 了₁	어기조사 了₂
위 치	동사 뒤	문장 끝
의 미	동작의 완성 •我买了两张电影票。 　나는 두 장의 영화표를 샀다. •放了假，就去旅行。 　방학을 하면 곧장 여행을 갈 것이다.	상황, 상태의 변화 •我有女朋友了。 　나는 여자친구가 생겼다. •冬天了。 　겨울이 되었다.
부정사	没 + 동사 + X •我没看见老师。 　나는 선생님을 보지 못했다. 　我没看见X老师。 •我没吃早饭。 　나는 아침을 먹지 않았다. 　我没吃早饭X。	不~了 : ～하지 않기로 했다. 　　　　～하지 않게 되었다 •我不去中国了。 　나는 중국에 가지 않게 되었다. 　(원래는 가려고 했었는데 상황이 변해 가지 않게 　되었다.) •我好久没回老家了。 　나는 오랫동안 고향에 가지 않았다. 　(没 뒤에는 일반적으로 了가 쓰이지 않지만 没 앞 　에 시간을 나타내는 말이 오면 문장 끝에 어기조 　사 了를 쓸 수 있다.)
수량사	동사 + (了₁) + 수량사 +了₂ : 지금도 ～하고 있다. (현재 지속) •休息了一个月了。 한 달째 쉬고 있다. (지금도 쉬고 있다.) 동사 + 了₁ + 수량사 : 예전에 ～했었다. (과거 완료) •休息了一个月。 한 달을 쉬었다. (지금은 쉬고 있지 있다.)	

빈칸에 적합한 단어를 고르세요.

为了健康，爸爸已经戒烟___。

A 着　　　　　　B 了　　　　　　C 得　　　　　　D 过

해석 건강을 위해 아빠는 이미 담배를 끊으셨다.　　　　　　　　　　정답 B

TIP

已经이라는 단어를 보고 과거의 동작이라는 것을 유추해 낼 수 있다. 과거 동작을 나타내는 조사는 了이다. 의미상 过는 '끊은 적이 있다'로 현재 담배를 피우고 있음을 나타내며, 戒烟이 이합동사이기 때문에 戒过烟으로 쓰여야 알맞으므로 답이 될 수 없다.

戒烟 jiè yān 금연하다

⑵ 着

Preview

동태조사 着란? 동사나 형용사 뒤에 쓰여 동작의 상태가 지속됨을 나타내거나 진행 중임을 나타냄

了

동태조사 ━ 着

过

위치
- 동사 + 着 + 목적어
- 着와 연동문　동사₁ + 着 + 동사₂
- 동사의 중첩　동사₁ + 着 + 동사₁ + 着 + 동사₂

부정 형식　没(有) + 동사 + (着)

着를 쓰지 않는 경우
- 동사 뒤에 동량보어, 시량보어가 있을 경우
- 겸어문의 첫 번째 동사 뒤
- 被자문

① 동태조사 着란?

동사나 형용사 뒤에 쓰여 동작의 **상태가 지속됨**을 나타내거나 **진행 중**임을 나타냅니다. 동작이 진행을 나타낼 경우 正, 在, 正在 … 呢와 함께 쓰일 수 있습니다.

我马上回来，你们在这儿等着。(상태 지속)
　　　　　　　　　　　동사

내가 곧 돌아올테니, 너희는 여기서 기다리고 있어라.

➡ 기다리다(等)라는 동사 뒤에 쓰여 상태가 지속되고 있음을 나타낸다.

他正说着呢！(진행) 그가 지금 말하고 있는 중이잖아.
　　동사

➡ 말하다(说)라는 동사 뒤에 쓰여 동작이 진행 중임을 나타낸다.

② 동태조사 着의 위치

・着와 목적어

> **동사 + 着 + 목적어**

• 杂志 zázhì 명잡지

他们 看 着 杂志 呢。 그들은 잡지를 보고 있는 중이다.
　　　 동사　 목적어

• 咖啡 kāfēi 명커피

客人们正 喝 着 咖啡 呢。 손님들은 커피를 마시고 있는 중이다.
　　　　 동사　 목적어

・着와 연동문

> **동사₁ + 着 + 동사₂**

• 拉 lā 통끌다, 당기다

他 拉 着 我的手 进去 了。 그는 내 손을 붙잡고 들어갔다.
　 동사₁　　　　 동사₂

• 分手 fēn shǒu 통헤어지다

他 哭 着 和我 分手 了。 그는 울며 나와 헤어졌다.
　 동사₁　　　 동사₂

・동사의 중첩

> **동사₁ + 着 + 동사₁ + 着 + 동사₂**

'동사₁을 하다가 자신도 모르게 동사₂를 해버린다'의 의미를 가지고 있습니다.

孩子 听 着 听 着 就睡着(zháo)了。 아이가 듣다듣다 잠이 들었다.
　　 동사₁　 동사₁　 동사₂

想 着 想 着 哭了起来。 생각하고 생각하다 울기 시작했다.
동사₁　 동사₁　 동사₂

③ 부정 형식

부정부사 **没(有)**를 사용합니다.

> **没(有) + 동사 + 着**

• 教课 jiāo kè
　통수업하다, 강의를 하다

老师站着教课。 선생님은 서서 가르치신다.

⇔ 老师没(有)站着, 坐着呢。 선생님은 서 있지 않고 앉아 계신다.
　　　　　 동사

④ 동태조사 着를 쓰지 않는 경우

• 동사 뒤에 동량보어, 시량보어가 있는 경우 着를 쓸 수 없습니다.

我找着他好几次，一直不在。
　　　　　好几次
　　　　　동량보어

➡ 好几次는 동량보어로 着와 함께 쓸 수 없다.

他病着三天了。
　　　三天
　　　시량보어

➡ 三天은 시량보어로 着와 함께 쓸 수 없다.

• 겸어문의 첫 번째 동사 뒤에는 着를 쓸 수 없습니다.

老师叫着我们交报告。(겸어문)
　　　叫
　　　동사

这本小说使着我非常感动。(겸어문)
　　　　　使
　　　　　동사

Speed Check

제시된 단어가 들어갈 위치를 고르세요.
爸爸大声叫 A 儿子 B 的名字，但儿子 C 不理 D 爸爸。
着

해석 아빠가 큰 소리로 아들의 이름을 부르고 있지만 아들은 아빠를 상관하지 않는다.
정답 A

TIP

동량보어
동량사를 사용하여 동작의 횟수를 나타낸다.
참고: 109p

TIP

着는 진행 중임을 나타내는 조사로 술어 뒤, 목적어 앞에 쓰인다. 문맥상 叫 뒤에 놓여 '부르고 있는 중이다'로 쓰이는 것이 자연스럽다.

• 理 lǐ ⑤ 거들떠보다, 상관하다(주로 부정문에 많이 쓰임)

(3) 过

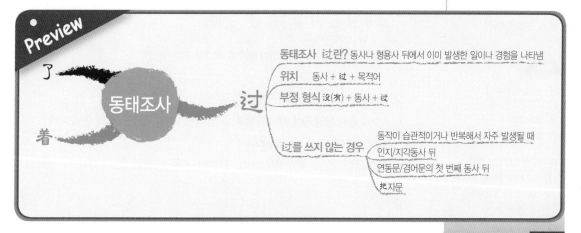

① 동태조사 过란?

동사나 형용사 뒤에서 과거에 이미 발생한 일이나 경험을 나타냅니다. 형용사 뒤에 过가 붙으면 비교의 의미를 갖습니다.

我<u>去</u>过中国。 (경험) 나는 중국에 가본 적이 있다.
　　동사
➡ 去라는 동사 뒤에 쓰여 동작을 경험해 봤음을 나타낸다.

他以前<u>瘦</u>过。 (비교) 그는 예전에 마른 적이 있다.
　　　　형용사
➡ 瘦라는 형용사 뒤에 쓰여, '예전에는 ~했었다'라는 의미로 과거와 현재의 비교를 나타낸다.

② 동태조사 过의 위치

> **동사 + 过 + 목적어**

去年我 <u>去</u> 过 长城。 작년에 나는 만리장성에 가본 적이 있다.
　　　 동사　 목적어

在韩国 <u>吃</u> 过 几次 中餐。 한국에서 중국 음식을 몇 번 먹어 보았다.
　　　 동사　 동량보어 목적어

• 中餐 Zhōngcān 명 중국요리

③ 부정 형식

부정부사 **没(有)**를 사용합니다.

> **没(有) + 동사 + 过**

我从来 没 <u>见</u> 过 你这么高兴。
　　　　　 동사
나는 네가 이렇게 기뻐하는 것을 본 적이 없다.

• 离开 líkāi 동 떠나다

从小到大 没 <u>离开</u> 过 父母。
　　　　　　　 동사
어려서부터 나이가 들 때까지 부모를 떠나본 적이 없다.

TIP

过는 과거 경험 중 이미 완료된 동작을 나타낼 경우 曾经, 以前 등의 시간 부사와 함께 자주 쓰인다.
我忘了我曾经说过的话. 나는 내가 예전에 했었던 말을 잊어 버렸다. (说는 이미 완료된 동작)

④ 동태조사 过를 쓰지 않는 경우

• 동작이 습관적이거나 반복해서 자주 발생될 때에는 过를 쓰지 않습니다.

我在网吧经常看到过他。
➡ '늘, 언제나'라는 뜻의 부사 经常은 반복해서 자주 발생되는 일을 나타내므로 过와 함께 쓸 수 없다.

这几天他<ruby>常常</ruby>早出晚归<s>过</s>。

➡ 常常은 '자주, 수시로'라는 뜻으로 자주 발생하는 동작을 나타내므로 过와 함께 쓸 수 없다.

- 인지, 지각동사 뒤에는 过를 사용할 수 없습니다.

  我早就<u>知道</u><s>过</s>你的意思。
  　　　　　인지동사

  ➡ 知道는 '알다'라는 뜻의 인지동사로 过와 함께 쓸 수 없다.

  我总<u>感觉</u><s>过</s>身体不太舒服。
  　　　지각동사

  ➡ 感觉는 '느끼다'라는 지각동사로 过와 함께 쓸 수 없다.

- 연동문/겸어문의 첫 번째 동사 뒤에 过는 쓸 수 없습니다.

  他<u>开</u><s>过</s>车上班。 (연동문)　　　妈妈<u>让</u><s>过</s>我打扫房间。 (겸어문)
  　　동사₁　　　　　　　　　　　　　　　동사₁

- 把자문에서는 일반적으로 过를 사용할 수 없습니다.

  我<u>把</u>那部电影看完<s>过</s>。 (把자문)

  你<u>把</u>功课做完<s>过</s>。 (把자문)

Speed Check

빈칸에 적합한 단어를 고르세요.
他从来没爱过小李，也没喜欢_____她。

A 的　　　　　B 过　　　　　C 着　　　　　D 了

해석 그는 지금까지 샤오리를 사랑한 적도 좋아한 적도 없다.　　　정답 B

了, 着, 过 비교

	了	着	过
의 미	동작의 완료(과거, 미래)	동작, 상태의 지속	과거의 경험
부정형	没(有) + 동사 + ~~了~~	没(有) + 동사 + 着	没(有) + 동사 + 过
사용 불가	①습관, 반복되는 동사 +~~了~~ ②동사+~~了~~+동사/구/문장으로 된 목적어 ③동사~~了~~+的+명사	①동사 + ~~着~~ + 시량보어 ②동사 + ~~着~~ + 동량보어	①습관, 반복되는 동사 +~~过~~ ②인지/지각동사 +~~过~~ ③把~ + 동사 +~~过~~
연동문	동사₁ + ~~了~~ + 동사₂	동사₁ + 着 + 동사₂	동사₁ + ~~过~~ + 동사₂
겸어문	주어 + 동사₁(让/叫/使) + ~~了/着/过~~ + 겸어 + 동사₂		

이것만은 꼭!

把자문에서는 了, 着만 사용하고, 被자문에서는 了, 过만 사용한다.

TIP

从来는 '지금까지', '여태껏'이라는 뜻의 부사로 과거 경험을 나타내는 过와 자주 함께 쓰인다.

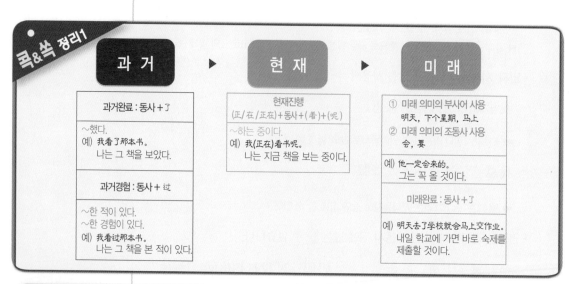

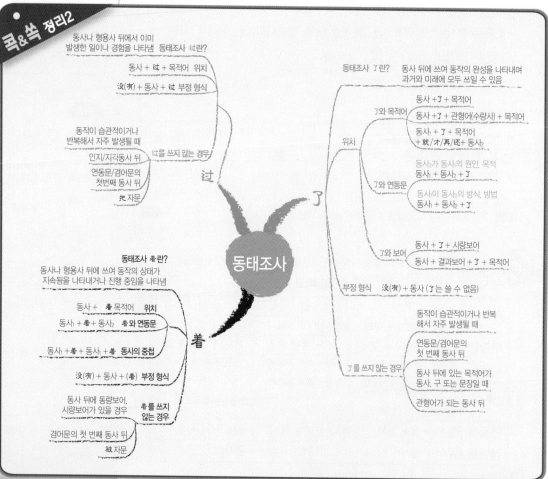

문샘 한마디

자주 쓰이는 구조조사에는
的 de, 地 de, 得 de가 있습니다.

03 구조조사

단어나 구 뒤에 붙어 특수한 어법작용을 일으키는 조사입니다. 자주 쓰이는 구조조사에는 的, 地, 得가 있습니다.

1. 的
주어나 목적어 앞에 있는 성분을 수식 성분으로 변화시켜 관형어로 만듭니다.

> ### 관형어 + 的 + 주어 / 목적어

你 的 鞋 很 好看。 너의 신발은 매우 예쁘다.
관형어　주어　부사어　술어

妈妈 买 了 我 的 衣服。 엄마는 내 옷을 샀다.
주어　술어　　관형어　목적어

TIP

관형어란 주어나 목적어 앞에서 이를 수식 또는 제한하는 성분을 말한다.
참고: 61p

2. 地
술어 앞에 있는 성분을 수식 성분으로 변화시켜 술어를 수식하는 부사어를 만듭니다.

> ### 부사어 + 地 + 술어(동사/형용사)

慢慢 地 好 起来 了。 천천히 (상태가) 좋아지기 시작했다.
부사어　　술어(형용사)　보어

他 深深 地 爱 着 我。 그는 나를 깊이 사랑하고 있다.
주어　부사어　　술어(동사)　목적어

TIP

부사어란 문장 맨 앞에서 문장 전체를 수식하거나 술어 앞에 놓여 술어를 묘사 또는 제한하는 성분을 말한다.
참고: 71p

• 深深 shēnshēn
  형 (정도가) 매우 깊다

3. 得
동사나 형용사로 된 술어 뒤에 붙여 정도를 표시하거나 가능을 나타내는 보어로 만듭니다.

(1) 정도보어

> ### 술어(동사/형용사) + 得 + 정도보어

她 跑 得 很慢。　　　讲 得 很清楚。
주어 술어(동사)　정도보어　　술어(동사)　정도보어
그녀는 달리기가 매우 느리다.　아주 명확하게 말하다.

➡ 得 뒤에 오는 형용사는 자주 很 등의 정도부사 수식을 받는다.

讨厌 得 很。　　　精彩 得 很。
술어(형용사)　정도보어　　술어(형용사)　정도보어
몹시 밉다.　　　매우 멋있다.

TIP

2음절 형용사나 형용사의 중첩이 부사어가 될 경우는 地를 붙여 술어를 수식한다.
참고: 75p

TIP

정도보어
참고: 104p

• 讨厌 tǎoyàn 형 싫다
• 精彩 jīngcǎi
  형 훌륭하다, 멋있다

TIP

가능보어
참고: 100p

(2) 가능보어

> 술어(동사/형용사) + 得 + 가능보어

说 得 <u>出来</u>。
술어(동사)　가능보어
말할 수 있다.

看 得 <u>过去</u>。
술어(동사)　가능보어
볼 만하다.

忙 得 <u>过来</u>。
술어(형용사)　가능보어
할 수 있다.(업무 또는 일이 많을 경우)

好 得 <u>了</u>(liǎo)。
술어(형용사)　가능보어
좋아질 수 있다.

쿡&쏙 정리

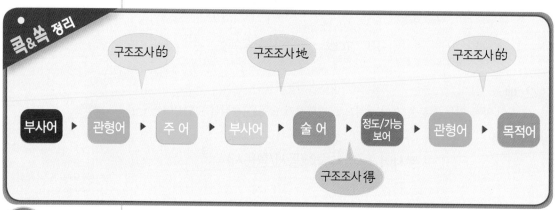

부사어	관형어	주어	부사어	술어	정도/가능보어	관형어	목적어

구조조사 的 / 구조조사 地 / 구조조사 的
구조조사 得

TIP

1. 的는 所와 함께 '所 + 동사 + 的' 형태로 명사를 대신할 수 있다.
- 热带 rèdài 열대
- 地区 dìqū 지역
- 生产 shēngchǎn 생산하다

2. 술어 뒤에 오는 성분 很好는 보어이고 보어를 나타내는 조사는 得이다.
- 期望 qīwàng 기대(하다)

3. 无缘无故는 不说话라는 술어 앞에서 부사어 역할을 하고, 부사어를 나타내는 조사는 地이다.
- 怪 guài 이상하다
- 无缘无故 wúyuánwúgù 어떠한 이유도 없다
- 原因 yuányīn 원인

Speed Check

1. 제시된 단어가 들어갈 위치를 고르세요.
　这种热带水果 A 是 B 中国南方地区 C 所生产 D。
　　　　　　　　　　　　的

2. 빈칸에 적합한 단어를 고르세요.
　你打_____很好！我对你的期望越来越大起来了。
　A 地　　　　B 得　　　　C 的　　　　D 过

3. 빈칸에 적합한 단어를 고르세요.
　小王怪怪的，总是无缘无故_____不说话，谁都不知道是什么原因。
　A 地　　　　B 所　　　　C 的　　　　D 得

해석 1. 이런 열대 과일은 중국 남방지역에서 생산되는 것이다.
　　 2. 너 정말 잘 친다! 나는 너에 대한 기대가 점점 커지기 시작했어.
　　 3. 샤오왕은 정말 이상하다. 늘 이유없이 말을 하지 않는데
　　　　아무도 그 이유가 무엇인지 모른다.

정답 1. D
　　 2. B
　　 3. A

콕&쏙 정리

주어나 목적어 앞에 있는 성분을 수식 성분으로
변화시켜 관형어로 만듦 的

술어 앞에 있는 성분을 수식 성분으로
변화시켜 술어를 수식하는 부사어를 만듦 地

동사나 형용사로 된 술어 뒤에 놓여 정도를
표시하거나 가능을 나타내는 보어로 만듦 得

종류

구조조사

구조조사란?

단어나 구 뒤에 붙어
어법 작용을 일으킴

04 어기조사

1. 어기조사란?

화자의 여러 가지 말투나 심정을 나타내는 조사로 일반적으로 문장 끝에 위치합니다.

2. 상용 어기조사의 쓰임

(1) 吗 / 呢

① 吗

• 의문문에 쓰입니다.

你会说汉语吗? 너는 중국어를 말할 줄 아니?

外面下雨了吗? 밖에 비가 내렸어?

• 반어문에 쓰입니다.

不 / 没 / 还 / 还不 / 不是 / 不就是 / 难道 ~ 吗?

我不是已经道歉了吗? 내가 이미 사과하지 않았니? (나는 이미 사과를 했다.)

你难道不认识我吗? 너 설마 나를 모르는 거니? (너는 나를 안다.)

② 呢

• 정반 의문문, 선택 의문문, 의문대명사 의문문에 쓰입니다.

今天晚饭吃不吃呢? (정반 의문문) 오늘 저녁은 먹을까 말까?

문샘 한마디

어기를 나타내는 조사에는
吗 ma, 呢 ne, 吧 ba, 了 le,
啊 a, 的 de, 嘛 ma, 呗 bei 등
이 있습니다.

TIP

반어문:
실제로 답을 원하는 질문 형식이 아니라 반문의 형식으로 명백한 도리, 사실에 대하여 어조를 강조하는 문장이다.
참고: 255p

咱们今天去还是明天去呢？ (선택 의문문)

우리 오늘 갈까, 아니면 내일 갈까?

你到底干什么呢？ (의문대명사 의문문) 너는 도대체 뭐 하는 거니？

• 반어문에 쓰입니다.

> 谁/怎么/怎么能/哪能/为什么/有什么 ~ 呢？
> 何必/何不/何苦/何况 ~ 呢？

你怎么能这么做呢？ 너 어쩌면 이렇게 할 수 있니？ (너는 이렇게 하면 안된다.)

专家也不懂，更何况我呢？ 전문가도 모르는데 하물며 나는？ (나도 모른다.)

• 何必 hébì 및
  구태여 ~할 필요가 있는가？
• 何不 hébù 및
  어찌(왜) ~하지 않는가？
• 何苦 hékǔ
  뭣 때문에 ~하는가？
• 何况 hékuàng
  젭하물며, 더구나

(2) 呢 / 吧

呢와 吧 비교

		呢	吧

쓰임	①	온화한 말투를 나타낸다.
		가정문에 쓰인다.
		• 要是你不去，那我怎么办呢？
		  만약 네가 안 가면, 그럼 난 어떡해？
		말하는 사람의 견해, 원인을 설명한다.
		• 其实，我也不想去。
		  사실은, 나도 가고 싶지 않아.
		부정의 의미를 나타낸다.
		• 我还没去呢。
		  나 아직 가지 않았어.
		② 강조, 과장의 의미를 지닌다.
		正/在/正在 또는 동태조사 着와 함께 쓰여 진행 지속의 의미를 나타낸다.
		• 外边下着雪呢。
		  밖에 눈이 내리고 있어.
		还/才/可 + 동사/형용사 + 呢로 강조, 과장의 의미를 나타낸다.
		• 今天可热呢。 오늘은 아주 덥다.
			추측의 의미를 나타낸다.
			也许/一定/可能/大概 ~ 吧。
			• 他可能已经走了吧。
			  그는 아마 이미 떠났을 거야.
			~ 就 ~ 吧 형식으로 상관없음, 개의치 않음을 나타낸다.
			• 扔就扔了吧，再买一个就行。
			  버리고 싶으면 버려, 다시 하나 사면 돼.
			가정문의 끝에 쓰여 말하는 사람의 곤란한 상황을 나타낸다.
			• 吃吧怕胖，不吃吧，又怕饿。
			  먹자니 살찔까봐 걱정이고 안 먹자니 배고플까봐 걱정이다.
			권유, 청유의 의미를 나타낸다.
			• 你饶了他吧。
			  당신이 그를 용서하세요.

• 要是 yàoshi 젭만약~라면
• 其实 qíshí 및 사실은, 실은
• 大概 dàgài 및 대개, 대략
• 扔 rēng 됨버리다

• 饶 ráo 됨용서하다, 관용하다

(3) 了 : 문장 끝에 놓여 상황, 상태의 변화를 나타냅니다.

快到春天了。 곧 봄이다.

病就要好了。 병은 곧 나아질 것이다.

(4) 啊 : 감탄, 확신, 의문, 반문, 명령할 때 사용합니다.

孩子多可爱啊! 아이가 정말 귀엽다!

原来是他啊! 알고 보니 그였구나!

TIP

자주 쓰는 어기조사 중 吗, 呢, 吧, 啊는 문장의 어기를 완화시키는 역할을 한다.

(5) 的 : 긍정과 확신을 나타낼 때 사용합니다.

他一定会得到好成绩的。 그는 반드시 좋은 성적을 거둘 것이다.

再这么熬夜会累坏的。 또 이렇게 밤을 새운다면 몹시 피곤할 거야.

• 熬夜 áo yè ⑧밤샘하다

(6) 嘛 : 확신과 반문을 나타낼 때 사용합니다.

钱多方便嘛。 돈이 많으면 편하잖니.

多放点辣椒更好吃嘛。 고추를 많이 넣으면 더 맛있잖아.

• 辣椒 làjiāo ⑲고추

(7) 呗 : 당연하다는 말투를 나타낼 때 사용합니다.

老了就老了呗! 늙으면 늙는 거지!

你就别理他了呗! 너 그를 성가시게 하지마!

Speed Check

1. 빈칸에 적합한 단어를 고르세요.
   这个椅子真舒服，是在你叔叔的商店买的____?
   A 了   B 吧   C 嘛   D 啊

2. 빈칸에 적합한 단어를 고르세요.
   有苦恼别闷在心里，跟我说一下，你说出来多舒服 ____。
   A 呢   B 吧   C 嘛   D 啊

TIP

1. 추측하여 묻는 문장이므로 吧가 가장 적합하다.
2. 감탄을 표시하는 문장에서 啊로 끝내는 것이 가장 적합하다.
• 苦恼 kǔnǎo ⑳괴롭다 ⑤고민하다
• 闷 mēn ㉑답답하다 괴롭다

해석 1. 이 의자 정말 편하다, 너희 삼촌 가게에서 산 것이지?
      2. 고민이 있으면 마음속으로 괴로워하지 말고 나와 이야기 하자,
         네가 말하고 나면 얼마나 편하니.

정답 1. B
     2. D

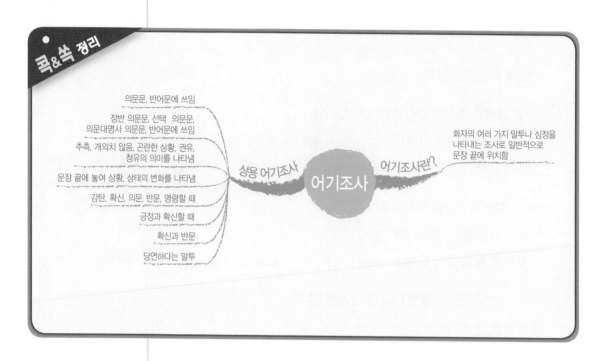

PART 3

문 장

PART 3 문장

문 형

01 是자문

是가 술어로 쓰였을 경우 주로 판단을 나타내며, 존재나 강조를 나타낼 수도 있습니다.

문샘 한마디

是의 용법

1. [형] 맞다
· 他说得是。그의 말이 맞다.

2. [명] 옳음
· 实事求是。실사구시

3. 선택의문문
· 是~是 ·是~还是

4. 반어문
· 不是~吗?

1. 판단을 나타낼 경우

> **사람/사물 + 是 + 사람/사물**

她 是 汉语老师。 그녀는 중국어 선생님이다.
사람　　　사람

手机 是 人们生活中必不可少的 东西。
사물　　　　　관형어　　　　사물
휴대전화는 사람들의 생활에서 없어서는 안 되는 물건이다.

· 手机 shǒujī [명] 휴대전화
· 必不可少 bìbù kěshǎo [성] 없어서는 안 된다, 반드시 필요하다

2. 존재를 나타낼 경우

> **장소 + 是 + 사람/사물**

车站 到处都 是 人。 정거장에 온통 사람들이다.
장소　부사어　　사람

抽屉里 全 是 书。 서랍 안에는 전부 책이다.
장소　부사어　사물

· 车站 chēzhàn [명] 정거장
· 到处 dàochù [명] 곳곳
· 抽屉 chōuti [명] 서랍

3. ★강조를 나타낼 경우

강조를 나타낼 경우에는 是와 的 사이에 강조하고자 하는 구체적인 내용을 넣어 줍니다. 이러한 문장을 '是…的 강조문'이라고 합니다.

> **是 + 강조할 내용 + 的**

他是从美国来的。 그는 미국에서 왔다.
　　　강조할 내용

是他帮助我的。 그가 나를 도와주었다.
　강조할 내용

· 美国 Měiguó [명] 미국

4. 부정 형식

是는 부정부사 不로 부정합니다.

- 日本人 Rìběnrén
  명일본 사람
- 鼠标 shǔbiāo 명마우스

不 + 是

他不是你说的那个日本人。 그는 네가 말한 그 일본 사람이 아니다.

这不是鼠标的问题。 이것은 마우스 문제가 아니다.

Speed Check

제시된 단어가 들어갈 위치를 고르세요.

我听说过 A, 这里 B 生产的毛衣质量是 C 美国最好 D。
                                              的

해석 내가 듣기로 이곳에서 생산한 스웨터 품질은 미국에서 제일 좋다.   정답 D

TIP

美国最好를 강조하는 '是…的' 강조문으로 的는 美国最好 뒤에 놓인다.

- 生产 shēngchǎn
  명동생산(하다)
- 毛衣 máoyī 명스웨터
- 质量 zhìliang
  명질, 품질

02 有자문

有가 술어로 쓰였을 때에는 소유 또는 존재를 나타낼 수 있습니다.

1. 소유를 나타낼 경우

사람/사물 + 有 + 사람/사물

- 音乐会 yīnyuèhuì
  명음악회
- 票 piào 명표, 티켓

我 有 两张音乐会的 票。 나는 음악회 티켓이 두 장 있다.
사람   관형어   사물

他 结婚后 有了 新家。 그는 결혼 후 새집이 생겼다.
사람 부사어   사물

2. 존재를 나타낼 경우

장소 + 有 + 사람/사물

- 客人 kèren 명손님

办公室里 有 很多客人。 사무실에는 많은 손님이 있다.
  장소   사람

图书馆里 有 很多书。 도서관에는 많은 책이 있다.
  장소   사물

3. 부정 형식

有는 不의 수식을 받지 못하고 没로 부정합니다.

没 + 有

我没有钱。 나는 돈이 없다.　　　　我~~不~~有钱。

他没有课。 그는 수업이 없다.　　　他~~不~~有课。

03 在자문

在는 술어로 쓰이는 경우 존재를 나타냅니다.

1. 존재를 나타낼 경우

사람/사물 + 在 + 장소

我 在 仁川。 나는 인천에 있다.
사람　　장소

水 在 冰箱里。 물은 냉장고 안에 있다.
사물　　장소

2. 부정 형식

일반적으로 부정부사 不로 부정합니다.

不 + 在

爸爸不在家。 아버지는 집에 안 계신다.

班主任不在学校。 담임선생님은 학교에 안 계신다.

존재를 나타낼 때 是, 有, 在 비교

是, 有, 在는 모두 존재를 나타낼 수 있지만 그 구체적인 쓰임에는 차이가 있습니다.

동사	是	有	在
특징	어느 장소에 있는 물건이 '어떤 것인지'를 구체적으로 설명한다.	단순히 어떤 장소에 '무엇이 있다'는 것만 나타낸다.	어떤 특정한 것이 '어느 장소에 있음'을 나타낸다.
어순	장소 + 是 + 사람/사물	장소 + 有 + 사람/사물	사람/사물 + 在 + 장소 (방위)
예	桌子上的是他的书。 책상 위에 있는 것은 그의 책이다.	桌子上有一本书。 책상 위에 책 한 권이 있다. (어떤 책이 있는지는 알 수 없음)	他的书在桌子上。 그의 책은 책상 위에 있다. (다른 곳이 아닌 책상 위에 있음)

TIP

在는 전치사로 '~에서'라는 뜻을 나타내지만 술어로 쓰일 때에는 동사로 '~에 있다'라는 뜻이다.

• 仁川 Rénchuān
　명 인천(지역명)
• 冰箱 bīngxiāng
　명 냉장고

TIP

과거의 부정 형식으로 '没在'로도 쓰인다.
爸爸没在家。
아빠는 집에 계시지 않았다.

• 班主任 bānzhǔrèn
　명 담임교사

TIP

A '어느 장소'인지 나타 내므로 在가 정답이다.
B 어느 장소에 있는 목 적어가 '어떤 것'인지를 구체적으로 설명하므로 是가 정답이다.
C 어떤 장소에 '무엇이 있다'는 것만 나타내므 로 有가 정답이다.

Speed Check

빈칸에 올바른 단어를 찾아 쓰세요.

是	有	在

A 他的照片（　　　）我的钱包里。
B 我钱包里的（　　　）他的照片。
C 我钱包里（　　　）一张照片。

해석 A 그의 사진이 내 지갑 안에 있다.
B 내 지갑 안에 있는 것은 그의 사진이다.
C 내 지갑 안에 사진 한 장이 있다.

정답 A 在 / B 是 / C 有

콕&쏙 정리

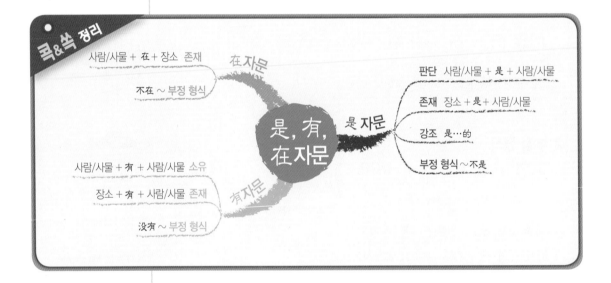

사람/사물 + 在 + 장소 존재 ─ 在자문
不在 ~ 부정 형식

是, 有, 在 자문

판단 사람/사물 + 是 + 사람/사물
존재 장소 + 是 + 사람/사물
강조 是…的
부정 형식 ~不是

是 자문

사람/사물 + 有 + 사람/사물 소유
장소 + 有 + 사람/사물 존재
没有 ~ 부정 형식

有자문

04 의문문

1. 의문문이란?

의문문은 물음을 제기하는 문장을 말하며 반드시 문장의 맨 끝에 물음표를 써야 합니다.
今天星期几? 오늘은 무슨 요일입니까?

2. 의문문의 종류

(1) 어기조사 吗를 이용한 의문문

평서문 끝에 어기조사 吗를 붙여 의문문을 만들 수 있습니다.

TIP

어기조사
화자의 각종 어기를 나 타내며 주로 문장 끝에 위치한다.
啊, 吗, 了, 呢, 吧
참고: 241p

你是东北人吗？ 당신은 둥베이 사람입니까?

➡ 是的。 / 对。 네.

这是你的吗？ 이것은 당신 것입니까？

➡ 不是。 아니요.

(2) **의문대명사를 이용한 의문문**

묻고자 하는 것을 의문 대명사를 사용하여 질문할 수 있고, 일반적으로 문장 끝에 吗를 쓰지 않습니다.

① 누구, 누가 (사람)

你是谁？ 당신은 누구십니까？

谁是你妹妹？ 누가 당신의 여동생입니까？

② 무엇 (사물)

这是什么？ 이게 뭐지？

这次生日你想要什么？ 이번 생일에 너는 무엇을 원하니？

③ 몇 (수량)

你要几个？ 너는 몇 개를 원하니？

你吃了几个饺子？ 너는 몇 개의 만두를 먹었니？

④ 어떻게, 어떠하다 (성질, 상태, 방식, 정도)

这件衣服怎么样？ 이 옷 어때？

一块儿回家怎么样？ 같이 집에 가는 게 어때？

⑤ 언제, 얼마나 긴 시간 (시간)

你几时过来？ 너 언제 올 거야？

还有多久才能退役？ 얼마나 더 있어야 제대할 수 있지？

⑥ 왜 (원인)

他今天怎么了？ 그는 오늘 왜 그래？

你为什么不说话？ 너 왜 말 안 하니？

• 东北 Dōngběi 명둥베이
(중국의 동북지구)

TIP
의문대명사와 吗
일반적으로 의문대명사 의문문에는 吗가 쓰이지 않으나, 예외적으로 吗가 쓰일 때도 있다.
• 你想吃什么？
무엇을 먹고 싶니？
→ '무엇'이 질문의 요점
• 你想吃点什么吗？
무엇인가를 먹고 싶니？
→ 무언가를 '먹고 싶은 지 아닌지'가 질문의 요점

TIP
의문대명사
참고: 142p

• 退役 tuìyì
동은퇴하다, 제대하다

253

⑦ 어디 (장소)

你在哪儿？ 너 어디에 있니?

332路汽车站在哪儿？ 332번 버스 정류장이 어디에요?

• 站 zhàn 몡 정류장, 역

(3) 정반 의문문

'가니, 안 가니?', '있니, 없니?' 처럼 질문자가 긍정 형식과 부정 형식을 병렬시켜 질문함으로써 답하는 사람이 그 중 한 가지를 고르게 하는 의문문입니다.

你是不是喜欢我？ 너 나 좋아하니?

今天天气好不好？ 오늘 날씨 좋아?

• 良心 liángxīn 몡 양심

你有没有良心？ 넌 양심이 있니?

(4) 선택 의문문

선택 의문문은 선택하고자 하는 항목을 두 개 혹은 몇 개를 병렬시켜, 답하는 사람에게 그 중의 한 가지를 고르게 하는 의문문입니다. '(是) A 还是 B'의 형식으로 'A입니까, B입니까?'라는 의미를 나타냅니다.

• 还是 háishi
  젭 ~아니면(선택)
• 香皂 xiāngzào 몡 세수비누
• 玫瑰 méigui 몡 장미
• 绿茶 lǜchá 몡 녹차

丹丹是韩国人还是中国人？ 딴딴은 한국인이야, 아니면 중국인이야?

这块儿香皂是玫瑰香还是绿茶香？
이 비누는 장미향입니까, 아니면 녹차향입니까?

Speed Check

제시된 단어가 들어갈 위치를 고르세요.
这个菜 A 很好吃，是你 B 做的 C 玛丽 D 做的？
还是

해석 이 음식 정말 맛있구나! 네가 만든 거니, 아니면 마리가 만든 거니?　　　정답 C

TIP
'네가 만든 거니'와 '마리가 만든 거니' 중 하나를 선택하므로 사이에 还是를 쓴다.

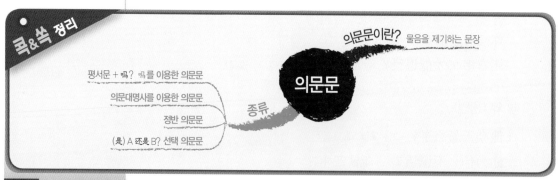

콕&쏙 정리

의문문이란? 물음을 제기하는 문장

의문문

종류

평서문 + 吗? 吗를 이용한 의문문
의문대명사를 이용한 의문문
정반 의문문
(是) A 还是 B? 선택 의문문

05 반어문

1. 반어문이란？

실제로 답을 원하는 질문 형식이 아니라 반문의 형식으로 명백한 도리, 사실에 대하여 어조를 강조하는 문장입니다. 부정의 형식으로 긍정을 강조하고 긍정의 형식으로 부정을 강조합니다.

★★
2. 반어문의 형식

(1) 不是…吗？

这不是你的书吗？(这是你的书。) 이것은 네 책이 아니니？(이것은 네 책이다.)

你不是知道他病了吗？(你知道他病了。)
너 그가 병에 걸린 것을 알고 있지 않니？(너는 그가 병에 걸린 사실을 알고 있다.)

> • 病 bìng 명동 병(나다)

(2) 哪儿/哪里

我哪儿有时间呢？(我没有时间。) 내가 시간이 어디 있어？(나는 시간이 없다.)

失业这么久了，哪儿有钱请客啊？(我没有钱请客。)

직장을 잃은 지 이렇게 오래되었는데 돈이 어디 있어서 한턱 내겠니？(나는 한턱 낼 돈이 없다.)

> • 失业 shīyè 동 직업을 잃다
> • 请客 qǐng kè 동 한턱 내다, 손님을 초대하다

(3) 什么/有什么

这有什么麻烦的，我来做吧。(这不麻烦。)
이게 뭐가 귀찮다고 그래, 내가 할게. (이것은 귀찮지 않다.)

这道题太容易了，有什么问的。(没有什么可问的。)

이 문제는 너무 쉬워, 뭘 물을 게 있다고 그래. (물을 것이 없다.)

> • 麻烦 máfan 형 번거롭다
>
> • 道 dào
>   양 문제, 제목 등에 쓰임
> • 容易 róngyì
>   형 쉽다, 용이하다

(4) 谁说(的)

谁说我是中国人？(我不是中国人。)
내가 중국사람이라고 누가 그래？(나는 중국사람이 아니다.)

谁说不努力也会成功？(不努力不会成功。)
노력하지 않고도 성공할 수 있다고 누가 그래？(노력하지 않고는 성공할 수 없다.)

(5) 难道…(吗/不成)？

문장 중에 부사 还 또는 조동사 能, 会, 得가 자주 오고, 문장 끝에 '吗' 또는 '不成'을 쓸 수 있습니다.

- 难道 nándao
  🔺설마 ~ 이겠는가?

难道他不会写字吗?(他会写字。)

설마 그가 글씨를 쓸 줄 모르겠니? (그는 글씨를 쓸 수 있다.)

难道还有人知道这件事吗?(没有人知道这件事。)

설마 이 일을 아는 사람이 또 있다는 거야? (이 일을 아는 사람은 없다.)

⑹ 怎么

孩子考上大学了，我怎么能不高兴呢?(我很高兴。)

아이가 대학에 합격했는데 내가 어떻게 기뻐하지 않을 수 있겠는가? (나는 매우 기쁘다.)

他现在身体这么弱，我怎么能离开他呢?(我不能离开他。)

그가 지금 몸이 이렇게 약한데, 내가 어떻게 그를 떠날 수 있겠어? (나는 그를 떠날 수 없다.)

⑺ 어기를 사용한 반어문

일반 서술문이 반문의 어기를 나타낼 수 있습니다.

那是新的?(那不是新的。) 그게 새것이라고? (그것은 새것이 아니다.)

老师都不知道，你知道?(你也不可能知道。)

선생님도 모르는데 네가 안다고? (너도 모를 것이다.)

TIP

1. 难道는 반어문을 이끄는 부사로 부정 형식 '我的女儿不能吗?' 앞에 쓰여 강한 긍정을 나타낸다. 문장 끝에 吗가 있으므로 의문대명사 什么와 为什么는 답이 될 수 없고, 문맥상 '하물며'라는 뜻의 何况도 답이 될 수 없다.

- 难道 nándao 🔺설마 ~ 하겠는가? (주로 吗나 不成과 호응)
- 何况 hékuàng 🔺하물며, 더군다나 (주로 呢와 호응)

2. 반어문으로서 부정 형식으로 긍정을 강조했다.

- 花钱 huā qián 🔺돈을 쓰다

Speed Check

1. 빈칸에 적합한 단어를 고르세요.

他的女儿能考上北京大学，＿＿＿我的女儿不能吗?

A 什么　　　　　B 难道　　　　　C 为什么　　　　　D 何况

2. 다음 문장의 속뜻을 올바르게 이해한 것을 고르세요.

你说昨天没花钱，这不是昨天买的吗?

A 你昨天没花钱。

B 这不是昨天买的。

C 这不是你买的。

D 你昨天花钱了。

해석 1. 그의 딸도 베이징대학에 붙었는데, 설마 우리 딸이 합격하지 못할까?
　　2. 너는 어제 돈을 쓰지 않았다고 했는데, 이것은 어제 산 것이 아니니?
　　　A 너는 어제 돈을 쓰지 않았다.　　B 이것은 어제 산 것이 아니다.
　　　C 이것은 네가 산 것이 아니다.　　D 너는 어제 돈을 썼다.

정답 1. B / 2. D

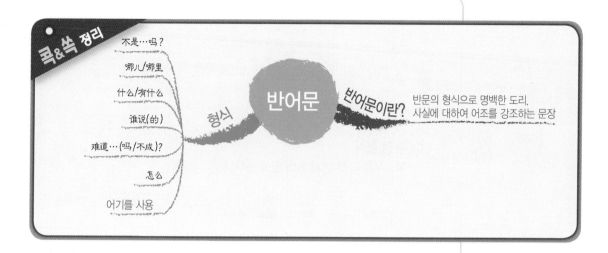

콕&쏙 정리

不是…吗?

哪儿/哪里

什么/有什么

谁说(的)

难道…(吗/不成)?

怎么

어기를 사용

형식

반어문

반어문이란?

반문의 형식으로 명백한 도리,
사실에 대하여 어조를 강조하는 문장

06 연동문

1. 연동문이란?

연속해서 술어로 쓰이는 동사(구)가 두 개 이상 나와 하나의 주어를 갖는 문장을
연동문이라고 합니다.

我　躺　着　看　书。 나는 누워서 책을 본다.
주어　술어1　　 술어2　목적어

➡ 동사1(躺)과 동사2(看)은 하나의 주어(我)를 갖는다.

TIP

연동문의 술어는 주로
동사이다.

• 躺 tǎng ⑤눕다

★★ 2. 연동문의 형식

(1) 기본 형식

> 주어 + 술어1 + (목적어1) + 술어2 + (목적어2)

我　去　学校　学　汉语。 나는 학교에 가서 중국어를 공부한다.
주어　술어1　목적어1　술어2　목적어2

男友　约　我　一起　看　电影。
주어　술어1 목적어1 부사어　술어2 목적어2
남자친구는 나와 함께 영화를 보기로 약속했다.

부사, 조동사, 또는 전치사구 등의 부사어는 첫 번째 술어 앞에 옵니다.

> 주어 + 부사어 + 술어1 + (목적어1) + 술어2 + (목적어2)

TIP

부사, 조동사, 전치사
구가 함께 부사어로 쓰
였을 경우 [부사 + 조
동사 + 전치사구]의 순
서를 갖는다.

我很想把这本书看完
再去。
나는 정말 이 책을 다
본 뒤 가고 싶다.

他 <u>已经</u> 去 <u>商店</u> 买 <u>东西</u> 了。 그는 이미 상점에 물건을 사러 갔다.
주어   부사어   술어1   목적어1   술어2   목적어2

<u>同学们</u> <u>几乎全部</u> <u>通过</u> <u>面试</u> <u>找</u> <u>到</u> <u>了</u> <u>工作</u>。
주어   부사어   술어1   목적어1   술어2   보어   목적어2
학우들은 거의 모두 면접에 통과해서 직업을 찾았다.

- 几乎 jǐhū 🖳 거의
- 通过 tōngguò 🖳 통과하다
- 面试 miànshì
  영🖳 면접시험(보다)

(2) 부정 형식

부정부사도 첫 번째 술어 앞에 옵니다.

他 不 去 <u>商店</u> 买 <u>东西</u>。 그는 상점에 물건을 사러 가지 않는다.
주어 부정부사 술어1   목적어1   술어2   목적어2

<u>小宋</u> <u>很久</u> <u>没</u> <u>去</u> <u>医院</u> <u>看</u> <u>妈妈</u> 了。
주어   부사어   부정부사 술어1   목적어1   술어2   목적어2
샤오쏭은 오랫동안 병원에 어머니를 뵈러 가지 않았다.

3. 연동문의 종류

(1) 동작의 순서에 따라 두 개의 술어가 차례로 오는 연동문

我 <u>下</u> 了课 就 <u>看</u> 电影。 나는 수업이 끝난 후 영화를 본다.
   술어1   술어2

朋友们 <u>放</u> 了假就 <u>离开</u> 北京了。친구들은 방학을 하자마자 베이징을 떠났다.
     술어1   술어2

- 放假 fàng jià
  🖳 휴가로 쉬다, 방학하다

(2) 술어2가 술어1의 원인 또는 목적인 연동문 (술어1이 来 去 到 인 경우가 많습니다.)

我 <u>来</u> 北京 <u>学</u> 汉语。 나는 베이징에 와서 중국어를 공부한다.
   술어1   술어2

我 <u>去</u> 市场 <u>买</u> 苹果。 나는 시장에 가서 사과를 산다.
   술어1   술어2

我 <u>到</u> 车站 <u>接</u> 朋友。 나는 정거장에 가서 친구를 맞는다.
   술어1   술어2

(3) 술어1이 술어2의 방식, 수단, 도구인 연동문

<u>坐</u> 公共汽车 <u>去</u> 学校。 버스를 타고 학교에 가다.
술어1   술어2

他打开电脑查资料。그는 컴퓨터를 켜고 자료를 찾는다.
　　술어1　　술어2

- 打开 dǎ kāi 통 켜다, 열다
- 查 chá 통 분석하다, 조사하다
- 资料 zīliào 명 자료

(4) 술어1이 有, 没有인 연동문

他有时间学汉语。그는 중국어를 배울 시간이 있다.
　술어1　　술어2

我没有时间吃饭。나는 밥 먹을 시간이 없다.
　술어1　　술어2

Speed Check

1. 빈칸에 들어갈 알맞은 말을 고르세요.
　昨天在学校见小郑了，她说她为了交学费的事儿 _____ 。
　A 办理登记要去行政科　　　　B 要办理登记去行政科
　C 要去行政科办理登记　　　　D 办理登记行政科要去

2. 제시된 단어가 들어갈 위치를 고르세요.
　A 关于业务的事，B 我　C 去中国直接　D 跟他谈。
　　　　　　　　　要

해석　1. 어제 학교에서 샤오쩡을 만났는데, 그녀가 말하길 학비를 내는 일　　정답 1. C
　　때문에 행정과에 가서 등록해야 한다고 했다.　　　　　　　　　　　　2. C
　　2. 업무에 관한 일은 내가 중국에 가서 직접 그와 이야기해야 한다.

TIP

1. 동작의 순서에 따라 '먼저 행정과에 간 다음 등록을 한다'가 와야 한다.
- 办理 bànlǐ 통 처리하다
- 登记 dēngjì 통 등록하다
- 行政科 xíngzhèngkē 명 행정과

2. 조동사는 첫 번째 술어 앞에 놓이므로 要는 去 앞에 온다.

4. 연동문의 특징

(1) 문장이 하나로 이어져야 하며, 술어1, 2의 위치를 바꿀 수 없습니다.

我去学校学汉语。(O)　　　我学汉语去学校。(X)
　술어1　　술어2　　　　　　　술어2　　술어1
나는 학교에 가서 중국어를 공부한다.

妹妹回老家照顾父母。(O)　　妹妹照顾父母回老家。(X)
　술어1　　술어2　　　　　　　술어2　　　　술어1
여동생은 고향으로 돌아와 부모님을 돌본다.

- 老家 lǎojiā 명 고향(집)
- 照顾 zhàogu 통 주의하다, 돌보다
- 上台 shàng tái 통 무대에 오르다

문쌤 한마디

연동문에서 첫 번째 동사는 중첩할 수 없지만, 두 번째 동사는 중첩할 수 있습니다.
他去图书馆看看书。
그는 도서관에 가서 책을 본다.

(2) 첫 번째 술어로 쓰인 동사는 중첩할 수 없습니다.

我去市场买苹果。(去去) 나는 시장에 가서 사과를 산다.

她上台唱了一首歌。(上上) 그녀는 무대 위에 올라가 노래 한 곡을 불렀다.

259

(3) 연동문에서 了, 着, 过의 위치

① 了 : 일반적으로 두 번째 술어 뒤나 문장 끝에 위치합니다.

> 술어₁ + (목적어₁) + 술어₂ + 了 + (목적어₂)
> 술어₁ + (목적어₁) + 술어₂ + (목적어₂) + 了

我去百货商店买了一双鞋。 나는 백화점에 가서 신발 한 켤레를 샀다.
술어₁   술어₂

他去学校学习了。 그는 학교에 가서 공부했다.
술어₁ 술어₂

② 着 : 일반적으로 첫 번째 술어 뒤에 위치합니다.

> 술어₁ + 着 + 술어₂ : 술어₁은 술어₂의 방식

他低着头进来了。 그는 고개를 숙인 채 들어왔다.
술어₁   술어₂

女孩儿红着脸离开了办公室。
술어₁   술어₂
여자아이는 얼굴이 붉어진 채로 사무실을 나갔다.

> 술어₁ + 着 + 술어₁ + 着 + 술어₂ : 술어₁을 하다 보니 술어₂하게 되었다.

听着听着，就背下来了。 듣다 보니 외워버렸다.
술어₁ 술어₁   술어₂

等着等着，天渐渐黑下来了。 기다리다 보니 날이 점점 어두워졌다.
술어₁ 술어₁   술어₂

③ 过 : 일반적으로 두 번째 술어 뒤에 옵니다.

> 술어₁ + (목적어₁) + 술어₂ + 过 + (목적어₂)

我去中国学过汉语。 나는 중국에 가서 중국어를 공부한 적이 있다.
술어₁ 술어₂

她参加歌唱比赛获过两次冠军。
술어₁   술어₂
그녀는 노래 부르기 대회에 참가해서 두 번 우승한 적이 있다.

TIP
두 동작이 연속적으로 발생할 때는 了를 첫 번째 동사 뒤에 쓴다. 이때 두 번째 동사 앞에 就/才/再/还가 자주 온다.
吃了饭就看电视。
밥을 먹고 바로 텔레비전을 본다.

• 低 dī 툉(고개를) 숙이다 휑낮다
• 红 hóng 휑붉어지다
• 渐渐 jiànjiàn 튀점점
• 歌唱 gēchàng 툉노래 부르다
• 比赛 bǐsài 몡툉시합(하다)
• 获 huò 툉획득하다
• 冠军 guànjūn 몡우승, 일등

Speed Check

제시된 단어가 들어갈 위치를 고르세요.
我的丈夫忙　A　得要命，我想下　B　班　C　就和他去　D　看电影，但他没有时间。

了

해석 나의 남편은 몹시 바빠서 나는 퇴근 후 그와 영화를 보러 가고 싶지만 　정답 B
그는 시간이 없다.

TIP

了는 연동문에서 두 번째 술어 뒤에 놓이지만 두 번째 술어 앞에 就, 才, 再, 还가 있을 경우 첫 번째 술어 뒤에 쓸 수 있다.
• 丈夫 zhàngfu 명 남편
• 忙 máng 형 바쁘다
• 要命 yàomìng 형 심하다, 죽을 지경이다
• 下班 xiàbān 통 퇴근하다
• 电影 diànyǐng 명 영화

콕&쏙 정리

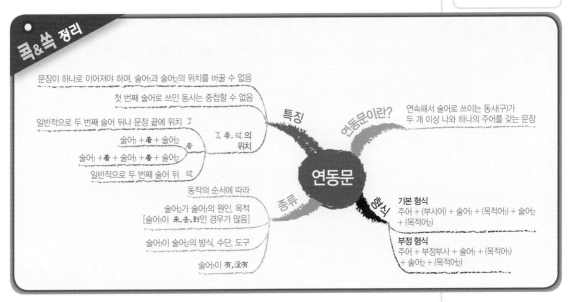

연동문이란?
연속해서 술어로 쓰이는 동사(구)가 두 개 이상 나와 하나의 주어를 갖는 문장

특징
- 문장이 하나로 이어져야 하며, 술어1과 술어2의 위치를 바꿀 수 없음
- 첫 번째 술어로 쓰인 동사는 중첩할 수 없음

了, 着, 过 의 위치
- 일반적으로 두 번째 술어 뒤나 문장 끝에 위치 了
- 술어1+着+술어2 着
- 술어1+着+술어2+着
- 일반적으로 두 번째 술어 뒤 过

종류
- 동작의 순서에 따라
- 술어2가 술어1의 원인, 목적 [술어1이 来,去,到인 경우가 많음]
- 술어1이 술어2의 방식, 수단, 도구
- 술어1이 有,没有

형식
기본 형식
주어 + (부사어) + 술어1 + (목적어1) + 술어2 + (목적어2)

부정 형식
주어 + 부정부사 + 술어1 + (목적어1) + 술어2 + (목적어2)

07 | 겸어문

1. 겸어문이란?

앞 동사의 목적어가 뒷 동사의 주어를 겸하는 문장을 겸어문이라고 한다.

> **주어 + 술어(동사) + 목적어/주어 + 술어(동사)**
> 겸어

我请他来。 나는 그에게 오라고 청했다.
　　　겸어

➡ 我　请　他 + 他来　그에게 청하다 + 그가 오다
　주어 술어 + 목적어　주어 + 술어
　　　술목구　　　주술구

➡ 앞에 오는 술목구의 목적어가 뒤에 오는 주술구의 주어 역할을 겸하고 있다.

TIP

겸어문에서 앞에 놓이는 구는 술목구(술어+목적어)이고 뒤에 놓이는 구는 주술구(주어+술어)이다. 술목구의 목적어는 주술구의 주어 역할을 겸한다.

★★★ 2. 겸어문의 형식

(1) 기본 형식

> 주어 + 술어 + 겸어 + 술어

他 希望 丹丹 变得 漂亮。 그는 딴딴이 예뻐지기를 희망한다.
주어 　술어 　겸어 　술어 　보어

母亲 鼓励 我 读 研究生。 모친은 나에게 대학원에 가라고 격려하셨다.
주어 　술어 겸어 술어 　목적어

부사, 조동사 또는 전치사구 등의 부사어는 첫 번째 술어 앞에 옵니다.

> 주어 + 부사어 + 술어 + 겸어 + 술어

父母们 都 希望 孩子 成 才。
주어 　부사어(부사) 술어 　겸어 　술어 목적어

부모들은 모두 아이가 인재가 되기를 희망한다.

你 能 让 他 来 一趟 我 的 办公室 吗?
주어 부사어(조동사) 술어 겸어 술어 　보어 관형어 　목적어

너 그에게 내 사무실로 한 번 오라고 할 수 있어?

我 想把那本书 借 给 她 看。
주어 부사어(조동사+전치사구) 술어 보어 겸어 술어

나는 그녀에게 그 책을 빌려줘서 보게 하고 싶다.

(2) 부정 형식

부정부사도 첫 번째 술어 앞에 옵니다.

妈妈 没 让 我 看 电视。 엄마는 나에게 텔레비전을 보지 못하게 하셨다.
　주어 부정부사 술어 겸어 술어 목적어

家长 不 应该 干涉 孩子 选择 职业。
주어 부정부사 부사어 　술어 　겸어 　술어 목적어

가장은 아이가 직업을 선택하는데 간섭해서는 안 된다.

★ 3. 겸어문의 종류

(1) 사역의 의미를 나타내는 겸어문

사역의 의미를 가진 동사가 첫 번째 술어로 쓰여 겸어문을 만들 수 있습니다.

- 鼓励 gǔlì
  图 격려하다, 북돋우다

TIP
부사와 조동사는 전치사구 앞에 쓰인다. (부사+조동사+전치사구)

- 才 cái 명 재능, 재주, 재능이 있는 사람

- 趟 tàng 양 차례, 번

- 干涉 gānshe 명동 간섭(하다)
- 选择 xuǎnzé 동 선택하다
- 职业 zhíyè 명 직업

TIP
사역 : 다른사람에게 어떤 행위를 시키는 것을 사역이라 한다.

첫 번째 술어로 자주 쓰이는 동사

使 shǐ	让 ràng	叫 jiào	派 pài	请 qǐng	令 lìng	命令 mìnglìng	要求 yāoqiú
~하도록 시키다	~하도록 시키다 (양보)	~에 의하 여 ~하게 하다	~하도록 하다. 파견하다	부탁하다. 요청하다	명령하다. ~을 시키다	명령하다	요구하다

老师 要求 学生 努力 学习。
주어 · 술어 · 겸어 · 부사어 · 술어

선생님은 학생에게 열심히 공부할 것을 요구한다.

公司 派 他 到 国外 学习。
주어 · 술어 · 겸어 · 술어 · 목적어 · 술어

회사는 그를 외국으로 파견 보내 공부하도록 한다.

(2) 누군가를 부를 때의 호칭 또는 무언가를 인정한다는 것을 나타내는 겸어문

① 겸어를 ~로 여기다.

> 주어 + 认 + 겸어 + 为 / 做

爸爸的 棋艺 高超, 我 认 他 为 老师。
관형어 · 주어 · 술어 · 주어 · 술어 · 겸어 · 술어 · 목적어

아빠의 장기실력이 뛰어나서 나는 아빠를 선생님으로 여긴다.

他 认 我 做 弟弟。 그는 나를 남동생으로 여긴다.
주어 · 술어 · 겸어 · 술어 · 목적어

② 겸어를 ~(으)로 선택하다/여기다.

> 주어 + 选 + 겸어 + 当 / 做 / 为

国民 选 他 当 总统。 국민들은 그를 대통령으로 뽑았다.
주어 · 술어 · 겸어 · 술어 · 목적어

观众们 选 她 为 最受欢迎的 女演员。
주어 · 술어 · 겸어 · 술어 · 관형어 · 목적어

관중들은 그녀를 가장 인기있는 여자 배우로 뽑았다.

문샘 한마디

호칭 또는 인정을 나타내는 겸어문에는 '认 rèn ~ 为 wéi / 做 zuò', '选 xuǎn ~ 当 dāng / 做 / 为', '称 chēng ~ 为 / 做'가 술어로 자주 쓰입니다.

- 棋艺 qíyì 몡 장기, 바둑솜씨
- 高超 gāochāo 혱 우수하다

- 总统 zǒngtǒng
몡 총통, 대통령

- 观众 guānzhòng 몡 관중
- 欢迎 huānyíng 동 환영하다
- 演员 yǎnyuán 몡 배우, 연기자

③ 겸어를 ~라고 부르다.

주어 + 称 + 겸어 + 为 / 做

• 天使 tiānshǐ 圈 천사

大家　称　丹丹　为　天使。모두 딴딴을 천사라고 부른다.
주어　술어　겸어　술어　목적어

• 校花 xiàohuā
　圈 학교에서 제일 아름다운 여학생

同学们　称　她　做　'校花'。학우들은 그녀를 '학교의 꽃'이라고 부른다.
주어　　　술어　겸어　술어　목적어

(3) 애증 또는 좋고 나쁨을 나타내는 겸어문

첫 번째 술어로 자주 쓰이는 동사

喜欢 xǐhuan	爱 ài	恨 hèn	讨厌 tǎoyàn	原谅 yuánliàng	批评 pīpíng
좋아하다	사랑하다	미워하다	싫어하다	용서하다	비평하다

• 药 yào 圈 약
• 苦 kǔ 圈 쓰다
• 懒 lǎn 圈 게으르다

孩子　讨厌　药　苦。아이는 약이 쓴 것을 싫어한다.
주어　술어　겸어　술어

老师　批评　他　懒。선생님은 그가 게으른 것을 꾸짖으신다.
주어　술어　겸어　술어

(4) 有/没有를 사용한 겸어문

주어 + 술어(有 / 没有) + 겸어(불특정 명사) + 술어

• 钓鱼 diàoyú
　圈 물고기를 낚다, 낚시하다

丈夫　有　一个　爱好　是　钓鱼。남편은 낚시하는 취미를 갖고 있다.
주어　술어　관형어 겸어(불특정 명사) 술어　목적어

今天　没有　几个　学生　来上课。오늘 수업하러 온 학생이 몇 명 안 된다.
주어　술어　관형어 겸어(불특정 명사)　술어

4. 겸어문의 특징

(1) 첫 번째 술어로 쓰인 동사 뒤에는 동태조사 了, 着, 过를 쓸 수 없습니다.

老板命令送我去学校。　➡　老板命令我去学校。(O)
　　　　　　　　　　　　　사장님은 나에게 학교에 갈 것을 명령했다.

他叫了我吃饭。　➡　他叫我吃饭。(O)
　　　　　　　　　그는 나에게 밥을 먹게 했다.

妈妈让着我看书。　➡　妈妈让我看书。(O)
　　　　　　　　　엄마는 나에게 책을 보게 하셨다.

(2) 첫 번째 술어로 쓰인 동사는 중첩할 수 없습니다.

我请你来。 (请请) 내가 너를 오라고 청했다.

那件事情使我明白了一个道理。 (使使)
그 일은 나로 하여금 한 가지 이치를 깨닫게 했다.

문샘 한마디

겸어문에서 첫 번째 동사는 중첩할 수 없지만, 두 번째 동사는 중첩할 수 있습니다.
你应该让他休息休息。
너는 그를 쉬게 해야 한다.

Speed Check

1. 빈칸에 들어갈 알맞은 말을 고르세요.
由于老张的工作能力很强，同事们＿＿＿＿＿＿。
A 都部长推选他为　　　　B 都为他推选部长
C 推选都他为部长　　　　D 都推选他为部长

2. 제시된 단어가 들어갈 위치를 고르세요.
收到 A 奖学金的消息 B 丽丽 C 高兴得 D 不得了。
使

해석 1. 라오짱의 업무능력이 매우 뛰어나서, 동료들은 모두 그를 부장으로 추천했다.
　　　2. 장학금을 받았다는 소식은 리리로 하여금 기뻐서 어쩔 줄 모르게 했다.
정답 1. D / 2. B

TIP

1. 인정을 나타내는 겸어문으로 推选과 为는 호응을 이룬다. 都는 부사어로 첫 번째 술어 推选 앞에 놓인다.
• 推选 tuīxuǎn
　⑤ 선발하여 뽑다
2. 使는 사역의 의미를 나타내는 동사로 겸어문에서 첫 번째 술어로 쓰인다.
• 奖学金 jiǎngxuéjīn
　⑲ 장학금

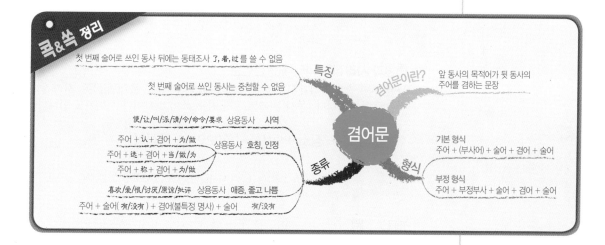

08 존현문

1. 존현문이란?

어떤 사람이나 사물이 어딘가에 존재하거나 출현 또는 사라짐을 나타내는 문장을 존현문이라고 합니다. 일반적으로 장소사가 앞에 놓이고, 존재하거나, 출현 또

문샘 한마디

주어 자리에 놓인 것이 사람이 아니더라도 주어가 될 수 있습니다.

는 사라진 사람이나 사물이 목적어로 쓰입니다. 존현문에서 목적어가 없는 경우는 극히 드물고 목적어 앞에는 주로 수량이나 묘사를 나타내는 관형어가 옵니다.

2. 존현문의 종류

(1) 존재를 나타내는 존현문

장소 + 동사(有/是) + 목적어

车上　有　很多　人。 차 안에 많은 사람이 있다.
장소　有　관형어　목적어

家里　有　一只　小狗。 집에 강아지 한 마리가 있다.
장소　有　관형어　목적어

旁边　是　宿舍。 옆은 기숙사이다.
장소　是　목적어

장소 + [동사 + 着] + 목적어

墙上　挂着　一件　衣服。 벽에 옷이 한 벌 걸려 있다.
장소　동사 + 着　관형어　목적어

后边　站着　两位　老师。 뒤에 선생님 두 분이 서 계신다.
장소　동사 + 着　관형어　목적어

(2) 출현과 사라짐을 나타내는 존현문

출현, 사라짐을 나타내는 존현문에서 동사의 대부분은 물체의 이동, 사라짐과 관련된 동사입니다. 동사 뒤에는 了가 자주 쓰이고 보어가 쓰이기도 합니다.

장소 + 동사 + [了/보어] + 목적어

学校　来了　一位　新　老师。 (출현) 학교에 새로운 선생님이 오셨다.
장소　동사 + 了　관형어　관형어　목적어

前边　跑过来　一个　孩子。 (출현) 앞에 아이 한 명이 달려온다.
장소　동사 + 보어　관형어　목적어

公司里　丢了　一份　文件。 (사라짐) 회사에서 문서 하나를 잃어 버렸다.
장소　동사 + 了　관형어　목적어

农村　走了　很多　年轻人。 (사라짐) 농촌에서 많은 청년이 떠나갔다.
장소　동사 + 了　관형어　목적어

TIP
존현문에서 목적어는 존재를 나타내는 사람 또는 사물로, 주로 명사이다.

• 狗 gǒu 명개

• 宿舍 sùshè 명기숙사

• 墙 qiáng 명벽
• 挂 guà 통걸다

TIP
존현문에서 쓰이는 보어는 일반적으로 방향보어, 결과보어이다.

Speed **C**heck

제시된 단어가 들어갈 위치를 고르세요.

我没 A 打扫 B 房间，地板上 C 散 D 一些衣服。
着

해석 내가 방을 청소하지 않아서, 바닥에 옷가지가 널려 있다.　　정답 D

TIP

존재를 나타내는 존현
문으로 '장소(地板上) +
동사(散) + 着'의 형식을
갖는다.
• 地板 dìbǎn 명마루
• 散 sǎn 동흩어지다

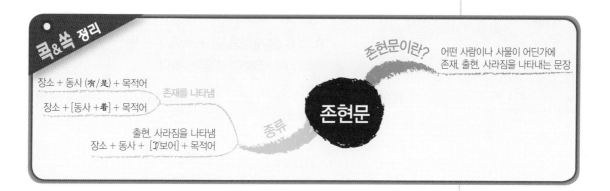

콕&쏙 정리

존현문이란? 어떤 사람이나 사물이 어딘가에
존재, 출현, 사라짐을 나타내는 문장

존현문

종류

존재를 나타냄
장소 + 동사 (有/是) + 목적어
장소 + [동사 +着] + 목적어

출현, 사라짐을 나타냄
장소 + 동사 + [了/보어] + 목적어

---

09 비교문

1. 비교문이란?

사람이나 사물의 같고 다름을 비교하거나 성질, 상태, 정도의 높고 낮음을 비교하
는 문장입니다.

2. 비교문의 종류

(1) 比자 비교문

① 형식

> A 比 B 술어 : A는 B보다 ~하다.
> A 不比 B 술어 : A는 B보다 ~하지 않다.

<u>丹丹</u> 比 <u>我</u> <u>高</u>。 딴딴은 나보다 키가 크다.
　A　　　B　술어

<u>我</u> 不比 <u>丹丹</u> <u>高</u>。 나는 딴딴보다 크지 않다. (나는 딴딴보다 키가 작거나 같다.)
　A　　　B　　술어

• 比 bi 전 ~보다, ~에 비하여

TIP

(与其A) 不如B:
'(A하느니) B하는 것이
낫다, B만 못하다'라는
뜻의 비교문이다.
去商店买东西**不如**网
上购物.
상점에 가서 물건을 사
는 것은 인터넷구매만
못하다.
• 网上购物
wǎngshàng gòuwù
명인터넷 쇼핑

> ### A 比 B 술어(형용사) + 수량사 : A는 B보다 수량사만큼 ～ 하다.

我比你　大　两岁。나는 너보다 두 살 많다.
<u>A</u>　　<u>B</u>　술어(형용사)　수량사

老大比老二　矮　三公分。첫째는 둘째보다 3센티미터가 작다.
<u>A</u>　　<u>B</u>　술어(형용사)　수량사

➡ 비교의 수치를 정확하게 표현할 때는 수량사를 사용한다.

- 老大 lǎodà 명큰 형, 맏이
- 老二 lǎo'èr 명둘째
- 矮 ǎi 형(키가) 작다
- 公分 gōngfēn
  명센티미터

> ### A 比 B 술어(형용사) + 一点 / 一些
> ### : A는 B보다 조금 ～하다.

我的成绩比丹丹　差　一点。내 성적은 딴딴보다 조금 뒤처진다.
<u>A</u>　　<u>B</u>　술어(형용사)

- 差 chà 형차이가 나다
  부족하다, 좋지 않다

这双鞋比那双　大　一些。이 신발은 저 신발보다 조금 크다.
<u>A</u>　　<u>B</u>　술어(형용사)

➡ 비교의 수치가 정확하지 않을 경우에는 '조금, 약간'이라는 의미의 一点, 一些를 사용할
　수 있다.

② 특징

比자를 사용한 비교문에는 更 또는 还 같은 비교부사를 사용하여 한층 더 깊은 정도에 이르렀음을 나타낼 수 있고 很, 十分, 非常, 特别, 比较와 같은 정도부사는 올 수 없습니다.

我的个子比他更矮。(O)　　　我的个子比他很矮。
나의 키는 그보다 훨씬 작다.

我的口语比他还好。(O)　　　我的口语比他非常好。
나는 그보다 회화를 더 잘한다.

TIP
比자 비교문에 쓸 수 있는 부사는 更, 还, 都, 再, 稍微 등이 있다.

이것만은 꼭!

比자 비교문에서 형용사 앞에 更, 还, 都, 再, 稍微를 쓰거나 뒤에 一点儿, 一些, 得多,
多了, 远了를 쓸 수 있다.

- 这件衣服比那件稍微好看。이 옷은 저 옷보다 조금 더 예쁘다.

- 他的公司比我的公司远得多。그의 회사는 나의 회사보다 많이 멀다.

很多는 회화체에서만 예외적으로 쓸 수 있다.

- 他的公司比我的公司远很多。그의 회사는 내 회사보다 많이 멀다.

- 我的比他的大很多。내 것은 그의 것보다 많이 크다.

- 稍微 shāowēi 부조금, 약간

Speed Check

빈칸에 들어갈 알맞은 단어를 고르세요.

他的汉语口语水平 提高了很多，他说汉语一定会___你说得好一些。

A 被　　　　　　 B 比　　　　　 C 叫　　　　 D 把

TIP

一些를 사용해 '약간 ~
하다'라는 의미를 나타
낸 비교문이다.
비교를 나타내는 比가
필요하다.
• 提高 tígāo
　图 향상시키다

해석 그의 중국어 말하기 실력이 매우 많이 향상되어서, 그가 중국어를
　　　 말한다면 분명 네가 말하는 것보다 나을 것이다.

정답 B

(2) **有자 비교문**

> A 有 B (这么 / 那么) + 술어
> : A는 B만큼 (이렇게/그렇게) ~하다.
> A 没有 B (这么 / 那么) + 술어
> : A는 B만 못하다, A는 B만큼 (이렇게/그렇게) ~한 것은 아니다.

TIP

有의 여러 가지 뜻
① 존재
墙上有一幅画。
벽에 한 폭의 그림이
있다.

② 소유
他有一辆跑车。
그는 경주용 차 한 대
가 있다.

③ (~정도에) 도달하다
我等了你有半个小时。
나는 너를 30분 동안
기다렸다.

这么, 那么는 성질 혹은 정도를 나타내며 가까운 것에는 这么를 사용하고, 먼
것에는 那么를 사용합니다.

<u>儿子有我</u>这么高了。 아들이 나만큼 컸다.
　 A　　 B　　 술어

<u>我有她</u>那么漂亮吗? 내가 그녀만큼 예뻐요?
　A　 B　　 술어

<u>我的个子没有他</u>那么高。 내 키는 그처럼 그렇게 크지 않다.
　　 A　　　　 B　　 술어

Speed Check

빈칸에 들어갈 알맞은 말을 고르세요.

去年我的体重是50公斤，今年我的体重是45公斤，今年 _____ 。

A 胖没有去年　　　　　　 B 没有去年胖
C 去年没有胖　　　　　　 D 去年胖没有

TIP

没有를 이용한 비교문으
로 A(今年) + 没有 + B
(去年) + 술어(胖)의 어
순을 갖는다.
• 胖 pàng 图 뚱뚱하다
• 公斤 gōngjīn 영 킬로그램

해석 작년 내 몸무게는 50킬로그램이었는데, 올해 내 몸무게는 45킬로그램으로 작년만큼
　　　 뚱뚱하지 않다.

정답 B

TIP

비교문 A 跟 B 一样
전치사 跟 대신 和, 同,
与를 쓸 수 있다.

• 一样 yíyàng 阌 같다

(3) 跟…一样을 이용한 비교문

> A 跟 B 一样 : A는 B와 같다.
>
> A 跟 B 不一样 : A는 B와 같지 않다.

A와 B는 비교 대상을 나타내며 一样은 비교의 결과를 나타냅니다.

你跟丹丹一样可爱。 너와 딴딴은 똑같이 귀엽다.
　A　　B

他的想法跟我不一样。 그의 생각은 나와 다르다.
　　A　　　　B

Speed Check

제시된 단어가 들어갈 위치를 고르세요.
昨天　A　开会的时候　B　部长的想法　C　我　D　不一样。
　　　　　　　　　　　　　　　　　　跟

해석 어제 회의할 때 부장의 생각은 나와 달랐다.　　　　　정답 C

TIP

跟을 이용한 비교문으로
'A(部长的想法) + 跟 +
B(我) + 不一样'의 어순
을 갖는다. 跟은 전치사
로 뒤에 명사나 대명사
가 오므로 A와 D는 답에
서 먼저 제외시킨다.

• 想法 xiǎngfǎ
　阌 생각, 의견

비교문 정리

• A > B	A比	B大。
• A ≦ B	A不比	B大。
• A = B	A跟	B一样。
• A ≠ B	A跟	B不一样。
• A ≒ B	A跟	B差不多。
• A = B	A有	B大。
• A < B	A没有	B大。

콕&쏙 정리

비교문이란?
사람이나 사물의 같고 다름을 비교하거나 성질, 상태, 정도의 높고 낮음을 비교하는 문장

跟 … 一样을 이용한 비교문

A 跟 B 一样
A와 B는 같다.

A 跟 B 不一样
A와 B는 같지 않다.

비교문

比자 비교문

A 比 B 술어
A는 B보다 ~하다.

A 不比 B 술어
A는 B보다 ~하지 않다.

A 比 B 술어(형용사) + 수량사
A는 B보다 수량사 만큼 ~하다.

A 比 B 술어(형용사) + 一点 / 一些
A는 B보다 조금 ~하다.

특징 比 자 비교문은 更 또는 还 등의 비교부사를 사용하여 한층 더 깊은 정도에 이르렀음을 나타낼 수 있고, 정도부사가 올 수 없음

有자 비교문

A 有 B (这么 / 那么) 술어
A는 B만큼 (이렇게/그렇게)~하다.

A 没有 B (这么 / 那么) 술어
A는 B만 못하다, A는 B만큼 (이렇게/그렇게) ~한 것은 아니다.

중국을 한 눈에!

세계에서 세 번째로 큰 나라 중국! 지도를 통해 중국을 낱낱이 살펴봅시다.

중국은 23개의 성과 4개의 직할시로 이루어져 있습니다. 그밖의 행정구역으로는 5개의 자치구와 특별행정구역인 홍콩과 마카오로 구분되어 있는데 다양한 행정 구역 만큼이나 각 지역의 특성 또한 다양합니다.

우루무치(乌鲁木齐 Wūlǔmùqí)
신장의 중심 도시로 이국적인 모습을 가진 '위구르족'이 거주하는 지역으로 이슬람 문화를 느낄 수 있으며 맛있는 양꼬치와 하미과로도 유명한 지역입니다.

네이멍구 (내몽고)
(内蒙古 Nèiménggǔ)
끝없이 펼쳐진 대초원에서 칭기즈칸의 후예인 '몽고족'이 유목생활을 하는 곳입니다. 중심 도시는 후허하오터(呼和浩特 Hūhéhàotè)입니다.

하얼빈(哈尔滨 Hā'ěrbīn)
얼음 축제인 '빙등제'가 열리는 곳입니다.

베이징(北京 Běijīng)
중국의 수도로 천안문이 있는 곳입니다.

상하이(上海 Shànghǎi)
전 세계 기업들이 앞다투어 진출하고 있는 중국 경제 발전의 중심지입니다.

쿤밍(昆明 Kūnmíng)
윈난의 성도로 1년 내내 봄처럼 따뜻한 날씨가 계속되는 곳으로 여러 소수민족이 살고 있습니다.

시안(西安 Xī'ān)
실크로드의 출발지이며 진 시황릉과 병마용으로 유명합니다.

홍콩
(香港 Xiānggǎng)
1997년 영국에서 중국으로 반환되었으며 도시의 멋진 야경이 유명한 곳입니다.

접속사와
복문

01 접속사란?

앞 단어와 뒷 단어, 구, 절, 문장 등을 연결해 주는 기능을 가진 단어를 접속사라고 합니다.

我 和 你 都是学生。 나와 너는 모두 학생이다.
단어 접속사 단어

他 一边 看书 一边 听音乐。 그는 책을 보면서 음악을 듣는다.
단어 접속사 술목구 접속사 술목구

- 一边 yìbiān A 一边 B
  칩 A하면서 B하다

他 一 听爸爸的话， 就 哭了。 그는 아빠의 말을 듣자마자 울었다.
단어 접속사 단문 접속사 단문

- 一A 就B
  칩 A하자마자 B하다

02 복문이란?

두 개 이상의 단문으로 된 문장을 복문이라고 합니다.

我是我，你是你。 나는 나고, 너는 너다.
　　단문　　　단문

他心情不好，所以 没接电话。 그는 기분이 좋지 않아서 전화를 받지 않았다.
　　단문　　접속사　　단문

- 接电话 jiē diànhuà
  전화를 받다

03 접속 관계의 종류

1. 병렬 관계

(1) 병렬 관계란?

'나는 딸기와 포도를 좋아한다.' 라는 문장에서 '딸기'와 '포도'는 어법적으로 동등한 위치에 있는 병렬 관계이고, '딸기'와 '포도' 사이에 있는 '와'는 병렬 관계를 이끄는 접속사입니다. 병렬 관계는 이처럼 두 개 이상의 단어나 문장이 동등한 위치에서 동일사물의 다양한 측면을 설명하거나 묘사합니다.

★★★
(2) 병렬 관계 접속사의 종류

> ### 和 : ~와, ~과

일반적으로 명사, 명사성 구, 대명사를 연결하고 두 개 이상의 병렬 단어가 있을 경우에는 마지막 단어 앞에 위치합니다. 회화체에서는 跟으로, 문어체에서는 与, 同으로 바꿔 쓸 수 있습니다.

<u>铅笔</u> 和<u>笔记本</u>都是我买的。 연필과 공책 모두 내가 산 것이다.
　명사　　　　명사

我家有五口人, <u>爸爸</u>、<u>妈妈</u>、<u>姐姐</u>、<u>妹妹</u>和<u>我</u>。
　　　　　　　　명사　　명사　　명사　　명사　　대명사
우리 집은 다섯 식구이다. 아빠, 엄마, 언니, 여동생 그리고 나.

그밖에도 병렬 관계를 이끄는 접속사로 及, 而, 并이 있습니다. 及는 문어체에만 쓰이고 명사, 명사성 구, 대명사만을 연결합니다. 반면 而은 주로 형용사를 연결하고 并은 동사를 연결합니다.

<u>房屋的结构</u>及<u>价格</u>都很满意。 방의 구조와 가격 모두 매우 만족스럽다.
　　명사　　　　명사

我们的教室<u>舒适</u>而<u>宽敞</u>。 우리 교실은 쾌적하고 넓다.
　　　　　형용사　　형용사

他<u>检验</u>并<u>说明</u>了问题点。 그는 문제점을 검증하고 설명했다.
　　동사　　동사

> ### 又(既)A 又B : A하면서 한편(또한, 동시에) B하다. (상황)

상황을 나열할 때 씁니다.

他这个人又<u>笨</u>又<u>胖</u>。 그는 멍청하고 뚱뚱하다.
　　　　　A　　B

这件衣服既<u>漂亮</u>又<u>便宜</u>。 이 옷은 예쁘고 싸다.
　　　　　A　　　B

문샘 한마디

병렬 관계 접속사에는 이외에도 有的, 有时, 一会儿도 쓰입니다.

• 铅笔 qiānbǐ 명 연필
• 笔记本 bǐjìběn 명 공책

TIP

형용사, 동사가 주어나 목적어로 쓰일 경우에는 和를 사용한다.
聪明和美丽是大多女孩子所追求的。
똑똑하고 아름다운 것은 대다수 여자아이들이 추구하는 것이다.
他喜欢跑步和爬山。
그는 달리기와 등산을 좋아한다.

• 宽敞 kuānchang 형 넓다, 훤히 트이다

• 笨 bèn 형 어리석다

$$\begin{matrix} 一边 \\ 一面 \end{matrix} \text{A,} \begin{matrix} 一边 \\ 一面 \end{matrix} \text{B}$$

: 한편으로는 A하고, 한편으로는 B하다. (동시 동작)

주어가 같을 때 一边…一边… 을 边…边…으로 쓸 수 있습니다.

我一边走，一边说。 나는 걸으면서 말한다.
　　A　　　　B

我一面学习，一面工作。 나는 한편으로는 공부를 하고 한편으로는 일을 한다.
　　A　　　　B

Speed Check

빈칸에 적합한 단어를 고르세요.
陈西在汉语演讲比赛中得了冠军，＿＿是她自己的骄傲，＿＿是我们学校的骄傲。

A 虽然…但是…　　　　　　B 一面…一面…
C 既…也…　　　　　　　　D 要不是…就…

해석 천시가 중국어 말하기 대회에서 우승을 한것은. 그녀 스스로에게도 자랑이고 우리 학교의 자랑이기도 하다.

정답 C

TIP

一方面… 另一方面… 으로 동작을 나열할 수 있다.

他一方面要忙事业，另一方面又要顾家庭。
그는 한편으로는 바쁘게 사업을 해야 하고, 다른 한편으로는 가정을 돌봐야 한다.

TIP

'~하면서 동시에 ~하다'라는 상황을 연결하는 접속사는 既…也…이다.

• 冠军 guànjūn
　명 우승, 1등
• 骄傲 jiāo'ào
　형통 자랑(스럽다)

콕&쏙 정리

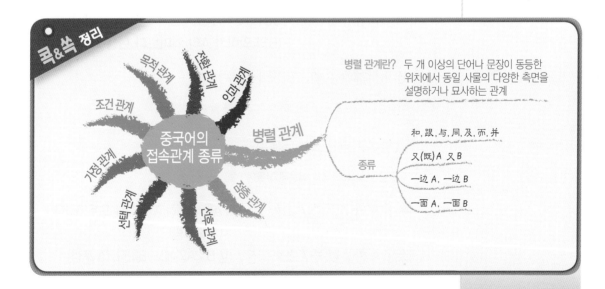

목적 관계 / 전환 관계 / 점층 관계 / 조건 관계 / 병렬 관계 / 가정 관계 / 선택 관계 / 인과 관계

중국어의 접속관계 종류

병렬 관계란? 두 개 이상의 단어나 문장이 동등한 위치에서 동일 사물의 다양한 측면을 설명하거나 묘사하는 관계

종류
和，跟，与，同，及，而，并
又(既) A 又 B
一边 A，一边 B
一面 A，一面 B

2. 점층 관계

(1) 점층 관계란?

'나는 그의 전화번호를 잊어버렸을 뿐만 아니라 이름조차 잊어버렸다.'에서 뒤에 나오는 '이름조차 잊어버리다'는 앞에 나오는 '전화번호를 잊어버리다'보다 심각한 상황을 나타냅니다. 이처럼 뒤의 의미가 앞의 의미보다 점점 깊어짐을 나타내는 것을 점층 관계라고 합니다.

문샘 한마디

점층 관계 접속사에는 不但 / 不仅 A而且 / 并且 / 也 / 还 B, (连) A 都 / 也 ~ 何况 B 呢? 除了 A 外 / 以外 / 之外 还 / 也 / 都 B, 甚至 등이 있습니다.

★★★
(2) 점층 관계 접속사의 종류

$$不但_{\,A,} \begin{matrix} 而且 \\ 并且 \\ 也 \\ 还 \end{matrix} _{B} : A할 뿐만 아니라 B하다.$$
不仅

(B의 의미가 A의 의미보다 한층 더 깊다.)

- 方便 fāngbiàn
  (형) 편리하다
- 得 dé (동) 얻다, 획득하다
- 级 jí (명) 급수

自行车不但方便，而且便宜。 자전거는 편리할 뿐만 아니라 싸다.
        A   B

丹丹不但通过了考试，而且得了第一名。
        A   B
딴딴은 시험에 통과했을 뿐만 아니라 일등을 했다.

通过新HSK5级的不仅是我一个人，还有很多。
         A   B
新HSK 5급을 받은 사람은 나 하나가 아니라 매우 많다.

(连) A 都 / 也 ~, 何况 B 呢? : A조차도 ~한데 하물며 B는?
(B의 의미가 A의 의미보다 한층 더 깊다.)

- 男生 nánshēng (명) 남학생

连男生都拿不动，何况小女孩儿呢?
  A   B
남학생들도 못 드는데 하물며 어린 소녀가 들 수 있겠어요?

- 夏天 xiàtiān (명) 여름

这里冬天也这么热，何况是夏天呢?
  A   B
이곳은 겨울도 이렇게 더운데 하물며 여름은요?

除了 A 外 / 以外 / 之外, 都 B : A를 제외하고, A 외에 모두 B하다.
(A 불포함)

除了 A 外 / 以外 / 之外, 还 / 也 B : A외에도, B하다. (A 포함)
(外, 以外, 之外는 생략 가능하다.)

除了<u>丹丹</u>，　<u>大家都知道</u>答案。
　　　Ａ　　　　　Ｂ
딴딴을 제외하고 다른 사람은 모두 답을 알고 있다.

• 答案 dá'an 명 답안

除了<u>面包</u>以外，还有<u>饮料</u>。 빵 외에 음료수도 있다.
　　Ａ　　　　　　　　Ｂ

• 饮料 yǐnliào 명 음료수

A, 甚至 B : A하고, 심지어는 B하다.

他<u>生病了</u>，　甚至<u>不能来上课</u>。 그는 병이 나서 수업에조차 올 수 없다.
　　Ａ　　　　　Ｂ

他们<u>分手了</u>，甚至<u>不再见面</u>。 그들은 헤어져서 심지어 더이상 만나지도 않는다.
　　Ａ　　　　Ｂ

• 分手 fēn shǒu
　이합 헤어지다, 이별하다
• 见面 jiàn miàn
　이합 만나다, 대면하다

Speed Check

빈칸에 적합한 단어를 고르세요.
　去学校的时候，坐地铁_____方便，而且便宜。
　A 不但　　　　　　　　B 如果
　C 就是　　　　　　　　D 没有

TIP
뒤에 있는 而且가 힌트! 不但은 而且와 결합하여 '～할 뿐 아니라 ～하다'라는 점층 관계를 나타낸다.

해석 학교에 갈 때 지하철을 타는 것은 편리할 뿐만 아니라 싸다. 정답 A

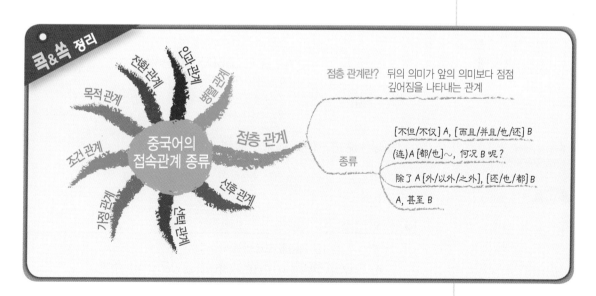

쾩&쏙 정리

전환 관계 / 인과 관계 / 병렬 관계 / 목적 관계 / 조건 관계 / 가정 관계 / 선택 관계 / 선후 관계

중국어의 접속관계 종류

점층 관계

점층 관계란? 뒤의 의미가 앞의 의미보다 점점 깊어짐을 나타내는 관계

종류

[不但/不仅] A, [而且/并且/也/还] B

(连) A [都/也]～, 何况 B 呢?

除了 A [外/以外/之外], [还/也/都] B

A, 甚至 B

3. 선후 관계

(1) 선후 관계란?

'수업이 끝나면 전화할게.'라는 문장에서 '수업이 끝나다'와 '전화하다'라는 동작을 순서에 따라 차례로 설명합니다. 선후 관계란 이처럼 연속적으로 발생한 몇 개의 동작이나 몇 개의 일에 대하여 차례로 설명하는 것을 말합니다.

★★★

(2) 선후 관계 접속사의 종류

> ### 先 A，然后 / 再 / 接着 / 最后 B : 먼저 A한 뒤 B하다.

先简单看一遍，然后再仔细地看。
   A   B
먼저 간단히 한 번 보고 난 후에 다시 자세히 보아라.

我先吃饭，再看电视。 나는 먼저 밥을 먹고 텔레비전을 본다.
  A   B

先去图书馆看书，接着去上课。
   A   B
먼저 도서관에 가서 책을 보고 수업에 간다.

先许愿，再吹蜡烛，最后吃蛋糕。
  A   B   C
먼저 소원을 빈 후, 초를 불고 마지막에 케이크를 먹는다.

> ### 一 A，就 B : A하자마자 B하다.

他一回国，就找到了工作。 그는 귀국하자마자 일자리를 찾았다.
  A   B

妈妈一说完，他就乖乖地回到了自己的房间。
    A   B
엄마의 말씀이 끝나자마자 그는 순순히 자신의 방으로 돌아갔다.

Speed Check

제시된 단어가 들어갈 위치를 고르세요.

你 A 想回国的话 B 写请假条 C 然后 D 申请吧。

先

해석 네가 귀국하고 싶다면 먼저 휴가신청서를 쓰고나서 신청해라.　　　　정답 B

문쌤 한마디

선후 관계 접속사에는 先 xiān A, 然后 ránhòu / 再 zài / 接着 jiēzhe / 最后 zuìhòu B, 一 A 就 B 등이 있습니다.

- 简单 jiǎndān 형 간단하다
- 仔细 zǐxì 형 자세하다

- 许愿 xǔyuàn
  동 소원을 빌다
- 蜡烛 làzhú 명 초, 양초

- 乖乖 guāiguāi
  명 귀염둥이, 복둥이
  형 순종하는, 말 잘 듣는

TIP

先은 然后와 함께 쓰여 선후 관계를 나타낸다. 문맥상 휴가신청을 하기 전에 휴가신청서를 작성해야 하므로 정답은 B가 된다.
- 请假条 qǐngjiàtiáo
  명 휴가신청서
- 申请 shēnqǐng
  동 신청하다

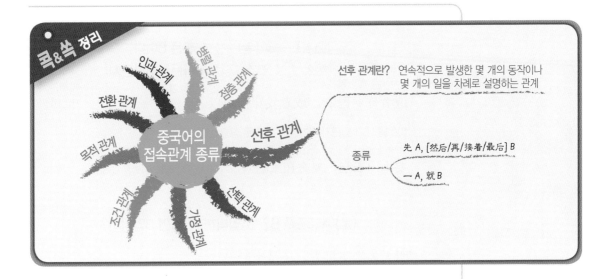

4. 선택 관계

(1) 선택 관계란?

'나는 밥 아니면 빵을 먹겠다.'라는 문장에서는 나열된 밥과 빵 중 하나가 선택을 받습니다. 이처럼 두 개 이상의 단어 또는 단문이 각각 몇 가지 사실을 나열하여 그 중에서 한 가지를 선택하는 방식을 선택 관계라고 합니다.

★★★
(2) 선택 관계 접속사의 종류

> ## 不是 A , 而是 B : A가 아니고(라) B이다.

这不是<u>买的</u>，而是<u>别人送给我的</u>。
　　　 A　　　　　　 B
이건 산 것이 아니고(라) 다른 사람이 나에게 준 것이다.

好成绩不是<u>一天、两天</u>就能得到的，而是<u>需要长期努力</u>。
　　　　　　 A　　　　　　　　　　　　 B
좋은 성적은 하루 이틀에 얻어지는 것이 아니라 장기간의 노력이 필요하다.

> ## 不是 A , 就是 B : A가 아니면 B이다.
> ## (둘 중에 하나는 확실함을 나타낸다.)

他不是<u>老师</u>，就是<u>家长</u>。 그는 선생님 아니면 학부모이다.
　　　 A　　　　 B

放假期间他不是<u>玩</u>，就是<u>睡觉</u>。 방학기간 동안 그는 놀지 않으면 잠을 잤다.
　　　　　　　 A　　　 B

문샘 한마디

선택 관계 접속사에는 不是 A 而是 B, 不是 A 就是 B, 或(者) A 或(者) B, 要么 A 要么 B (是) A 还是 B, 宁可 / 宁肯 / 宁愿 A 也要 / 也不 B, 与其(说) A 不如(说) / 宁可 / 宁肯 / 宁愿 B 등이 있습니다.

문샘 한마디

'不是 A 就是 B'는 A가 아니면 B라는 뜻입니다. 就를 쫄로 생각하셔서 '쫄면'으로 외우시면 혼동하지 않을 수 있답니다.

• 家长 jiāzhǎng 뗑 학부모
• 睡觉 shuìjiào 동 자다

> 或(者) A, 或(者) B : A 혹은 B이다.
> 要么 A, 要么 B : A 하든지 B하든지

<u>或者你穿雨衣</u>，<u>或者我穿</u>都可以。
　　　A　　　　　　　B
비옷을 네가 입든지 내가 입든지 모두 상관없다.

<u>要么出去吃</u>，<u>要么在家吃</u>。 나가서 먹든지 집에서 먹든지 하자.
　　A　　　　　　B

> (是) A , 还是 B? : A입니까, 아니면 B입니까?

明天你<u>坐飞机去</u>，还是<u>坐船去</u>?
　　　　　A　　　　　　　B
내일 너는 비행기를 타고 가니 아니면 배를 타고 가니?

你们的听力老师是<u>王老师</u>，还是<u>张老师</u>?
　　　　　　　　A　　　　　　B
너의 듣기 선생님은 왕 선생님이시니 아니면 장 선생님이시니?

还是와 **或者**는 모두 선택 관계를 나타내는 접속사이지만 그 쓰임에는 차이가 있습니다.

还是와 或者 비교

	还是	或者
의문문	·你去还是他去? (O) 네가 가니 아니면 그가 가니?	你去或者他去? (X)
평서문	**확실하지 않을 때(주로 不나 没(有)와 호응)** ·你去还是他去，还没决定。(O) 네가 갈지 아니면 그가 갈지 아직 결정되지 않았다. 你去还是他去，都可以。(X) **'还是···好/吧' 형식으로 비교 후 선택을 나타냄** ·公司这么劝你，你还是去吧。 회사가 이렇게 너에게 권하는데, 너는 아무래도 가는 게 낫겠다.	·或者你去，或者他去都可以。 네가 간든 그가 간든 모두 괜찮다. ·我今天或者明天去看牙科。 나는 오늘 아니면 내일 치과에 간다.

• 牙科 yákē 몡치과

• 劝 quàn 동권하다

[宁可 / 宁肯 / 宁愿] A, 也要 B : (차라리) A할지언정 B하겠다.

我宁愿不吃饭，也要把这本书看完。
　　　A　　　　　　　　B
나는 밥을 안 먹을지언정 이 책을 다 보겠다.

他宁可睡晚点儿，也要把没完成的工作做完。
　　　A　　　　　　　　　　B
그는 조금 늦게 잘지언정 다 못한 일을 끝내려고 한다.

[宁可 / 宁肯 / 宁愿] A, 也不 B : (차라리) A할지언정 B않겠다.

宁愿在家闲着，也不去听乏味的讲座。
　　　A　　　　　　　　B
집에서 한가하게 있을지언정 재미없는 강좌를 들으러 가지 않겠다.

宁可自己做，也不要麻烦别人。
　　　A　　　　　B
스스로 할지언정 다른 사람을 귀찮게 하지 않겠다.

- 闲着 xiánzhe
  동 빈둥거리고 있다,
  한가하게 있다
- 乏味 fáwèi
  형 맛이 없다, 무미건조하다
- 讲座 jiǎngzuò 명 강좌
- 麻烦 máfan
  형 귀찮다, 성가시다, 번거롭다

与其 A, 不如 B : A하는 것은 B하는 것만 못하다.
　　　　　　　　(A하느니 차라리 B하겠다.)
与其说 A, 不如说 B : A라고 할지언정 B라고 하는 것이 낫다.
与其 A, [宁可 / 宁肯 / 宁愿] B : A할지언정 차라리 B하다.

与其浪费时间，不如做点实事。
　　　A　　　　　　B
시간을 낭비하는 것은 실용적인 일을 하는 것만 못하다.

与其说他们工作效率不高，不如说他们没有实力。
　　　　A　　　　　　　　　　B
그들의 업무효율이 높지 않다고 말하는 것은 그들의 실력이 없다고 말하는 것만 못하다.

与其看这种电影，宁可在家睡觉。
　　　A　　　　　　B
이런 영화를 보느니 차라리 집에서 잠을 자겠다.

- 浪费 làngfèi
  동 낭비하다, 허비하다
- 实事 shíshì
  명 구체적인 일, 실용적인 일,
  실제있었던 일
- 效率 xiàolǜ 명 효율, 능률
- 实力 shílì 명 실력, 힘

Speed Check

빈칸에 적합한 단어를 고르세요.
这家百货商店不是我们公司承建的，也不是你们公司承建的，
_____老王公司承建的。

A 还是　　　　B 如果　　　　C 不仅　　　　D 而是

TIP
不是가 이 문제의 힌트
이다. 不是는 而是와 결
합하여 '~이 아니고 ~이
다'라는 선택 관계를 나
타낸다.
- 承建 chéngjiàn
  동 건축공사를 맡다

해석 이 백화점은 우리 회사에서 건축공사를 맡은 것도 아니고 너희 회사에서　　정답 D
건축공사를 맡은 것도 아니다. 라오왕 회사에서 건축공사를 맡은 것이다.

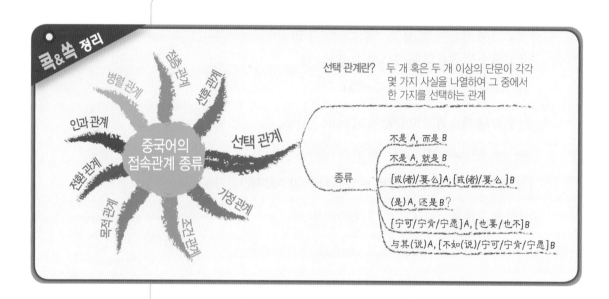

콕&쏙 정리

병렬 관계
점층 관계
계층 관계
인과 관계
중국어의 접속관계 종류
전환 관계
목적 관계
가정 관계
조건 관계

선택 관계

선택 관계란? 두 개 혹은 두 개 이상의 단문이 각각 몇 가지 사실을 나열하여 그 중에서 한 가지를 선택하는 관계

종류

不是 A, 而是 B

不是 A, 就是 B

[或(者)/要么] A, [或(者)/要么] B

(是) A, 还是 B?

[宁可/宁肯/宁愿] A, [也要/也不] B

与其(说) A, [不如(说)/宁可/宁肯/宁愿] B

5. 가정 관계

(1) 가정 관계란?

'만약 복권에 당첨되면 집부터 사겠다.'라는 문장을 살펴보면 먼저 '복권에 당첨되다'라는 가정을 하고 그 가정 뒤에 '집부터 사겠다.'라는 결과를 나타냅니다. 이와 같이 어떠한 상황을 가정하고 그 가정에 따른 결과를 나타내는 것을 가정 관계라고 합니다.

★★★
(2) 가정 관계 접속사의 종류

> **如果 / 要是 A (的话), 就 / 便 / 那(么) B : 만약 A하면 B이다.**

要是<u>你不喜欢</u>，就<u>算了</u>。 당신이 싫으면 그만두세요.
　　　A　　　　　B

如果<u>你不来</u>，我便<u>生气了</u>。 너 안오면, 나 화낼거야!
　　　A　　　　　B

如果<u>有钱</u>的话，那<u>借给我吧</u>。 만약 돈이 있으면 나에게 빌려주세요.
　　　A　　　　　B

如果 뒤에 오는 ~的话와 就, 便, 那么는 생략할 수 있습니다.

如果<u>你不愿意</u>，<u>我也不想勉强你</u>。
　　　A　　　　　B
네가 원하지 않는다면 나도 강요하고 싶지 않다.

문샘 한마디

가정 관계 접속사에는 이 밖에도 假如 jiǎrú, 假若 jiǎruò, 倘若 tǎngruò, 若 등이 있습니다.

• 算了 suànle 그만두다

TIP
여기에서 쓰인 便은 就와 같은 뜻으로 '곧, 즉시, 바로'라는 뜻이다.

• 勉强 miǎnqiǎng
[동] 강요하다 [부] 간신히, 억지로

就是 / 即使 / 哪怕 A , 也 B : 설령 A라 하더라도 B이다.

就是他来了，事情也不能解决。 그가 온다고 해도 일이 해결되지는 않는다.
  A　　　　　　　　B

即使学习成绩差，也能找到好工作。
　　 A　　　　　 B
설령 성적이 좋지 않다 해도 좋은 직장을 찾을 수 있다.

哪怕困难更大，我也要坚持下去。
　　 A　　　　 B
고난이 더 크다 할지라도 나는 견뎌낼 것이다.

문샘 한마디

'설령~'의 양보문에는 就是 即使
哪怕 就算, 纵然 zòngrán 등이 쓰
입니다.

• 坚持 jiānchí ⑧지속하다

Speed Check

빈칸에 적합한 단어를 고르세요.
　　　　再跟男朋友分手，我　　　　能承受。
A 因为 … 所以 …　　　　　　　B 虽然 … 但是 …
C 即使 … 也 …　　　　　　　　D 无论 … 也 …

해석　남자친구와 다시 헤어진다 해도 나는 이겨낼 수 있다.　　　　　　정답 C

TIP

'설령 ~하더라도 ~이
다'라는 의미의 접속사
는 '即使 … 也 …'이다.

• 承受 chéngshòu
　 ⑧받아들이다

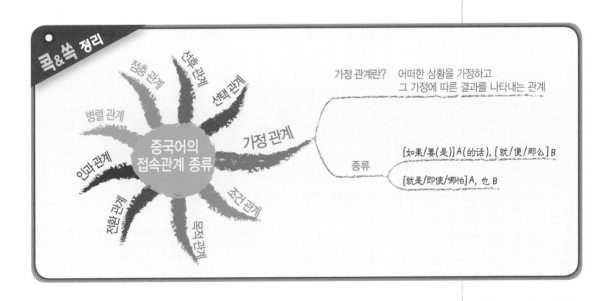

콕&쏙 정리

중국어의
접속관계 종류

점증 관계 / 선후 관계 / 선택 관계 / 병렬 관계 / 인과관계 / 전환 관계 / 목적 관계 / 조건 관계 / 가정 관계

가정 관계란? 어떠한 상황을 가정하고
그 가정에 따른 결과를 나타내는 관계

종류

[如果/要(是)] A(的话), [就/便/那么] B

[就是/即使/哪怕] A, 也 B

문샘 한마디

조건 관계 접속사에는 只有 A
才 B, 只要 A 就 B, 无论 wúlùn
/ 不论 / 不管 bùguǎn / 任 rèn
/ 任凭 rènpíng / 随 suí A 都 /
还 / 也 B, 除非 A 否则 / 要不
/ 不然 / 要不然 B, 除非 A 才
B 등이 있습니다.

6. 조건 관계

(1) 조건 관계란?

'최소한 6개월은 공부해야 HSK 4급을 취득할 수 있다.'에서 '최소한 6개월을 공부하다'는 조건을 나타내고 'HSK 4급을 취득할 수 있다'는 그 조건에 따른 결과를 나타냅니다. 이처럼 조건과 결과를 나타내는 관계를 조건 관계라고 합니다.

★★★
(2) 조건 관계 접속사의 종류

> 只有 A , 才 B : A해야만 B할 수 있다. (조건 강조)

결과(B)를 실현하는 유일한 조건(A)을 나타냅니다.

- 不断 bùduàn
  (早)계속해서, 끊임없이
- 克服 kèfú (통)극복하다

只有<u>不断努力</u>，才<u>能成功</u>。 쉬지 않고 노력해야만 성공할 수 있다.
    A   B

只有<u>这样做</u>，我才<u>能克服困难</u>。 이렇게 해야만 나는 고난을 극복할 수 있다.
    A   B

> 只要 A , 就 B : A하기만 하면 B할 수 있다. (결과 강조)

- 立即 lìjí (早)즉시, 바로
- 见效 jiànxiào
  (통)효과를 나타내다

只要<u>吃这个药</u>，就<u>能立即见效</u>。 이 약만 먹으면 즉시 효과를 볼 수 있다.
    A   B

只要<u>说清楚</u>，他就<u>会明白</u>。 명확히 말하기만 하면 그는 이해할 수 있다.
    A   B

| 无论
不论
不管
任(任凭)
随 | A | 정반 의문문
선택 의문문,
의문대명사
多么 | 都
还 B : A하더라도/A에도 불구하고 B하다.
也 |

어떤 조건에서도 결과는 같음을 나타냅니다.

- 记者 jìzhě (명)기자

不管<u>你信不信</u>，我曾经还<u>当过记者</u>。(정반 의문문)
    A   B
너가 믿든 믿지 않든 나는 기자였다.

无论<u>下雨还是下雪</u>，我都<u>能坚持下去</u>。(선택 의문문)
    A   B
비가 오든 눈이 오든 나는 계속해낼 수 있다.

无论<u>什么人</u>，都<u>喜欢她</u>。(의문대명사)
    A   B
누구든지 다 그녀를 좋아한다.

随<u>你怎么说</u>，我都<u>无所谓</u>。(의문대명사)
   A   B
네가 어떻게 말을 해도 나는 상관없다.

• 无所谓 wúsuǒwèi
대수롭지 않게 여기다,
문제 삼지 않다, 개의치 않다

不管<u>环境多么恶劣</u>，我们还要<u>克服下去</u>。(多么)
      A   B
환경이 아무리 열악해도 우리는 극복해 나가야 한다.

• 环境 huánjìng 몡 환경
• 恶劣 èliè 톙 열악하다,
매우 나쁘다

<u>任凭他的医术多么高明</u>，也<u>治不好自己的病</u>。(多么)
        A   B
아무리 그의 의술이 훌륭하다고 하더라도 자신의 병을 고치지 못한다.

• 医术 yīshù 몡 의술
• 高明 gāomíng
톙 빼어나다, 훌륭하다

除非 A , [否则 / 要不 / 不然 / 要不然] B
: 오직 A해야만 한다, 그렇지 않으면 B하다.

<u>除非你听话</u>，否则<u>我们不带你去</u>。
   A   B
너는 말을 들어야만 해. 그렇지 않으면 우리는 너를 안 데리고 갈 거야.

<u>除非你好好学习</u>，要不<u>不能通过这次考试</u>。
    A   B
너는 열심히 공부해야만 한다. 그렇지 않으면 이번 시험에 통과할 수 없다.

<u>除非你减肥</u>，要不然<u>这些衣服你穿不上</u>。
   A   B
오직 너는 살을 빼야만 한다. 그렇지 않으면 이 옷들을 너는 입을 수 없다.

除非를 뒷 문장 맨 앞에 써서 유일한 조건을 나타낼 수도 있습니다.
<u>你不可能通过这次考试的</u>，除非<u>你好好学习</u>。
     A   B
너는 시험에 통과할 수 없을 것이다. 열심히 공부하지 않고서는.

除非 A , 才 B : 오직 A해야만 비로소 B하다.

<u>除非我爸同意</u>，我才<u>能去欧洲旅行</u>。
   A   B
아버지께서 동의하셔야만 나는 유럽여행을 갈 수 있다.

• 同意 tóngyì 몡 됭
동의(하다), 찬성(하다)
• 旅行 lǚxíng
됭 여행하다

<u>除非我坐飞机去</u>，才<u>可以当天到</u>。
   A   B
나는 비행기를 타고 가야만 당일에 도착할 수 있다.

TIP

'~해야만 ~할 수 있다'
라는 의미의 접속사는
'只有… 才…'이다.

● 达到 dádào
⑤ 달성하다, 도달하다

S peed Check

빈칸에 적합한 단어를 고르세요.

_____努力地研究, _____能达到专家的水平。

A 不管… 也…   B 不但… 而且…

C 只有… 才…   D 哪怕… 也…

해석 열심히 연구해야만 전문가의 수준에 이를 수 있다.   정답 C

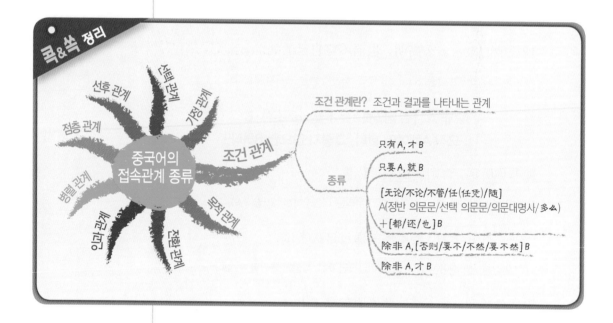

중국어의 접속관계 종류

선후 관계 / 선택 관계 / 가정 관계 / 점층 관계 / 조건 관계 / 병렬 관계 / 목적 관계 / 인과 관계 / 전환 관계

조건 관계란? 조건과 결과를 나타내는 관계

종류

只有 A, 才 B

只要 A, 就 B

[无论/不论/不管/任(任凭)/随]
A(정반 의문문/선택 의문문/의문대명사/多么)
+[都/还/也] B

除非 A, [否则/要不/不然/要不然] B

除非 A, 才 B

7. 목적 관계

(1) 목적 관계란?

'나는 그를 만나기 위해 한달을 기다렸다.'에서 '그를 만나다'는 목적을 나타내고 '한 달을 기다렸다'는 그 목적을 달성하기 위한 행동을 나타냅니다. 목적 관계는 어떠한 목적과 그 목적을 달성하기 위한 행동이나 방법을 나타냅니다.

★★★
(2) 목적 관계 접속사의 종류

문쌤 한마디

목적 관계 접속사에는 为了,
以免 yǐmiǎn, 免得 miǎnde,
省得 shěngde 등이 있습니다.

> ## 为了 A : A를 위하여~

为了学好汉语, 买了这本书。 중국어를 잘 공부하기 위해 이 책을 샀다.
    A

为了儿子，妈妈辛辛苦苦地赚钱。
　　　A
아들을 위해서 엄마는 고생스럽게 돈을 번다.

- 赚钱 zhuàn qián
  (동) 돈을 벌다
  =挣钱 zhèng qián

> **A , 以便 B : B하도록, B하기 편하게**
> **(A대로 하면 B에서 제기한 목적을 실현할 수 있다.)**

以便은 복문에서 뒷 문장 맨 앞에만 올 수 있습니다.

书上写好自己的名字，以便容易区分。
　A　　　　　　　　　　B
책 위에 자기 이름을 써서 쉽게 구분할 수 있도록 한다.

- 区分 qūfēn (동) 구분하다

彼此交换联络方式，以便今后随时联络。
　A　　　　　　　　　　B
서로 연락처를 교환하는 방식은 앞으로 수시로 연락하기 편하게 하기 위함이다.

- 彼此 bǐcǐ (명) 피차, 상호, 서로
- 交换 jiāohuàn (동) 교환하다
- 联络 liánluò (명)(동) 연락(하다)
- 随时 suíshí (부) 수시로, 언제나

> 　　　　　以免
> **A , 免得 B : B하지 않도록, B를 면하도록**
> 　　　　　省得　　　(A하면 B를 면한다.)

以免/免得/省得는 복문에서 뒷 문장 맨 앞에 위치합니다.

出发之前跟他联系，以免他不在。
　A　　　　　　　　　　B
출발하기 전에 그와 연락을 해서 그가 부재중인 것을 피하도록 하다.

- 出发 chūfā (동) 출발하다
- 之前 zhīqián ～전에
- 联系 liánxì (명)(동) 연락(하다)

别再跟他说，免得浪费时间。
　A　　　　　　B
시간을 낭비하지 않도록 그와 더 이상 이야기하지 말아라.

提前告诉我一声，省得白跑一趟。
　A　　　　　　　　B
저에게 미리 알려주세요, 헛걸음하지 않게요.

- 提前 tíqián
  (동) (예정보다 시간을) 앞당기다

Speed Check

제시된 단어가 들어갈 위치를 고르세요.
A 小张，B 你认真地练习吧，C 考试又 D 不及格。
　　　　　　　　　免得

해석 샤오짱, 너 또 시험에 불합격하지 않도록 열심히 연습해라.　　　정답 C

> **TIP**
> 免得는 뒷 문장 맨 앞에 위치하여 '～하지 않도록'이라는 의미를 나타내는 접속사이다.
> - 及格 jígé (동) 합격하다

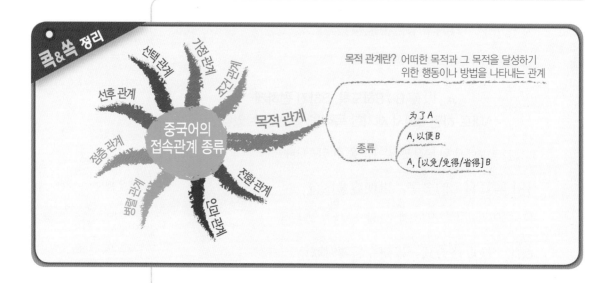

8. 전환 관계

(1) 전환 관계란?

'나는 다이어트를 했지만 오히려 살이 더 쪘다.'에서 '다이어트 하다'와 '살이 찌다'는 상반되는 내용입니다. 이처럼 앞의 내용과 뒤에 나오는 내용이 일치하지 않거나 상반되는 관계를 전환 관계라 합니다.

★★★
(2) 전환 관계 접속사의 종류

문샘 한마디

전환 관계 접속사에는 虽然 suīrán / 虽说 suīshuō / 尽管 jǐnguǎn / 固然 gùrán A 但是 dànshì / 可是 kěshì / 不过 búguò / 然而 rán'ér B 등이 있습니다.

- 原谅 yuánliàng
  (통)용서하다
- 子弟 zǐdì (명)자제, 아들 딸
- 傲气 àoqì (명)거만한 태도
- 支持 zhīchí (통)지지하다

虽然	但(是)
虽说	可(是)
尽管 A,	不过 B : 비록 A하지만 B하다.
固然	然而

<u>虽然你是我的儿子</u>，<u>但是我不能原谅你。</u>
　　　　A　　　　　　　　　B
비록 너는 내 아들이지만 나는 너를 용서할 수 없다.

<u>虽说是富家子弟</u>，<u>但一点也没有傲气。</u>
　　　A　　　　　　　　B
비록 부자집 자제이지만 조금도 거만한 태도가 없다.

<u>尽管你说得对</u>，<u>但是我不能支持你。</u>
　　　A　　　　　　　B
비록 네가 한 말이 맞다고 해도 나는 너를 지지할 수 없다.

<u>工作固然重要</u>，<u>但是身体是第一位</u>。
　　　A　　　　　　　B

일이 비록 중요하지만 몸이 제일이다.

TIP
固然은 앞뒤 절이 상반
되지 않고 가볍게 전환되
며 뒷절을 부각시킨다.

앞의 접속사를 생략하고 뒷 절에만 **但是，然而** 등의 접속사를 사용하여 전환 관계를 나타낼 수 있습니다. **不过，只不过，就是，只是**는 약한 어감의 전환 관계를 나타낼 수 있습니다.

我努力学习了，但是成绩不好。
나는 열심히 공부했지만 성적은 좋지 않았다.

我跟他说了好几次，然而他始终没听我的话。
나는 그에게 수없이 말했지만 그는 결국 내 말을 듣지 않았다.

• 始终 shizhong
　😊 끝내, 늘

工作环境很不错，不过有点累。(약한 어감)
업무환경은 매우 괜찮지만 조금 피곤하다.

这件衣服样式很好看，只不过有点贵了。(약한 어감)
이 옷의 디자인은 매우 예쁘지만 단지 조금 비싸다.

宿舍很不错，就是有点儿吵。(약한 어감)
기숙사는 매우 괜찮다. 다만 조금 시끄럽다.

• 吵 chǎo 😊 시끄럽다
　😊 떠들어대다

身体好多了，只是有点儿头晕。(약한 어감)
몸이 많이 좋아졌다. 다만 머리가 조금 어지럽다.

Speed Check

빈칸에 적합한 단어를 고르세요.
_____爬黄山是非常累的事儿，_____还有很多人爬黄山。
A 不但…而且…　　B 尽管…但是…
C 只要…就…　　　D 既…也…

TIP
'비록 ~하지만 ~하다'
라는 의미의 접속사는
'尽管…但是…'이다.
• 爬 pá 😊 (산을) 오르다

해석 비록 황산에 오르는 일은 매우 힘든 일이지만 그래도 많은 사람들이 황산에 오른다.
정답 B

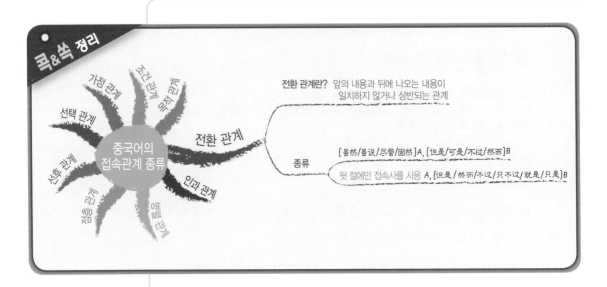

전환 관계란? 앞의 내용과 뒤에 나오는 내용이
일치하지 않거나 상반되는 관계

종류

[虽然/虽说/尽管/固然]A, [但是/可是/不过/然而]B

뒷 절에만 접속사를 사용 A, [但是/然而/不过/只不过/就是/只是]B

9. 인과 관계

(1) 인과 관계란?

원인과 결과 또는 판단을 나타내는 관계를 인과 관계라고 합니다. '비가 와서
운동회가 취소되었다.' 또는 '아이가 자라서 옷이 작다.'라는 문장 모두 원인과
결과를 나타내는 인과 관계에 속합니다.

★★★
(2) 인과 관계 접속사의 종류

> 因为 A , 所以 B : A하기 때문에, 그래서 B하다.

因为她怀孕了，所以她的丈夫很高兴。
    A   B
그녀가 임신을 해서 그녀의 남편은 매우 기쁘다.

因为他不是女人，所以不知道女人的心情。
   A   B
그는 여자가 아니기 때문에 여자의 심정을 모른다.

> 由于 A , 所以 / 因此 / 因而 B : A하기 때문에, 그래서 B이다.
> (A는 원인을 말하고 B는 결과나 판단을 나타낸다.)

由于老师指导正确，所以学生们的汉语实力提高得很快。
   A   B
선생님의 올바른 지도로 인해 학생들의 중국어 실력은 매우 빠르게 향상되었다.

문샘 한마디

인과 관계 접속사에는 因为
yīnwèi A 所以 suǒyǐ B, 由于
yóuyú A 所以 / 因此 yīncǐ
/ 因而 yīn'ér B, 既然 jìrán A
就 B 등이 있습니다.

• 怀孕 huái yùn
🈯임신하다

TIP

之所以…, 是因为…
앞에 먼저 어떠한 일의
결과를 설명하고, 뒤에
원인이나 이유를 나타
낸다.
之所以他不来, 是因
为没时间.
그가 오지 않은 것은 시
간이 없기 때문이다.

• 指导 zhǐdǎo 🈯지도하다

由于我从小一直住在上海，因此对上海的地理非常熟悉。
　　　A　　　　　　　　　　　　　　B

나는 어려서부터 상하이에서 계속 살았기 때문에 상하이의 지리에는 매우 익숙하다.

- 地理 dìlǐ 명 지리
- 熟悉 shúxī 형 익숙하다

由于今天下雨，因而演唱会只能取消。
　　　A　　　　　　B

오늘 비가 와서 콘서트는 취소할 수밖에 없다.

- 演唱会 yǎnchànghuì 명 콘서트
- 取消 qǔxiāo 동 취소하다

> **既然 A , 就 B : 기(이)왕 A하게 되었으니 B해라.**

既然已经开始了，就坚持吧。 이왕 시작했으니, 견디세요.
　　A　　　　　　　B

既然已开始学，就努力吧。 이왕 공부를 시작했으니, 열심히 하세요.
　　A　　　　B

因为와 既然은 모두 인과 관계를 나타낼 수 있으나 因为는 **객관적인 원인**을 설명하는데 중점을 두고, 既然은 기정된 사실을 제시하고 뒷 부분의 **추론**을 이끌어 내는데 중점을 둡니다. 또한 **주관적인 어감**을 나타냅니다.

Speed Check

빈칸에 적합한 단어를 고르세요.

_____最近她胖了很多，_____每天早上在公园跑步。

A 不但 … 而且 …　　　　　B 尽管 … 但是 …
C 因为 … 所以 …　　　　　D 无论 … 也 …

해석 요즘에 그녀는 많이 살이 많이 쪄서 매일 아침 공원에서 뛴다.　　　정답 C

TIP

'~하기 때문에 ~하다'
라는 의미의 접속사는
'因为 … 所以 …'이다.

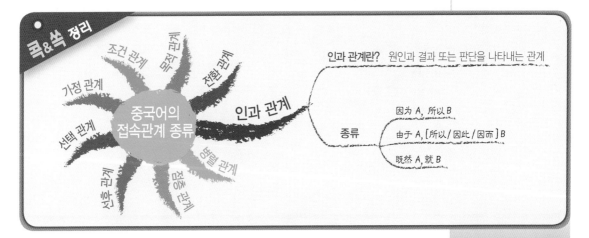

콕&쏙 정리

중국어의 접속관계 종류

조건 관계 / 가정 관계 / 선택 관계 / 전환 관계 / 인과 관계 / 양보 관계 / 점층 관계 / 병렬 관계 / 목적 관계

인과 관계란? 원인과 결과 또는 판단을 나타내는 관계

종류
因为 A , 所以 B
由于 A , [所以 / 因此 / 因而] B
既然 A , 就 B

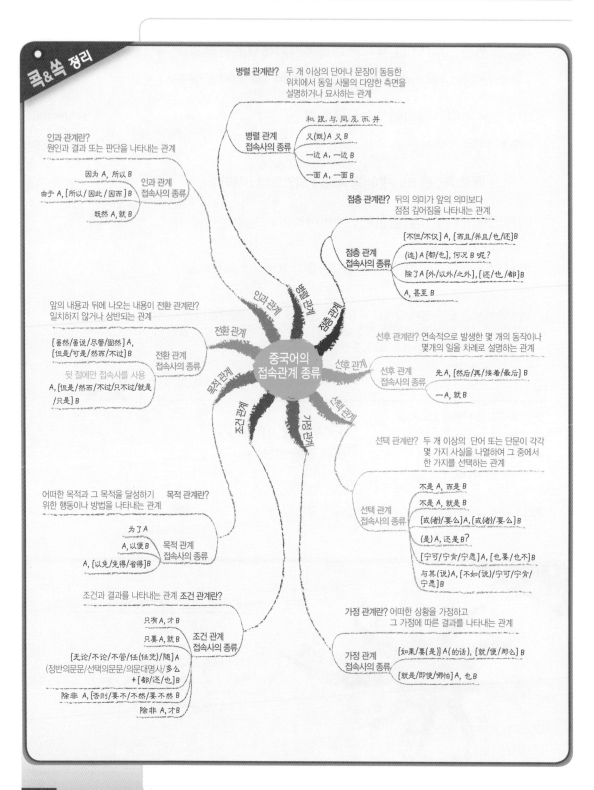

콕&쏙 정리

병렬 관계란? 두 개 이상의 단어나 문장이 동등한
위치에서 동일 사물의 다양한 측면을
설명하거나 묘사하는 관계

병렬 관계
접속사의 종류

和, 跟, 与, 同, 及, 而, 并

又(既) A 又 B

一边 A, 一边 B

一面 A, 一面 B

인과 관계란?
원인과 결과 또는 판단을 나타내는 관계

인과 관계
접속사의 종류

因为 A, 所以 B

由于 A, [所以/因此/因而] B

既然 A, 就 B

점층 관계란? 뒤의 의미가 앞의 의미보다
점점 깊어짐을 나타내는 관계

점층 관계
접속사의 종류

[不但/不仅] A, [而且/并且/也/还]

(连) A [都/也], 何况 B 呢?

除了 A [外/以外/之外], [还/也/都] B

A, 甚至 B

앞의 내용과 뒤에 나오는 내용이 전환 관계란?
일치하지 않거나 상반되는 관계

전환 관계
접속사의 종류

[虽然/虽说/尽管/固然] A,
[但是/可是/然而/不过] B

뒷 절에만 접속사를 사용
A, [但是/然而/不过/只不过/就是
/只是] B

선후 관계란? 연속적으로 발생한 몇 개의 동작이나
몇개의 일을 차례로 설명하는 관계

선후 관계
접속사의 종류

先 A, [然后/再/接着/最后] B

一 A, 就 B

인과 관계
병렬 관계
점층 관계
전환 관계
선후 관계
목적 관계
선택 관계
조건 관계
가정 관계

중국어의
접속관계 종류

선택 관계란? 두 개 이상의 단어 또는 단문이 각각
몇 가지 사실을 나열하여 그 중에서
한 가지를 선택하는 관계

선택 관계
접속사의 종류

不是 A, 而是 B

不是 A, 就是 B

[或(者)/要么] A, [或(者)/要么] B

(是) A, 还是 B?

[宁可/宁肯/宁愿] A, [也要/也不] B

与其 (说) A, [不如(说)/宁可/宁肯/
宁愿] B

어떠한 목적과 그 목적을 달성하기   목적 관계란?
위한 행동이나 방법을 나타내는 관계

목적 관계
접속사의 종류

为了 A

A, 以便 B

A, [以免/免得/省得] B

조건과 결과를 나타내는 관계 조건 관계란?

조건 관계
접속사의 종류

只有 A, 才 B

只要 A, 就 B

[无论/不论/不管/任(任凭)/随] A
(정반의문문/선택의문문/의문대명사/多么
＋[都/还/也] B

除非 A, [否则/要不/不然/要不然] B

除非 A, 才 B

가정 관계란? 어떠한 상황을 가정하고
그 가정에 따른 결과를 나타내는 관계

가정 관계
접속사의 종류

[如果/要(是)] A(的话), [就/便/那么] B

[就是/即使/哪怕] A, 也 B

직독직해

PART 4 직독직해

단문

스스로 문장 구조를 분석하고 번역해 보세요.

01

孩子学习不好，父亲很着急。一天，他教导自己的孩子说："你应该好好学习，你知道吗，林肯在你这个年龄的时候，是班里最好的学生。"孩子说："是呀，可我知道，林肯在您这个年龄的时候，已经是国家总统了。"

问：下列表述中不正确的是哪一项？

A 孩子学习很差，父亲很着急。
B 林肯在孩子这个年龄是好学生。
C 林肯在父亲这个年龄是总统。
D 父亲在林肯这个年龄是总统。

02

我们看看电视上播放的瘦身减肥广告，由此可知现代人有多矛盾。既想要享受美食，又希望保有苗条的身材，实在是两难啊！其实，想要拥有一副标准又健康的好身材并非遥不可及的梦想。只要控制清淡的饮食加上规律的运动，身体自然就会瘦下来。健康是一辈子的事，可半点也疏忽不得啊！

问：现代人的矛盾是什么？

A 既想享受美食，又想健康。
B 既想保持好身材，又想运动。
C 既想保持好身材，又想享受美食。
D 既想保持健康，又想运动。

01 **着急 zháojí** 동급해하다, 안달하다 **教导 jiàodǎo** 동교육 지도하다, 가르치다 **林肯 Línkěn** 고링컨. 미국 제16대 대통령
年龄 niánlíng 명나이 **总统 zǒngtǒng** 명대통령

02 **播放 bōfàng** 동방송하다 **瘦身 shòushēn** 살을 빼다 **减肥 jiǎnféi** 동다이어트하다 **广告 guǎnggào** 명광고, 선전
由此可知 yóucǐ kězhī 이것으로부터 알 수 있다 **矛盾 máodùn** 명동모순(되다) **享受 xiǎngshòu** 동향유(하다), 누리다
保有 bǎoyǒu 동보유하다, 가지다 **苗条 miáotiao** (여성의 몸매가) 날씬하다, 호리호리하다 **身材 shēncái** 명체격, 몸집, 몸매
两难 liǎngnán 이렇게 하기도 저렇게 하기도 어렵다 **拥有 yōngyǒu** 동보유하다, 가지다 **一副 yífù** 형한 쌍, 하나 **并非 bìngfēi**
결코 …하지 않다 **遥不可及 yáobù kějí** (주변 상황이나 여건이 여의치 않아) 목표로 하는 것이 요원하여 이루기 힘들다 **控制 kòngzhì**
동제어하다 **清淡 qīngdàn** (맛, 색깔 따위가) 담백하다, 산뜻하다, 연하다 **规律 guīlǜ** 명법칙, 규칙, 규율 **一辈子 yíbèizi** 명평생
半点 bàndiǎn 형약간의, 조그마한 **疏忽 shūhu** 동소홀히 하다, 부주의하다, 경솔하다 **保持 bǎochí** 동유지하다

스스로 문장 구조를 분석하고 번역해 보세요.

年轻的时候总想单身，不想跟家里人呆在一起，也不想找女朋友，一个人自由自在，多舒服。现在年纪大些了，不想单身了。看到街上男男女女，成双成对的，自己一个人，心里很不是滋味。单身好还是不好，没有一个肯定的答案，要看每一个人的心态。

问：根据上文，作者对单身的看法是什么？

A 单身好，自由自在。

B 单身不好，感觉寂寞。

C 单身不单身无所谓。

D 没有肯定的答案，每个人的心态都不一样。

今天是我的生日，我起床的时候看见爸爸手里抱着一个鱼缸，里面有两条很可爱的金鱼。爸爸说，那两条金鱼是我的生日礼物。爸爸把鱼缸放在我的书房里。我答应爸爸妈妈要好好照顾金鱼。有空时，我就会观赏金鱼在水中游来游去，真是有趣。放学后，我立刻跑到书房去喂金鱼。我把食物放进鱼缸里，看着金鱼争吃食物。空闲时，我会替金鱼换水，让它们有愉快的生活环境。

问：根据上文，下面表述中正确的是哪一项？

A 爸爸买了两条金鱼作为给我的生日礼物。

B 爸爸有空时帮我喂鱼。

C 爸爸把金鱼放在他的书房里。

D 爸爸空闲时喜欢观赏金鱼。

03 单身 dānshēn 圓단신, 홀몸, 독신　呆 dāi 圄머무르다, 체재하다　(머리가) 둔하다, 미련하다　自由自在 zìyóu zìzài
圄자유자재(하다), 조금도 속박이 없는 상태　舒服 shūfu 圄(육체나 정신이) 편안하다, 상쾌하다
成双成对 chéngshuāng chéngduì 짝을 이루다　滋味 zīwèi 圓맛, 재미, 흥취, 기분　肯定 kěndìng 圄명확하다
答案 dá'àn 圓답안, 해답　心态 xīntài 圓심리 상태　寂寞 jìmò 圄적막하다, 적적하다

04 抱 bào 圄안다, 품다　鱼缸 yúgāng 圓어항　金鱼 jīnyú 圓금붕어　书房 shūfáng 圓서재, 서점　照顾 zhàogù 圄고려하다,
돌보다　观赏 guānshǎng 圄감상하다, 보면서 즐기다, 관상하다　有趣 yǒuqù 圈재미있다　放学 fàng xué 圄학교가 파하다, 방학
하다　立刻 lìkè 圄즉시, 곧, 당장　喂 wèi 圄먹이를 주다, 먹이다　空闲 kòngxián 圄한가하다　圓여가, 틈, 겨를
替 tì 圄…을 위하여, …때문에　愉快 yúkuài 圄기쁘다, 유쾌하다

300

05

人的心情似乎和天气真的很相像。一年当中有春、夏、秋、冬，而人的心情也有喜、怒、哀、乐，人们似乎永远也无法真正地预测到什么时候刮风，什么时候下雨，就像人们无法真正了解另外一个人一样，因为人可能连自己都未必真正了解自己。天气是无常的，多变的，人的心情也是无常的，多变的，不知道自己什么时候心情好，什么时候心情坏，也许因为一件小事情就会影响自己一天的情绪。

问:下列各项关于天气与心情表述错误的一项是哪一项?

A 心情和天气一样变化无常。

B 人们无法了解别人，但可以了解自己。

C 人的喜、怒、哀、乐正像一年里的春、夏、秋、冬。

D 因为一件小事就可能影响一整天的心情。

06

养宠物有很多好处。首先，养宠物有助于培养人的爱心和责任感。如果你养宠物，你必须每天喂它几次，从而你就感到这是你的责任。其次，你会有一个忠实的朋友。你可以告诉它任何心底的秘密，因为它不会告诉任何人。最后，你还可以拥有一个保镖。如果有陌生人接近，它会马上告诉你。总而言之，养宠物将使你获益良多。

问:下列哪项是不属于养宠物带来的好处?

A 可以培养人的爱心和责任感。

B 可以有一个可靠的朋友。

C 可以了解更多有关动物的知识。

D 可以拥有一个保镖。

05 似乎 sìhū 國마치(…인 것 같다)　相像 xiāngxiàng 國서로 닮다　喜怒哀乐 xǐnù āilè 國희로애락　预测 yùcè 國圈예측(하다)
刮风 guāfēng 圈바람이 불다　了解 liǎojiě 圈알다, 이해하다　另外 lìngwài 國그밖의　连 lián 圈~조차도　未必 wèibì
圈반드시 …한 것은 아니다　无常 wúcháng 國무상하다, 수시로 변하다　也许 yěxǔ 圈아마도　情绪 qíngxù 國정서, 기분

06 宠物 chǒngwù 國(개나 고양이 따위의) 애완동물　好处 hǎochu 國장점, 좋은 점　有助于 yǒuzhùyú …에 도움이 되다
培养 péiyǎng 圈양성하다, 키우다　爱心 àixīn 國사랑하는 마음, 관심　责任感 zérèngǎn 國책임감　从而 cóng'ér
圈따라서, 그리하여, 그럼으로써　其次 qícì 國다음, 그 다음　忠实 zhōngshí 圈충실하다, 참되다　心底 xīndǐ 國마음속
秘密 mìmì 國비밀　拥有 yōngyǒu 圈가지다, 보유하다　保镖 bǎobiāo 國경호원　陌生人 mòshēngren 國생소하다, 낯설다
接近 jiējìn 圈접근하다, 가까이하다　总而言之 zǒng'ér yánzhī 전체적으로 말하면, 요컨대　获益 huòyì 圈이익을 얻다
良 liáng 圈매우　可靠 kěkào 圈믿을만 하다, 확실하다

스스로 문장 구조를 분석하고 번역해 보세요.

随着离婚率的不断上升, 京城里再婚的家庭也越来越多。 然而因种种原因, 不少再婚者又一次选择了离婚, 导致婚姻再度解体。 光明日报记者陈君, 通讯员万滨、魏新颜报道, 据了解这种情况已呈上升之势, 在北京市西城区法院受理的离婚案件中, 再婚者离婚的就占离婚总人数的20%以上。

问: 下列表述中正确的是哪一项?
A 随着离婚率的不断上升, 离婚的人数越来越多。
B 随着离婚率的不断上升, 结婚的人数越来越少。
C 再婚者离婚的占离婚总人数的20%以上。
D 再婚者结婚的占结婚总人数的20%以上。

生老病死是人类的自然规律。 而对于身患绝症或濒临死亡的病人, 如何使他们能够正确认识死亡和生命的存在, 如何在有限的时间内减轻痛苦, 安度余生, 这是医学界乃至全社会面临的新课题。 于本世纪60年代出现的一种新型的医疗服务----临终关怀, 成为保护生命的重大举措。

问: 医学界乃至全社会面临的新课题是什么?
A 减轻病人的痛苦, 使他们安度余生。
B 增加病人的痛苦, 使他们安度余生。
C 让病人忍受痛苦, 使他们安度余生。
D 让病人延续痛苦, 使他们安度余生。

07 离婚 líhūn 통 이혼(하다) 率 lǜ 명 비율 上升 shàngshēng 통 상승하다, 향상하다, 증가하다 京城 jīngchéng 명 경성, 수도
再婚 zàihūn 통 재혼(하다) 家庭 jiātíng 가정 然而 rán'ér 접 그렇지만, 그러나, 그런데 种种 zhǒngzhǒng 명 여러가지, 각종
选择 xuǎnzé 통 선택하다 导致 dǎozhì 통 야기하다, 초래하다 再度 zàidù 재차 解体 jiětǐ 해체하다, 붕괴하다
光明日报 Guāngmíng Rìbào 명 광밍일보 通讯员 tōngxùnyuán 통신원, 리포터 报道 bàodào 통 보도(하다)
了解 liǎojiě 통 이해하다, 조사하다, 알아보다 呈 chéng 통 갖추다, 나타내다 受理 shòulǐ 통 접수하여 처리하다
案件 ànjiàn 명 사항, 사건, 안건 占 zhàn 통 차지하다

08 规律 guīlǜ 명 법칙, 규율 患 huàn 통 병에 걸리다, 앓다 绝症 juézhèng 명 죽을 병, 불치의 병 濒临 bīnlín 임박하다
减轻 jiǎnqīng 통 경감하다, 덜다, 가볍게 하다 痛苦 tòngkǔ 명 고통, 아픔 安度余生 āndù yúshēng 여생을 편히 보내다
乃至 nǎizhì 접 더 나아가서 医疗 yīliáo 명 의료 服务 fúwù 통 복무하다, 서비스하다 临终关怀 línzhōng guānhuái
명 호스피스 举措 jǔcuò 명 행동거지, 조치 延续 yánxù 통 계속하다, 연장하다

스스로 문장 구조를 분석하고 번역해 보세요.

09

网上购物可以节省时间、精力，坐在家里也能搜罗到全国各地的好货、便宜货，但最遗憾的是世上没有完美的事物，网上购物的安全性成为广大买家最担心也是最关心的问题。我们在媒体上已经看到或听到了太多由于网上购物而被骗的事情了。对于网络安全的保障，从大的方面来说有规范网络行为的法律和各种规章制度；具体来讲包括网络安全、身份认证等等方面。总之，电子商务的网络安全是个非常复杂的问题。

问：作者认为"网上购物"是一个 ＿＿＿＿＿＿＿ 问题。

A 简单的   B 困难的

C 遗憾的   D 复杂的

10

篮球运动是1891年由美国人发明的。当时，他在一个基督教青年会国际训练学校任教。由于当地盛产桃子，这里的儿童又非常喜欢用球投入桃子筐的游戏。这使他从中得到启发，并吸取足球、曲棍球等其它球类项目的特点，创编了篮球游戏。作为一种体育运动，由于其易于推行而迅速成为锻炼健身的重要选择，在世界得到了蓬勃的发展。

问：美国人从什么活动中获得启发发明了篮球？

A 足球   B 一种游戏

C 曲棍球   D 其他球类项目

09 网上购物 wǎngshàng gòuwù 명온라인 구매　节省 jiéshěng 동아끼다, 절약하다　精力 jīnglì 명정력, 에너지　搜罗 sōuluó 동찾아서 모으다, 수집하다　遗憾 yíhàn 명동유감(스럽다)　完美 wánměi 형완전하여 결함이 없다, 완미하다　买家 mǎijiā 명살 사람, 구매자　媒体 méitǐ 명매개물, 매체, 미디어　骗 piàn 동속이다　保障 bǎozhàng 동보장(하다), 보증(하다)　规范 guīfàn 명본보기, 규범　网络 wǎngluò 명네트워크　规章 guīzhāng 명규칙, 규정　具体 jùtǐ 형구체적이다　包括 bāokuò 동포괄하다, 포함하다　认证 rènzhèng 명동인증(하다)　总之 zǒngzhī 요컨데, 한마디로 말하면　电子商务 diànzǐ shāngwù 명전자 상거래　复杂 fùzá 형복잡하다

10 篮球 lánqiú 명농구　基督教 jīdūjiào 명기독교　训练 xùnliàn 명동훈련(하다)　任教 rènjiào 동교육을 맡다, 담당하다　由于 yóuyú 접…때문에, …에 인하여　盛产 shèngchǎn 동많이 생산하다　桃子 táozi 명복숭아　投入 tóurù 동뛰어들다, 넣다, 참가하다　筐 kuāng 명바구니　游戏 yóuxì 명레크리에이션, 유희, 게임　从中 cóngzhōng 부중간에서, 가운데에서　启发 qǐfā 동계발(하다), 계몽(하다)　吸取 xīqǔ 동흡수하다, 받아들이다　曲棍球 qūgùnqiú 명필드하키　球类 qiúlèi 명구기류　项目 xiàngmù 명항목　创编 chuàngbiān 동창작하다　推行 tuīxíng 동보급하다　迅速 xùnsù 형신속하다　锻炼 duànliàn 동(몸과 마음을) 단련하다　健身 jiànshēn 동몸을 튼튼히 하다　蓬勃 péngbó 형왕성하다, 활기차다

11

离婚女性与家庭幸福者相比， 前者的寿命会缩短5年左右。 而对朝夕相处的夫妻来说，如果经常争吵、不和、斗气、互不相让，则会导致内分泌系统功能紊乱，内脏器官功能失调，患上各种身心疾病，以致未老先衰，缩短寿命。记住： 美满的婚姻是健康美容的最佳良方。

问:根据上文，健康美容的最佳方法是哪一项？

A 保持好心情   B 经常运动

C 幸福的婚姻   D 美满的爱情

12

美国有个名叫尊本·伯特的药剂师，研制了一种用来治头疼、头晕的糖浆。配方研制出来后，他嘱咐店员加水调配。一天，店员因为粗心，把苏打水当做白开水，这一来，"糖浆"冒气泡了。店员闯了祸很害怕，就一下子把它喝了下去，觉得味道还不错，便把这事告诉了药剂师。药剂师尝了尝果然挺好，后来他又经过多次试验，终于配制出一种口感很好的饮料，并把专利权卖给了一个饮料商。就这样，闻名世界的可口可乐问世了。

问: 根据上文，发明可口可乐的是什么人？

A 药剂师   B 药店店员

C 饮料商   D 医生

11 寿命 shòumìng 몡수명, 목숨, 생명　　缩短 suōduǎn 통(길이, 거리, 시간 따위를) 단축하다, 줄이다　　朝夕相处 zhāoxī xiāngchǔ 통늘 함께 지내다, 사이가 좋다　争吵 zhēngchǎo 통말다툼하다　不和 bùhé 톙화목하지 않다　斗气 dòuqì 통서로 다투다, 언쟁하다　互不相让 hùbù xiāngràng 서로 양보하지 않는다　导致 dǎozhì 통야기하다, 초래하다　内分泌 nèifēnmì 몡내분비　系统 xìtǒng 몡계통, 체계, 시스템　紊乱 wěnluàn 톙문란하다　内脏 nèizàng 몡내장　器官 qìguān 몡기관　失调 shītiáo 통평형을 잃다　疾病 jíbìng 몡질병, 병　以致 yǐzhì …이 되다, 초래하다　未老先衰 wèilǎo xiānshuāi 통나이 들기 전에 먼저 늙다, 겉늙다　最佳 zuìjiā 톙가장 좋다　良方 liángfāng 몡좋은 약, 좋은 처방

12 尊本·伯特 Zūnběn·Bótè 몡존 펨버턴　药剂师 yàojìshī 몡약사　研制 yánzhì 통약을 빻다, 연구 제조하다　头疼 tóuténg 몡두통, 머리가 아프다　头晕 tóuyūn 톙머리가 어지럽다　糖浆 tángjiāng 몡시럽　配方 pèifāng 통처방에 따라 약을 조제하다　嘱咐 zhǔfù 통분부하다　调配 tiáopèi 통고루 섞다, 배합하다　粗心 cūxīn 톙세심하지 못하다, 부주의하다　苏打水 sūdáshuǐ 몡소다수, 탄산수　当做 dāngzuò 통…로 여기다　白开水 báikāishuǐ 몡끓인 맹물　冒 mào 통뿜어 나오다, 발산하다　气泡 qìpào 몡기포, 거품　闯祸 chuǎnghuò 통사고를 일으키다　试验 shìyàn 몡통시험(하다)　配制 pèizhì 통배합하여 만들다, 조제하다　口感 kǒugǎn 몡입맛　专利权 zhuānlìquán 몡특허권　闻名世界 wénmíng shìjiè 세계적으로 유명하다　问世 wènshì 통세상에 나오다

13

　　过年的前一天，也叫除夕，是中国人最为注重的节日，是家人团聚的日子。年夜饭是一年中最为丰盛的酒席，即使穷，平时不怎么喝酒，年夜饭中的酒是必不可少的。吃完年夜饭，有的人还有饮酒守夜的习俗。正月的第一天，有的地方，人们一般是不出门的，从正月初二开始，才开始串门，有客人上门，主人将早已准备好的精美的下酒菜肴摆上桌子，斟上酒，共贺新春。

　　问: 关于"除夕"下列说法中错误的是哪一项？

　　A 除夕年夜饭中，酒是非常重要的。

　　B 对于贫穷的家庭，除夕可以不必喝酒。

　　C 正月初一，人们一般不怎么出门。

　　D 正月初二开始，人们开始纷纷串门。

14

　　《西游记》是一部神话小说，整部书，都写的是神话故事。但是，西游记》不仅仅是神话小说，如果我们深入研究下去，就会发现《西游记》所包含的意义。在那些离奇古怪的故事情节里面，融合了中国古代文化三大主流佛、道、儒的思想精粹。广博的知识涉及到政治、经济、军事、文化、禅、易、医、巫等，理论都非常精深。

　　问:《西游记》中没有包含下列哪一项？

　　A 佛、道、儒的思想精华。

　　B 政治、经济、军事等知识。

　　C 茶、饮料、艺术文化等内容。

　　D 禅、易、医等理论。

13 过年 guò nián 图설을 쇠다, 새해를 맞다　除夕 chúxī 图섣달 그믐밤　最为 zuìwéi 图제일, 가장, 맨 먼저　注重 zhùzhòng 图중시하다　节日 jiérì 图명절　团聚 tuánjù 图한 자리에 모이다　年夜饭 niányèfàn 제야에 먹는 음식, 음력으로 새해를 맞기 전에 밤에 먹는 음식　丰盛 fēngshèng 图풍부하다, 성대하다　酒席 jiǔxí 图술자리, 연회의 요리　即使 jíshǐ 图설령…하더라도　守夜 shǒuyè 图철야하다　习俗 xísú 图습관과 풍속　串门 chuàn mén 图이웃에 놀러 가다　上门 shàng mén 图(남의 집에) 방문하다　下酒 xiàjiǔ 图술안주　菜肴 càiyáo 图요리, 반찬　摆上 bǎishang 图차려 놓다　斟 zhēn 图(술이나 차를) 따르다　共 gòng 图함께, 같이　纷纷 fēnfēn 图잇달아, 계속해서

14 神话 shénhuà 图신화　整部 zhěngbù 图전부　不仅仅 bùjǐnjǐn …뿐만 아니라, …만이 아니라　包含 bāohán 图图포함(하다)　离奇 líqí 图기이하다, 색다르다　古怪 gǔguài 图기괴하다, 기이하다　融合 rónghé 图융합하다　精粹 jīngcuì 图정수　广博 guǎngbó 图(학식 등이) 해박하다, 박식하다　涉及 shèjí 图언급하다, 관련되다　禅 chán 图(불교)선　巫 wū 图무당　精深 jīngshēn 图정밀하고 깊다

스스로 문장 구조를 분석하고 번역해 보세요.

川菜是中国八大菜系之一，素来享有 "一菜一格，百菜百味" 的声誉，它历史悠久，源远流长。据史书记载，川菜起源于古代的巴国和蜀国。自秦朝至三国时期，成都逐渐成为四川地区的政治、经济、文化中心，使川菜得到较大发展。美国、日本、法国、加拿大和香港地区都有川菜馆，受到各国外宾的好评。

问：关于 "川菜" 下列说法错误的是哪一项？

A 川菜是中国八大菜系之一。

B 川菜起源于三国时期的成都。

C 川菜历史悠久，深受国内外人士的喜爱。

D 现在在世界很多地方都有川菜馆。

15 川菜 Chuāncài 몡쓰촨요리 菜系 càixì 몡(각 지방의) 요리 방식, 맛 등의 계통 素来 sùlái 閉평소부터, 전부터
享有 xiǎngyǒu 롱향유하다, 누리다 声誉 shēngyù 몡명성과 명예 悠久 yōujiǔ 囹유구하다, 장구하다
源远流长 yuányuǎn liúcháng 젱아득히 멀고 오래다, 역사가 유구하다 记载 jìzǎi 기록, 문장 巴国 Bāguó 몡파국(고대 쓰촨성에
위치한 나라) 蜀国 Shǔguó 몡촉국(고대 삼국시대 쓰촨성에 위치한 국가) 成都 Chéngdū 몡청두(쓰촨성 수도) 逐渐 zhújiàn
閉점차, 점점 加拿大 Jiā'nádà 몡캐나다 香港 Xiānggǎng 몡홍콩 外宾 wàibīn 몡외빈, 외국손님 好评 hǎopíng 몡좋은
평판, 호평 喜爱 xǐ'ai 롱좋아하다, 호감을 가지다, 사랑하다

01 직독직해 및 문장성분 분석

연동문 : 연달아 술어로 쓰인 동사가 두 개 이상 나와 하나의 주어를 갖는 문장

孩子 学习不好, 父亲 很 着急。一天, 他 教导 自己的 孩子
아이가 공부를 못해서 아버지는 매우 조급하였다. 하루는, 그가 지도하며 자신의 아이를

说: "你应该好好学习, 你知道吗, 林肯 在你这个年龄的时候, 是班里
얘기했다. "너는 반드시 열심히 공부해야 해. 너 알고 있니, 링컨은   네   나이 때에   이었어 반에서
在…的时候 : …할 때

여기서 可는 역접의 의미로 쓰였다.

最好的学生。" 孩子 说: "是呀, 可我知道, 林肯在您这个年龄的时
제일 우수한 학생." 아이는 말했다. "맞아요. 그런데 저는 알아요. 링컨은   아버지 나이에,

候, 已经是总统了。"
이미 이었어요 대통령"

해석

아이가 공부를 못해서 아버지는 매우 조급하였다. 하루는, 그가 자신의 아이를 지도하며 얘기했다. "너는 반드시 열심히 공부해야 해. 너 알고 있니, 링컨은 네 나이 때, 반에서 제일 우수한 학생이었어." 아이는 말했다. "맞아요, 그런데 제가 알기로, 링컨은 아버지 나이에, 이미 대통령이었어요."

문제해석

질문 : 다음 설명 중 올바르지 않은 것은 무엇인가?

A 아이가 공부를 너무 못해서 아버지는 매우 조급하였다.

B 링컨은 아이의 나이 때에 우수한 학생이었다.

C 링컨은 아버지의 나이 때에 대통령이었다.

D 아버지는 링컨의 나이 때에 대통령이었다.

[정답] D

직독직해 및 문장성분 분석

여기서 多는 부사로 '얼마나'라는 뜻을 나타낸다.

我们 看看 电视上播放的瘦身减肥 广告, 由此可知 现代人 有多

우리는 보면서 텔레비전에서 방송하는 다이어트 광고를, 그로부터 알 수 있다 현대인들이 얼마나

既A又B : A할 뿐만 아니라 B하다

矛盾。既 想要 享受美食, 又 希望 保有苗条的身材, 实在 是

모순 되었는지 바랄 뿐만 아니라 향유하길 맛있는 음식을, 또한 희망한다 갖기를 날씬한 몸매를, 정말 이다

并非 … : 결코 …하지 않다

两难啊! 其实, 想要拥有一副标准又健康的好身材 并非 遥不可及

이렇게도 저렇게도 하기 힘들다! 사실, 하는 것은 가지려고 하나의 표준적이고 건강한 멋진 몸매를 결코 아니다 멀어서 이루지 못할

只要A就B : A하기만 하면 B이다

的梦想。只要 控制 清淡的 饮食 加上 规律的 运动, 身体 自然

꿈은. 하기만 하면 조절하다 담백한 음식으로 덧붙여 규칙적인 운동을, 신체는 자연히

就会 瘦 下来。健康 是 一辈子的 事, 可半点也 疏忽 不得 啊!

해질 것이다 날씬 건강은 이다 일생의 일, 조금도 소홀히 해서는 안 된다.

下来 : 어떤 상태가 출현하여 계속 발전함을 나타냄
(주로 瘦, 黑, 低 등 부정적인 형용사 뒤에 쓰임)

不得 : 동사 뒤에 붙어서 가능보어 부정형으로 쓰임,
…해서는 안 된다, …할 수 없음을 나타냄

해석

우리는 텔레비전에서 방송하는 다이어트 광고를 보면서, 그로부터 현대인이 얼마나 모순되었는지 알 수 있다. 맛있는 음식을 바랄 뿐만 아니라 날씬한 몸매도 갖기를 희망한다. 정말 이렇게도 저렇게도 하기 힘들다. 사실 하나의 표준적이고 건강한 멋진 몸매를 갖는 것은 결코 멀어서 이루지 못할 꿈만은 아니다. 담백한 음식으로 조절하며 규칙적인 운동을 더 하기만 한다면 신체는 자연스럽게 날씬해질 것이다. 건강은 일생의 일이며, 조금도 소홀히 해서는 안 된다.

문제해석

질문 : 현대인의 모순은 무엇인가?

A 맛있는 음식을 원할 뿐만 아니라 건강도 원한다.

B 멋진 몸매를 유지하기 원할 뿐만 아니라 운동도 하고 싶어한다.

C 멋진 몸매를 유지하기 원할 뿐만 아니라 맛있는 음식도 먹고 싶어한다.

D 건강을 유지하기 원할 뿐만 아니라 운동도 원한다.

[정답] C

직독직해 및 문장성분 분석

年轻的时候总 想 单身，不想跟家里人 呆 在一起，也不 想 找
젊었을 때는 늘 생각했고 독신을, 싶지 않았다 가족과 있고 함께， 또한하지않았다생각을찾을

女朋友，一个人 自由自在，多 舒服。现在 年纪 大 些了，不 想 单
여자 친구를， 혼자의 자유로움 얼마나 편안한가. 지금은 나이가 많이 들어， 않다 하고싶지

些 : 조금, 얼마쯤(형용사 뒤에 놓여서 '약간'의 뜻을 나타냄)

身了。 看 到街上 男男女女成双成对的，自己一个人， 心里 很不
혼자 있기. 보면 길에서 남자와 여자가 짝지어 가는 것. 나 혼자를， 속으로 매우 안 좋다

是 滋味。单身好还是不好，没有一个肯定的 答案，要 看 每一个
기분이. 독신이 좋은지 나쁜지， 없다 하나의 명확한 답은. 해야 한다 봐야 모든

人的 心态。
사람의 심리 상태를.

젊었을 때는 늘 독신을 생각했으며, 가족과 함께 지내고 싶지 않았고 또한 여자 친구를 찾을 생각도 하지 않았다. 혼자의 자유로움이 얼마나 편안한가. 지금은 나이가 많아지니 독신으로 있고 싶지 않아졌다. 길에서 남자와 여자가 짝지어 가고, 나는 혼자인 것을 보고 있으면 속으로 기분이 매우 안 좋다. 독신이 좋은지 나쁜지 명확한 답은 없으며, 모든 사람의 심리 상태를 봐야 한다.

문제해석

질문 : 윗 글에 근거해 작가의 독신에 대한 생각은 무엇인가?

A 독신은 좋고, 자유롭다.

B 독신은 좋지 않으며, 적막하다.

C 독신이건 독신이 아니건 상관없다.

D 명확한 답은 없으며, 모든 사람의 심리 상태는 모두 다르다. [정답] D

직독직해 및 문장성분 분석

해석

오늘은 나의 생일이다. 나는 일어날 때 아버지가 손에 어항을 들고 계시는 것을 보았다. 어항 안에는 두 마리의 귀여운 금붕어가 있었다. 아버지는 그 두 마리의 금붕어가 나의 생일 선물이라고 말씀하셨다. 아버지는 어항을 내 공부방에 놓아주셨다. 나는 아버지, 어머니에게 금붕어를 잘 보살피겠다고 대답했다. 시간이 있을 때 나는 금붕어가 물속에서 이리저리 헤엄치는 것을 구경할 것이다. 정말 재미있겠지. 방과 후 나는 바로 공부방으로 달려가 금붕어에게 먹이를 줬다. 나는 먹이를 어항 안으로 집어넣으며 금붕어가 먹이를 먹는 것을 지켜봤다. 시간이 있을 때 나는 그들이 유쾌한 환경에서 생활할 수 있도록 금붕어에게 물을 갈아 줄 것이다.

겸어문 : 앞에 쓰인 술어의 목적어가 동시에 뒤에 오는 술어의 주어가 되는 구조를 가진 문장. 여기서는 爸爸가 看의 목적어가 되면서 동시에 抱의 주어가 된다.

今天 是 我的 生日, 我 起床的时候 看 见 （爸爸）手里 抱着
오늘은 이다 나의 생일, 나는 일어날 때 보았다 아버지가 손에 들고 계시는

一个 鱼缸, 里面 有 两条很可爱的 金鱼。爸爸 说，那两条金鱼是
한 개의 어항을. 안에는 있었다 두 마리의 귀여운 금붕어가. 아버지는 말씀하셨다. 그 두 마리의 금붕어는 이다

我的生日礼物。爸爸 （把）鱼缸 放 在我的书房里。（我）（答应）爸爸妈
나의 생일 선물. 아버지는 어항을 놓아두셨다 내 공부방에. 나는 대답했다 아버지,

把자문 : 문장의 목적어를 '把+ 명사' 형식으로 만들어 술어 앞으로 전치시켜 행동을 가함을 강조하는 문장

妈 要好好 （照顾）金鱼。有空时，我 就会 观赏 （金鱼）在水中 游 来
어머니에게 잘 보살피겠다고 금붕어를. 시간이 있을 때, 나는 곧 할 것이다 구경 금붕어가 물속에서 이리 저리

A来A去 : 동작의 반복을 나타낸다.

游 去, 真是 有趣。放学后，（我）立刻 （跑）到 书房（去喂）金鱼。
헤엄치는 것을. 정말 재미있다. 방과 후, 나는 바로 달려 공부방에 가서 먹이를 줬다 금붕어에게

我 把食物 放 进 鱼缸里，看着 （金鱼）争吃 食物。空闲时，我
나는 먹이를 집어넣으며 어항 안으로, 지켜봤다 금붕어가 먹는 것을 먹이를. 시간이 있을 때 나는

사역동사 : 다른 사람에게 어떤 행위를 시키는 것을 사역동사라 한다.

会替金鱼 换 水，（让）（它们）有 愉快的 生活环境。
할 것이다 위해 금붕어를 갈아주고 물을, 하여금 그들로 있게 유쾌한 생활환경에.

문제해석

질문 : 윗 글에 근거해 다음 설명 중 정확한 것은 무엇인가?

A 아버지는 나의 생일 선물로 두 마리의 금붕어를 샀다.

B 아버지는 시간이 있을 때 나를 도와 물고기에게 먹이를 준다.

C 아버지는 금붕어를 아버지의 서재에 놓았다.

D 아버지는 한가할 때 금붕어 감상하기를 좋아한다.

[정답] A

人的　心情　似乎和天气　真的很　相像。一年当中　有　春、夏、秋、
(관) (주) (부) (술)
사람의　마음은　…인 것 같다 날씨와　정말로 많이　닮은 것　일 년 중에　있고　봄,여름,가을,

冬，而　人的　心情　也　有　喜、怒、哀、乐，人们　似乎永远也无法真正
(접) (관) (주) (부) (술)
겨울이, 또한 사람의　마음에　도　있다　희로애락이,　사람들은 …인 것 같다 영원히 할 수 없는

像…一样：마치 …과 같이, 처럼

地　预测　到　什么时候刮风，什么时候下雨，就　像人们无法真正了
(술) (보) (목) (부) (술)
진정으로 예측　언제 바람이 불지　언제 비가 올지,　마치 사람들이 할 수 없는 것과 정말로

连…都(也，还)：…조차도、마저도、까지도，
여기서 连은 뒤에 都와 호응하여 自己를 강조.

解另外一个人一样，因为　人　可能连自己都未必真正　了解　自己。
(접) (주) (술) (목)
이해하다 다른사람을 같다.　왜냐하면 사람은 아마도 자기 자신조차도 한다고 할 수 없다 진정으로 이해하다 자신을

天气　是　无常的, 多变的，人的　心情　也　是　无常的, 多变的，不　知
(주) (술) (관) (주) (부) (술)
날씨는 이다 항상 같지 않고 자주 변하는 것, 사람의　마음　또한 이다 항상 같지 않고 자주 변하는 것, 모른다

道　自己什么时候心情好, 什么时候心情坏，也许　因为　一件小　事情
(목) (부) (접) (관) (주)
자신이 언제 기분이 좋고,　언제 기분이 나쁠지,　아마도　때문이다 하나의 작은　일이

就会　影响　自己一天的　情绪。
(부) (술) (목)
할 수 있다 영향을 끼칠 수 자신의 하루의　기분에.

해석

사람의 마음은 날씨와 정말로 많이 닮은 것 같다. 일 년 중에는 봄, 여름, 가을, 겨울이 있고 또한 사람의 마음에도 희로애락이 있다. 사람들은 언제 바람이 불지, 언제 비가 올지 영원히 진정으로 예측할 수 없는 것 같다. 마치 사람들이 다른 사람을 진정으로 이해하지 못하는 것처럼, 사람은 자기 자신조차도 진정으로 자기 자신을 이해한다고 할 수 없기 때문이다. 날씨는 항상 같지 않고 자주 변하며, 사람의 마음 또한 항상 같지 않고 자주 변하며 자신이 언제 기분이 좋고 언제 기분이 나쁠지 모른다. 아마도 작은 일 하나가 자신의 하루의 기분에 영향을 끼칠 수 있기 때문일 것이다.

문제해석

질문 : 아래 내용 중 날씨와 마음을 잘못 표현한 것은 무엇인가?

A 마음과 날씨는 똑같이 변화 무상하다.

B 사람들은 다른 사람을 이해하지 못하지만 자기 자신을 이해할 수는 있다.

C 사람들의 희로애락 감정은 일 년의 춘하추동과 같다.

D 작은 일 하나가 하루의 기분에 영향을 끼칠 수 있기 때문이다.

[정답] B

직독직해 및 문장성분 분석

순서를 열거 할 때 首先을 가장 먼저 쓰고 뒤에 其次 등이 쓰이며 마지막은 最后로 호응한다.

养宠物 有 很多 好处。首先, 养宠物 有助 于培养人的爱心和
기르는 것은 애완동물을 있다 매우 많은 장점이.　먼저, 기르는 것은 애완동물을 도움이 된다 키우는 데 사람의 사랑하는 마음과

责任感。如果 你 养 宠物, 你 必须每天 喂 它 几次, 从而 你
책임감을.　만약 당신이 기른다면 애완동물을, 당신은 반드시 해야 한다 매일 먹여야 그에게 몇 번. 따라서 당신은

从而 : 따라서, 그리하여, …함으로써(문장의 앞부분이 원인, 방법에 해당하고 뒷부분이 결과, 목적 등을 나타낼 때에 이를 연결하는 접속사로 쓰임)

就 感 到 这是你的责任。其次, 你 会 有 一个忠实的 朋友。你 可
느낄 것이다 이것은 이다 당신의 책임.　그 다음, 당신은 것이다 생길 수 한 명의 충실한 친구가. 당신은 할 수 있다

以 告诉 它 任何心底的 秘密, 因为 它 不会 告诉 任何人。最后,
알릴 수 그에게 어떤 마음속 깊은 곳의 비밀도, 왜냐하면 그는 할 수 없다 알릴 다른 어떤 사람에게도, 마지막으로

告诉는 두 개의 목적어를 가질 수 있는 동사로 它와 秘密를 목적어로 가졌다. 이러한 동사는 告诉외에도 送, 租, 借가 있다.

你 还可以 拥有 一个 保镖。如果 有 陌生人 接近, 它 会马上
당신은 또 할 수 있다 가지다 한명의 경호원을.　만약에 있다면 낯선 사람이 접근하는, 그것은 할 것이다 바로

告诉 你。总而言之, 养宠物 将 使 你 获益 良多。
알릴 당신에게.　요컨대, 기르는 것은 애완동물을 장차 하여금 당신으로 이익을 얻게 한다 매우 많이.

애완동물을 기르는 것은 매우 많은 장점이 있다. 먼저 애완동물을 기르는 것은 사람의 사랑하는 마음과 책임감을 키우는 데 도움이 된다. 만약에 당신이 애완동물을 기른다면 당신은 매일 그에게 몇 번 음식을 먹여야 하고 이로 인해 당신은 이것이 당신의 의무라고 느끼게 될 것이다. 그 다음 당신은 충실한 친구가 한 명 얻을 수 있을 것이다. 당신은 그에게 마음속 깊은 곳의 어떤 비밀도 말할 수 있다. 애완동물은 다른 어떤 사람에게도 말할 수 없기 때문이다. 마지막으로 당신은 또 한 명의 경호원을 가질 수 있다. 만약에 낯선 사람이 당신에게 접근한다면 그것은 바로 당신에게 알릴 것이다. 요컨대 애완동물을 기르는 것은 당신으로 하여금 장차 많은 이익을 얻게 할 것이다.

문제해석

질문 : 아래 항목 중 애완동물이 가져다주는 이점에 속하지 않는 것은 무엇인가?

A 사람의 사랑하는 마음과 책임감을 길러줄 수 있다.

B 믿을 수 있는 친구가 생길 수 있다.

C 동물에 대해 더 많은 지식을 알 수 있다.

D 한 명의 경호원을 가질 수 있다.

[정답] C

07 직독직해 및 문장성분 분석

해석

이혼율의 계속적인 상승에 따라 수도 내 재혼하는 가정의 수도 날이 갈수록 늘어가고 있다. 그러나 몇 가지 원인으로 인해 적지 않은 재혼자들은 다시 한번 이혼을 선택하여 혼인이 다시 한번 해체되는 것을 야기시킨다. 광밍일보 기자 천쥔과 통신원 완빈, 웨이신옌은 보도했다. 조사에 따르면 이런 상황은 이미 상승하는 추세를 나타내고 있으며, 베이징시 서성구 법원이 접수한 이혼 안건 중 재혼자 이혼 비율이 총 이혼자 수의 20% 이상을 차지하고 있다고 한다.

随着 离婚率的不断上升，京城里 再婚的 家庭 也 **越来越** 多。然
따라 이혼율의 계속적인 상승에, 　　　수도 내 재혼하는 가정 도 갈수록 늘어가고 있다. 그러나
随着…: …따라서, …에 따라　　　　越来越: 점점, 더욱더, ~하면 할수록

而 因种种原因， 不少 再婚者 又一次 选择了 离婚， 导致 婚姻再
때문에 몇 가지 원인. 적지 않은 재혼자들은 다시 한번 선택하여 이혼을. 야기한다 혼인이 다시 한번
이 문장에서 报道는 두 개의 주어를 갖는다.

度解体。 光明日报记者 **陈君** 通讯员 **万滨、魏新颜** **报道**， 据了解
해체되는 것을. 광밍일보 기자 천쥔 통신원 완빈, 웨이신옌은 보도했다. 조사에 따르면
在…中: 범위, 과정 중에

这种 情况 已 呈 上升之势， **在北京市西城区法院受理的离婚案件**
이런 상황은 이미 나타낸다 상승하는 추세를. 베이징시 서성구 법원이 접수한 이혼안건 중.

中， 再婚者离婚的 就 占 离婚总人数的 20%以上。
재혼자 이혼이 차지한다 이혼 총 사람 수의 20% 이상을.

문제해석

질문 : 아래 표현 중 정확한 것은 무엇인가?

A 이혼율의 계속적인 상승에 따라 이혼하는 사람의 수가 갈수록 많아지고 있다.

B 이혼율의 계속적인 상승에 따라 결혼하는 사람의 수가 갈수록 적어지고 있다.

C 재혼자의 이혼이 총 이혼자 수의 20% 이상을 차지하고 있다.

D 재혼자의 결혼이 총 결혼자 수의 20% 이상을 차지하고 있다.

[정답] C

직독직해 및 문장성분 분석

生老病死 是 人类的 自然规律。而 对于身患绝症或濒临死亡的
(주) (술) (관) (목) (접) (부)
생로병사는 이다 인류의 자연법칙. 그러나 에게 불치병에 걸렸거나 죽음을 앞둔

病人，如何 使 他们 能够 正确 认识 死亡和生命的存在，如何在
환자. 어떻게 하여금 그들로 할 수 있고 정확히 인식 사망과 생명의 존재에 대하여. 어떻게

有限的时间内 减轻 痛苦，安度 余生，这 是 医学界乃至全社会
(주) (목) (술) (목) (주) (술) (관)
한정된 시간 내에 줄이고 고통을. 편히 보낼 것이 여생을. 이것은 이다 의학계 더 나아가서는 전 사회가

面临的 新课题。于本世纪60年代出现的一种新型的 医疗服务-临
직면한 새로운 문제. 금세기 60년대에 출현한 일종의 새로운 형태의 의료 서비스 –

终关怀，成为 保护生命的重大 举措。
(관) (목)
호스피스. 되었다 보호하는 생명을 중요한 조치가.

해석

생로병사는 인류의 자연법칙이다. 그러나 불치병에 걸렸거나 죽음을 앞둔 환자에게 어떻게 그들로 하여금 정확히 죽음과 생명의 존재에 대하여 인식시키며, 어떻게 한정된 시간 내에 고통을 줄이고 여생을 편히 보내게 할 수 있을 것인가. 이것은 의학계, 더 나아가서는 전 사회가 직면한 새로운 문제이다. 금세기 60년대에 출현한 새로운 형태의 의료 서비스인 호스피스는 생명을 보호하는 중요한 조치가 되었다.

문제해석

질문 : 의학계 더 나아가 전 사회가 직면한 새로운 과제는 무엇인가?

A 환자의 고통을 줄여주고 그들이 편안히 여생을 보내도록 한다.

B 환자의 아픔을 증가시키고 그들이 편안히 여생을 보내도록 한다.

C 환자가 고통을 참아 이겨내게 하고 그들이 편안히 여생을 보내도록 한다.

D 환자를 계속 아프게 하고 그들이 편안히 여생을 보내도록 한다. [정답] A

09 직독직해 및 문장성분 분석

해석

网上购物　可以　节省　时间、精力，坐　在家里　也能　搜罗　到　全
인터넷 쇼핑은　할 수 있다.　아낄 수　시간과　에너지를,　앉아서　집안에　할 수 있다　수집을

国各地的　好货、便宜货，但　最遗憾的　是　世上没有完美的　事物,
전국 각지의　좋은 물건과 싼 물건을.　그러나 가장 유감스러운 것은 이다　세상에 없다는 것 완벽한　물건은.

网上购物的　安全性　成为　广大买家最担心也是最关心的　问题。我
인터넷 쇼핑의　안전성은　되었다　많은 구매자들의 가장 큰 걱정과 최대의 관심　문제가.　우리는

在… 上：…방면, 측면, 공간적,
추상적 범위, 조건에 있어서 　　　　　由于…而：…로 인해
们　在媒体上已经　看　到　或　听　到了太多　由于网上购物而被骗的
미디어상에서　이미　보았거나　혹은　들었다　너무 많은　로 인해 인터넷 쇼핑　사기를 당하는

对于：~에 대하여　　　　　从 … 来说：…의 각도에서 바라보면, 말하면
事儿了。对于网络安全的保障，从大的方面来说　有　规范网络行为
일들을.　대해　네트워크의 안전보장에,　큰 관점에서 바라보면　있고　규범적인 네트워크 행위의

的　法律　和　各种　规章制度；具体来讲　包括　网络安全、身份认证等
법률 그리고 각종　규칙과 제도　구체적으로 말하면 포함한다　네트워크의 안전, 신분 인증 등

等方面。总之，电子商务的　网络安全　是　个非常复杂的　问题。
의 분야가　한마디로,　전자 상거래의　네트워크 안전은　이다　매우 복잡한　문제.

해석

인터넷 쇼핑은 시간과 에너지를 아낄 수 있다. 집안에 앉아 전국 각지의 좋은 물건과 싼 물건을 수집할 수 있다. 그러나 유감스러운 것은 세상에 완벽한 물건은 없다는 것이다. 인터넷 쇼핑의 안전성은 많은 구매자들의 가장 큰 걱정거리이자 최대의 관심사가 되었다. 우리는 미디어상에서 이미 인터넷 쇼핑으로 인해 사기당하는 일들을 너무 많이 보고 들었다. 네트워크의 안전보장에 대해 큰 관점에서 바라보면 규범적인 네트워크 행위의 법률 그리고 각종 규칙과 제도가 있다. 구체적으로 말하자면 네트워크의 안전, 신분 인증 등의 분야를 포함한다. 한마디로 전자 상거래의 네트워크 안전은 매우 복잡한 문제이다.

문제해석

질문 : 작가가 느끼기에 '인터넷 쇼핑'은 ＿＿＿＿＿＿ 문제이다.

A 간단한

B 어려운

C 유감스러운

D 복잡한

[정답] C

10 직독직해 및 문장성분 분석

해석

是…的 강조문 : 是와 的 사이에 강조할 내용을 쓴다.

篮球运动 <u>是</u>1891年由美国人发明<u>的</u>. 当时, 他 在一个基督教青

농구는　　이다 1891년 미국인에 의해 발명된 것.　　당시,　그는　　하나의 기독교 청년회

由于 : 때문에, …로 인하여

年会国际训练学校 任教. <u>由于</u> 当地 盛产 桃子, 这里的 儿童 又

국제 훈련 학교에서　　교육을 담당했다. 때문에 그곳에서는 많이 생산됐기 복숭아가. 이곳의 아이들은 또한

非常 喜欢 用球投入桃子筐的 游戏. 这 <u>使</u> <u>他</u> 从中 得到 启发,

매우　좋아한다 공을 집어넣는 복숭아 바구니에　게임을. 이것은 하여금 그로 거기에서 얻게 하다 계발의 계기를.

并 吸取 足球、曲棍球等其它球类项目的 特点, 创编了 篮球游戏.

또한 받아들여　축구,　필드하키 등　기타 구기류의　　　특징을,　만들었다　농구경기를.

作为 : …의 신분으로서, 자격으로서　　由于A 而B : A함으로써 B하다

<u>作为</u>一种体育运动, <u>由于</u> 其 易于 推行 <u>而</u> 迅速 成为 锻炼健身的

일종의 스포츠로서,　　　때문에 그것은 쉽게 보급되다 그리고 신속하게 되면서 신체를 단련하는

重要 选择, 在世界 得到 了 蓬勃的 发展.

중요　선택,　세계에서 얻게 되었다　왕성한　발전을.

농구는 1891년 미국인에 의해 만들어졌다. 당시 그는 한 기독교 청년회 국제 훈련 학교에서 교육을 맡고 있었다. 그곳에는 복숭아가 많이 생산됐기 때문에 이곳의 아이들은 공을 복숭아 바구니에 집어넣는 게임을 매우 좋아했다. 이것은 그로 하여금 그 속에서 영감을 불러 일으켜 주었으며, 또한 축구, 필드하키 등 기타 구기 종목의 특징을 받아들여 농구 경기를 만들었다. 일종의 스포츠로서 농구는 보급이 쉽기 때문에 신속하게 신체를 단련하는 중요한 선택이 되면서 세계에서 왕성한 발전을 얻게 되었다.

문제해석

질문 : 미국인은 어떤 활동에서 농구를 발명할 계기를 얻었는가?

A 축구

B 일종의 게임

C 필드하키

D 기타 구기종목

[정답] B

직독직해 및 문장성분 분석

A与B相比: A와 B를 비교하다

离婚女性 与 家庭幸福者 相比, 前者的 寿命 会 缩短 5年左右。而
이혼한 여성과 가정이 행복한 사람을 서로 비교하면, 전자의   수명은 이다 단축   약 5년이.   그리고

对… 来说: …의 관점에서 볼 때   如果A则B: 만일 A하면 B하다.

对朝夕相处的夫妻 来说, 如果 经常 争吵、不和、斗气、互不相让,
늘 함께 지내는 부부에 대해 말하자면, 만약   항상 말다툼하고, 화목하지 않고, 싸우고, 서로 양보하지 않으면,

则 会 导致 内分泌系统功能紊乱, 内脏器官功能失调, 患 上 各
곧 할 수 있고 초래   내분비 계통 기능의 혼란과,   내장 기관의 평형 상실을,   걸리며   각종

以致: …이 되다, …을 초래하다. (주로 나쁜 결과에 쓰임)

种身心 疾病, 以致 未老先衰, 缩短寿命。记 住: 美满的 婚姻 是
심신   질병에, 초래하게 된다 걸늙게 되고, 수명단축.   기억하라 아름답고 원만한 혼인이 이다

健康美容的最佳 良方。
건강과 미용에 가장 좋은   처방임을

해석

이혼 여성과 가정이 행복한 사람을 서로 비교해 보면, 전자의 수명은 약 5년이 단축될 것이다. 그리고 늘 함께 지내는 부부에 대해 말하면, 만약 항상 말다툼하고 화목하지 않고, 싸우고, 서로 양보하지 않으면, 곧 내분비 계통의 혼란과 내장 기관의 평형 상실을 초래할 수 있으며 각종 심신 질병에 걸려 걸늙게 되고, 수명단축을 초래하게 된다. 아름답고 원만한 혼인이 건강과 미용에 가장 좋은 처방임을 기억하라.

문제해석

질문 : 윗 글에 근거하여 건강과 미용에 가장 좋은 방법은 무엇인가?

A 좋은 마음을 유지한다.

B 항상 운동을 한다.

C 행복한 혼인

D 아름답고 원만한 사랑

[정답] C

12 직독직해 및 문장성분 분석

美国 有 个名叫尊本·伯特的 药剂师, 研制了 一种用来治头疼、
미국에 있었다 불리는 존 펨버턴이라 약사가, 연구 제조했다 일종의 쓰이는 치료하는데에 두통과

头晕的 糖浆。 配方研制出来后, 他 嘱咐 店员 加 水 调配。 一天,
어지러움 시럽을. 처방에 따라 약을 조제한 후, 그는 지시했다 점원에 더 넣어 물을 배합할 것을. 하루는,

…一来: …를 하니, 하자, 되자, 되면
店员 因为 粗心, 把苏打水 当做 白开水, 这一来, "糖浆" 冒
점원이 때문에 조심하지 않아, 소다수를 여겼다 맹물로, 이렇게 되자, "시럽"은 내뿜었다

一下子: 한 번에, 단번에
气泡了。店员 闯了 祸 很 害怕, 就一下子 把它 喝了 下去, 觉得
거품을. 점원은 일으킨 게 문제를 매우 두려웠다. 단번에 그것을 마셨다. 느껴져서

下去: (음식물이 소화, 감정의 안정, 부스럼
등이) 가라앉음을 나타낸다

=就: 곧, 즉시, 바로
味道还不错, 便把这事 告诉了 药剂师。 药剂师 尝了尝 果然挺 好,
맛이 그런대로 괜찮게 곧 이 일을 얘기했다 약사에게. 약사가 맛을 보니 과연 아주 좋았다.

后来 他 又 经过 多次 试验, 终于 配制 出 一种口感很好的
후에 그는 또 거쳐 몇 차례의 실험. 마침내 만들어 냈다 일종의 맛이 매우 좋은

并: 그리고, 또
饮料, 并 把专利权 卖 给了 一个 饮料商。就这样, 闻名世界的
음료를, 그리고는 특허권을 팔았다 에게 한 음료수업체. 이렇게, 유명한 세계적으로

可口可乐 问世了。
코카콜라가 나오게 되었다 세상에.

해석

미국에 존 펨버턴이라 불리는 약사가 있었는데, 머리가 아프거나 어지러울 때 먹는 시럽을 만들었다. 처방에 따라 약을 조제한 후 그는 점원에게 물을 더 넣어 배합할 것을 지시했다. 하루는 점원이 조심하지 않아 소다수를 맹물로 여기고 (집어넣었다) "시럽"은 맹렬히 거품을 일으켰다. 점원은 사고를 일으킨 것을 매우 두려워하여 바로 단번에 그것을 마셨고 맛이 그런대로 괜찮게 느껴졌다. (그는) 이 일을 약사에게 얘기했다. 약사가 맛을 보니 과연 아주 좋았다. 후에 그는 또한 몇 차례의 실험을 거쳐 마침내 맛있는 음료를 만들어냈다. 그리고는 특허권을 한 음료수업체에게 팔았다. 세계적으로 유명한 코카콜라는 이렇게 세상에 나오게 되었다.

문제해석

질문 : 윗 글에 근거하여 코카콜라를 발명한 사람은 어떤 사람인가?

A 약사

B 약국 점원

C 음료업체

D 의사

[정답] A

직독직해 및 문장성분 분석

为 : 단음절 부사 뒤에 놓여 어기를 강조한다.

过年的　前一天，也 叫　除夕，是　中国人最为注重的　节日，是
설의　하루 전날은　또 불린다 섣달그믐라고, 이다 중국인이 최고로 중시하는　　명절,　이다

即使 : 설사 …할지라도

家人团聚的　日子。年夜饭 是　一年中最为丰盛的　酒席，即使　穷，
집안 사람들이 한자리에 모이는 날. 연야반은 이다　일 년 중　가장 풍성한　술자리, 설사 … 할지라도 가난.

是…的 : 시간, 장소, 대상, 목적, 방식, 조건 등을 특별히 강조하고 싶을 때 사용

平时不怎么　喝　酒，年夜饭中的　酒　是必不可少的。吃完年夜饭，
평상시에 그다지 하지 않다 마시다 술을　연야반 중의　술은 결코 빠뜨릴 수 없는 것이다. 다 먹은 후 연야반을.

有的人　还　有　饮酒守夜的　习俗。正月的第一天，有的地方，人们
어떤 사람들은　또한 있다 술을 마시고 밤을 새우는 풍습이. 정월의 첫째 날에,　어떤 지방은　사람들이,

从 … 开始 : …(로)부터 시작하다

一般　是不出门的，从正月初二开始，才　开始　串门，有　客人　上
보통　외출하지 않는다.　둘째 날부터 시작해, 비로소 시작한다. 이웃에 놀러가고, 있다 손님

将 : 把와 같이 명사를 술어 앞으로 전치시켜 동작을 강조할 수 있다.

门，　主人　将早已准备好的精美的下酒菜肴 摆　上　桌子，斟　上　酒，
방문,　주인은　　　미리 준비한 좋은 술과 안주로　차리고 상을, 따르며 술을

共　贺　新春。
다 함께 축하한다 새해를.

해석

섣달그믐이라고도 불리는 설 전날 밤은 중국인이 최고로 중시하는 명절이며, 집안 사람들이 한 자리에 모이는 날이다. 연야반은 일 년 중 가장 풍성한 술자리이다. 설사 가난하거나 평상시에 술을 안 마시는 사람이라 할지라도 연야반 중에 술은 결코 빠뜨릴 수 없다. 연야반을 먹은 후 어떤 사람들은 술을 마시고 밤을 새우는 풍습도 가지고 있다. 어떤 지방 사람들은 정월 첫째 날에 외출하지 않고, 둘째 날부터 비로소 이웃에게 놀러가기 시작한다. 손님이 방문하면 주인은 미리 준비한 좋은 술과 안주로 상을 차리고, 술을 따르며, 다 함께 새해를 축하한다.

문제해석

질문 : 섣달그믐에 대한 설명 중 틀린 것은 무엇인가?

A 섣달그믐의 연야반 중에 술은 매우 중요하다.

B 빈곤한 가정은 섣달 그믐날에 술을 마실 필요가 없다.

C 정월 초하루 사람들은 일반적으로 외출하지 않는다.

D 정월 둘째 날부터 사람들은 잇달아 이웃 집을 방문하기 시작한다.

[정답] B

직독직해 및 문장성분 분석

해석

《西游记》 是 一部神话 小说, 整部书, 都写的 是 神话 故事。
〈서유기〉는 이다 한 편의 신화 소설. 책 전체에, 모두 쓰여진 것은 이다 신화에 관한 이야기

下去 : 동작이 과거에서 지금까지 지속됨을 나타냄

但是, 《西游记》 不仅仅 是 神话 小说, 如果 我们 深入 研究 (下
그러나, 〈서유기〉는 뿐만이 아니다 신화 소설, 만약 우리가 깊게 연구해 들어가

去), 就会 发现 《西游记》所包含的 意义。 在那些离奇古怪的故事
보면, 곧 할 수 있다 발견 〈서유기〉가 함유한 의미를. 그 예사롭지 않고 신기한 이야기의 구성

情节里面, 融合了 中国古代文化三大主流佛、道、儒的 思想精粹。
속에는, 융합되어 있다 중국 고대문화의 3대 주류 사상인 불교, 도교, 유교의 사상의 정수가

广博的 知识 涉及 到 政治、经济、军事、文化、禅、易、医、
광범위한 지식은 미쳤다 까지 정치, 경제, 군사, 문화, 선, 주역, 의학,

巫等, 理论 都非常 精深。
무당 등에, 이론이 모두 매우 정밀하고 깊다.

〈서유기〉는 한 편의 신화 소설이다. 책 전체가 모두 신화에 관한 이야기로 쓰여졌다. 그러나 〈서유기〉는 단지 신화 소설일 뿐만이 아니다. 우리가 깊게 연구해 들어가 보면 곧 〈서유기〉가 함유한 의미를 발견할 수 있게 된다. 그 예사롭지 않고 신기한 이야기의 구성 속에는 중국 고대문화의 3대 주류 사상인 불교, 도교, 유교 사상의 정수가 융합되어 있다. 광범위한 지식은 정치, 경제, 군사, 문화, 선, 주역, 의학, 무당 등에까지 미쳤으며, 그 이론도 매우 정밀하고 깊다.

문제해석

질문 : 〈서유기〉에서 다음 중 포함되지 않은 것은 무엇인가?

A 불교, 도교, 유교의 사상 정수

B 정치, 경제, 군사 등의 지식

C 차, 음료, 예술문화 등의 내용

D 선, 주역, 의학 등의 이론

[정답] C

川菜 是 中国八大菜系之一，素来 享有 "一菜一格，百菜百味"
쓰촨 요리는 이다 중국 8대 요리 중의 하나. 예로부터 얻어왔다 "하나의음식에 하나의 스타일, 백가지음식에 백가지맛"

于: …에, …에서(장소나 시간을 나타냄)

的 声誉，它 历史悠久，源远流长。 据史书记载，川菜 起源 于
이라는 명성을, 그것은 역사가 길고, 유구하다. 의하면 역사 기록에, 쓰촨 요리는 기원한다

自: 시간의 기점을 나타냄

古代的巴国和蜀国。自秦朝至三国时期，成都 逐渐 成为 四川地区
고대의 파국과 촉국에서. 부터 진나라 까지 삼국시기, 청두는 점차 되었다 쓰촨 지역

的 政治、经济、文化中心，使 川菜 得到 较大 发展。美国、日
의 정치, 경제, 문화 중심이, 하여금 쓰촨 요리로 얻게 하다 비교적 큰 발전을. 미국, 일본

本、法国、加拿大和香港地区 都 有 川菜馆，受到 各国外宾的
프랑스, 캐나다와 홍콩지역은 모두 있다 쓰촨 요리 음식점이, 받았다 각국 손님의

好评。
호평을.

해석

쓰촨 요리는 중국 8대 요리 중 하나이다. 예로부터 '하나의 음식에 하나의 스타일, 백 가지 음식에 백 가지 맛'이라는 명성을 얻어왔다. 쓰촨 요리는 역사가 길고 유구하다. 역사 기록에 의하면 쓰촨 요리는 고대의 파국과 촉국에서 기원한다. 진나라부터 삼국시기까지 청두는 점차 쓰촨 지역의 정치, 경제, 문화의 중심이 되었다. (이것은) 쓰촨 요리로 하여금 비교적 큰 발전을 이루게 하였다. 미국, 일본, 프랑스, 캐나다 그리고 홍콩 지역에 모두 쓰촨 요리 음식점이 있으며, 각국 손님의 호평을 받았다.

문제해석

질문 : 쓰촨 요리에 관해 아래 설명 중 틀린 것은 무엇인가?

A 쓰촨 요리는 중국 8대 음식 중의 하나이다.

B 쓰촨 요리는 삼국시기의 청두에서 기원한다.

C 쓰촨 요리는 역사가 매우 길고 국내외 인사들의 사랑을 많이 받았다.

D 현재 세계의 많은 지방에 모두 쓰촨 음식점이 있다.

[정답] B

PART 4 직독직해

장문

01

스스로 문장 구조를 분석하고 번역해 보세요.

从前，有两个兄弟时常吵架。 有一天，兄弟俩又吵架了。 这时，突然有人敲门，哥哥就去开门，看见一个老婆婆站在门外，便问老婆婆要什么，老婆婆说："我很渴，可以给我一点水喝吗？"哥哥倒了一杯水给那个老婆婆，再请她进屋里坐。老婆婆喝过了水，便把手伸进口袋里拿出一个布袋来，说："这是一袋种子，只要用心耕种，就会得到金钱也买不到的宝贝。"兄弟俩不再争吵，小心地把种子种在泥土里，天天浇水和施肥。眼看种子发芽，一天天长大，兄弟俩很高兴。 邻居看见他们相亲相爱的样子，都说他们是一对好兄弟。弟弟问哥哥："我们天天耕种，得到了什么呢？"哥哥说："我们得到了兄弟之间的友爱呀！"

问：兄弟俩最后得到了什么？

A 种子

B 友爱

C 金钱

D 争吵

01 从前 cóngqián 땡종전, 이전　　**时常** shícháng 땡늘, 항상, 자주　　**吵架** chǎo jià 땡다투다, 말다툼하다　**敲门** qiāo mén땡노크하다, 방문하다　　**老婆婆** làopópo 땡할머니　　**渴** kě 땡목이 타다, 간절하다　　**喝** hē 땡마시다　　**倒** dào 땡따르다

伸 shēn 땡(신체나 물체의 일부분을) 펴다, 펼치다　　**布袋** bùdài 땡포대　　**袋** dài 땡부대, 자루, 주머니　　**种子** zhǒngzi 땡종자, 씨앗

用心 yòngxīn 땡마음을 쓰다, 심혈을 기울이다　　**耕种** gēngzhòng 땡땅을 갈고 파종하다　　**泥土** nítǔ 땡흙, 토양, 진흙

浇水 jiāoshuǐ 땡물을 뿌리다(끼얹다)　　**施肥** shīféi 땡(식물에) 비료를 주다　　**发芽** fāyá 땡(식물에) 싹이 트다　　**邻居** línjū 땡이웃

325

02

스스로 문장 구조를 분석하고 번역해 보세요.

考试是重要的, 而且是必要的。只有通过考试, 才可以测验出一个学生的程度与学习效果, 同时又可以强迫学生认真对待每一个科目。如果没有考试, 大家便会因为少了压力, 而对功课掉以轻心。其实, 只要有充分的准备, 平时勤于温习功课, 做好每天的作业; 上课时专心听讲, 不明白的地方就要问老师, 直到明白为止。考试前, 睡眠要充足, 对自己要有信心; 回答问题前要把题目看清楚, 再小心作答、不要粗心大意, 那么考试是没有什么可怕的。明白了这个道理, 让我们勇敢地面对考试吧!

问:下列各项中表述错误的是哪一项?

A 每天温习功课, 做好作业。

B 考试时, 认真作答。

C 考试前要复习到深夜。

D 上课时认真听讲。

02 而且 érqiě 젭 …뿐만 아니라, 게다가, 또한　只有 zhǐyǒu 젭 …해야만(…이다)　测验 cèyàn 명동 시험, 테스트(하다)
效果 xiàoguǒ 명 효과　强迫 qiángpò 강박하다, 강요하다　认真 rènzhēn 형 성실하다, 진지하다
对待 duìdài 대우하다, 다루다, 대처하다　科目 kēmù 명 과목, 문제　压力 yālì 명 압력, 부담
功课 gōngkè 명 학과목, 강의, 성적, 공부　掉以轻心 diàoyǐ qīngxīn 대수롭지 않게 여기다, 소홀히 하다
只要 zhǐyào 젭 …하기만 하면　勤于 qínyú 부지런히 (…을)하다　温习 wēnxí 동 복습하다　专心 zhuānxīn 동 전심하다, 몰두하다
听讲 tīngjiǎng 강의를 듣다　为止 wéizhǐ 동 …을 끝으로 하다(삼다)　睡眠 shuìmián 명동 수면(하다), 잠(자다)
充足 chōngzú 충분하다　信心 xìnxīn 확신, 자신감　粗心大意 cūxīn dàyì 세심하지 못하다, 꼼꼼하지 않다

326

스스로 문장 구조를 분석하고 번역해 보세요.

我有一个聪明活泼漂亮调皮的妹妹，黑色的头发和眼睛，白皮肤，圆圆的小脸，怎么样，漂亮吧。我的小妹妹特别聪明，一岁半就会说爸爸、妈妈、姐姐、姑姑、弟弟、爷爷等称呼，还会从一数到十，还会跳舞呢。我的小妹妹很活泼好动，一会儿跑走了，一会儿跑回来，一会儿摸摸你的头，一会儿摸摸你的头发，一会儿又玩自己的脚。我的小妹妹调皮得很，一会儿打你一下，一会儿碰你一下，有时还用嘴轻轻咬你一下，有时还大声叫，一叫就是好几分钟，耳朵就会被震疼，虽然妹妹很调皮，但是却显出妹妹的可爱。我喜欢聪明活泼漂亮调皮的妹妹，就像爸妈喜欢我一样。

问：下列不属于妹妹特点的是哪一项？

A 调皮

B 美丽

C 安静

D 聪明

03 聪明 cōngming 형용 총명하다, 영리하다   活泼 huópo 형용 활발하다   调皮 tiáopí 형용 장난치다, 장난스럽다   皮肤 pífū 명사 피부
圆圆 yuányuán 형용 매우 둥글다   脸 liǎn 명사 얼굴   姑姑 gūgu 고모   称呼 chēnghu 호칭   跳舞 tiào wǔ 이합 춤을 추다
一会儿 yíhuìr 잠시, 잠깐동안   摸 mō (손으로) 만지다   碰 pèng 부딪히다   嘴 zuǐ 입   咬 yǎo 형용 깨물다
震 zhèn 진동하다, 울리다   却 què 오히려   显出 xiǎnchū 환히 나타나다, 밝게 나타나다

我家里差不多每个人都戴眼镜。戴眼镜很不方便，所以保护我们的眼睛是很重要的。我们要有足够的睡眠。看书的时间不要太长，每半个小时或40分钟就要让眼睛好好休息一会儿。看书的时候身体要挺直，书本不要太靠近眼睛，也要有足够的光线。平时我们要多运动，保持身体健康。这也会间接地影响我们眼睛的健康。如果能天天替眼睛按摩，那也能促进眼部的血液循环。但是我们应该避免用双手搓揉眼睛，以免让眼睛感染病菌。如果你好好地保护那双宝贵的眼睛，就不用戴眼镜啦！

问：为了保护我们的眼睛应该注意很多事，下列不属于注意事项的是哪一项？

A 保持足够的睡眠。

B 尽量每天按摩眼睛。

C 看书时保持正确姿势，尽量让眼睛靠近书本。

D 阅读时间不宜过长，经常让眼睛得到休息。

04 戴 dài 통착용하다, 쓰다　眼镜 yǎnjìng 명안경　眼睛 yǎnjìng 명눈　足够 zúgòu 통족하다, 충분하다, 만족하다
挺直 tǐngzhí 통곧다　书本 shūběn 명책, 서적　光线 guāngxiàn 명광선, 빛　保持 bǎochí 통지키다, 유지하다　健康 jiànkāng
형명건강(하다), 건전(하다)　间接 jiànjiē 형간접적인　替 tì 통대신하다 …을 위하여　按摩 ànmó 명통안마(하다)　促进 cùjìn
명통촉진(하다)　血液 xuèyè 명혈액　循环 xúnhuán 명통순환(하다)　避免 bìmiǎn 통피하다, 모면하다　搓揉 cuōróu 통
문지르고 비비다　以免 yǐmiǎn 접…하지 않기 위해서　感染 gǎnrǎn 통감염되다　病菌 bìngjūn 명병균　姿势 zīshì 명자세
不宜 bùyí 통…하기에 적당하지 않다, ~해서는 안 된다

스스로 문장 구조를 분석하고 번역해 보세요.

发明家爱迪生，幼年时期求知欲很强，喜欢提问。他向老师提出很多奇怪的问题，因此闯下大祸。刚进校３个月的他，被勒令退学。他的母亲十分悲愤，下决心亲自教育儿子，为儿子建立自信心，给他讲文学、物理和化学，培养他爱学习，爱科学的习惯。爱迪生的求知欲因此进一步被激发起来。‘天才’的萌芽在不知不觉中成长，最终成为举世闻名的发明家。可见成功源于自信，而自信心的树立，来自于周围人们的赏识。做父母的都不赏识自己的孩子，孩子的自信从何而来？如果爱迪生的母亲不赏识自己的儿子，就没有今天伟大的发明家了。对目前发展比较差的孩子，家长要努力寻找他们的闪光点，帮助子女树立克服困难的信心。

问：通过爱迪生的故事，家长应该怎样对待自己的孩子？

A 相信并鼓励子女。

B 怀疑并批评子女。

C 教育并批评子女。

D 怀疑并鼓励子女。

05 发明家 fāmíngjiā 명 발명가　爱迪生 Àidíshēng 에디슨　幼年 yòunián 명 유년, 어린시절　求知欲 qiúzhīyù 명 지식욕, 알고자 하는 욕망　提问 tíwèn 동 질문(하다)　奇怪 qíguài 형 괴상하다, 의아하다, 이상하다　闯祸 chuǎng huò 동 사고를 일으키다
勒令 lèlìng 동 명령하여 강제로 …하다　退学 tuìxué 명동 퇴학(하다)　悲愤 bēifèn 형 비분하고 슬프다　决心 juéxīn 명동 결심(하다)
培养 péiyǎng 동 배양하다, 양성하다, 키우다　激发 jīfā 동 (감정을) 불러일으키다, 분발시키다　萌芽 méngyá 명 새싹, 맹아
不知不觉 bùzhī bùjué 명 무의식 중에, 자기도 모르는 사이에　举世闻名 jùshì wénmíng 성 세상에 널리 이름이 나다
可见 kějiàn 접 …을 알 수 있다　树立 shùlì 동 세우다, 확립하다　赏识 shǎngshí 동 알아주다, 중시하다
从何而来 cónghé érlái 어디로부터 오는가　伟大 wěidà 형 위대하다　寻找 xúnzhǎo 동 찾다　闪光点 shǎnguāngdiǎn 명 우수한 점　鼓励 gǔlì 동 격려하다　怀疑 huáiyí 동 의심하다

成语 "画蛇添足" 出自中国古代的一个故事。说的是有一家人，祭拜过祖宗之后，便将一壶祭祀时用的酒留给办事人员喝。办事人员很多，仅仅一壶酒，到底给谁喝呢？有人提议让每人在地上画一条蛇，谁画得快画得好，就把这壶酒给他。大家都认为这办法很好。有一个人很快就把蛇画好了，这壶酒就归他所得。这时，他回头看别人，都没有画好，就得意洋洋地说："你们画得好慢呀！等我再给蛇画上几只脚吧！"正在他给蛇画脚的时候，另一个人已经把蛇画好了，并把酒壶夺了过去说："蛇是没有脚的，你怎么画上了脚呢？"说完，就喝起酒来。后来，"画蛇添足"就用来形容无中生有，做事多此一举的人。

问：成语 "画蛇添足" 现在用来比喻什么样的人？

A 做事马虎的人。

B 做事多余的人。

C 做事认真的人。

D 画画出色的人。

06 画蛇添足 huàshé tiānzú 圆 뱀을 그리는데 다리를 그려 넣다, 쓸데없는 짓을 하다　祭拜 jìbài 통 제사 지내다　祖宗 zǔzong 명 선조, 조상
蛇 hú 술병, 주전자 명 주전자, 단지　祭祀 jìsì 통 제사(지내다)　仅仅 jǐnjǐn 겨우, 가까스로, 단지　提议 tíyì 통 제의(하다)
蛇 shé 명 뱀　办法 bànfǎ 명 방법　归 guī 통 돌아가다, 돌아오다, 한 곳으로 모이다　所得 suǒdé 명 소득, 얻은 것
回头 huítóu 고개를 돌리다　得意洋洋 déyì yángyáng 통 득의양양하다　夺 duó 통 강제로 빼앗다, 쟁취하다
形容 xíngróng 통 묘사하다　无中生有 wúzhōng shēngyǒu 없는 사실을 꾸며내다　多此一举 duōcǐ yìjǔ 필요 이상의 짓을 하다
马虎 mǎhu 형 부주의하다, 세심하지 못하다　多余 duōyú 형 나머지의, 필요없다　出色 chūsè 형 뛰어나다, 출중하다

스스로 문장 구조를 분석하고 번역해 보세요.

　　从前有一个下棋高手名字叫秋，他的棋艺非常高超。他有两个学生，一起跟他学习下棋。其中一个学生非常专心，集中精力跟老师学习。另一个却不是这样，他认为学下棋很容易，用不着认真。老师讲解的时候，他虽然坐在那里，眼睛也好像在看着棋子，心里却想着别的："要是现在到野外射下一只大雁，美餐一顿该多好。" 因为他总是胡思乱想心不在焉，老师的讲解一点也没听进去。结果，虽然两个学生同是一个名师传授，但是，一个进步很快，成了棋艺高强的名手，另一个却一点本领也没学到。后来这个故事被总结为一个成语，那就是"专心致至"。

问：两个学生一起学习下棋，为什么另一个什么也没学到？

A 另一个学生更喜欢在野外美餐。

B 另一个学生比较笨。

C 另一个学生学习的时候三心二意，不认真。

D 另一个学生根本不喜欢下棋。

07 从前 cóngqián 閉종전, 이전　下棋 xià qí 閉장기를 두다, 바둑을 두다　棋艺 qíyì 閉장기 바둑의 솜씨　高超 gāochāo 閉우수하다, 출중하다 专心 zhuānxīn 閉전심하다, 몰두하다　用不着 yòngbuzháo 필요치 않다, 쓸모없다　讲解 jiǎngjiě 閉설명하다, 해설하다 野外 yěwài 閉야외　棋子 qízǐ 閉바둑돌　射 shè 閉쏘다, 발사하다　大雁 dàyàn 閉기러기　美餐 měicān 閉맛있는 음식 閉기분 좋게 잘 먹다　胡思乱想 húsī luànxiǎng 閉터무니없는 생각을 하다, 허튼 생각을 하다　心不在焉 xīnbú zàiyān 閉마음이 여기 있지 않다, 정신을 딴 데 팔다　虽然 suīrán 閉비록…일지라도　传授 chuánshòu 閉가르치다, 전수하다　名手 míngshǒu 閉명수, 기예 등이 뛰어난 사람 本领 běnling 閉재능, 기량, 수완　总结 zǒngjié 閉총괄(하다)　专心致至 zhuānxīn zhìzhì 閉마음을 한 곳에 모아 거기에만 신경을 쓴다는 뜻 三心二意 sānxīn èryì 閉(어떤 일을 할 때) 우유부단하여 결정하지 못하다, 의지가 강하지 못해 전념을 못하다

스스로 문장 구조를 분석하고 번역해 보세요.

今天，我和奶奶爷爷去公园。公园里有很多可爱的动物。小兔子就是其中的一种，它的眼睛像红宝石一样闪闪发光，很可爱，它吃东西时嘴巴一动一动的，像是在感谢我们去看它。公园里还有孔雀，在我们的一致鼓励下，它终于羞答答地展开了它那如扇子般的美丽羽毛。公园里还有各种各样的花：有娇艳的红玫瑰、有纯洁的白玉兰、有活泼的迎春花，还有热情的杜鹃花。这就是大自然的美丽，在这鲜花点缀的季节，让我感受到了无限的活力。我以后还要经常去公园，发现我们身边的美。

问：作者去公园里玩，文中没有提到什么？

A 孔雀

B 花草

C 兔子

D 天气

08 奶奶 nǎinai 명 할머니　爷爷 yéye 명 할아버지　兔子 tùzi 명 토끼　闪闪 shǎnshǎn 형 빛이 번쩍이다, 번쩍거리다
发光 fāguāng 통 광채를 내다　嘴巴 zuǐba 명 입　孔雀 kǒngquè 명 공작　一致 yízhì 형 일치(하다) 부 함께, 다같이
鼓励 gǔlì 통 격려하다, 북돋우다　终于 zhōngyú 부 결국, 마침내　羞答答 xiūdādā 부 부끄러워하는 모양, 수줍어하는 모양
展开 zhǎnkāi 통 펴다, 펼치다, 전개하다　如 rú …와 같다　扇子 shànzi 명 부채　般 bān …와 같은　羽毛 yǔmáo 명 깃털
娇艳 jiāoyàn 형 아름답고 예쁘다, 곱다　玫瑰 méigui 명 장미　纯洁 chúnjié 형 순결하다, 사심없다　白玉兰 báiyùlán 명 백란화
活泼 huópo 형 활발하다, 생기차다　迎春花 yíngchūnhuā 명 영춘화, 개나리　杜鹃花 dùjuānhuā 명 진달래꽃, 두견화
点缀 diǎnzhuì 통 장식하다, 구색을 맞추다　季节 jìjié 명 계절, 철　无限 wúxiàn 형 한없다

스스로 문장 구조를 분석하고 번역해 보세요.

童话故事最大的特征是用丰富的想象力，赋予动物、植物等物体人的感情。同时，童话故事总是把恶和善极端化，通俗地说，就是好人很善良，坏人很恶毒。比如《白雪公主》里，七个小矮人很善良，而皇后很恶毒；《灰姑娘》里，后母很恶毒，灰姑娘很善良。童话里往往还包含了神奇的魔法、无尽的财富、凶恶的怪兽等元素，使故事能够引人入胜，打动孩子的好奇心，丰富孩子的想象力。一般来说，童话故事主要是写给孩子的，不过，有童心的成年人同样能够在童话故事中找到快乐，让心灵纯净。童话故事的目的是教人勇敢、热情、善良、乐观，反对卑鄙、怯懦、邪恶、虚伪。

问：下列叙述中不正确的是哪一项？

A 童话故事教会人们勇敢，善良。

B 童话故事教会人们反对邪恶，虚伪。

C 童话故事教会人们热情，胆小。

D 童话故事教会人们反对丑恶，卑鄙。

09 童话 tónghuà 동화　丰富 fēngfù 풍부하다, 많다　想象力 xiǎngxiànglì 상상력　赋予 fùyǔ 부여하다, 주다

植物 zhíwù 식물　极端化 jíduānhuà 극단화하다　通俗 tōngsú 통속적이다　善良 shànliáng 선량하다, 착하다, 어질다

坏人 huàirén 나쁜 사람, 악인, 악당　恶毒 èdú 악랄하다, 악독하다　白雪公主 báixuě gōngzhǔ 백설공주

矮人 ǎirén 난쟁이　皇后 huánghòu 황후　灰姑娘 huīgūniang 신데렐라　后母 hòumǔ 계모

往往 wǎngwǎng 왕왕, 늘, 항상　包含 bāohán 포함하다　神奇 shénqí 신기하다, 신비하고 기이하다　魔法 mófǎ 마법, 요술

无尽 wújìn 끝이 없다, 무궁하다　财富 cáifù 부, 재산, 자원　凶恶 xiōng'è 흉악하다　怪兽 guàishòu 괴수

元素 yuánsù 요소, 원소　引人入胜 yǐnrén rùshèng 사람을 황홀케 하다　打动 dǎdòng 마음을 움직이다, 감동시키다

好奇心 hàoqíxīn 호기심　心灵 xīnlíng 심령, 정신, 마음　纯净 chúnjìng 순수하다, 깨끗하다　卑鄙 bēibǐ 비열하다

怯懦 qiènuò 겁이 많고 나약하다　邪恶 xié'è 사악하다　虚伪 xūwěi 위선적이다　教会 jiāohuì 가르쳐서 알도록 하다

胆小 dǎnxiǎo 겁많다, 소심하다　丑恶 chǒu'è 추악하다

스스로 문장 구조를 분석하고 번역해 보세요.

牡丹原产于中国西北部， 在中国种植历史悠久，南北朝时已成为观赏植物。唐朝大量栽于长安，宋代称 "洛阳牡丹" 为天下第一，故牡丹又名洛阳花。《群芳谱》中记载牡丹有180多种，有一千五百多年的种植史。牡丹为花中之王，有 "国色天香" 之称。 每年4～5月开花，花朵大而鲜艳，美丽无比，有红、黄、白、粉紫、墨、绿、蓝等色。 花多重瓣， 丰姿典雅， 花香袭人。中国人民把它作为富丽繁华的象征，称之为 "富贵花"， "百两金"。牡丹不仅是名贵的观赏花木，而且有较高经济价值。 花可以制酒，根可以入药。目前，除洛阳之外，山东荷泽赵公社牡丹最为有名， 每逢4～5月间牡丹盛开之时， 五彩缤纷， 香艳各异，吸引着全国园艺工作者和无数国际游人。

问：下列关于牡丹叙述中错误的是哪一项？

A 牡丹原产于中国西北部。其中洛阳，山东的牡丹最有名。

B 牡丹颜色丰富，有红、黄、白、粉紫、墨 、绿、褐色等。

C 牡丹不仅适合观赏，还可以用来作药。

D 牡丹花历史悠久，有1500多年的种植史，深受中国人的喜爱。

10 牡丹 mǔdan 명 모란, 모란꽃　种植 zhòngzhí 동 심다, 재배하다　悠久 yōujiǔ 형 유구하다, 장구하다　观赏 guānshǎng 동 감상하다, 즐기다　植物 zhíwù 명 식물　栽 zāi 동 심다, 재배하다　群芳谱 qúnfāngpǔ 군방보, 명나라 때의 서적　记载 jìzǎi 명동 기재(하다), 기록(하다)　国色天香 guósè tiānxiāng 모란의 아름다움을 형용하는 말, 후에는 여성의 아름다움을 형용　花朵 huāduǒ 명 꽃, 꽃송이, 꽃봉오리　鲜艳 xiānyàn 형 (색이) 산뜻하고 아름답다　无比 wúbǐ 형 비할 바 없다, 아주 뛰어나다　粉紫 fěnzǐ 진분홍　墨色 mòsè 명 묵색, 묵빛, 검은색　瓣 bàn 꽃잎　丰姿 fēngzī 명 풍자, 풍채　典雅 diǎnyǎ 형 우아하다　袭 xí 동 습격하다, 엄습하다, 파고들다　富丽 fùlì 형 화려하다, 웅대하고 아름답다　繁华 fánhuá 형 번화하다, 선명하다　象征 xiàngzhēng 명동 상징하다　不仅 bùjǐn 접 …일 뿐만 아니라, …만은 아니다　根 gēn 명 뿌리　每逢 měiféng …할 때마다,…때가 되면　五彩缤纷 wǔcǎi bīnfēn 오색찬란하다　园艺 yuányì 명 원예　工作者 gōngzuòzhě 명 관계자, 종사자　褐色 hèsè 명 갈색

01 직독직해 및 문장성분 분석

从前, 有 两个 兄弟 时常 吵架。 有一天, 兄弟俩 又 吵架了。
예전에 있었다 두 형제가 항상 말다툼하는. 어느 날 두 형제는 또 다투었다.

这时, 突然 有人 敲门, 哥哥 就 去 开门, 看 见 一个 老婆婆 站
이때, 갑자기 어떤 사람이 문을 두드렸다. 형은 곧 나가서 열었다 문을, 보았다 한 명의 할머니가 서 있는 것을

在门外, 便 问 老婆婆要什么, 老婆婆 说: "我很渴, 可以给我一
문밖에, 곧 물었다 할머니께서 원하는게 무엇인지, 할머니가 말했다. "나는 매우 목이 마르네, 나에게 줄 수 있겠는가

부사로 쓰여 就와 같은 뜻으로 '곧, 즉시, 바로'라는 의미를 나타낸다.

点水喝吗? 哥哥 倒了 一杯 水 给 那个 老婆婆, 再 请 她 进
조금의 마실 물?" 형은 따라 한 잔의 물을 주다 그 할머니, 그리곤 청해서 할머니를 들어와

屋里 坐, 老婆婆 喝 过了 水, 便把手 伸 进 口袋里 拿 出 一个
집안에 앉게 했다. 할머니는 마셨다 물을, 곧 손을 펴 집어 넣어 주머니 안으로 꺼내며 하나의

只要A 就B : A하기만 하면 B하다

布袋 来, 说: "这是一袋种子, 只要用心耕种, 就会得到金钱也买
자루를 말했다. "이것은 이다 한 자루의 씨앗, 오직 열심히 밭을 갈면, 곧 …할 수 있다 얻을 돈으로도 사지

不到的宝贝。" 兄弟俩 不再 争吵, 小心地把种子 种 在泥土里,
못하는 보물을." 형제 둘은 다시 않았다 싸우지, 조심스럽게 씨앗을 심었다 진흙에,

天天 浇水和施肥。 眼看 种子 发芽, 一天天 长 大, 兄弟俩 很
매일매일 물을 주고 비료를 주었다. 곧 씨앗이 싹이 트고, 하루하루 커가자, 형제 둘은 매우

高兴。 邻居 看 见 他们相亲相爱的 样子, 都 说 他们 是 一对好
기뻐했다. 이웃들은 보면서 그들이 서로 사이좋게 우애하는 모습을, 모두 말했다 그들은 이다 한쌍의 좋은

兄弟。 弟弟 问 哥哥: "我们天天耕种, 得到了 什么呢?" 哥哥 说:
형제 동생이 물었다 형에게. "우리가 매일 밭을 갈며, 얻은 건 무엇이지?" 형은 말했다.

"我们得到了兄弟之间的友爱呀!"
"우리는 얻었지 형제간의 우애를!"

해석

예전에 항상 말다툼하는 두 형제가 있었다. 어느 날 형제는 또 싸움을 하였다. 이때 갑자기 문을 두드리는 사람이 있었다. 형은 가서 문을 열어 나이든 할머니가 문밖에 서 있는 것을 보고, 할머니에게 원하는게 무엇인지 물었다. 할머니는 말했다. "나는 목이 매우 마르네. 나에게 마실 물을 조금 줄 수 있겠는가?" 형은 물을 조금 따라 그 할머니에게 주며 할머니를 집안으로 들어와 앉게 했다. 할머니는 물을 마신 후 곧 손을 펴 주머니 안으로 집어넣어 한 개의 자루를 꺼내며 말했다. "이것은 한 자루의 씨앗이라네. 오직 정성스럽게 가꾸기만 하면 돈으로도 못 사는 보물을 얻을 수 있을 것이야." 형제는 다시는 다투지 않고 조심스럽게 씨앗을 진흙에 심고 매일매일 물과 비료를 주었다. 곧 씨앗이 싹이 트고 하루하루 자라는 것을 보자 두 형제는 매우 기뻤다. 이웃은 그들이 서로 사이좋게 우애하며 지내는 것을 보고 모두 그들은 좋은 형제라고 말했다. 동생이 형에게 물었다. "우리가 매일 밭을 갈며 얻은 건 무엇이지?" 형은 말했다. "우리는 형제간의 우애를 얻었지!"

문제해석

질문 : 형제 두 명은 나중에 무엇을 얻었는가?

A 씨앗   B 우애   C 돈   D 말다툼   [정답] B

02 직독직해 및 문장성분 분석

해석

而且: 게다가, 뿐만 아니라, 또한 　只有 A 才 B : A해야만 B할 수 있다.

考试 是 重要的, (而且) 是 必要的。(只有) 通过 考试, (才) 可以 测验
시험은 이다 중요한 것. 게다가 이다 필요한 것. 오직 통하여 시험을 비로소 할 수 있다 테스트

出 一个学生的 程度与学习效果, 同时 又可以 强迫 (学生) 认真 对
한 학생의 수준 그리고 학습효과를. 동시에 또 할 수 있다 강박 학생이 열심히 대하도록

如果…便 : 만일 …한다면 곧 　因为 A 而 B : A하기 때문에 B하다

待 每一个 科目。(如果) 没有 考试, 大家 (便会) (因为) 少了 压力,
매 과목에. 만약 없다면 시험이 모두 곧 할 것이다 때문에 줄어들었기 부담이,

其实 : 사실은, 실제는(전환)

(而) 对功课 掉以轻心。(其实), (只要) 有 充分的 准备, 平时 勤 于温
수업을 소홀히 하다. 사실. 만 있으면 충분한 준비, 평상시 부지런하다

只要 A 那么 B : A하기만 하면, B하다.

习功课, 做 好 每天的 作业; 上课时 专心 听讲, 不明白的 地方
수업복습에, 하다 잘 매일의 숙제를. 수업시 집중하여 듣다. 이해가 안 가는 부분은

就要 问 老师, 直到 明白为止。考试前, 睡眠 要 充足, 对自己要
바로 물어보아야 한다 선생님에게, 이해가 될 때까지. 시험 전에. 수면은 해야만 한다 충분히. 자신에 대해

有 信心; 回答问题前要把题目 看 清楚, 再小心 作答, 不要 粗心
있어야 한다 자신감이. 문제에 답하기 전에 문제를 보아야 한다 확실히. 다시 조심해서 답을 쓰고, 안 된다 경솔히

大意, (那么) 考试 是 没有什么可怕的。明白了 这个 道理, 让 (我
하면, 그러면 시험은 이다 없는 어떤 두려울 것도. 이해했다면 이 이치를, 우리

们) 勇敢地 面对 考试吧!
용감하게 맞닥뜨리자 시험에!

시험은 중요하면서도 꼭 필요한 것이다. 시험을 통해야만 비로소 한 학생의 수준과 학습효과를 테스트할 수 있다. 동시에 학생에게 압박이 되어 모든 과목에 열심히 임하도록 한다. 만약에 시험이 없다면 모두 부담이 줄어들기 때문에 수업을 소홀히 하게 될 것이다. 사실 충분한 예습과 함께 평상시에 부지런히 복습하며 매일 숙제를 잘 하기만 하면 된다. 수업 중에는 집중하여 듣고 모르는 부분이 있으면 바로 선생님에게 이해될 때까지 물어봐야 한다. 시험 전에 수면을 충분히 취하고 자신에 대하여 자신감을 가져야 한다. 문제를 답하기 전에 문제를 확실히 봐야 하며 조심스럽게 답하고 경솔하지만 않으면 시험은 두려울 것이 하나도 없다. 이 이치를 이해했다면 우리 용감하게 시험에 맞닥뜨리자!

문제해석

질문 : 다음 중 설명이 잘못된 것은 어느 것인가?

A 매일 복습하고 숙제를 잘한다.

B 시험시간에 열심히 답을 쓴다.

C 시험 전에 밤 늦게까지 복습해야 한다.

D 수업시간에 열심히 수업을 듣는다.

[정답] C

해석

我 有 一个聪明活泼漂亮调皮 的 妹妹, 黑色的 头发和眼睛 白
(주)(술) (관형어) (목) (관형어) (주) (술)
저는 있어요 한 명의 총명하고 활발하고 예쁘고 장난기 많은 여동생이, 검정색의 머리와 눈, 하얀

묘사성 관형어순: 지시대명사/수량사 + 형용사구 + 的 + 명사
一个(수량사) + 聪明活泼漂亮调皮(형용사구) + 的 + 妹妹(명사)

皮肤, 圆圆的 小脸, 怎么样, 漂亮吧。我的 小妹妹 特别 聪明,
(주) (관형어) (주) (술) (술) (관형어) (주) (부) (술)
피부, 둥글둥글한 작은 얼굴, 어때요, 예쁘죠. 저의 여동생은 매우 똑똑해요,

一岁半就会 说 爸爸、妈妈、姐姐、姑姑、弟弟、爷爷等 称呼, 还
한 살 반 때 할 수 있었어요 말을 아빠, 엄마, 언니, 고모, 동생, 할아버지 등의 호칭을, 또

一会儿… 一会儿…: 동작이 연결되어 짧은 시간 동안에 전후로 계속 행해지는 것을 나타낸다.

会 从一数到十, 还会 跳舞呢。我的 小妹妹 很 活泼好动, 一会儿
(술) (술) (관형어) (주) (부) (술) (부)
할 수 있었어요, 하나부터 열까지 숫자 세는 것을, 또 할 수있었어요, 춤추는 제 여동생은 매우 활발하고 움직이길 좋아해요, 금방

跑 走了, 一会儿 跑 回来, 一会儿 摸摸 你的 头, 一会儿 摸摸
(술) (부) (술) (부) (술) (관형어) (목) (부) (술)
달려갔다가 금방 달려 오고, 잠깐 만지다 당신의 머리를, 금방 만지지요.

你的 头发, 一会儿 又 玩 自己的 脚。我的 小妹妹 调皮 得很,
(관형어) (목) (부) (부) (술) (관형어) (목) (관형어) (주) (술)
당신의 머리카락을, 금방 또 장난쳐요 자기의 발과. 제 여동생은 장난치는 것이 심해요,

一会儿 打 你 一下, 一会儿 碰 你 一下, 有时 还用嘴轻轻 咬 你
(부) (술) (목) (부) (술) (목) (술) (목)
잠깐 때리다가 당신을 한번, 잠깐 부딪치고 당신을 한번, 어떤 때는 또 입으로 가볍게 물지요 당신을

一下, 有时 还大声 叫, 一叫 就 是 好几分钟, 耳朵 就会被 震
(부) (술) (술) (술) (주) (술)
한번, 어떤 때는 또 큰소리를 지르고, 한번 지르면 곧 입니다 몇 분을, 귀가 곧 울려

疼, 虽然 妹妹 很 调皮, 但是 却 显 出 妹妹的 可爱。我 喜欢
(술) (주) (부) (술) (부) (술) (관형어) (목) (주) (술)
아픕니다, 비록 동생은 매우 장난스럽지만, 그러나 오히려 나타냅니다 여동생의 귀여움을. 저는 좋아합니다

聪明、活泼、漂亮、调皮的 妹妹, 就 像爸妈喜欢我一样。
(관형어) (목) (부)
총명하고, 활발하고, 예쁘고, 장난스러운 여동생을, 마치 아빠 엄마가 저를 좋아하는 것과 같이.

저는 총명하고 활발하고 예쁘며 장난을 좋아하는 여동생이 있습니다. 검은색의 머리와 눈, 하얀 피부, 둥글둥글한 작은 얼굴, 어때요? 예쁘지요. 저의 여동생은 매우 똑똑합니다. 한 살 반 때 아빠, 엄마, 언니, 고모, 동생, 할아버지 등의 호칭을 말할 줄 알았어요. 또 하나에서 열까지 셀 줄도 알고 또 춤까지 출 줄 알았어요. 제 여동생은 매우 활발하고 움직이길 좋아합니다. 잠깐 달려 갔다가 다시 순식간에 달려오고 당신의 머리를 만지고 다시 금방 당신의 머리카락을 만지고 또 금방 자기 발과 장난을 칩니다. 제 여동생은 장난이 심합니다. 잠깐 당신을 때리다가 잠깐 당신을 툭 치고, 어떤 때는 입으로 가볍게 당신을 한 번 물었다가 잠깐 큰 소리를 치기도 합니다. 한 번 소리 지르면 몇 분을 소리 질러 귀가 울려 아픕니다. 비록 동생은 매우 장난을 잘 치지만 오히려 (그것이) 동생의 귀여움을 더 잘 나타냅니다. 저는 총명하고 활발하고 예쁘며 장난을 잘 치는 여동생이 좋습니다. 마치 아빠 엄마가 저를 좋아하는 것처럼요.

문제해석

질문 : 다음 중 여동생의 특징에 속하는 것이 아닌 것은?

A 장난스럽다.　　　　　　B 예쁘다.

C 조용하다.　　　　　　D 똑똑하다.　　　　[정답] C

직독직해 및 문장성분 분석

我家里差不多 每个人 都 戴 眼镜。戴眼镜 很不 方便，所以
우리 집안은 거의　매 사람　모두 착용한다 안경을. 안경을 쓰는 것은 매우 않다 편하지, 그래서

保护我们的眼睛 是很重要的。我们 要 有 足够的 睡眠。看书的 时
보호하는 것은 우리의 눈을 이다 매우 중요한 것. 우리는 해야 한다 있어야 충분한　수면이. 책을 보는 시간을

间 不要太 长，每半个小时或40分钟就要 让 眼睛 好好 休息 一会
너무 않아야 한다 길지.　매 30분 혹은 40분마다 해야 한다　하여금 눈으로　잘　휴식하게 잠시

儿。看书的时候 身体 要 挺直，书本 不要太 靠近 眼睛，也要 有
책을 볼 때　신체는 해야 한다 곧게.　책은 하지 말아야 한다 너무 가깝다 눈에, ~도 해야 한다 있다

足够的 光线。平时 我们 要多 运动，保持 身体健康。这 也会间
충분한　빛.　평상시 우리는 해야 한다 많이 운동을, 유지하다 신체의 건강을. 이것 또한…할 수 있다.

接地 影响 我们眼睛的 健康。如果 能天天替眼睛 按摩，那 也能
간접적으로 영향을 주다 우리 눈의　건강에. 만약 할 수 있다면 매일매일 위하여 눈을 안마, 그것도 할 수 있다

促进 眼部的 血液循环。但是 我们 应该 避免 用双手搓揉眼睛，
촉진하다 눈 부위의　혈액 순환을. 그러나 우리는 마땅히 해야 한다 피해 두 손으로 만지는 것을 눈을,

以免…: …을 면하도록

以免 让 眼睛 感染 病菌。如果 你 好好地 保护 那双宝贵的 眼睛，
피하기 위해 하여금 눈으로 감염되다 병균에. 만약에 당신이 잘　보호하면 한 쌍의 귀중한　눈을,

如果…就: 만일 …한다면 곧

就不用 戴 眼镜啦！
필요없다 착용할 안경을!

해석

우리 집안 사람들은 거의 모두가 안경을 쓰고 있다. 안경을 쓰는 것은 매우 불편하다. 그래서 우리들의 눈을 보호하는 것은 매우 중요하다. 우리는 충분한 수면을 취해야 한다. 책을 보는 시간도 너무 길어서는 안 되며, 30분 혹은 40분마다 눈을 잠깐 쉬도록 해야 한다. 책을 볼 때도 몸은 곧게 펴야 하고 책은 너무 눈 가까이에 붙이지 않도록 하며, 또한 충분한 빛이 있어야 한다. 평상시에 우리는 운동을 많이 해서, 몸의 건강을 지켜야 한다. 이것 또한 간접적으로 우리 눈의 건강에 영향을 미칠수 있다. 만약에 매일같이 눈을 위하여 안마를 해주면 그것도 역시 눈 부위의 혈액 순환을 촉진할 수 있다. 그러나 우리는 눈의 병균 감염을 막기 위해 두 손으로 눈을 문지르는 것은 피해야 한다. 만약에 당신이 귀중한 눈을 잘 보호한다면 안경을 쓸 필요가 없을 것이다!

문제해석

질문 : 우리의 눈을 보호하기 위해서는 많은 것을 주의해야 하는데, 다음 중 주의해야할 사항이 아닌 것은 무엇인가?

A 충분한 수면을 유지한다.

B 될 수 있는 한 매일 눈을 안마해준다.

C 책을 볼 때에는 바른 자세를 유지하고 눈은 최대한 책에 붙인다.

D 책 읽는 시간이 너무 길어서는 안 되며 자주 눈을 쉬게 한다.

[정답] C

发明家 爱迪生, 幼年时期 求知欲很强, 喜欢 提问。他 向老师
발명가　에디슨은,　어린 시절에　지식에 대한 욕망이 매우 강하여,　좋아했다 질문하는 것을. 그는 에게 선생님

因此 : 그래서, 그러므로, 이 때문에
提 出 很多奇怪的 问题, 因此 闯 下 大祸。刚进校3个月的 他, 被
제기하다　매우 많은 이상한　문제를,　그래서 일으키게 된다 큰 사고를. 막 학교에 들어간지 3개월 된 그는, 받았다

勒令退学。他的 母亲 十分 悲愤, 下 决心 亲自 教育 儿子, 为儿子
강제명령 퇴학을.　그의　어머니는　매우　분해하며,　결심했다　스스로　교육하다 아들을,　위해 아들의

建立 自信心, 给他 讲 文学、物理和化学, 培养 他爱学习, 爱科
세우기　자신감을,　에게 그 강의하다　문학,　물리 그리고 화학,　배양하다 그가 공부를 좋아하며, 과학공부를 사랑하는

学的 习惯。爱迪生的 求知欲 因此 进一步被 激发 起来。'天才'
학의　습관을.　에디슨의　지식욕구는 이에 따라　한층 더　분발　되었다.　'천재'의

的 萌芽 在不知不觉中 成长, 最终 成为 举世闻名的 发明家。
새싹은　자신도 모르는 사이에　성장했다,　최종적으로 되었다　세상에 이름을 떨치는　발명가.

可见 : …을 볼(알) 수 있다(판단, 결론을 끌어내는 접속사)
可见 成功 源 于自信, 而 自信心的 树立, 来自 于周围人们的赏
알 수 있다 성공이 근원은 …에서 자신감, 그리고　자신감의　수립은, 으로부터 온다는 것 주위 사람들의 관심

识。做父母的 都不 赏识 自己的 孩子, 孩子的 自信 从何而来?
부모로서 모두 않으면 알아주지 자기의　아이를,　아이의　자신감은 어디에서 올 수 있겠는가?

如果A 就B : 만약 A하면 B이다
如果 爱迪生的 母亲 不 赏识 自己的 儿子, 就 没有 今天伟大的
만약에　에디슨의　어머니가 않았다면 알아주지 자기의 아들을,　곧　없었을 것이다 오늘날의 위대한

发明家了。对目前发展比较差的孩子, 家长 要努力 寻找 他们的
발명가는.　에게 현재 발전이 비교적 모자란 아이,　가장은 해야 한다 노력 찾아 그들의

闪光点, 帮助 子女 树立 克服困难的 信心。
빛나는 점을. 도와야한다 자녀가 세우는 것을 극복할 수 있다는 어려움을 확신을.

발명가 에디슨은 어린 시절 지식에 대한 욕구가 매우 강하여 질문하는 것을 좋아했다. 그는 선생님에게 매우 많은 이상한 질문을 해 큰 사고를 일으켰다. 학교에 들어간 지 막 3개월 된 그는 강제 퇴학을 명령받았다. 그의 어머니는 매우 분해하며 아들을 직접 교육 시키기로 결심했다. 아들의 자신감을 세워주기 위해 에디슨에게 문학, 물리, 화학공부를 가르치고, 공부하는 것을 좋아하고 과학을 사랑하는 습관을 키우도록 했다. 이에 따라 에디슨의 지식욕은 한층 더 분발되어졌다. '천재'의 새싹은 자신도 모르는 사이에 성장해나가며 마침내는 세상에서 유명한 발명가가 되었다. (여기서) 성공의 근원은 자신감에서 나오고, 그 자신감의 확립은 주위 사람들의 관심에서 나온다는 것을 알 수 있다. 부모로서 자신의 아이를 알아주지 않는다면 아이의 자신감은 어디에서 올 수 있겠는가? 만약에 에디슨의 어머니가 자신의 아들을 알아주지 않았다면 오늘날 위대한 발명가는 없었을 것이다. 현재, 발전이 비교적 모자란 아이에게 가장은 아이들의 장점을 찾도록 해야 하며 자녀가 어려움을 극복할 수 있다는 확신을 갖도록 도와주어야 한다.

문제해석

질문 : 에디슨의 이야기를 통해 가장은 자신의 아이에게 어떻게 대해야 하는가?

A 자녀를 믿고 격려해준다.　　　　B 자녀를 의심하고 비평한다.
C 자녀를 교육시키고 비평한다.　　D 자녀를 의심하고 격려해준다.

[정답] A

06 직독직해 및 문장성분 분석

해석

成语 "画蛇添足" 出 自 中国古代的一个故事。 说的 是 有一家
（성어） "화사첨족"은 나왔다 에서 중국 고대의 한 이야기. 설명하자면 이다 어떤 한 집에서,
→동사 +自+ 시간/장소 : ~에서

人）, 祭拜过祖宗之后，便 将 一壶祭祀时用的酒 留 给 办事人员
조상에게 제사를 지낸 후, 곧 한 주전자의 제사 때 쓴 술을 남겨 주기로 했다 에게 일꾼
=就 →把처럼 명사를 술어 앞으로 전치시킬 수 있다.

喝。办事人员 很多, 仅仅 一壶 酒, 到底 给 谁 喝呢? 有人 提议
마시게 일꾼은 매우 많은데. 겨우 한 주전자의 술뿐인데. 도대체 에게 누구 마시게 하나? 한 사람이 제의했다

让每人 在地上画一条蛇, 谁画得快画得好, 就把这壶酒给他。 大家
하여금 모든 사람으로 땅에 그리다 한 마리의 뱀을, 누가 그린게 빠르고 좋은지로 하여, 곧 이 술을 주기로 그에게 사람들

都 认为 这 办法 很 好。 有一个人 很快就把蛇 画 好了, 这壶 酒
모두 여기다 이 방법은 매우 괜찮다고. 어느 한 사람이 매우 빨리 뱀을 그렸다. 이 주전자의 술은

就 归他所得。 这时, 他 回 头 看 别人, 都没有 画 好, 就得意
곧 그의 것이다. 이때 그가 돌리어 고개를 보니 다른 사람을, 모두 못했다 그리지, 곧 득의

洋洋地 说:"你们画得好慢呀! 等我再给蛇画上几只脚吧!" 正在他给蛇
양양하게 말했다. "당신들은 그리는게 너무 느려! 기다려라 내가 뱀에게 그려주지 몇 개의 발을!" 그가 뱀에게

画脚的时候, 另一个人 已经把蛇 画 好了, 并 把酒壶 夺了 过去
발을 그리고 있을 때. 다른 한 사람이 벌써 뱀을 그려버렸다, 그리고 술 주전자를 빼앗아 가며

说:"蛇是没有脚的, 你怎么画上了脚呢?" 说 完, 就 喝 起 酒 来。
말했다. "뱀은 이다 없는 것 발이, 당신은 어째서 그렸나 발을?" 말을 마치면, 곧 마시기 시작했다 술을.

后来, "画蛇添足" 就 用来 形容无中生有, 做事多此一举的人。
후에, "화사첨족"은 쓰이게 되었다 형용하는 것으로 없는 것을 있는 것처럼 꾸며내고, 쓸데없는 행동을 하는 사람을.

"화사첨족"이라는 성어는 고대 중국의 고사에서 나왔다. 설명하자면 어느 한 집에서 제사를 지낸 후, 제사 때 쓰던 술을 일꾼들에게 남겨주기로 하였다. 일꾼은 많고 술은 겨우 한 주전자 뿐인데 도대체 누구에게 마시게 하는가? 누군가 땅에 뱀을 더 빨리 더 잘 그리는 사람에게 이 술을 주자고 제안했다. 모든 사람이 이 방법이 괜찮다고 생각했다. (이윽고) 한 사람이 매우 빠르게 뱀을 그렸다. 이 술은 이제 그의 것이 되었다. 이 때 그가 고개를 돌려 다른 사람을 보니, 아무도 그림을 다 그리지 못하자 득의양양하여 말했다. "당신들은 그리는게 너무 늦어! 내가 뱀에게 발을 그려주지!" 그가 뱀의 발을 그리고 있을 때, 다른 한 사람이 벌써 뱀을 다 그렸다. 그리고 술을 낚아채며 말했다. "뱀은 발이 없어, 당신은 왜 뱀에게 발을 그렸지?" 말을 마친 후 그는 곧 술을 마셨다. 후에 "화사첨족"은 없는 것을 있는 것처럼 꾸며내고, 쓸데없는 행동을 하는 사람을 형용하는 말로 쓰이게 되었다.

문제해석

질문 : 고사성어 "화사첨족"은 현재 어떤 사람을 비유하는 말로 쓰이고 있는가?

A 건성으로 일하는 사람

B 쓸데없는 일을 하는 사람

C 성실히 일하는 사람

D 그림을 잘 그리는 사람

[정답] B

从前 有 一个下棋高手 名字叫 秋, 他的 棋艺 非常 高超。他
예전에 있었다 바둑의 고수가 이름이 불리는 추라고, 그의 바둑솜씨는 매우 출중했다. 그는

有 两个 学生, 一起跟他 学习 下棋。其中一个 学生 非常 专心,
있었다 두 명의 학생이. 같이 그에게 배우는 바둑을. 그 중 한 명의 학생은 매우 열심히.

却：다소 어색가 약한 전환을 나타냄

集中精力跟老师 学习。另一个 却 不是 这样, 他 认为 学下棋很
집중하여 정력을 스승에게 배웠다. 다른 한 사람은 그러나 안 했다 이렇게. 그는 여기다 배우는 것은 바둑을 매우

虽然 … 却：비록 …하지만, 설령 …할지라도

容易, 用不着认真。老师讲解的时候, 他 虽然 坐 在那里, 眼睛
쉽다고, 필요가 없다고 열심히 할. 스승이 강의를 할 때, 그는 비록 앉아 거기에, 눈은

在 … 着 … ：…하고 있다(동작이 진행 중)

也好像 在 看着 棋子, 心里 却 想着 别的："要是 现在到野外
마치 보고 있는 것 같지만 바둑알을, 마음은 오히려 생각하다 다른 것을. "만약 지금 나가 야외로

射 下 一只 大雁, 美餐一顿 该多 好。" 因为 他 总是 胡思乱想
쏘아 한 마리 기러기를, 맛있게 먹으면 한 끼 얼마나 좋을까." 때문에 그는 언제나 허튼 생각하여

心不在焉, 老师的 讲解 一点也没 听 进去。结果, 虽然 两个
마음이 딴 데에 가 있었다. 스승의 설명이 조금도 않았다 귀에 들어오지 결국, 비록 두

学生 同 是 一个 名师传授, 但是, 一个 进步 很快 成了 棋艺高
학생은 같이 하다 한 명의 이름난 스승에게 전수 받았다. 그러나 한 명은 진보가 매우 빨라 되었다 바둑솜씨가

强的 名手, 另一个 却一点本领也没 学 到。后来 这个 故事 被
뛰어난 명수가. 다른 하나는 오히려 조금의 기량 도 못 배웠다. 후에 이 이야기는

总结为 一个 成语, 那 就 是 "专心致至"。
종결되었다. 하나의 성어로, 그것이 바로 이다 "전심치지".

예전에 추라고 불리는 바둑의 고수가 있었는데 그의 바둑 솜씨는 매우 출중하였다. 그에겐 두 명의 학생이 있었는데, 그에게 함께 바둑을 배웠다. 그 중 한 학생은 전심 전력으로 정신을 집중하여 스승에게 배웠다. 그러나 다른 한 학생은 이와 달리 바둑을 배우는 것은 매우 쉽다고 느끼며 열심히 할 필요가 없다고 생각했다. 스승이 가르칠 때 그는 비록 그곳에 앉아 눈도 마치 바둑알을 보고 있는 것 같았지만 마음은 오히려 다른 것을 생각하고 있었다. "만약 지금 야외에 나가 기러기 한 마리를 사냥하여 맛있게 한 끼 먹으면 얼마나 좋을까?" 그는 항상 허튼 생각을 하며 마음은 딴데 가있었기 때문에 스승의 설명이 조금도 귀에 들어오지 않았다. 결과적으로 두 학생은 비록 같은 스승에게 전수를 받았지만 한 사람은 진보가 매우 빨라 바둑솜씨가 뛰어난 고수가 되었고, 다른 한 사람은 오히려 조금의 기량도 배우지 못했다. 후에 이 이야기는 하나의 성어가 되었다. 그것이 바로 "전심치지"이다.

문제해석

질문 : 두 학생이 같이 바둑을 배웠지만 왜 다른 학생은 아무것도 배우지 못했는가?

A 다른 학생은 야외에서 맛있는 음식을 먹는 것을 더 좋아했다.

B 다른 학생은 비교적 멍청했다.

C 다른 학생은 배울 때 잡생각을 하며 열심히 하지 않았다.

D 다른 학생은 원래 바둑을 싫어했다.

[정답] C

08 직독직해 및 문장성분 분석

今天, 我和奶奶爷爷 去 公园。 公园里 有 很多可爱的 动物。
오늘, 나와 할머니, 할아버지는 갔다 공원에. 공원 안에는 있다 매우 많은 귀여운 동물들이.

像…一样 : 마치 …같다

小兔子 就 是 其中的 一种, 它的 眼睛 像红宝石一样闪闪 发光,
작은 토끼는 바로 이다 그 중의 한 종류. 토끼의 눈은 마치 빨간 보석같이 반짝반짝 빛났다.

很 可爱, 它 吃东西时 嘴巴一动一动的, 像是在感谢我们去看它。
매우 귀엽다. 그것이 음식을 먹을 때 입이 조금씩 움직이는 것이. 마치 …같다 우리가 보러간 것을 감사해하는 것

公园里 还 有 孔雀, 在我们的一致鼓励下, 它 终于羞答答地 展
공원 안에는 또 있다 공작이, 우리의 일치된 격려하에, 그것은 마침내 수줍은듯이 펴보였다

=像…一样

开了 它那如扇子般的美丽 羽毛。 公园里 还 有 各种各样的 花:
그의 그 부채같은 아름다운 깃털을. 공원 안에는 또 있다 가지각색의 꽃이.

有 娇艳的 红玫瑰、有 纯洁的 白玉兰、有 活泼的 迎春花, 还 有
있다 아름다운 빨간 장미꽃이, 있다 순결한 백란화가, 있다 활기찬 개나리가, 또 있다

热情的 杜鹃花。 这 就 是 大自然的 美丽, 在这鲜花点缀的季节,
열정의 진달래가. 이것이 바로 이다 대자연의 아름다움. 이런 꽃들이 구색을 갖추는 계절은,

让 我 感受 到了 无限的 活力。 我 以后还要经常 去 公园 发现
하여금 나로 느끼게 한다 무한한 활력을. 나는 이후에 또 …할 것이다 자주 가서 공원에 발견

我们身边的 美。
우리 주변의 아름다움을.

해석

오늘 나와 할머니, 할아버지는 공원에 갔다. 공원 안에는 귀여운 동물들이 매우 많았다. 작은 토끼도 바로 그 중의 하나였다. 토끼의 눈은 빨간 보석같이 반짝반짝 빛났으며, 매우 귀여웠다. 토끼가 먹이를 먹을 때 입이 조금씩 움직이는 것이 마치 우리가 토끼를 보러 간 것을 감사해 하는 것 같았다. 공원 안에는 공작도 있었다. 우리의 하나같은 격려하에 공작이 마침내 수줍은 듯이 그의 부채같은 아름다운 깃털을 펼쳤다. 공원 안에는 또한 가지각색의 꽃들이 있었다. 아름다운 빨간 장미꽃이 있었고 순결한 백란화와 활기찬 개나리, 또 열정의 진달래꽃도 있었다. 이것이 바로 대자연의 아름다움이다. 이런 꽃들이 구색을 갖추고 있는 계절은 나로 하여금 무한한 활력을 느끼게 하였다. 나는 이후에 자주 공원에 가서 우리 주변의 아름다움을 발견할 것이다.

문제해석

질문 : 작가는 공원에 가서 놀았는데, 글 중에 언급하지 않은 것은 무엇인가?

A 공작

B 화초

C 토끼

D 날씨

[정답] D

직독직해 및 문장성분 분석

用: [用 + 명사]로 쓰여 동작에 필요한 도구, 방식, 수단을 나타낸다

童话故事最大的　特征　是　用丰富的想象力,　赋予动物、植物等
동화의 가장 큰　　　특징은　이다　풍부한 상상력으로,　부여한다 동물과　식물 등

物体人的感情。同时,　童话故事　总是把恶和善　极端化,　通俗地　说,
물체에게 사람의 감정을. 동시에,　동화는　　항상 악과 선을　극단화한다. 통속적으로 말해,

就　是　好人很善良,　坏人很恶毒。　比如《白雪公主》里,　七个小
바로　이다 착한 사람은 매우 착하고, 나쁜 사람은 매우 악독한 것.　예를 들어 〈백설공주〉에서,　일곱

矮人　很　善良,　而　皇后　很　恶毒;　《灰姑娘》里,　后母　很　恶毒,
난쟁이는　매우　착하다.　하지만　황후는　매우　악독하다.　〈신데렐라〉안에서　계모는　매우　악독하지만,

灰姑娘　很　善良。　童话里　往往还　包含了　神奇的魔法、无尽的财
신데렐라는　매우　착하다. 동화 속에선　종종 또　포함한다　신비한 마법과,　엄청난 재산,

富、凶恶的怪兽等　元素,　使　故事　能够　引人入胜,　打动　孩子的
흉악한 괴수 등의　요소들을, 하여금 이야기로 충분히 사람을 끌어들이며, 감동시킨다 아이들의

好奇心,　丰富　孩子的　想象力。一般来说,　童话故事　主要　是写给
호기심을,　풍부하게 한다 아이들의　상상력을.　일반적으로 말해,　동화는　주로　쓰여진다.

孩子的,　不过,　有童心的　成年人　同样　能够在童话故事中　找　到
아이들을 위해 그러나　동심을 가진　어른이라면　똑같이　할 수 있다 동화 안에서　찾다

快乐,　让　心灵　纯净。童话故事的　目的　是　教人勇敢、热情、善良
즐거움을, 하여금 마음으로 순수하게 한다.　동화의　　목적은　이다 가르치는 것 사람들에게 용감하고 열정적이며 선량하고

乐观,　反对卑鄙、怯懦、邪恶、虚伪。
낙관적인 것, 반대하는 것을 비겁하고 나약하며 사악하고 위선적인 것들에

해석

동화의 제일 큰 특징은 풍부한 상상력으로 동물과 식물 등 물체에게 사람의 감정을 이입하는 것이다. 동시에 동화는 항상 선과 악을 극단화한다. 통속적으로 이야기하면 착한 사람은 매우 선량하고 나쁜 사람은 매우 악독하다. 예를 들어 〈백설공주〉에서 일곱 난쟁이는 매우 착하다. 그러나 황후는 매우 악독하다. 〈신데렐라〉에서 계모는 매우 악독하지만 신데렐라는 매우 착하다. 동화 속에는 종종 신기한 마법과 엄청난 재산, 흉악한 괴수 등의 요소들이 포함되어 이야기로 하여금 사람들의 주목을 끌며 아이들의 호기심을 자극하고 아이들의 상상력을 풍부하게 한다. 일반적으로 말하자면, 동화는 아이들을 위해 쓰여지는 것이다. 그러나 동심을 가진 성인들이라면 동화 속에서 충분히 즐거움을 찾아 마음을 순수하게 할 수 있다. 동화의 목적은 사람으로 하여금 용감하고 열정적이며 선량하고 낙관적이게 하고, 비겁하고 나약하며 사악하고 위선적인 것에 반대하도록 가르치는 것이다.

문제해석

질문 : 다음 설명 중 올바르지 않은 것은 무엇인가?

A 동화는 사람들에게 용기와 선량함을 가르친다.

B 동화는 사람들에게 사악하고 위선적인 것에 반대하는 것을 가르친다.

C 동화는 사람들에게 열정과 소심함을 가르친다.

D 동화는 사람들에게 추악하고 비겁한 것에 반대하는 것을 가르친다.

[정답] C

해석

牡丹 原产 于中国西北部, 在中国 种植历史悠久, 南北朝时已
모란은 원산지이다 중국 서북부가. 중국에서 재배 역사가 유구하다. 남북조시대 이미

称 A 为 B : A를 B라고 부르다

成为 观赏植物。唐朝大量 栽 于长安, 宋代 称 "洛阳牡丹" 为天下
되었다 관상식물이. 당나라 때 대량으로 심었다 장안에. 송나라 때 칭했다 "낙양모란"을 천하

第一, 故牡丹 又 名 洛阳花。《群芳谱》中 记载 牡丹有180
제일이라고 옛 모란은 또 불리운다 낙양화로 《군방보》중에 기재되어있다. 모란은 있다고 180

多种, 有一千五百多年的种植史。牡丹 为 花中之王, 有 '国色
여종이. 있다 천 오백여 년의 재배역사가. 모란은 이다 꽃 중의 왕. 있다 '국색

天香' 之 称。每年4～5月 开花, 花朵 大而鲜艳, 美丽无比, 有
천향'의 칭호가. 매년 4～5월에 핀다 꽃을. 꽃봉오리는 크고 색이 아름다우며. 아름답기가 비할데 없으며. 있다

红、黄、白、粉紫、墨、绿、蓝等色。花多重瓣, 丰姿典雅, 花香
붉은색, 황색, 백색, 분홍색, 검은색, 녹색, 남색 등이 많은 꽃들과 층층의 잎들. 우아한 자태와. 꽃향기는

袭人。中国人民 把它 作为 富丽繁华的 象征, 称 之 为 "富贵花",
사람들에게 퍼진다. 중국 사람들은 그것을 여긴다 부와 번화의 상징으로, 칭한다 그것을 "부귀화"와

不仅… 而且…:…일 뿐만 아니라

"百两金"。牡丹 不仅 是 名贵的 观赏花木, 而且 有 较高 经济
"백양금"이라고. 모란은 뿐만 아니라 이다 이름난 관상화목. 또한 가지고 있다 비교적 높은 경제적

除…之外:…외에

价值。花 可以 制 酒, 根 可以 入 药。目前 除洛阳之外, 山东
가치를. 꽃으로는 할 수 있고 만들수 술을. 뿌리로는 할 수 있다 쓸 수 약으로. 현재. 낙양 외에. 산동

荷泽赵公社牡丹 最为 有名, 每逢4～5月间牡丹盛开之时, 五彩缤
하택조공사의 모란 제일 유명하다. 4～5월에 모란이 만발할 때가 되면. 오색찬란함과

纷, 香艳各异, 吸引着 全国园艺工作者和无数国际游人。
각각 다른 매력으로. 끌어 들인다 전국 원예 종사자와 수많은 국제 관광객을.

모란의 원산지는 중국 서북부이다. 중국에서 모란 재배 역사는 유구하며 남북조 시대에 이미 관상식물이 되었다. 당나라 시절 대량으로 장안에 모란을 심었으며 송나라 때에는 "낙양모란"을 천하제일이라 했고, 옛 모란을 낙양화라고도 불렀다. 〈군방보〉에 기재된 내용에 따르면 모란은 180여 종이 있으며, 천 오백여 년의 재배역사를 가지고 있다. 모란은 꽃 중의 왕으로 불리며 '국색천향'의 칭호가 있다. 매년 4～5월에 꽃을 피우며 꽃봉오리는 크고 아름다우며, 그 아름다움은 견줄 데가 없으며 붉은색, 황색, 백색, 분홍색, 검은색, 녹색, 남색 등의 색깔이 있다. 많은 꽃들과 층층의 잎들, 우아한 자태와 꽃향기는 사람들에게 퍼진다. 중국 사람들은 모란을 부와 번화의 상징으로 여기며 "부귀화", "백양금"으로도 부른다. 모란은 이름난 관상 꽃나무일 뿐만 아니라 비교적 높은 경제적 가치를 가지고 있다. 꽃으로는 술을 만들 수 있고 뿌리는 약으로 쓸 수 있다. 현재 낙양 외에 산동하택조공사의 모란이 제일 유명하다. 4～5월에 모란이 활짝 필 때가 되면 오색찬란하고 각양각색의 아름다움을 가진 모란이 전국의 원예 종사자와 수많은 국제 관광객을 끌어 모은다.

문제해석

질문 : 다음 중 모란에 대한 서술 중 틀린 것은 어느 것인가?

A 모란의 원산지는 중국 서북부이며 그 중 낙양과 산동의 모란이 제일 유명하다.

B 모란은 색깔이 풍부하고 적색, 황색, 백색, 분홍색, 검은색, 녹색, 갈색 등의 색을 가지고 있다.

C 모란은 관상용으로 적합할 뿐 아니라 약으로도 쓸 수 있다.

D 모란의 역사는 길어 약 1,500년의 재배 역사를 가지고 있으며 중국인의 많은 사랑을 받아왔다.

[정답] B

색인

효율적인 학습을 위해 그간 HSK에 출제되었던 어법 이론을 분석하여 출제 빈도수가 높은 부분을 주요 어법으로 구분하였습니다.

PART I

PART II

	주요 어법		중요도	비 고	페이지
명사&대명사	방위명사		★★★	在 … 上/中/下	127p
	대명사의 종류		★★	문장에 적합한 인칭/지시/의문대명사	135p
	의문대명사의 활용		★★	의문대명사 + 都/也 ~의문대명사~, ~의문대명사~	144p
	대명사의 위치		★★★	인칭대명사 + 지시대명사 + 수량사 + 명사	145p
수량사	배수		★★★	倍/多了/增加 등을 사용	150p
	어림수		★★★★	각 상황에 맞는 어림수 多와 来의 위치 左右, 前后와 上下의 사용	151p
	명량사		★★	각각의 명사에 적합한 양사 一把伞, 两公斤, 一身汗	155p
				一些와 一点(儿)은 명사 앞, 동사/형용사 뒤에 놓인다.	
동 사	동사와 목적어	명사, 대명사를 목적어로 갖는 동사	★★	동사는 일반적으로 명사 또는 대명사로 된 목적어를 가짐	166p
		'동사, 형용사, 구'만을 목적어를 갖는 동사	★	몇몇 동사는 명사/대명사를 목적어로 갖지 못하고 동사/형용사/구로 된 목적어만 가짐 예) 准备, 进行 …	166p
		목적어를 가질 수 없는 동사	★★	전치사와 함께 쓰임 예) 跟他结婚, 毕业于北京大学	167p
	동사 중첩 방식		★★	1음절 : AA, A—A, A了A, A了—A, A来A去, A一下 2음절 : ABAB, AB来AB去 이합동사 : AAB 동사만 중첩	169p
	이합 동사		★★	이합동사는 스스로 동목구조를 이루므로 뒤에 목적어를 가질 수 없음 예) 我想见他的面。	172p
형용사	형용사 중첩 방식		★★★	1음절 : AA 2음절 : AABB, ABAB, A里AB, ABB	184p
	형용사 중첩 후 특징		★	형용사 중첩 후에는 정도부사와 부정부사를 쓰지 않음	185p
부사	종류		★★★★	문장에 적합한 부사 찾기 예) 才, 就, 往往, 也, 还 …	191p
	위치		★★★★★	[주어 + 부사 + 술어], [부사 + 조동사 + 전치사구], [일반부사 + 부정부사]	202p
전치사	종류		★★★★	문장에 적합한 전치사 찾기 예) 从, 对, 向 …	209p
	위치		★★★★★	주어 + 전치사구(전치사 + 명사) + 술어 关于 + 주어, 술어 + 전치사(给/向/往 …)	217p
	把자문		★★★	[주어 + (시간명사/시간부사/부정부사/조동사) + 把 + 명사 + (给) + 술어 + 기타성분]	219p
	被자문		★★★	[주어 + (시간명사/시간부사/부정부사/조동사) + 被 + 명사 + (给) + 술어 + 기타성분]	222p
조사	동태조사 了와 연동문		★★	동사1 + 동사2 + 了	230p
	구조조사 的, 地, 得		★★★	[관형어 + 的 + 주어/목적어], [부사어 + 地 +술어], [得 + 정도보어/가능보어]	239p

PART III

	주요 어법		중요도	비 고	페이지
문 형	是 + 강조할 내용 + 的		★	是과 的사이에 강조할 내용을 씀 예) 是从美来国的。	249p
	반어문 형식		★★★	문장에 적합한 반어문 찾기 不是 … 吗?, 难道 … (吗/不成)	255p
	연동문 형식		★★★	[주어 + 부사어(부사/조동사/전치사구) + 술어$_1$ + (목적어$_1$) + 술어$_2$ + (목적어$_2$)]	257p
	겸어문	형식	★★★★	[주어 + 부사어(부사/조동사/전치사구) + 술어 + 겸어 + 술어]	262p
		술어로 자주 쓰이는 동사	★★	사역 겸어문(使/让/叫/派/请…을 첫 번째 술어로 사용)	263p
	존현문의 어순		★	[장소 + 동사(有/是) + 목적어], [장소 + (동사 + 着) + 목 적어], [장소 + 동사 + 了/보어 + 목적어]	266p
	비교문		★★	比자 비교문, 有자 비교문, 跟 … 一样을 이용한 비교문의 기본 형식과 부정 형식과 관련한 어순, 호응관계, 어휘	267p
접속사 와 복문	접속관계의 종류		★★★★★	문장에 적합한 접속사 찾기 (전환 관계와 관련한 문제가 가장 많음)	275p

'마인드맵으로 그려낸 문정아의 중국어 어법교과서'가 만들어지기까지 아래 참고 서적의 도움이 있었습니다. 매 참고 사항마다 출처를 밝히는 것이 도리이지만, 다음과 같이 간략하게 언급한 점에 대해 이책의 저자들에게 심심한 사과와 감사를 표하는 바입니다.

번호	제 목	출판사
1	HSK考前强化-语法	北京大学出版社
2	HSK语法指要与训练	北京大学出版社
3	对外汉语教学实用语法	北京语言文化大学出版社
4	现代汉语	高等教育出版社
5	HSK8级精解	北京大学出版社
6	现代汉语八百词	商务印书馆
7	汉语语法学	东北师范大学出版社
8	现代汉语语法学	广东高等教育出版社
9	汉语语法	上海大学出版社
10	语法理论纲要	上海译文出版社
11	现代汉语	高等教育出版社
12	中国现代汉语	商务印书馆
13	汉语讲义	商务印书馆
14	普遍语法原则与汉语语法现象	北京大学出版社
15	语法研究入门	商务印书馆
16	现代汉语语法讲话	商务印书馆
17	现代汉语语法研究教程	北京大学出版社
18	语法研究录	商务印书馆
19	汉语语法基础	商务印书馆
20	语言, 语用, 语法	文心出版社
21	实用现代汉语语法	商务印书馆
22	实用汉语语法	北京大学出版社
23	HSK语法精讲与自测	北京大学出版社
24	HSK应试语法	北京大学出版社
25	征服HSK汉语语法	北京大学出版社
26	HSK帮你顺利通8级之语法篇	清华大学出版社
27	通过HSK语法	中国铁道出版社
28	김연희 HSK王道어법	시사에듀케이션
29	강주영 HSK절대어법	넥서스
30	단번에 6급 따는 HSK 핵심어법	넥서스
31	HSK어법 콕콕 찍어주마	다락원
32	필승 HSK 어법 600	동양문고
33	만점비결 HSK 어법강의	동양문고
34	HSK 단번에 만점 따기	송산출판사
35	기출문제 어휘로 HSK 8급을 잡아라	송산출판사

번호	제 목	출판사
36	정통 HSK 어법	예담
37	중국어 문법책	시사중국어문화원
38	퀴즈퀴즈 중국어 문법	시사중국어문화원
39	100개 포인트로 쉽게 풀어낸 중국어 문법	다락원
40	박샘의 친절한 중문법	다락원
41	새로 쓴 중국어 문법 작문	케이시
42	고쳐 쓴 새 중국어 어법	계명대학교출판부
43	HSK 빨간 어법	아이차이나
44	중국어 문법 무작정 따라 하기	길벗
45	중국어 난점해결	중국어문화원
46	왜? 라는 질문에 속 시원히 답해주는 중국어 문법책	시사중국어문화원
47	회화가 강해지는 중국어 문법	을지 외국어
48	Chinese Idiom 235	다락원
49	알기 쉬운 101가지 중국어 기본 문형	문제와 연구사
50	직독직해 기초 중국어 문법	눈과 마음
51	중국어 필수 어휘 3051	화서당
52	HSK 시험에 꼭 나오는 필수단어 3050	송산출판사
53	HSK 잡아라! 만점-어법편	시사중국어연구원
54	최강 HSK 어법	혜지연
55	한권으로 끝내는 중국어 문법	지영사
56	HSK 어휘 8822	넥서스
57	8822 HSK 어휘	다락원
58	汉语800词词典	北京大学出版社
59	实用韩中词典	辽宁民族出版社
60	韩中词典	黑龙江出版社
61	现代汉语实词搭配词典	商务印书馆
62	HSK词语用法详解	北京大学出版社
63	现代汉语语法教程	对外经济贸易大学出版社
64	新华同义词词典	商务印书馆
65	新华反义词词典	商务印书馆
66	学汉语用例词典	北京大学出版社
67	HSK 词汇讲练	北京大学出版社
68	1700对近义词语用法对比	北京大学出版社
69	中国语 표현다루기	동양문고
70	신 현대한어 800사	동양문고
71	韩中辞典	고려대학교 민족문화연구소
72	韩中辞典	진명출판사
73	中国语虚词 쓰임 辞典	진명출판사
74	처음 중국어 사전	시사에듀케이션
75	중국어 허사 사전	다락원
76	실용중한사전	chinese zone
77	중국어 관용어사전	넥서스
78	중국어 유사어 비교사전	넥서스

★★★ 중국어 교육 1위

국내 최대 온라인 중국어학원
www.no1hsk.co.kr

Family | 리듬중국어탭 | 전화 / 화상중국어 | 어린이중국어   로그인 N f 💬 | 회원가입 | 장바구니 | 고객센터 | 교재소개 | **마이페이지**

문정아 중국어 참 쉬운 중국어 문정아가 답이다   학습상담 신청 시 100% 증정
Since 2003

얼리버드
평생회원반 | 올패스 (3, 6개월) | 문정아 단독! Zoom 실시간 강의 | 무료 강좌 | 전체 강좌 | 수강 후기

중국어 인강1위   전 강좌 무제한 자유 이용권 **올패스**

ALL PASS 올패스 무한 수강

올패스 3/6/12개월   **올패스 PREMIUM 평생회원반**

이 시대 최고의 스펙 중국어, 올패스로 단 기간에 해결할 수 있습니다.   중국어 교육 1위만의 자신있는 서비스! 2개월 학원 수강료로 모든 강좌 평생 무제한 수강

평생회원반 이벤트 | 올패스란? | **Zoom** 문정아 실시간 수업 | 리듬중국어란? | 전화/화상 중국어 | 무료 상담&커피쿠폰

문정아 중국어 학습 지원 서비스

동영상 강의
명강사의 강의를 동영상으로!
중국어 최고의 스타강사 문정아 선생님이 동영상으로 여러분께 직접 강의합니다
마치 직접 학원강의를 듣는듯한 생생한 동영상 강의를 지금 만나보세요!

묻고 답하기
궁금한 점, 어려운 부분을 실시간으로 해결해 준다!
책으로 공부하다가 막히는 부분이 있다면 주저 말고 홈페이지 Q&A 게시판에 질문하세요.
문정아 강사를 비롯한 문정아중국어연구소 중국어 연구원이 속 시원하게 해결해 드립니다.

무료 자료실
MP3 무료 다운로드 및 자료 제공!
교재와 관련된 MP3 파일 및 기타 자료를 무료로 다운받을 수 있습니다.

HSK 정보
시험에 관한 정보를 한눈에!
HSK 시험소개, 응시 정보, HSK 학습법, Q&A 등 HSK에 대한 모든 정보를 제공합니다.

대한민국 중국어 교육 22관왕

(Since 2003) 전통 중국어 교육 외길

중국어
교육
1위

중국어교육 전문분야 1위
(랭키닷컴 2017년 기준)

검증된 문정아 중국어

문정아중국어는 여러분의 중국어 실력향상을 위해
오로지 중국어만을 연구하였습니다. 우리의 목표는
여러분이 더 쉽고, 더 빠르게 중국어를 끝내는 것, 그 하나뿐입니다.

최고의 중국어 콘텐츠!

올패스
입문부터 고급까지
올패스 하나면 끝

평생 회원
중국어 무한 수강,
평생 책임!

리듬중국어
성조/병음/말하기를
리듬으로 한번에!

전화 / 화상
보고, 듣고 말하는
전화/화상 중국어

문정아 중국어, 이유 있는 선택!

월 2만원
2개월 학원비로,
평생 수강!

Since 2003
중국어 전설,
명불허전 문정아

2개월
왕초보도
중국어로 말을 한다.

8,000여 강
양질의
중국어 학습 컨텐츠

참 쉬운 중국어, 문정아 가 답이다!

중국어, 문정아가 답이다!

중국어 교육 1위! 검증된 전문 강사, 문정아 ▼

 대한민국 행정자치부 장관상 수상
중국어 학원 강사 최초

 중국어 교육 전문분야 1위 수상
랭키닷컴 순위 선정 2018.08~

 국회 미래창조과학 방송통신위원장 표창장
2015 국회 미래창조과학 선정 기준

 2015 대한민국 신창조 경영인 대상
대한민국 창조인 선정

 2017 소비자에게 신뢰받는 착한브랜드 대상
동아일보 선정

2017 대한민국 소비자 신뢰브랜드 대상
매일 경제 선정

 2016 대한민국 명품 브랜드 대상
한국경제 신문 선정

2016 대한민국 고객만족 브랜드 대상
일간스포츠 선정

2016 한국 소비자 만족 지수 1위
한경 BUSINESS 선정 기준

 외국어 대표 저자 강사 중국어 부문 1위
yes 24 선정 기준

2016 대한민국 브랜드 파워 대상
머니투데이 주관

20대가 뽑은 2016 최고 중국어 강사 1위
랭키디아 & 스펙업 20대 대학생 선정 기준

 2015 대한민국 브랜드 파워 대상
머니투데이 주관

2015 대한민국 명품 브랜드 대상
한국경제 신문 선정

 20대가 뽑은 2015 최고 중국어 강사 1위
랭키디아 & 스펙업 20대 대학생 선정 기준

 2015 국가품질 만족지수 1위
한국미디어마케팅진흥원 전자 신문 선정 기준

 20대가 가장 사랑한 브랜드 1위
대학내일 선정 기준 중국어 부문

 2015 대한민국 서비스 만족 대상
한국일보 선정

 2015 한국 소비자 선호도 1위 브랜드 대상
일간스포츠 선정

 2015 한국 소비자 만족 지수 1위
한경 BUSINESS 선정 기준

 2014 대한민국 브랜드 파워 대상
머니투데이 주관

 2014 대한민국 히트상품 대상
디지털 조선일보 선정

중국어 전공자가 강력 추천하는 강의

국내 유일
중국어 교육 업계 최초
대한민국 행정자치부 장관상 수상

10년 연속 베스트셀러
문정아가 그려준 중국어 어법교과서
10년 연속 중국어 어법 부문 베스트셀러 달성

Since 2003
설립 이래, 오로지
중국어만 연구한 격이 다른 전문가

1위 달성
중국어 교육 전문분야 1위
대한민국 선호도 1위 브랜드 대상
대한민국 브랜드 파워 대상 등

어법교과서 자기주도 학습용 워크북

마인드맵으로 그려낸

문정아의
중국어
어 법
교과서

| 문정아 지음 |

워크북
특별부록

(주)문정아중국어연구소
www.no1hsk.co.kr

1. 다음 중 잘못된 문장을 고르세요.

　　A. 去叫总经理吧。
　　B. 你看，雨下了。
　　C. 都拿走也没关系。
　　D. 我的项链在这儿。

2. 다음 빈칸에 알맞은 말을 고르세요.

前天晚上逛街的时候 ＿＿＿＿＿＿＿＿＿＿＿ 。

　　A. 我你男朋友碰见了
　　B. 碰见你男朋友我了
　　C. 我碰见你男朋友了
　　D. 你男朋友碰见我了

3. 다음 빈칸에 알맞은 말을 고르세요.

＿＿＿＿＿＿＿＿＿ 是最重要的。

　　A. 决心小王他自己的
　　B. 小王他自己的决心
　　C. 他自己的小王决心
　　D. 小王决心他自己的

4. 주어에 밑줄을 치세요.

　(1) 他很有本事。
　(2) 谁是你的老师？
　(3) 这个面包是我的。
　(4) 昨天我的叔叔去了荷兰。

5. 다음을 어순에 맞게 배열하세요.

　(1) 一个　姐姐　我　有
　　　　A　　　B　　C　D

　(2) 我的　这　是　孙子
　　　　A　　B　　C　　D

　(3) 摩托车　真　骑　有意思
　　　　A　　　B　　C　　D

1. 다음 중 잘못된 문장을 고르세요.

A. 去叫总经理吧。
B. 你看，雨下了。
C. 都拿走也没关系。
D. 我的项链在这儿。

[해석] A. 가서 총지배인을 불러라.
　　　 B. 봐봐, 비가 온다.
　　　 C. 다 가져가도 상관없다.
　　　 D. 내 목걸이는 여기에 있다.
[어휘] 叫[jiào]통 부르다　　总经理[zŏngjīnglĭ]명 총지배인, 사장
　　　 没关系[méiguānxi] 괜찮다, 상관없다　　项链[xiàngliàn]명 목걸이

Tip

[술어 + 목적어 + 어기조사]

B는 자연현상으로, 주어가 생략된 문장이다. 술어 下는 목적어 雨 앞에 놓여 下雨了가 되어야 한다.

정답 B (➡ 你看，下雨了。)

2. 다음 빈칸에 알맞은 말을 고르세요.

前天晚上逛街的时候 ＿＿＿＿＿＿＿＿＿＿＿＿＿＿＿。

A. 我你男朋友碰见了
B. 碰见你男朋友我了
C. 我碰见你男朋友了
D. 你男朋友碰见我了

[해석] 그저께 저녁 쇼핑할 때 난 네 남자친구와 마주쳤다.
[어휘] 前天[qiántiān]명 그저께　　～的时候[deshíhou] ～할 때
　　　 逛街[guàngjiē]통 거리 구경하다, 쇼핑하다　　碰见[pèngjiàn]통 마주치다, 우연히 만나다

Tip

[주어 + 술어 + 보어 + 목적어]

주어가 될 수 있는 것으로 我와 你男朋友가 있는데 내가 너의 남자친구와 마주쳤다고 하는 것이 더 자연스럽다. 我가 주어로 시작하는 A와 C 중 중국어에서는 술어가 목적어 앞에 위치하므로 C가 정답이 된다.

정답 C

더 어려워요~
3. 다음 빈칸에 알맞은 말을 고르세요.

＿＿＿＿＿＿＿＿＿ 是最重要的。

A. 决心小王他自己的
B. 小王他自己的决心
C. 他自己的小王决心
D. 小王决心他自己的

[해석] 샤오왕 자신의 결심이 가장 중요하다.
[어휘] 决心[juéxīn]명통 결심(하다)　　重要[zhòngyào]형 중요하다

Tip

[관형어 + 的 + 주어]

이 문장에서 주어는 决心이고 小王他自己的는 주어를 수식하는 수식성분으로 주어 앞에 놓여야 한다. 그러므로 B가 정답이 된다.

정답 B

4. 주어에 밑줄을 치세요.

(1) 他很有本事。

(2) 谁是你的老师？

(3) 这个面包是我的。

(4) 昨天我的叔叔去了荷兰。

[해석] (1) 그는 능력이 아주 많다.
　　　(2) 누가 너의 선생님이니?
　　　(3) 이 빵은 내 것이다.
　　　(4) 어제 우리 삼촌은 네덜란드에 가셨다.

[어휘] 本事[běnshi]몡능력, 기량　　面包[miànbāo]몡빵　　叔叔[shūshu]몡삼촌
　　　荷兰[Hélán]몡네덜란드(국가명)

어려워요~

5. 다음을 어순에 맞게 배열하세요.

(1) <u>一个</u>　<u>姐姐</u>　<u>我</u>　<u>有</u>
　　　A　　　B　　　C　　D

(2) <u>我的</u>　<u>这</u>　<u>是</u>　<u>孙子</u>
　　　A　　　B　　C　　D

(3) <u>摩托车</u>　<u>真</u>　<u>骑</u>　<u>有意思</u>
　　　A　　　　B　　C　　D

[해석] (1) 나는 언니 한 명이 있다.
　　　(2) 이 아이는 내 손자이다.
　　　(3) 오토바이를 타는 것은 정말 재미있다.

[어휘] 孙子[sūnzi]몡손자　　骑[qí]됭~을 타다(자전거, 오토바이 등 다리를 벌리고 타는 것)
　　　摩托车[mótuōchē]몡오토바이

Tip

(1) [주어 + 부사어 + 술어 + 목적어]
　주어 他 는 부사어 很과 술어 有 앞에 위치한다.

(2) [주어 + 술어 + 관형어 + 목적어]
　주어 谁는 술어 是 앞에 위치한다.

(3) [관형어 + 주어 + 술어 + 목적어]
　这个는 주어를 꾸며주는 관형어이고 술어 是 앞에 쓰인 面包가 주어가 된다.

(4) [부사어 + 관형어 + 주어 + 술어 + 목적어]
　네덜란드에 가는 주체가 叔叔이고 昨天은 부사어, 我的는 叔叔를 꾸며주는 관형어이다.

정답 (1)他 (2)谁 (3)面包 (4)叔叔

Tip

(1) [주어 + 술어 + 관형어 + 목적어]
　수량사 一个가 수식할 수 있는 성분은 姐姐뿐이므로 A+B. 술어가 될 수 있는 것은 D밖에 없고 문맥상 我가 주어가 되어야 한다. 따라서 정답은 CDAB가 된다.

(2) [주어 + 술어 + 관형어 + 목적어]
　문맥상 我的는 수식성분으로 쓰여야 하는데 我的의 수식을 받을 수 있는 것은 孙子뿐이므로 A+D이다. 是이 술어가 될 수 있는데 我的孙子是这는 말이 되지 않으므로 정답은 BCAD가 된다.

(3) [주어 + 부사어 + 술어]
　骑摩托车(오토바이를 타다)가 주어로 쓰인 문장이다. 부사어 真과 술어 有意思는 주어 뒤에 놓여 정답은 CABD이다.

정답 (1)CDAB (2)BCAD (3)CABD

술어 ▶▶

02   확인 학습 문제   P 47 참고

1. 다음 중 잘못된 문장을 고르세요.

    A. 后天是星期天。

    B. 他为什么照顾你？

    C. 我那部电视连续剧看完了。

    D. 大家都愿意去那儿。

2. 다음 빈칸에 알맞은 말을 고르세요.

    你不用那么客气, ＿＿＿＿＿＿＿。

    A. 咱们都是好朋友

    B. 好朋友都是咱们

    C. 咱们是都好朋友

    D. 都好朋友是咱们

3. 제시된 단어가 들어갈 곳을 찾으세요.

    (1) A 我们 B 三个人 C 长城 D。
               游览

    (2) A 你 B 想 C 什么 D 饮料？
          喝

    (3) A 爬 B 那座山 C 有点儿 D。
             困难

4. 술어에 밑줄을 치세요.

    (1) 那本书二十七块钱。

    (2) 你能借给我笔吗？

    (3) 我不想拿这个东西去。

    (4) 那个高个子的孩子是高中生。

5. 다음을 어순에 맞게 배열하세요.

    (1) 高　今天的　气温　相当
       A   B   C   D

    (2) 怎么样　他的　身体　父母？
        A   B   C   D

    (3) 古文　读　会　他　这些
       A   B   C   D   E

1. 다음 중 잘못된 문장을 고르세요.

   A. 后天是星期天。
   B. 他为什么照顾你？
   C. 我那部电视连续剧看完了。
   D. 大家都愿意去那儿。

 Tip

[주어 + 술어 + 보어 + 관형어 + 목적어]

중국어에서는 술어가 목적어보다 먼저 나오므로 那部电视连续剧 는 看完了 뒤에 와야 한다.
참고로 목적어를 강조하거나 목적어 부분이 복잡할 경우 목적어를 문장 맨 앞으로 전치시켜 那部电视连续剧我看完了。가 될 수도 있다.

[해석] A. 모레는 일요일이다.
      B. 그가 왜 너를 보살피니?
      C. 나는 그 드라마를 다 보았다.
      D. 모두 다 그곳에 가길 원한다.
[어휘] 后天[hòutiān]몡모레　照顾[zhàogu]동돌보다, 보살피다　部[bù]양부, 편(영화, 서적따위)
电视连续剧 [diànshìliánxùjù]몡TV드라마, 연속극　愿意[yuànyì]조동~하기를 바라다

정답 C (➡ 我看完了那部电视连续剧。)

2. 다음 빈칸에 알맞은 말을 고르세요.

你不用那么客气，_____。

   A. 咱们都是好朋友
   B. 好朋友都是咱们
   C. 咱们是都好朋友
   D. 都好朋友是咱们

 Tip

[주어 + 부사어 + 술어 + 관형어 + 목적어]

주어 咱们이 문장의 가장 앞에 나오고 술어 是을 수식하는 부사어 都가 술어 앞에 나와야 한다. 목적어를 수식하는 관형어 好가 목적어 朋友 앞에 나와야 하므로 정답은 A. 咱们都是好朋友 이다.

[해석] 너 그렇게 사양할 것 없어. 우리는 모두 좋은 친구잖아.
[어휘] 不用[búyòng]조동~할 필요없다　咱们[zánmen]대우리
客气[kèqi]형정중하다, 사양하다

정답 A

3. 제시된 단어가 들어갈 곳을 찾으세요.

(1) A 我们 B 三个人 C 长城 D 。
     游览

(2) A 你 B 想 C 什么 D 饮料？
     喝

(3) A 爬 B 那座山 C 有点儿 D 。
     困难

 Tip

(1) [주어 + 술어 + 목적어]

술어 游览은 주어 我们三个人 뒤, 목적어 长城 앞에 와야 한다.

(2) [조동사 + 동사]

동사 喝는 조동사 想 뒤에 와야 한다.

(3) [부사어 + 술어]

술어가 되는 형용사 困难은 부사어가 되는 부사 有点儿 뒤에 와야 한다.

[해석] (1) 우리 세 사람은 만리장성을 유람한다.
      (2) 너 무슨 음료를 마시고 싶니?
      (3) 저 산을 오르는 것은 조금 어렵다.
[어휘] 游览 [yóulǎn]동유람하다　饮料[yǐnliào]몡음료　爬山[páshān]동등산(하다)
座[zuò]양동, 채(산, 건축물, 교량 등을 셀 때)　困难 [kùnnan]몡곤란, 어려움, 애로
형힘들다, 곤란하다

정답 (1) C (2) C (3) D

4. 술어에 밑줄을 치세요.

(1) 那本书二十七块钱。
(2) 你能借给我笔吗？
(3) 我不想拿这个东西去。
(4) 那个高个子的孩子是高中生。

[해석] (1) 그 책은 27원이다.
(2) 너 나에게 펜을 빌려줄 수 있니?
(3) 나는 이 물건을 가져가고 싶지 않다.
(4) 그 키 큰 아이는 고등학생이다.

[어휘] 借[jiè] 통 빌리다   拿[ná] 통 가지다   个子[gèzi] 명 키
高中生[gāozhōngshēng] 명 고등학생

어려워요~

5. 다음을 어순에 맞게 배열하세요.

(1) 高   今天的   气温   相当
　　A　　　B　　　　C　　　D

(2) 怎么样   他的   身体   父母
　　 A　　　 B　　　C　　　D

(3) 古文   读   会   他   这些
　　A　　 B　 C　 D　　E

[해석] (1) 오늘의 기온은 상당히 높다.
(2) 그의 부모님은 건강이 어떠시니?
(3) 그는 이런 고문들을 읽을 수 있다.

[어휘] 气温 [qìwēn] 명 기온   相当 [xiāngdāng] 부 상당히, 꽤
古文 [gǔwén] 명 고문(옛날 문자)   读 [dú] 통 읽다

Tip

(1) [주어 + 술어]
수량사+명사 二十七块钱이 술어로 쓰여 주어 书 뒤에 위치한다.

(2) [부사어 + 술어 + 보어]
조동사 能은 동사 借를 수식하는 부사어이고 전치사 给는 동사 借 뒤에서 보충 설명하는 보어의 역할을 한다. 그러므로 술어는 借이다.

(3) [주어 + 부사어 + 술어 + 관형어 + 목적어]
조동사 想은 동사 拿를 수식하는 부사어이고 去는 방향보어이다.

(4) [주어 + 술어]
주어는 孩子이고 그 뒤에 나오는 동사 是가 술어가 된다. 那个高个子的는 孩子를 꾸며주는 관형어이다.

정답 (1) 二十七块钱   (2) 借
(3) 拿   (4) 是

Tip

(1) [관형어 + 주어 + 부사어 + 술어]
술어가 될 수 있는 말은 형용사 高로 부사 相当의 수식을 받으므로 D+A가 되고, 今天的는 气温을 꾸며주는 말로 B+C가 된다. 주어는 술어 앞에 놓이므로 BCDA가 정답이다.

(2) [관형어 + 주어 + 술어]
주어는 父母이고 이를 꾸며주는 他的가 그 앞에 온다. 身体怎么样은 주술구조의 술어인데 주어 뒤에 놓이므로 BDCA가 정답이 된다.

(3) [주어 + 술어 + 관형어 + 목적어]
조동사는 동사 앞에 놓이므로 C+B가 되고, '읽다'라는 동작을 할 수 있는 주체는 他이므로 DCB가 된다. 这些는 古文을 꾸며주는 관형어로 정답은 DCBEA이다.

정답 (1)BCDA (2)BDCA (3)DCBEA

1. 어순이 잘못된 것을 고르세요.

　　A. 我不想讨论那种事。
　　B. 他天天练太极拳。
　　C. 他们受欢迎中国人的。
　　D. 我们究竟要挑选几个？

2. 다음 빈칸에 알맞은 말을 고르세요.

　　现在我能不能＿＿＿＿＿＿＿？

　　A. 大家问昨天发生了什么事
　　B. 问大家昨天发生了什么事
　　C. 昨天发生了什么事问大家
　　D. 大家昨天发生了什么事问

3. 다음 빈칸에 알맞은 말을 고르세요 .

　　今天中午＿＿＿＿＿＿＿，现在不想吃。

　　A. 吃了很多东西我
　　B. 很多东西我吃了
　　C. 吃了我很多东西
　　D. 我吃了很多东西

4. 목적어에 밑줄을 치세요.

　　(1) 我们参观博物馆。
　　(2) 他的哥哥不是做买卖的。
　　(3) 昨天我吃完了三个甜瓜。
　　(4) 丹丹喜欢看京剧。

5. 다음을 어순에 맞게 배열하세요.

　　(1) 这样的　想　他　买
　　　　　A　　　B　C　D

　　(2) 来　他　这儿　要
　　　　　A　B　　C　　D

　　(3) 小李　天使　大家叫
　　　　　A　　　B　　　C

　　(4) 数学　教　李老师　我们
　　　　　A　　B　　C　　　D

목적어 ▶▶

더 어려워요~

1. 어순이 잘못된 것을 고르세요.

　A. 我不想讨论那种事。
　B. 他天天练太极拳。
　C. 他们受欢迎中国人的。
　D. 我们究竟要挑选几个？

[해석] A. 나는 그런 일은 토론하고 싶지 않다.
　　　 B. 그는 매일 태극권을 연습한다.
　　　 C. 그들은 중국인의 환영을 받는다.
　　　 D. 우리 대체 몇 개를 골라야 하지?

[어휘] 讨论 [tǎolùn] 图 토론하다　　　练 [liàn] 图 연습하다, 단련하다
　　　 太极拳 [tàijíquán] 图 태극권　　　受欢迎 [shòuhuānyíng] 환영을 받다, 인기 있다
　　　 究竟 [jiūjìng] 图 대체, 요컨대　　　挑选 [tiāoxuǎn] 图 고르다, 선택하다

Tip

[주어 + 술어 + 관형어 + 목적어]

C에서 受와 欢迎은 함께 자주 쓰이는 말이지만 이 문장에서는 수식하는 말인 中国人的 뒤에 목적어 欢迎이 와야 한다.

정답 C (➡ 他们受中国人的欢迎。)

---

2. 다음 빈칸에 알맞은 말을 고르세요.

　现在我能不能＿＿＿＿＿＿？

　A. 大家问昨天发生了什么事
　B. 问大家昨天发生了什么事
　C. 昨天发生了什么事问大家
　D. 大家昨天发生了什么事问

[해석] 지금 내가 모두에게 어제 무슨 일이 있었는지 물어봐도 될까요?
[어휘] 发生[fāshēng] 图 생기다, 발생하다

Tip

[술어 + 간·목 + 직·목]

问은 이중 목적어를 가질 수 있는 동사이다. 사람을 나타내는 大家가 간접목적어로 동사 가까이 놓여야 하고 昨天发生了什么事은 직접목적어로 뒤에 놓여 정답은 B. 问大家昨天发生了什么事이다.

정답 B

---

3. 다음 빈칸에 알맞은 말을 고르세요.

　今天中午＿＿＿＿＿＿，现在不想吃。

　A. 吃了很多东西我
　B. 很多东西我吃了
　C. 吃了我很多东西
　D. 我吃了很多东西

[해석] 오늘 점심에 나는 아주 많은 음식을 먹어서 지금은 먹고 싶지가 않다.
[어휘] 中午[zhōngwǔ] 图 점심, 정오

Tip

[주어 + 술어 + 관형어 + 목적어]

기본적으로 주어(我) + 술어(吃) + 목적어(东西)의 어순을 갖는데 很多는 东西를 수식하는 관형어로 东西 앞에 위치하므로 정답은 D. 我吃了很多东西가 된다.

정답 D

4. 목적어에 밑줄을 치세요.

(1) 我们参观博物馆。
(2) 他的哥哥不是做买卖的。
(3) 昨天我吃完了三个甜瓜。
(4) 丹丹喜欢看京剧。

[해석] (1) 우리는 박물관을 견학한다.
(2) 그의 형은 장사하는 사람이 아니다.
(3) 어제 나는 참외 세 개를 다 먹었다.
(4) 딴딴은 경극 보는 것을 좋아한다.

[어휘] 参观 [cānguān] 통 견학하다,참관하다　博物馆 [bówùguǎn] 명 박물관
做买卖 [zuòmǎimai] 장사하다　甜瓜 [tiánguā] 명 참외
京剧 [jīngjù] 명 경극(중국 전통극)

어려워요~

5. 다음을 어순에 맞게 배열하세요.

(1) <u>这样的</u>　<u>想</u>　<u>他</u>　<u>买</u>
　　　A　　　　B　　C　　D

(2) <u>来</u>　<u>他</u>　<u>这儿</u>　<u>要</u>
　　A　　B　　C　　　D

(3) <u>小李</u>　<u>天使</u>　<u>大家叫</u>
　　　A　　　B　　　　C

(4) <u>数学</u>　<u>教</u>　<u>李老师</u>　<u>我们</u>
　　　A　　B　　　C　　　　D

[해석] (1) 그는 이런 것을 사고 싶어 한다.
(2) 그는 여기에 오려고 한다.
(3) 모두 샤오리를 천사라고 부른다.
(4) 이 선생님은 우리에게 수학을 가르치신다.

[어휘] 要 [yào] 조동 ~하려고 하다, ~해야 한다
天使 [tiānshǐ] 명 천사　数学 [shùxué] 명 수학

Tip

(1) [술어 + 목적어]
　　술어 参观 뒤에 놓인 博物馆이 목적어이다.

(2) [술어 + 목적어(的자구)]
　　做买卖的라는 的자구 전체가 술어 是 뒤에서 목적어로 쓰였다.

(3) [관형어 + 목적어]
　　三个는 목적어를 앞에서 꾸며주는 관형어이다. 따라서 甜瓜만 목적어에 해당한다.

(4) [술어 + 목적어(동사구)]
　　看京剧라는 동사구 자체가 喜欢의 목적어로 쓰였다.

정답　(1) 博物馆　(2) 做买卖的
　　　(3) 甜瓜　(4) 看京剧

Tip

(1) [주어 + 부사어(조동사) + 술어 + 목적어(的자구)]
　　동사 买의 주체는 他이므로 他가 주어가 되고 그 뒤에 부사어로 쓰인 조동사 想과 술어로 쓰인 동사 买가 나온다. 这样的는 목적어이므로 CBDA가 된다.

(2) [주어 + 부사어 + 술어 + 목적어]
　　기본적으로 주어(他) + 술어(来) + 목적어(这儿)의 어순을 갖는다. 조동사 要는 부사어로 동사 来 앞에 위치한다.

(3) [주어 + 술어 + 간·목 + 직·목]
　　이중 목적어 문장으로 술어 叫 뒤에 간접목적어 小李와 직접목적어 天使이 순서대로 나와 CAB가 된다.

(4) [주어 + 술어 + 간·목 + 직·목]
　　이중 목적어 문장으로 술어는 教이며 선생님이 우리에게 수학을 가르친다고 하는 게 맞으므로 CBDA가 된다.

정답　(1)CBDA　(2)BDAC
　　　(3)CAB　　(4)CBDA

1. 다음 중 잘못된 문장을 고르세요.

A. 明天来五十个人。
B. 那可爱的帽子是谁的？
C. 她要穿那旧旧鞋。
D. 我哥哥是英语老师。

2. 다음 중 어순이 올바른 문장을 고르세요.

A. 看昨天的电影真感人。
B. 在我们班最高的个子人是他。
C. 新你的裤子很好看。
D. 他喜欢的那个人是小丽吗？

3. 다음 빈칸에 알맞은 말을 고르세요.

我昨天买了＿＿＿＿＿＿。

A. 语法书新出版的
B. 新的语法书出版
C. 出版新的语法书
D. 新出版的语法书

4. 다음 빈칸에 알맞은 말을 고르세요.

她是＿＿＿＿＿＿。

A. 一位热心照顾的孩子好母亲
B. 热心照顾孩子的好一位母亲
C. 一位热心照顾孩子的好母亲
D. 一位热心照顾孩子好的母亲

5. 다음 빈칸에 알맞은 말을 고르세요.

我哥哥＿＿＿＿＿＿？

A. 跟你说了到底是什么？
B. 到底跟你说了什么？
C. 到底说了跟你什么？
D. 到底跟你说的话是什么？

6. 다음 밑줄 친 말 중 관형어가 아닌 것을 고르세요.

A. 这些都是优秀作品。
B. 韩国的交通很方便。
C. 昨天一共来了十七个人。
D. 关于汽车他什么都知道。

7. 다음 중 的의 쓰임이 잘못된 문장을 고르세요.

A. 他的书包在哪儿？
B. 今天来了新法语的老师。
C. 小小的房间里有很多人。
D. 这是我可爱的妹妹小丽。

8. 제시된 단어가 들어갈 곳을 찾으세요.

(1) 老李 A 词典 B 在 C 教室 D 里。
　　　　　　　　的
(2) 他 A 是 B 一个 C 聪明 D 孩子。
　　　　　　　　　的
(3) A 你 B 说的 C 那 D 人去他家了。
　　　　　　　　　两个
(4) A 她 B 弄丢了 C 我 D 课本。
　　　　　　　　妹妹的

9. 관형어에 밑줄을 치세요.

(1) 这是前天买的蔬菜。
(2) 昨天新来的同学就是他。
(3) 那两个人是我最好的朋友们。
(4) 我姐姐的朋友穿了玻璃鞋。

10. 다음을 어순에 맞게 배열하세요.

(1) 昨天　奶奶的　衣服　买了
　　　　　　A　　　B　　C

(2) 小明　弟弟　是　我　领导的
　　　　　A　　B　C　　D

(3) 人　有　房间里　五　个
　　A　　B　　C　　D　E

(4) 的　位　美丽　那　姑娘　谁　是？
　　A　B　　C　　D　　E　　F　G

11. 밑줄 친 '的'의 쓰임이 잘못된 문장을 고르세요.

   A. 你说的办法不可以。
   B. 我们中文老师是一位很谦虚的人。
   C. 从里边的屋子里传出来美妙的琴声。
   D. 这是一件小的事，你不用那么紧张。

13. 다음을 어순에 맞게 배열하세요.

   (1) 妈妈买了　漂亮　昨天　的　衣服　不少
       A　　　　B　　C　　D　E　　F
   (2) 重要的　这是　考试　非常　一个
       A　　　B　　C　　D　　E
   (3) 小李的　姑娘是　妹妹　穿红色衣服的
       A　　　B　　　C　　D
   (4) 我要买　铅笔　用的　一支　画画
       A　　　B　　C　　D

15. 다음 빈칸에 알맞은 말을 고르세요.

   ＿＿＿＿＿＿＿是我的老师。

   A. 那个走过来的
   B. 走过来那个人
   C. 走过来的那个人
   D. 那个人走过来

17. 다음 빈칸에 알맞은 말을 고르세요.

   ＿＿＿＿＿＿＿在北京工作。

   A. 我老的同学
   B. 我的老的同学
   C. 我老同学
   D. 我的老同学

19. 다음 빈칸에 알맞은 말을 고르세요.

   ＿＿＿＿＿＿＿那本漫画书，我已经买到了。

   A. 你说的昨天
   B. 你昨天说的
   C. 昨天说的你
   D. 你昨天说

12. 다음 빈칸에 알맞은 말을 고르세요.

   ＿＿＿＿＿＿＿＿＿＿＿＿＿＿住院了。

   A. 教你们音乐那位老师
   B. 教你们的音乐那位老师
   C. 教你们音乐的那位老师
   D. 教你们的音乐的那位老师

14. 제시된 단어가 들어갈 곳을 찾으세요.

   他 A 与梅娜 B 姐姐 C 关系 D 一直很不错。

   的

16. 다음 빈칸에 알맞은 말을 고르세요.

   长城是＿＿＿＿＿＿＿＿。

   A. 之一中国文化的象征
   B. 象征中国文化的之一
   C. 中国文化的象征之一
   D. 中国的文化象征之一

18. 다음 빈칸에 알맞은 말을 고르세요.

   这当然是＿＿＿＿＿＿＿情景。

   A. 少有的最美的
   B. 少有最美
   C. 最美少有
   D. 最美的少有的

20. 다음 빈칸에 알맞은 말을 고르세요.

   ＿＿＿＿＿＿＿事情都不少。

   A. 家外家里
   B. 家里家外的
   C. 里外家家的
   D. 家外家里的

더 어려워요~

1. 다음 중 잘못된 문장을 고르세요.

A. 明天来五十个人。

B. 那可爱的帽子是谁的？

C. 她要穿那旧旧鞋。

D. 我哥哥是英语老师。

[해석] A. 내일 50명이 온다.
　　　 B. 그 귀여운 모자는 누구의 것이니?
　　　 C. 그녀는 그 오래된 신발을 신으려고 한다.
　　　 D. 우리 오빠는 영어 선생님이다.
[어휘] 帽子 [màozi] 명 모자　　穿 [chuān] 동 입다, 신다

Tip

[형용사 중첩 + 的]

중첩된 형용사가 관형어로 쓰여 뒤의 단어를 수식할 경우에는 的를 생략할 수 없으므로 旧旧 뒤에 的를 써야 한다.

정답 　C (➡ 她要穿那旧旧的鞋。)

2. 다음 중 어순이 올바른 문장을 고르세요.

A. 看昨天的电影真感人。

B. 在我们班最高的个子人是他。

C. 新你的裤子很好看。

D. 他喜欢的那个人是小丽吗？

[해석] A. 어제 본 영화는 정말 감동적이다.
　　　 B. 우리 반에서 키가 가장 큰 사람은 그이다.
　　　 C. 너의 새 바지는 아주 예쁘다.
　　　 D. 그가 좋아하는 그 사람은 샤오리이니?
[어휘] 感人 [gǎnrén] 동 감동시키다, 감동을 주다　　裤子 [kùzi] 명 바지

Tip

A. [시간사 + 동사 + 的]

昨天 과 看은 주어 电影을 꾸며주는 관형어이다. 관형어가 여러 개 있을 경우에 시간사가 동사보다 앞에 나오므로 昨天看的电影真感人。이 된다.

B. [주술구 + 的]

人은 주어가 되고 个子最高라는 주술구 뒤에 的가 붙어 人을 꾸며주는 个子最高的人이 되어야 한다. 따라서 在我们班个子最高的人是他。가 올바른 문장이다.

C. [소속관계 + 형용사]

관형어가 여러 개 있을 경우 소속관계 你的가 형용사 新보다 앞에 위치해 주어 裤子를 꾸며 준다. 따라서 정답은 你的新裤子很好看。이 된다.
정답 　D

3. 다음 빈칸에 알맞은 말을 고르세요.

我昨天买了＿＿＿＿＿＿＿。

A. 语法书新出版的

B. 新的语法书出版

C. 出版新的语法书

D. 新出版的语法书

[해석] 나는 어제 새로 출판된 어법책을 샀다.
[어휘] 出版 [chūbǎn] 명 동 출판(하다)

Tip

새로 출판된 것이므로 新이 앞에서 出版을 수식한다. 语法는 书의 성질을 나타내므로 바로 앞에서 꾸며주고 新出版的의 전체가 语法书를 수식하므로 D. 新出版的语法书가 된다.

정답 　D

어려워요~

4. 다음 빈칸에 알맞은 말을 고르세요.

她是_____。

A. 一位热心照顾的孩子好母亲

B. 热心照顾孩子的好一位母亲

C. 一位热心照顾孩子的好母亲

D. 一位热心照顾孩子好的母亲

[해석] 그녀는 열성적으로 아이를 보살피는 좋은 어머니이다.

[어휘] 热心 [rexin] 형 열성적이다

Tip

[제한성 관형어 + 묘사성 관형어]

제한성 관형어 一位는 묘사성 관형어 热心照顾孩子 보다 앞에 나온다. 또 1음절 형용사 好 뒤에는 的를 쓸 수 없지만 동사구 热心照顾孩子가 뒷 명사를 수식할 때에 的가 필요하므로 C. 一位热心照顾孩子的好母亲이 정답이 된다.

정답 C

5. 다음 빈칸에 알맞은 말을 고르세요.

我哥哥_____?

A. 跟你说了到底是什么？

B. 到底跟你说了什么？

C. 到底说了跟你什么？

D. 到底跟你说的话是什么？

[해석] 우리 오빠가 도대체 너에게 뭐라고 말한 거야?

[어휘] 到底 [dàodǐ] 부 도대체, 결국

Tip

[소속관계 + 전치사구 + 동사]

관형어가 여러 개 있을 경우 소속을 나타내는 관형어 我哥哥가 가장 앞에 오고 전치사구와 동사의 위치관계에 따라 전치사구 跟你가 동사 说 앞에 온다.

정답 B

6. 다음 밑줄 친 말 중 관형어가 아닌 것을 고르세요.

A. 这些都是优秀作品。

B. 韩国的交通很方便。

C. 昨天一共来了十七个人。

D. 关于汽车他什么都知道。

[해석] A. 이것들은 모두 우수한 작품이다.
B. 한국의 교통은 매우 편리하다.
C. 어제는 총 17명이 왔다.
D. 차에 관해서 그는 무엇이든 다 안다.

[어휘] 优秀 [yōuxiù] 형 우수하다　　交通 [jiāotōng] 명 교통　　方便 [fāngbiàn] 형 편리하다
关于 [guānyú] 전 ~에 관해서

Tip

A. [관형어 + 목적어]
형용사 优秀는 관형어로 作品이라는 목적어를 수식한다.

B. [관형어 + 주어]
소속관계를 나타내는 관형어 韩国는 주어 交通을 수식한다.

C. [관형어 + 목적어]
수량사 十七个는 관형어로 목적어 人을 수식한다.

D. [전치사 + 명사]
关于는 화제를 이끄는 전치사로 명사 汽车와 결합하여 이 문장에서 부사어 역할을 한다.

정답 D

7. 다음 중 的의 쓰임이 잘못된 문장을 고르세요.

A. 他的书包在哪儿？

B. 今天来了新法语的老师。

C. 小小的房间里有很多人。

D. 这是我可爱的妹妹小丽。

[해석] A. 그의 책가방은 어디 있니?
B. 오늘 새로운 프랑스어 선생님이 오셨다.
C. 조그마한 방 안에 많은 사람들이 있다.
D. 이 사람은 내 귀여운 여동생 샤오리이다.

[어휘] 书包 [shūbāo] 명 책가방

Tip

A. 대명사 + 的 (○)

B. 직업 + 的 (×)

C. 형용사 중첩 + 的 (○)

D. 2음절 형용사 + 的 (○)

정답 B

8. 제시된 단어가 들어갈 곳을 찾으세요.

(1) 老李 A 词典 B 在 C 教室 D 里。
　　　　　的

(2) 他 A 是 B 一个 C 聪明 D 孩子。
　　　　　　　　　　的

(3) A 你 B 说的 C 那 D 人去他家了。
　　　　　　　　　两个

(4) A 她 B 弄丢了C 我 D 课本。
　　　　　妹妹的

[해석] (1) 라오리의 사전은 교실에 있다.
　　　 (2) 그는 한 명의 똑똑한 아이다.
　　　 (3) 네가 말한 그 두 사람은 그의 집에 갔다.
　　　 (4) 그녀는 내 여동생의 교과서를 잃어버렸다.

[어휘] 词典 [cídiǎn] 명 사전　弄丢 [nòngdiū] 통 잃어버리다　课本 [kèběn] 명 교과서

Tip

(1) 老李는 词典 을 제한하는 관형어로 소유, 소속을 나타내므로 그 사이에 的를 써주어야 한다.

(2) 수량사 一个 뒤에는 的가 필요 없고, 2음절 형용사인 聪明 뒤에 的를 써주어야 한다.

(3) [지시대명사 + 수량사]
관형어가 여러 개 있을 경우에 수량사 两个는 지시대명사 那 뒤에 놓인다.

(4) [관형어 + 목적어]
관형어 妹妹 는 的와 함께 목적어 课本 앞에 놓여 이를 제한한다.

정답 (1) A (2) D (3) D (4) D

더 어려워요~
9. 관형어에 밑줄을 치세요.

(1) 这是前天买的蔬菜。
(2) 昨天新来的同学就是他。
(3) 那两个人是我最好的朋友。
(4) 我姐姐的朋友穿了玻璃鞋。

[해석] (1) 이것은 그저께 산 채소이다.
　　　 (2) 어제 새로 온 학우가 바로 그이다.
　　　 (3) 저 두 사람이 나의 가장 친한 친구들이다.
　　　 (4) 우리 언니의 친구는 유리구두를 신었다.

[어휘] 蔬菜 [shūcài] 명 채소　玻璃鞋 [bōlíxié] 유리구두

Tip

(1) [관형어 + 목적어]
前天과 买는 목적어 蔬菜를 수식하는 관형어 역할을 한다.

(2) [관형어 + 주어]
昨天新来가 주어 同学를 수식하는 관형어 역할을 한다.

(3) [관형어 + 주어] , [관형어 + 목적어]
那两个는 주어 人을 수식하고, 我最好는 목적어 朋友를 수식하는 관형어 역할을 한다.

(4) [관형어 + 주어]
我姐姐는 주어 朋友를 수식하는 관형어 역할을 한다. 玻璃는 鞋의 성질을 나타내는 관형어이다.

정답 (1) 前天买 (2) 昨天新来
　　　 (3) 那两个, 我最好 (4) 我姐姐, 玻璃

어려워요~
10. 다음을 어순에 맞게 배열하세요.

(1) 昨天　奶奶的　衣服　买了
　　　　　　A　　　B　　　C

(2) 小明　弟弟　是　我　领导的
　　　　　A　　B　C　D

(3) 人　有　房间里　五　个
　　A　B　　C　　D　E

(4) 的　位　美丽　那　姑娘　谁　是?
　　A　B　　C　　D　　E　　F　G

[해석] (1) 어제 할머니의 옷을 샀다.
　　　 (2) 샤오밍은 내 상사의 남동생이다.
　　　 (3) 방 안에는 5명이 있다.
　　　 (4) 저기 아름다운 아가씨는 누구니?

[어휘] 奶奶 [nǎinai] 명 할머니　领导 [lǐngdǎo] 명 지도자
　　　 美丽 [měilì] 형 아름답다　姑娘 [gūniang] 명 아가씨

Tip

(1) [부사어 + 술어 + 관형어 + 목적어]
주어가 생략되어 있는 문장이다. 술어 买 뒤에 목적어 衣服가 놓여야 하고 奶奶는 的를 통해 관형어가 되므로 목적어 衣服 앞에 놓는다.

(2) [주어 + 술어 + 관형어 + 목적어]
小明은 주어이고 술어 是은 주어 뒤에 놓는다. 领导的는 관형어로 목적어 弟弟를 수식하므로, 小明是我领导的弟弟가 된다.

(3) [주어 + 술어 + 관형어 + 목적어]
房间里는 장소를 나타내는 주어이고 술어는 有이다. 수량사 五个가 관형어가 되어 목적어 人 앞에 놓이므로 房间里有五个人이 된다.

(4) [관형어 + 주어 + 술어 + 목적어]
那位美丽는 관형어로 的와 함께 주어 姑娘을 수식한다. 주어 뒤에 술어 是이 놓이고 목적어 谁는 술어 뒤에 놓여 那位美丽的姑娘是谁?라는 의문문이 된다.

정답 (1) CAB (2) BCDA
　　　 (3) CBDEA (4) DBCAEGF

11. 밑줄 친 '的'의 쓰임이 잘못된 문장을 고르세요.

A. 你说<u>的</u>办法不可以。

B. 我们中文老师是一位很谦虚<u>的</u>人。

C. 从里边<u>的</u>屋子里传出来美妙的琴声。

D. 这是一件小<u>的</u>事，你不用那么紧张。

[해석] A. 네가 말한 방법은 안 된다.
B. 우리 중국어 선생님은 매우 겸손한 분이시다.
C. 안쪽의 방 안에서 아름다운 악기소리가 들려온다.
D. 이것은 사소한 일이야. 그렇게 긴장할 필요 없어.

[어휘] 谦虚[qiānxū]彮 겸손하다   屋子[wūzi]멩 방   传[chuán]동 퍼지다
美妙[měimiào]彮 아름답다 琴声[qínshēng]멩 악기소리

Tip

A. 동사 + 的 (○)

B. 2음절 형용사 + 的 (○)

C. 전치사구 + 的 (○)

D. 1음절 형용사 + 的 (✕)

정답 D

12. 다음 빈칸에 알맞은 말을 고르세요.

_____ 住院了。

A. 教你们音乐那位老师

B. 教你们的音乐那位老师

C. 教你们音乐的那位老师

D. 教你们的音乐的那位老师

[해석] 너희에게 음악을 가르치는 그 선생님은 입원하셨다.
[어휘] 住院[zhùyuàn]동 입원하다

Tip

[관형어가 여러 개일 경우: 동사구 + 的 + 지시대명사]

教는 이중 목적어를 가질 수 있는 동사로 [教+你们+음악]형태로 동사구가 되어 老师를 수식한다. 동사구가 관형어가 될 경우에는 的를 붙여 주므로 정답은 C이다. 간·목과 직·목 사이에는 的를 붙일 수 없으므로 B와 D는 답이 될 수 없다.

정답 C

더 어려워요~

13. 다음을 어순에 맞게 배열하세요.

(1) 妈妈买了 漂亮 昨天 的 衣服 不少
　　　A　　　B　　C　　D　E　　F

(2) 重要的 这是 考试 非常 一个
　　　A　　B　　C　　D　　E

(3) 小李的 姑娘是 妹妹 穿红色衣服的
　　　A　　B　　C　　　D

(4) 我要买 铅笔 用的 一支 画画
　　　A　　B　　C　　D

[해석] (1) 어제 엄마는 예쁜 옷을 많이 사셨다.
(2) 이것은 매우 중요한 시험이다.
(3) 빨간색 옷을 입은 아가씨는 샤오리의 여동생이다.
(4) 나는 그림 그릴 때 쓰는 연필을 한 자루 사고 싶다.

[어휘] 考试[kǎoshì]멩 시험(을 하다)   妹妹[mèimei]누이동생
铅笔[qiānbǐ]연필   支[zhī]동 자루, 개피

Tip

(1) [시간사 + 주어 + 술어 + 제한성 관형어 + 묘사성 관형어 + 的 + 명사]

昨天은 시간명사로 가장 앞에 나올 수 있으며, '주어 妈妈+ 술어 买了'가 그 뒤를 잇는다. 不少는 제한성 관형어이기 때문에 묘사성 관형어 漂亮 보다 앞에 붙는다. 漂亮은 2음절 형용사이므로 的가 붙는다.
※ 很多, 好多, 不少는 뒤에 的를 쓰지 않는다.

(2) [제한성 관형어 + 묘사성 관형어(부사 + 2음절 형용사) + 的 + 명사]

这는 주어, 是은 술어로 쓰였고 一个는 제한성 관형어로 묘사성 관형어보다 앞에 위치한다. 非常은 부사로 重要를 앞에서 꾸며준다. 그러므로 정확한 순서는 这是一个非常重要的考试。이다.

(3) [관형어 + 주어 + 술어 + 관형어 + 목적어]

穿红色衣服的는 姑娘의 관형어로 쓰였고 是은 술어로 쓰였다. 소속을 나타내는 小李的는 妹妹의 관형어로 쓰였다.

(4) [제한성 관형어 + 묘사성 관형어(동사구) + 的 + 명사]

一支은 제한성 관형어이고 画画와 用的는 묘사성 동사구로 '一支画画用的'의 순서로 목적어铅笔를 꾸며주는 관형어가 된다.

정답 (1) CAFBDE (2) BEDAC
(3) DBAC (4) CDBA

14. 제시된 단어가 들어갈 곳을 찾으세요.

他 A 与梅娜 B 姐姐 C 关系 D 一直很不错。

的

[해석] 그와 메이나 언니의 관계는 줄곧 매우 좋았다.
[어휘] 与[yǔ]젠 ~와의

Tip

[관형어 + 的 + 주어]

이 문장의 주어는 关系로 그 앞은 모두 주어를 수식하는 관형어이다. 따라서 관형어와 주어 사이에 的를 사용해 연결한다. B에도 的가 올 수 있지만 있어도 되고 없어도 되기 때문에 的를 꼭 필요로 하는 C가 정답이 된다.

정답 C

어려웠어요~
15. 다음 빈칸에 알맞은 말을 고르세요.

_____ 是我的老师。

A. 那个走过来的
B. 走过来那个人
C. 走过来的那个人
D. 那个人走过来

[해석] 걸어오는 그 사람은 나의 선생님이시다.

Tip

[관형어가 여러 개일 경우:
동사구 + 的 + 지시대명사]

관형어가 여러 개일 경우 [동사구(走过来) + 的 + 지시대명사(那个)] 순서로 주어 人을 수식한다. 지시대명사 동사구 앞에 쓰일 수도 있지만 A는 중심어 人이 빠져있기 때문에 답이 될 수 없다.

정답 C

16. 다음 빈칸에 알맞은 말을 고르세요.

长城是 _____ 。

A. 之一中国文化的象征
B. 象征中国文化的之一
C. 中国文化的象征之一
D. 中国的文化象征之一

[해석] 만리장성은 중국문화의 상징 중 하나이다.
[어휘] 长城[Chángchéng]명 만리장성   象征[xiàngzhēng]동 상징(하다)

Tip

[고유명사 + 명사 + 的 + 명사 + 之 + 수사]

中国文化는 的와 함께 목적어 象征之一 앞에 놓여 관형어가 된다. 之一 는 '~(의)하나'라는 뜻으로 보통 문장 끝에 놓는다.

정답 C

17. 다음 빈칸에 알맞은 말을 고르세요.

_____ 在北京工作。

A. 我老的同学
B. 我的老的同学
C. 我老同学
D. 我的老同学

[해석] 나의 오래된 학우는 북경에서 일한다.

Tip

[소속관계 + 的 (O)
1음절 형용사 + 的 (×)]

소속을 나타내는 我는 제한성 관형어로 的와 함께 老 앞에서 同学를 수식한다. 老는 1음절 형용사로 的가 붙지 않는다.

정답 D

어려웠어요~
18. 다음 빈칸에 알맞은 말을 고르세요.

这当然是 _____ 情景。

A. 少有的最美的
B. 少有最美
C. 最美少有
D. 最美的少有的

[해석] 이것은 당연히 드물게 아름다운 광경이다.
[어휘] 情景[qíngjǐng]명 정경, 광경

Tip

[관형어가 여러 개 있을 경우 : 동사구 + 형용사구]

관형어가 여러 개 있을 경우, 순서는 동사구(少有) + 형용사구(最美)이다. 각종 구 뒤에는 모두 的가 오므로 少有와 最美 뒤에 각각 的가 온다.

정답 A

19. 다음 빈칸에 알맞은 말을 고르세요.

_____ 那本漫画书，我已经买到了。

A. 你说的昨天

B. 你昨天说的

C. 昨天说的你

D. 你昨天说

[해석] 네가 어제 말한 그 만화책을 나는 이미 샀다.

[어휘] 漫画书[mànhuàshū] 몡 만화책

> **Tip**
>
> **[주술구 + 的]**
>
> 주술구가 관형어로 올 경우 뒤에 的가 온다.
> 시간사 昨天은 주어 앞뒤에 모두 올 수 있다.
>
> 정답 B

20. 다음 빈칸에 알맞은 말을 고르세요.

_____ 事情都不少。

A. 家外家里

B. 家里家外的

C. 里外家家的

D. 家外家里的

[해석] 집 안팎의 일이 모두 적지 않다.

> **Tip**
>
> **[명사구 + 的]**
>
> 家里家外는 명사구로서 的가 필요하다.
> 家里家外는 안으로부터 밖으로의 순서로
> 배열하여 '집 안팎'이라는 뜻을 나타낸다.
>
> 정답 B

1. 다음 중 잘못된 문장을 고르세요.

A. 突然李明进来了。
B. 他对足球很有兴趣。
C. 根据大家的要求，他当了班长。
D. 我们都去，你至于去不去自己决定吧。

2. 다음 밑줄 친 말 중 부사어가 아닌 것을 고르세요.

A. 他的女儿多漂亮啊！
B. 我向老师们表示感谢。
C. 请你带那本书回家研究研究。
D. 明天下午我们去体育馆打篮球吧。

3. 地의 쓰임이 올바른 문장을 고르세요.

A. 他一天地能做完吗？
B. 你快地告诉他别等我了。
C. 咱们痛痛快快地玩儿吧。
D. 他去年地去了西班牙。

4. 地의 쓰임이 잘못된 문장을 고르세요.

A. 他高高兴兴地回家了。
B. 请一个一个地介绍。
C. 再仔细地听一听。
D. 你为什么这样地说？

5. 다음 빈칸에 알맞은 말을 고르세요.

_____ 送了礼物。

A. 几乎都给他大部分的队员
B. 大部分的队员几乎都给他
C. 大部分的队员给他几乎都
D. 几乎都大部分的队员给他

6. 다음 빈칸에 알맞은 말을 고르세요.

你下班以后，_____ 。

A. 等我在公司门口七点半
B. 七点半在公司门口等我
C. 在公司门口等我七点半
D. 等我七点半在公司门口

7. 다음 빈칸에 알맞은 말을 고르세요.

我 _____ 了。

A. 昨天跟老朋友高高兴兴地聊天儿
B. 昨天聊天儿高高兴兴地跟老朋友
C. 跟老朋友昨天高高兴兴地聊天儿
D. 跟老朋友聊天儿昨天高高兴兴地

8. 제시된 단어가 들어갈 곳을 찾으세요.

(1)　A 我家　B 你家　C 不远　D 。
　　　　　　　离
(2)　A 我们　B 去打听一下　C 情况　D 吧。
　　　　　　　再
(3)　你们　A 都　B 在家　C 好好儿　D 复习。
　　　　　　　地
(4)　A 昨天　B 发生的事，C 我　D 不想提。
　　　　　　　关于

9. 부사어에 밑줄을 치세요.

(1) 今天我们都在体育馆比赛。
(2) 昨天我跟老婆吵架了。
(3) 我一直在图书馆准备考试。
(4) 你们在家慢慢地背吧。

10. 다음을 어순에 맞게 배열하세요.

(1) 他的　那些东西　是　都
　　 A　　　B　　 C　 D
(2) 经常　我　玩儿　在奶奶家
　　 A　 B　　C　　　D
(3) 在哪儿　学　他　英语　到底？
　　　A　　 B　 C　　D　　E
(4) 电视　他的　一个人　妹妹　看
　　 A　　 B　　　C　　　D　　E

11. 다음 빈칸에 알맞은 말을 고르세요.

她 _____ 抢走那入学通知书。

A. 很快地从我手里兴奋地
B. 兴奋地从我手里很快地
C. 很快地兴奋地从我手里
D. 从我手里很快地兴奋地

12. 다음 빈칸에 알맞은 말을 고르세요.

我对这件衣服 _____ 不满意。

A. 十分   B. 一点儿   C. 不太   D. 多

13. 제시된 단어가 들어갈 곳을 찾으세요.

A 万万没有想到 B 他 C 是一个 D 孤儿。

竟然

14. 제시된 단어가 들어갈 곳을 찾으세요.

A 这个问题还 B 真不简单，C 怪不得有很多同学 D 没答对。

其实

15. 다음 빈칸에 알맞은 말을 고르세요.

我 _____ 看见，昨天她和一个男孩子在咖啡厅喝咖啡。

A. 亲自   B. 亲手   C. 亲眼   D. 亲身

16. 다음 빈칸에 알맞은 말을 고르세요.

今天 ____ 星期二，你急什么!

A. 刚   B. 已经   C. 还   D. 快

17. 제시된 단어가 들어갈 곳을 찾으세요.

A 这里有 B 不少 C 类似的 D 传闻。

关于他

18. 제시된 단어가 들어갈 곳을 찾으세요.

A 这个学生 B 最近 C 来书店 D 看书。

时常

19. 다음 빈칸에 알맞은 말을 고르세요.

_____ 这儿成为了有名的旅游胜地。

A. 明天   B. 将来   C. 后来   D. 即将

20. 다음 빈칸에 알맞은 말을 고르세요.

今天下这么大雪，他 _____ 要去看他的朋友。

A. 不   B. 没   C. 非   D. 别

어려워요~
1. 다음 중 잘못된 문장을 고르세요.

A. 突然李明进来了。

B. 他对足球很有兴趣。

C. 根据大家的要求，他当了班长。

D. 我们都去，你至于去不去自己决定吧。

[해석] A. 갑자기 리밍이 들어왔다.
B. 그는 축구에 대해 관심이 있다.
C. 모두의 요구에 따라 그는 반장이 되었다.
D. 우리는 모두 갈 것이다. 네가 가고 안 가고는 스스로 결정해라.

[어휘] 根据 [gēnjù] 됩 근거(하다)   要求 [yāoqiú] 됩 요구(하다)
至于 [zhìyú] 웹 ~에 있어서는, ~에 관하여

Tip

[至于 + 주어]

至于는 '…에 관하여'라는 뜻으로 주어 앞에만 올 수 있다. 그러므로 주어 你 앞에 와야 한다.

정답 D(➡ 我们都去，至于你去不去自己决定吧。)

2. 다음 밑줄 친 말 중 부사어가 아닌 것을 고르세요.

A. 他的女儿<u>多</u>漂亮啊！

B. 我<u>向老师们</u>表示感谢。

C. 请你<u>带那本书</u>回家研究研究。

D. <u>明天下午</u>我们去体育馆打篮球吧。

[해석] A. 그의 딸은 얼마나 예쁜가!
B. 나는 선생님들께 감사함을 표시한다.
C. 그 책을 집에 가져가서 좀 연구해라.
D. 내일 오후에 우리 체육관에 가서 농구하자.

[어휘] 带 [dài] 됩 가지다, 지니다   体育馆 [tǐyùguǎn] 웹 체육관   篮球 [lánqiú] 웹 농구

Tip

[부사어 + 술어 / 부사어 + 문장]

A. 多는 술어 漂亮 앞에서 이를 묘사, 제한하는 부사어로 쓰였다.

B. 向老师们은 술어 表示을 수식하는 부사어로 쓰였다.

C. 술어와 목적어가 여러 개 연달아 나온 문장이다. 带那本书는 술어와 목적어로 부사어가 아니다.

D. 明天下午는 시간을 나타내며 문장 맨 앞에 쓰여 문장 전체를 수식하는 부사어이다.

정답 C

3. 地의 쓰임이 올바른 문장을 고르세요.

A. 他一天<u>地</u>能做完吗？

B. 你快<u>地</u>告诉他别等我了。

C. 咱们痛痛快快<u>地</u>玩儿吧。

D. 他去年<u>地</u>去了西班牙。

[해석] A. 그는 하루에 그 일을 마칠 수 있니?
B. 너 빨리 그에게 나를 기다리지 말라고 전해줘.
C. 우리 아주 신나게 놀자.
D. 그는 작년에 스페인에 갔다.

[어휘] 西班牙 [Xībānyá] 웹 스페인(나라명)

Tip

A. 수량사 + 地 (×)

B. 부사 + 地 (×)

C. 형용사 중첩 + 地 (○)

D. 시간을 나타내는 명사 + 地 (×)

정답 C

4. 地 의 쓰임이 잘못된 문장을 고르세요.

A. 他高高兴兴地回家了。
B. 请一个一个地介绍。
C. 再仔细地听一听。
D. 你为什么这样地说？

[해석] A. 그는 기뻐하며 집에 돌아갔다.
　　　 B. 하나씩 소개해 주세요.
　　　 C. 다시 자세하게 들으세요.
　　　 D. 너 왜 이렇게 말하니?
[어휘] 介绍[jièshào]⑧소개하다

Tip

A. 형용사 중첩 + 地 (○)
B. 수량사 중첩 + 地 (○)
C. 2음절 형용사 + 地 (○)
D. 의문/지시대명사 + 地 (×)

정답　D

더 어려워요~

5. 다음 빈칸에 알맞은 말을 고르세요.

_____ 送了礼物。

A. 几乎都给他大部分的队员
B. 大部分的队员几乎都给他
C. 大部分的队员给他几乎都
D. 几乎都大部分的队员给他

[해석] 대부분의 대원 거의 모두 그에게 선물을 주었다.
[어휘] 大部分[dàbufen]⑨대부분　　队员[duìyuán]⑨대원　　礼物[lǐwù]⑨선물

Tip

[관형어 + 주어 + 부사어(부사 + 전치사구)]

관형어 大部分이 주어 队员을 수식한다. 부사인 几乎, 都와 전치사구 给他가 함께 쓰일 경우 부사가 전치사구 앞에 위치하여 이들 전체가 뒤에 나오는 술어 送을 수식한다.

정답　B

어려워요~

6. 다음 빈칸에 알맞은 말을 고르세요.

你下班以后，_____ 。

A. 等我在公司门口七点半
B. 七点半在公司门口等我
C. 在公司门口等我七点半
D. 等我七点半在公司门口

[해석] 너 퇴근 후, 7시 반에 회사 입구에서 나를 기다려라.
[어휘] 门口[ménkǒu]⑨입구

Tip

[부사어(시간 + 장소) + 술어 + 목적어]

부사어가 여러 개 있을 경우 [시간(七点半) + 장소(在公司门口)]의 어순을 갖는다. 부사어는 술어 等 앞에 위치하며 목적어 我는 술어 等 뒤에 나온다.

정답　B

더 어려워요~

7. 다음 빈칸에 알맞은 말을 고르세요.

我 _____ 了。

A. 昨天跟老朋友高高兴兴地聊天儿
B. 昨天聊天儿高高兴兴地跟老朋友
C. 跟老朋友昨天高高兴兴地聊天儿
D. 跟老朋友聊天儿昨天高高兴兴地

[해석] 나는 어제 오랜 친구와 즐겁게 이야기를 나눴다.
[어휘] 聊天儿[liáotiānr]⑨잡담을 하다, 수다떨다

Tip

부사어가 여러 개 있을 경우:
[시간 + 대상 + 동작자묘사 + 술어]

부사어가 여러 개 있을 경우 [시간(昨天) + 대상(跟老朋友) + 동작자 묘사(高高兴兴) + 地 + 술어(聊天儿)]의 어순을 갖는다.

정답　A

8. 제시된 단어가 들어갈 곳을 찾으세요.

(1) A 我家 B 你家 C 不远 D 。
　　　　　　离

(2) A 我们 B 去打听一下 C 情况 D 吧。
　　　　　　　　再

(3) 你们 A 都 B 在家 C 好好儿 D 复习。
　　　　　　　　　　地

(4) A 昨天 B 发生的事，C 我 D 不想提。
　　　　　　关于

[해석] (1) 우리 집에서 너희 집까지는 멀지 않다.
　　　 (2) 우리 다시 가서 상황을 물어보자.
　　　 (3) 너희 모두 집에서 잘 복습해라.
　　　 (4) 어제 발생한 일에 관해서 나는 언급하고 싶지 않다.

[어휘] 打听 [dǎting]동 물어보다   提 [tí]동 말하다, 언급하다

Tip

(1) [전치사 + 명사/대명사]
'~로 부터'를 뜻하는 전치사 离는 기점이 되는 명사 你家 앞에 나온다.

(2) [부사 + 동사/형용사]
부사 再는 동사 去 앞에 놓인다.

(3) [형용사 중첩 + 地]
地는 형용사 중첩인 好好儿 뒤에만 쓸 수 있고 부사 都와 장소를 나타내는 在家 뒤에는 쓸 수 없다.

(4) [전치사 + 명사/대명사] [关于 + 주어]
关于는 昨天发生的事 앞에 놓여 전치사구를 만들고 주어 我 앞에서 부사어 역할을 한다.

정답 (1) B (2) B (3) D (4) A

9. 부사어에 밑줄을 치세요.

(1) 今天我们都在体育馆比赛。
(2) 昨天我跟老婆吵架了。
(3) 我一直在图书馆准备考试。
(4) 你们在家慢慢地背吧。

[해석] (1) 오늘 우리 모두는 체육관에서 경기를 한다.
　　　 (2) 어제 나는 아내와 싸웠다.
　　　 (3) 나는 줄곧 도서관에서 시험 준비를 한다.
　　　 (4) 너희들은 집에서 천천히 외워라.

[어휘] 比赛 [bǐsài]명 경기(하다)   老婆 [lǎopo]명 아내
　　　 吵架 [chǎojià]이합 싸우다   背 [bèi]동 외우다

Tip

부사어는 술어 앞 또는 문장 맨 앞에 쓰이기 때문에 문장 맨 앞과 술어 앞을 먼저 살펴본다.

(1) [부사어 + 주어 + 부사어 + 술어]
今天은 시간을 나타내며 문장 전체를 수식한다. 부사 都와 전치사구 在体育馆은 술어 比赛를 수식한다.

(2) [부사어 + 주어 + 부사어 + 술어]
昨天은 문장 전체를 수식하는 부사어로 문장 맨 앞에 놓이고, 전치사구 跟老婆는 문장 안에서 부사어로 쓰여 술어 吵架를 수식한다.

(3) 부사 一直과 전치사구 在图书馆은 술어 准备를 수식하는 부사어로 쓰였다.

(4) 전치사구 在家와 부사 慢慢은 술어 背를 수식하는 부사어로 쓰였다.

정답 (1) 今天, 都, 在体育馆 (2) 昨天, 跟老婆
　　　　 (3) 一直, 在图书馆 (4) 在家, 慢慢

10. 다음을 어순에 맞게 배열하세요.

(1) 他的　那些东西　是　都
　　 A　　　B　　　 C　 D

(2) 经常　我　玩儿　在奶奶家
　　 A　　B　 C　　　D

(3) 在哪儿　学　他　英语　到底?
　　 A　　　B　 C　 D　　 E

(4) 电视　他的　一个人　妹妹　看
　　 A　　 B　　 C　　　D　　E

[해석] (1) 저 물건들은 모두 그의 것이다.
　　　 (2) 나는 할머니 집에서 자주 논다.
　　　 (3) 그는 도대체 어디서 영어를 배우니?
　　　 (4) 그의 여동생은 혼자 TV를 본다.

Tip

(1) [주어 + 부사어 + 술어 + 목적어]
주어 那些东西는 문장 맨 앞에 놓이고, 부사어 都 앞에 놓인다. 的자구 他的는 목적어로 是 뒤에 놓인다. 그러므로 那些东西都是他的가 된다.

(2) [부사 + 전치사구]
부사와 전치사구가 같이 나오면 부사가 전치사구보다 앞에 위치하므로 [经常 + 在奶奶家]가 되고, 함께 술어 玩儿을 수식하는 부사어 역할을 하므로 我经常在奶奶家玩儿이 된다.

(3) [주어 + 부사어 + 술어 + 목적어]
주어 他는 문장 맨 앞에 놓이고 부사 到底와 전치사구 在哪儿은 부사어로서 술어 学 앞에 놓인다. 술어 뒤에는 목적어 英语가 가 연이어 나와 他到底在哪儿学英语가 된다.

(4) [관형어 + 주어 + 부사어 + 술어 + 목적어]
소속 관계를 나타내는 他的가 주어 妹妹를 수식하고 一个人은 '혼자서', '스스로'란 뜻으로 술어 看의 동작을 묘사하는 부사어로 쓰였다. 그러므로 他的妹妹一个人看电视가 된다.

정답 (1) BDCA (2) BADC (3) CEABD (4) BDCEA

어려워요~
11. 다음 빈칸에 알맞은 말을 고르세요.

她 _____ 抢走那入学通知书。

A. 很快地从我手里兴奋地   B. 兴奋地从我手里很快地

C. 很快地兴奋地从我手里   D. 从我手里很快地兴奋地

[해석] 그녀는 흥분하여 내 손에서 빠르게 그 입학통지서를 빼앗아갔다.
[어휘] 抢走[qiángzóu]통 빼앗아가다   入学[rùxue]통 입학하다   通知书[tōngzhishū]명 통지서
兴奋[xīnfen]형 흥분하다

Tip

부사어가 여러 개 있을 경우 :
[동작자 묘사 + 공간 + 동작 묘사]

부사어가 여러 개 있을 경우 동작자 묘사(兴奋地) + 공간(从我手里) + 동작 묘사(很快地)의 순서를 갖는다.

정답 **B**

어려워요~
12. 다음 빈칸에 알맞은 말을 고르세요.

我对这件衣服 _____ 不满意。

A. 十分   B. 一点儿   C. 不太   D. 多

[해석] 나는 이 옷이 매우 마음에 들지 않는다.

Tip

술어 不满意의 정도를 나타내는 부사어로는 十分이 쓰일 수 있다. 一点은 一点也不满意, 不太는 不太满意로 쓰여야 하고 多는 일반적으로 감탄문에 쓰이므로 B, C, D 모두 답이 될 수 없다.

정답 **A**

13. 제시된 단어가 들어갈 곳을 찾으세요.

A 万万没有想到 B 他 C 是一个 D 孤儿。

竟然

[해석] 그가 고아라는 것을 전혀 생각지 못했다.
[어휘] 万万[wanwan]튀 결코   孤儿[gū'er]명 고아   竟然[jingrán]튀 뜻밖에도

Tip

[부사어 + 술어]

의미상 '뜻밖에'의 의미를 가진 부사 竟然이 부사어로 쓰여 술어 是 앞에 놓인다.

정답 **C**

14. 제시된 단어가 들어갈 곳을 찾으세요.

A 这个问题还 B 真不简单, C 怪不得有很多同学 D 没答对。

其实

[해석] 사실 이 문제는 정말 간단하지 않다. 어쩐지 많은 학우들이 맞게 답하지 못했다.
[어휘] 怪不得[guàibude]튀 어쩐지   答对[dadui]통 옳게 답하다

Tip

[주어 + 其实 / 其实 + 주어]

其实은 주어 앞뒤에 위치하는 부사이다. 주어 这个问题 앞뒤에 놓일 수 있으므로 답이 될 수 있는 것은 A이다.

정답 **A**

15. 다음 빈칸에 알맞은 말을 고르세요.

我 _____ 看见, 昨天她和一个男孩子在咖啡厅喝咖啡。

A. 亲自   B. 亲手   C. 亲眼   D. 亲身

[해석] 나는 내 눈으로 직접 보았다. 어제 그녀가 한 남자아이와 커피숍에서 커피 마시는 것을.
[어휘] 咖啡厅[kāfēiting]명 커피숍   亲自[qīnzi]튀 몸소   亲手[qīnshou]튀 손수
亲眼[qīnyǎn]튀 제 눈으로 직접   亲身[qīnshen]튀 몸소

Tip

적합한 부사어를 찾는 문제로 술어 看见 앞에는 亲眼이 오는 것이 적합하다.
※다음과 같은 형태로 자주 결합한다.
亲眼 + 看
亲手 + 做
亲自/亲身 + 동작 동사

정답 **C**

16. 다음 빈칸에 알맞은 말을 고르세요.

今天 _____ 星期二，你急什么！

A. 刚　　　B. 已经　　　C. 还　　　D. 快

[해석] 오늘 막 화요일이 됐는데 뭐가 급하니!

Tip

[주어 + 부사어 + 술어]

뒷 문장 ' 你急什么 ' 로 보아 문맥상 刚(막)이 적합하다. 已经은 '이미, 벌써'라는 뜻으로 의미상 맞지 않고 주로 已经…了의 형태로 쓰이므로 답이 될 수 없다. 还는 '여전히'라는 뜻으로 동작이나 상황의 지속을 나타내고 快는 '곧…하다'란 뜻으로 문미에 了를 동반하므로 모두 답이 될 수 없다.

정답 A

어려웠어요~

17. 제시된 단어가 들어갈 곳을 찾으세요.

A 这里有　B 不少　C 类似的　D 传闻

关于他

[해석] 그에 관해서 여기 비슷한 소문들이 많이 있다.
[어휘] 类似[lèisì]⑤유사하다　　传闻[chuánwén]⑲전해지는 말, 루머

Tip

[부사어(关于) + 주어]

'关于…' 주어 앞에만 위치할 수 있다.

정답 A

18. 제시된 단어가 들어갈 곳을 찾으세요.

A 这个学生　B 最近　C 来书店　D 看书。

时常

[해석] 이 학생은 최근에 항상 서점에 와서 책을 본다.
[어휘] 时常[shícháng]⑲항상

Tip

[시간명사 + 빈도부사]

부사 时常은 술어 来 앞에 놓여 부사어 역할을 한다. 부사어가 여러 개 있을 경우 어순은 [시간명사 + 전치사구 + 부사]로, 빈도를 나타내는 时常은 시간명사 最近 뒤에 놓인다.

정답 C

19. 다음 빈칸에 알맞은 말을 고르세요.

_____ 这儿成为了有名的旅游胜地。

A. 明天　　　B. 将来　　　C. 后来　　　D. 即将

[해석] 이후 이곳은 유명한 여행지가 되었다.
[어휘] 旅游胜地[lǚyóu shèngdì]⑲여행명승지　将来[jiānglái]⑲장래　后来[hòulái]⑲그 다음에
即将[jíjiāng]⑲곧, 머지않아

Tip

A, B, D는 모두 미래를 나타내는 단어이다. 술어 成为了는 완료를 나타내므로 과거에 쓰이는 后来만이 답이 된다.

정답 C

더 어려웠어요~

20. 다음 빈칸에 알맞은 말을 고르세요.

今天下这么大雪，他_____要去看他的朋友。

A. 不　　　B. 没　　　C. 非　　　D. 别

[해석] 오늘 눈이 이렇게 많이 왔는데, 그는 반드시 친구를 만나려 한다.
[어휘] 下雪[xiàxuě]⑬눈이 내리다　　非[fēi]⑲반드시, 꼭

Tip

[非 + 要 : 반드시 ~해야 함]

非는 要와 결합하여 '반드시 ~해야 함'을 나타내며 술어 去 앞에서 부사어 역할을 한다.
※조동사 要의 부정형은 不要가 아닌 不想으로 나타내야 한다.

정답 C

1. 다음 중 올바른 문장을 고르세요.

   A. 我听了明白。
   B. 他吃完着饭。
   C. 老师骂了我一顿。
   D. 我来两年多法国了。

2. 정도보어의 쓰임이 잘못된 문장을 고르세요.

   A. 饿得厉害。
   B. 高兴得极了。
   C. 累得要命。
   D. 说得很清楚。

3. 제시된 단어가 들어갈 곳을 찾으세요.

   (1) 老张 A 想 B 好久 C 了 D 。
             你
   (2) 他这个人 A 今天又 B 来 C 了 D 。
                晚
   (3) 我看 A 出 B 来 C 他是个 D 老师。
             得
   (4) A 我弟弟 B 打 C 得非常好 D 。
             乒乓球
   (5) A 那些同学们 B 都 C 来 D 新加坡。
              自

4. 다음 중 잘못된 문장을 고르세요.

   A. 外边下雨起来。
   B. 我听不出来你的声音。
   C. 我的爸爸出生于1956年。
   D. 我开了两个小时汽车。

5. 다음 빈칸에 알맞은 말을 고르세요.

   李明＿＿＿＿＿＿＿了。

   A. 走动物园进来
   B. 走进动物园来
   C. 动物园走进来
   D. 走进来动物园

6. 다음 빈칸에 알맞은 말을 고르세요.

   我＿＿＿＿＿＿＿了。

   A. 日本来三年多
   B. 来三年多日本
   C. 日本三年多来
   D. 来日本三年多

7. 다음 빈칸에 들어갈 말을 보기에서 찾아 쓰세요.

   ┌─────────────────────────────┐
   │ 上　开　下来　下去　过来　过去 │
   └─────────────────────────────┘

   A. 同学们，都闭（　　　）眼睛。
   B. 把那件外衣脱（　　　）。
   C. 请你打（　　　）窗户。
   D. 他突然晕（　　　）了。
   E. 我们不能这样活（　　　）。
   F. 他醒（　　　）了吗?

8. 각 보어의 쓰임에 유의하여 다음을 부정형과 정반 의문형으로 바꾸세요.

   A. 他汉语说得很流利。

   부정형　　➡　＿＿＿＿＿＿＿＿＿＿
   정반 의문형　➡　＿＿＿＿＿＿＿＿＿＿

   B. 他听得懂汉语。

   부정형　　➡　＿＿＿＿＿＿＿＿＿＿
   정반 의문형　➡　＿＿＿＿＿＿＿＿＿＿

9. 보어에 밑줄을 치세요.

(1) 哥哥走出公司来。
(2) 丹丹最近伤心透了。
(3) 她学英语学了两年了。
(4) 我刚才听见了妈妈的声音。
(5) 去年借的那本书没还给他。

10. 다음을 어순에 맞게 배열하세요.

(1) 来　医院　跑　出
　　A　　B　　C　 D

(2) 两次　小王见　他　过
　　A　　　B　　 C　 D

(3) 我　懂　内容　课本的　得　看
　　A　 B　 C　　 D　　 E　 F

(4) 他　说　很　德语　好　得
　　A　 B　 C　 D　　E　 F

11. 다음 빈칸에 알맞은 말을 고르세요.

我看不_____清楚。

A. 十分　　B. 非常　　C. 大　　　D. 特别

12. 다음 빈칸에 알맞은 말을 고르세요.

他说话____不明白。

A. 得　　　B. 地　　　C. 的　　　D. 说

13. 제시된 단어가 들어갈 곳을 찾으세요.

A 这首歌 B 选 C 歌剧 D《白毛女》。

自

14. 다음 빈칸에 알맞은 말을 고르세요.

姐姐拿____一把菜刀，把西瓜切____了。

A. 出, 去　B. 来, 去　C. 出, 来　D. 来, 开

15. 다음 빈칸에 알맞은 말을 고르세요.

昨天坐地铁，因为我一直想心事，结果坐____了站。

A. 出　　　B. 过　　　C. 起　　　D. 来

16. 다음 빈칸에 알맞은 말을 고르세요.

你快来看看我这儿怎么了，疼得____。

A. 极了　　B. 够　　　C. 多　　　D. 厉害

17. 다음 빈칸에 알맞은 말을 고르세요.

那儿有什么好玩儿的？那么远，去一趟_____，我不去。

A. 累得极了　　　　　B. 累得要命
C. 累不得了　　　　　D. 累得多

18. 다음 빈칸에 알맞은 말을 고르세요.

我恐怕_____这个任务。

A. 完不成　B. 完得了　C. 做得完　D. 做得了

19. 다음 빈칸에 알맞은 말을 고르세요.

我等你等了大概_____了。

A. 一会儿　　　　　　B. 一天
C. 有20分钟　　　　　D. 整天

20. 제시된 단어가 들어갈 곳을 찾으세요.

伦慧朝我 A 点 B 了 C 一下 D，就上楼去了。

头

더 어려워요~

1. 다음 중 올바른 문장을 고르세요.

A. 我听了明白。

B. 他吃完着饭。

C. 老师骂了我一顿。

D. 我来两年多法国了。

[해석] A. 나는 듣고 이해했다.
      B. 그는 밥을 다 먹었다.
      C. 선생님은 나를 한바탕 꾸짖으셨다.
      D. 나는 프랑스에 온 지 2년 정도 되었다.
[어휘] 骂[mà]동 욕하다, 꾸짖다

2. 정도보어의 쓰임이 잘못된 문장을 고르세요.

A. 饿得厉害。

B. 高兴得极了。

C. 累得要命。

D. 说得很清楚。

[해석] A. 굉장히 배고프다.
      B. 몹시 기쁘다.
      C. 굉장히 피곤하다.
      D. 아주 분명히 말한다.
[어휘] 饿 [e]동 배고프다   厉害 [lìhai]형 심하다   要命 [yàomìng]형 심하다

어려워요~

3. 제시된 단어가 들어갈 곳을 찾으세요.

(1) 老张 A 想 B 好久 C 了 D 。
              你

(2) 他这个人 A 今天又 B 来 C 了 D 。
                  晚

(3) 我看 A 出 B 来 C 他是个 D 老师。
              得

(4) A 我弟弟 B 打 C 得非常好 D 。
           乒乓球

(5) A 那些同学们 B 都 C 来 D 新加坡。
              自

[해석] (1) 라오짱은 너를 오랫동안 보고 싶어했다.
      (2) 그 사람은 오늘 또 늦게 왔다.
      (3) 나는 그가 선생님인 줄 알아볼 수 있다.
      (4) 나의 남동생은 탁구를 매우 잘 친다.
      (5) 그 급우들은 모두 싱가포르에서 왔다.
[어휘] 好久 [hǎojiǔ]명 오랫동안   乒乓球 [pīngpāngqiú]명 탁구
      新加坡 [Xīnjiāpō]명 싱가포르(국가명)

Tip

A. [주어 + 술어 + 결과보어]
술어와 결과보어 사이에는 다른 성분이 들어갈 수 없으므로 我听明白了。가 되어야 한다.

B. [주어 + 술어 + 결과보어]
결과보어 完 뒤에는 동태조사 着가 올 수 없다.

C. [술어 + 목적어(대명사) + 동량보어]
대명사 목적어는 동량보어 앞에 놓는다.

D. [술어 + 장소 목적어 + 시량보어]
장소 목적어는 시량보어보다 앞에 놓여 我来法国两年多了。가 되어야 한다.

정답 C

Tip

极了, 死了, 多了 가 정도보어로 쓰일 경우에는 得를 쓰지 않는다.

정답 B

Tip

(1) [술어 + 목적어(대명사) + 시량보어]
你는 대명사이므로 시량보어 好久 앞에 놓는다.

(2) [술어 + 결과보어]
晚은 결과보어로 술어 来 뒤에 놓는다.

(3) [술어 + 得 + 가능보어]
구조조사 得는 술어 看 뒤에 놓여 그 뒤에 나오는 성분이 가능보어라는 것을 나타낸다.

(4) [주어 + (동사) + 목적어 + 동사 + 得 + 정도보어]
정도보어 문장에 목적어가 있을 경우 목적어 乒乓球는 주어 弟弟 뒤, 동사 打 앞에 놓는다.

(5) [술어 + 给, 在, 向, 往, 到, 自, 于]
전치사구 보어는 문장에서 술어 뒤 보어 자리에 놓는다. 따라서 전치사 自는 술어 来 뒤에 놓는다.

정답 (1) B (2) C (3) A (4) B (5) D

4. 다음 중 잘못된 문장을 고르세요.

A. 外边下雨起来。
B. 我听不出来你的声音。
C. 我的爸爸出生于1956年。
D. 我开了两个小时汽车。

[해석] A. 밖에 비가 내리기 시작했다.
B. 나는 너의 목소리를 알아들을 수 없다.
C. 나의 아버지는 1956년에 태어나셨다.
D. 나는 두 시간 동안 차를 운전했다.

[어휘] 声音 [shēngyīn] 몡 목소리

Tip

[동사성 단어 + 방향보어1 + 명사성 단어 + 방향보어2]

이 문장은 이합동사 목적어가 있는 문장으로 목적어 雨는 보어1 起와 보어2 来 사이에 들어가야 한다. 따라서 外边下起雨来。가 올바른 문장이다.

정답 A

5. 다음 빈칸에 알맞은 말을 고르세요.

李明＿＿＿＿＿＿＿了。

A. 走动物园进来
B. 走进动物园来
C. 动物园走进来
D. 走进来动物园

[해석] 리밍은 동물원으로 걸어 들어왔다.

Tip

[방향보어1 + 장소 목적어 + 방향보어2(来/去)]

장소 목적어 动物园은 보어1 进과 보어2 来 사이에 온다. 따라서 정답은 走进动物园来。이다.

정답 B

6. 다음 빈칸에 알맞은 말을 고르세요.

我＿＿＿＿＿＿＿了。

A. 日本来三年多
B. 来三年多日本
C. 日本三年多来
D. 来日本三年多

[해석] 내가 일본에 온 지 3년이 넘었다.

Tip

[술어 + 장소 목적어 + 시량보어]

먼저 술어 来가 오고 장소 목적어 日本은 시량보어 三年多 앞에 놓이므로 정답은 D. 来日本三年多가 된다.

정답 D

더 어려워요~

7. 다음 빈칸에 들어갈 말을 보기에서 찾아 쓰세요.

上 开 下来 下去 过来 过去

A. 同学们，都闭（   ）眼睛。
B. 把那件外衣脱（   ）。
C. 请你打（   ）窗户。
D. 他突然晕（   ）了。
E. 我们不能这样活（   ）。
F. 他醒（   ）了吗？

[해석] A. 학생 여러분, 모두 눈을 감으세요.   D. 그는 갑자기 기절했다.
B. 그 외투를 벗으세요.   E. 우리는 이렇게 살아갈 수 없다.
C. 당신 창문을 열어주세요.   F. 그는 정신이 들었니?

[어휘] 脱[tuō] 몡 벗다   窗户[chuānghu] 몡 창문   醒[xǐng] 용 (잠에서)깨다, 정신이 들다

Tip

방향보어의 파생된 의미들을 바르게 알고 쓸 수 있는지를 묻는 문제이다.

A. 上   닫다, 합해지다
B. 下来 분리
C. 开   분리되고 멀어짐
D. 过去 본래의 정상적인 상태를 잃어버리다
E. 下去 동작의 지속
F. 过来 정상적인 상태로 돌아오다

정답 A.上 B.下来 C.开
D.过去 E.下去 F.过来

8. 각 보어의 쓰임에 유의하여 다음을 부정형과 정반 의문형으로 바꾸세요.

(1) 他汉语说得很流利。

부정형 ➡ _____

정반 의문형 ➡ _____

(2) 他听得懂汉语。

부정형 ➡ _____

정반 의문형 ➡ _____

[해석] (1) 그는 중국어를 매우 유창하게 말한다.
(2) 그는 중국어를 듣고 이해할 수 있다.

9. 보어에 밑줄을 치세요.

(1) 哥哥走出公司来。
(2) 丹丹最近伤心透了。
(3) 她学英语学了两年了。
(4) 我刚才听见了妈妈的声音。
(5) 去年借的那本书没还给他。

[해석] (1) 오빠는 회사를 걸어나왔다.
(2) 딴딴은 최근 매우 상심해 있다.
(3) 그녀는 영어를 2년 동안 배웠다.
(4) 나는 방금 어머니의 목소리를 들었다.
(5) 작년에 빌렸던 그 책을 아직 그에게 돌려주지 않았다.

[어휘] 伤心 [shāngxīn] ⑤ 슬퍼하다, 상심하다

더 어려워요~

10. 다음을 어순에 맞게 배열하세요.

(1) 来　医院　跑　出
　　A　　B　　C　 D

(2) 两次　小王见　他　过
　　A　　 B　　　C　 D

(3) 我　懂　内容　课本的　得　看
　　A　 B　　C　　　D　　 E　 F

(4) 他　说　很　德语　好　得
　　A　 B　 C　　D　　E　 F

[해석] (1) 병원에서 뛰어나온다.
(2) 샤오왕은 그를 두 번 만난 적이 있다.
(3) 나는 교과서의 내용을 보고 이해할 수 있다.
(4) 그는 독일어를 매우 잘 말한다.

Tip

(1) 정도보어 부정형 : [술어 + 得 + 不 + ~]
정도보어 정반 의문형: [동사 + 得 + ~ 不 ~?]

(2) 가능보어 부정형 : [술어 + 不 + ~]
가능보어 정반 의문형: [동사 + 得 ~ + 동사 +不 ~?]

정답

(1) [부정형]　 他汉语说得不流利。
　　[정반 의문형] 他汉语说得流利不流利?
(2) [부정형]　 他听不懂汉语。
　　[정반 의문형] 他听得懂听不懂汉语?

Tip

(1) [술어 + 방향보어1 + 장소 목적어 + 방향보어2]
(2) [술어 + 透了]
(3) [술어 + 목적어(일반명사) + 술어 + 시량보어]
(4) [술어 + 결과보어]
(5) [술어 + 전치사구 보어 给/ 在/ 向/ 往/ 到/ 自/ 于]

정답　(1)出来 (2)透了 (3)两年 (4)见 (5)给他

Tip

(1) [술어 + 방향보어1 + 장소 목적어 + 방향보어2]
장소 목적어 医院은 보어1 出와 보어2 来 사이에 놓고 술어 跑는 보어1 앞에 놓는다. 그러므로 跑出医院来가 된다.

(2) [주어 + 술어 + 목적어(대명사) + 동량보어]
먼저 过는 동사 뒤에 쓰이므로 B+D, 대명사 목적어는 동량보어 앞에 오므로 C+A, 목적어는 동사 뒤에 오므로 B+D+C+A가 된다.

(3) [주어 + 술어 + 得 + 가능보어 + 목적어]
술어 看 뒤에 得가 나오고 그 뒤에 가능보어 懂이 나온다. 목적어 内容은 보어 뒤에 나오는데 이때 목적어를 수식하는 관형어 课本과 的가 목적어보다 앞에 위치하여 我看得懂课本的内容이 된다.

(4) [주어 + (술어) + 목적어 + 술어 + 정도보어]
정도보어가 있는 문장에서는 목적어를 사이에 두고 술어를 반복할 수 있는데 앞의 술어는 생략이 가능하다. 그러므로 술어인 동사 说는 목적어 德语 뒤에 들어가 他德语说得很好가 된다.

정답　(1) CDBA (2) BDCA
　　　(3) AFEBDC (4) ADBFCE

11. 다음 빈칸에 알맞은 말을 고르세요.

我看不_____清楚。

A. 十分   B. 非常   C. 大   D. 特别

[해석] 나는 별로 분명하게 보이지 않는다.
[어휘] 非常[fēicháng]图 매우
不大[búdà]图 그다지, 그리(大는 '不'의 뒤에 쓰여 정도가 낮거나 빈도가 적은 것을 나타냄)
特别[tèbié]图 특별히

Tip

일부 가능보어는 앞에 大/太같은 정도부사가 올 수 있다. 十分,非常,特别는 모두 不와 결합하지 않는다.

정답   C

어려워요~
12. 다음 빈칸에 알맞은 말을 고르세요.

他说话_____不明白。

A. 得   B. 地   C. 的   D. 说

[해석] 그는 말을 명확하게 하지 못한다.
[어휘] 明白[míngbai]图 명확하다

Tip

[주어 + 술어 + 목적어 + 술어 + 不 +가능보어]

가능보어 不明白가 있는 문장으로, 목적어 话 뒤에 술어 说를 반복한 뒤 가능보어를 써야 한다.

정답   D

13. 제시된 단어가 들어갈 곳을 찾으세요.

A 这首歌 B 选 C 歌剧 D《白毛女》。

自

[해석] 이 노래는 가극《白毛女》에서 골라온 것이다.
[어휘] 选[xuǎn]图 고르다, 뽑다   歌剧[gējù]图 가극, 오페라

Tip

[술어 + 给/ 在/向/往/到/自/于 + 명사성 단어]

전치사 给, 在, 向, 往, 到, 自, 于로 구성된 전치사구는 술어 뒤에 놓여 보어의 역할을 할 수 있다. 따라서 술어 选 뒤, 명사성 단어 歌剧 앞인 C가 정답이다.

정답   C

어려워요~
14. 다음 빈칸에 알맞은 말을 고르세요.

姐姐拿_____一把菜刀，把西瓜切_____了。

A. 出，去   B. 来，去   C. 出，来   D. 来，开

[해석] 언니는 식칼을 가지고 와서 수박을 잘랐다.
[어휘] 菜刀[càidāo]图 부엌칼, 식칼   西瓜[xīguā]图 수박   切[qiē]图 자르다

Tip

동사 拿는 出，来 와 모두 결합할 수 있지만 切는 '자르다'란 의미를 가진 동사로 분리의 의미를 가진 방향보어 开와 결합해야 한다.

정답   D

15. 다음 빈칸에 알맞은 말을 고르세요.

昨天坐地铁，因为我一直想心事，结果坐_____了站。

A. 出   B. 过   C. 起   D. 来

[해석] 어제 전철을 탔는데, 나는 줄곧 걱정거리들에 대해 생각하다가 결국 역을 지나쳤다.
[어휘] 地铁[dìtiě]图 지하철   心事[xīnshì]图 걱정거리, 시름   站[zhàn]图 정류소, 정거장, 역

Tip

'건너다/지나다'라는 의미를 가진 방향보어는 过이다.

정답   B

16. 다음 빈칸에 알맞은 말을 고르세요.

你快来看看我这儿怎么了，疼得 _____ 。

  A. 极了   B. 够   C. 多   D. 厉害

[해석] 너 빨리 와서 나 여기 어떻게 된 것인지 봐봐. 너무 아파.
[어휘] 极了[jíle]뿐매우   够[gòu]휑충분하다   厉害[lìhai]휑심하다

Tip

[술어 + 得 + 정도보어]
심한 정도를 나타내는 정도보어는 极了와 厉害이다. 极了는 得와 함께 쓰일 수 없으므로 답은 厉害이다.

정답 D

17. 다음 빈칸에 알맞은 말을 고르세요.

那儿有什么好玩儿的? 那么远，去一趟 _____，我不去。

  A. 累得极了   B. 累得要命   C. 累不得了   D. 累得多

[해석] 거기가 뭐가 재미있다고? 그렇게 멀리, 한번 갔다오면 피곤해 죽을텐데 난 안 가.
[어휘] 好玩儿[hàowán(r)]휑재미있다   趟[tàng]똉차례, 번

Tip

[술어 + 得 + 정도보어]
문맥상 심한 정도를 나타내는 累得要命이 답이 된다. 매우 심한 정도를 나타낼 때, [술어 + 得 + 要命/要死] 등을 사용한다.

정답 B

18. 다음 빈칸에 알맞은 말을 고르세요.

我恐怕 _____ 这个任务。

  A. 完不成   B. 完得了   C. 做得完   D. 做得了

[해석] 나 아무래도 이 임무를 완성하지 못할 것 같아.
[어휘] 任务[rènwu]똉임무

Tip

恐怕는 나쁜 결과를 예상하는 부사로, 의미상 뒷 술어에 부정을 나타내는 가능보어가 와야 자연스럽다.

정답 A

19. 다음 빈칸에 알맞은 말을 고르세요.

我等你等了大概 _____ 了。

  A. 一会儿   B. 一天   C. 有20分钟   D. 整天

[해석] 나 너를 기다린 지 대략 20분 되었어.
[어휘] 大概[dàgài]뿐아마도

Tip

[부사어 + 술어 + 시량보어]
大概는 '아마도'라는 추측을 의미하는 부사이다. 추측을 나타내는 부사 뒤에 시간의 경과를 나타내는 동사 有와 시량보어가 나와, 대략 어느 정도의 시간이 흘렀는지를 나타낸다.

정답 C

어려우시요~
20. 제시된 단어가 들어갈 곳을 찾으세요.

伦慧朝我 A 点 B 了 C 一下 D，就上楼去了。

头

[해석] 룬후이는 나를 향해 고개를 한 번 끄덕이더니, 올라갔다.
[어휘] 点头[diǎntóu]휑머리를 끄덕이다   上楼 [shànglóu]휑계단을 오르다

Tip

[술어 + 동량보어 + 목적어(일반명사)]
一下는 술어 点에 대한 동량보어로 동작의 가벼움을 나타내며 일반명사를 목적어로 가질 경우 목적어 앞에 놓는다. 头는 일반명사이므로 정답은 D이다.

정답 D

1. A 这个人，B 就 C 不 D 爱吃葡萄。

　　　　我

2. 你 A 怎么 B 不明白 C 就是 D 他的错误呢？

　　　　　　那

3. 在我的故乡 A 每逢 B 春节，C 都包 D 饺子。

　　　家家

4. A 我真 B 不知 C 感谢李老师 D 才好。

　　　　怎么

5. 我送了 A 他不少 B，C 但他还是 D 不肯收。

　　东西

6. A 年轻人，应该 B 多学知识 C 为 D 社会服务。

　　　咱们

7. 你 A 离开 B 公司 C 给我 D 打个电话。

　　前

8. A 哥哥手里拿着一个东西，B 可是看不清 C 是什么 D。

　　　　　　那

9. A 真 B 是个好心肠！C 对 D 都那样热情。

　　　谁

10. A 对你怎么想并不 B 重要，C 重要的是你自己 D 怎么想。

　　别人

11. 你们想吃_____？我给你们做。

    A. 怎么   B. 什么   C. 为什么   D. 怎么样

12. 办公室里只有你一个人，没有_____吗？

    A. 别人   B. 什么   C. 其他   D. 谁

13. 请____写个电话号码，我明天跟你联系。

    A.它   B. 人家   C.你   D. 我

14. 那个小伙子跑到_____去了？

    A.那样   B. 这儿   C. 那儿   D. 哪儿

15. 学生们都纷纷向张老师_____。

    A. 问问这那   B. 问这问那
    C. 问问那这   D. 问那问这

16. 这列火车有_____座位？

    A. 多   B. 谁   C. 怎么   D. 多少

17. 那些行李____，有一部分是他的。

    A.中   B.上   C.下   D. 边

18. 她家里有很多花儿,_____都是我给她的。

    A. 那么   B. 那儿   C. 那些   D. 那会儿

19. 你知道我们班有_____学生吗？

    A. 这么   B. 那么   C. 多么   D. 多少

20. 我们上高中____，经常去李老师家玩儿。

    A. 这会儿   B. 那会儿
    C. 一会儿   D. 多会儿

어려웠어요~
1. A 这个人， B 就 C 不 D 爱吃葡萄。

　　　　我

[해석] 나 이 사람은 포도 먹는 것을 좋아하지 않는다.
[어휘] 葡萄[pútao]몡 포도

Tip

[인칭대명사 + 지시대명사]

我는 인칭대명사로 지시대명사 这 앞에 와야 한다. 我와 这个人은 서로 동격으로 문장에서 주어 역할을 한다.

정답 A

더 어려웠어요~
2. 你 A 怎么 B 不明白 C 就是 D 他的错误呢？

　　　　　那

[해석] 너는 어떻게 그것이 그의 잘못인 것을 이해하지 못하니?
[어휘] 错误[cuòwu]몡 잘못, 실수

Tip

[주어 + 부사어 + 술어]

술어 明白 뒤에 나오는 말 전체가 문장의 목적어가 되고 那는 그 목적어 안에서의 주어가 된다.

정답 C

3. 在我的故乡 A 每逢 B 春节， C 都包 D 饺子。

　　　　　家家

[해석] 나의 고향에서는 매번 설날이 되면, 집집마다 모두 만두를 빚는다.
[어휘] 每逢[měiféng] ~할 때면, ~가 되면   包[bāo]동 싸다, 포장하다
饺子[jiǎozi]몡 만두

Tip

[주어 + 부사어 + 술어 + 목적어]

家家는 명사가 중첩된 형태이다. 都包饺子의 주어가 빠져 있으므로 家家는 부사어 都 앞에 놓여 주어 역할을 한다.

정답 C

4. A 我真 B 不知 C 感谢李老师 D 才好。

　　　　　怎么

[해석] 나는 정말 어떻게 이 선생님께 감사드려야 좋을지 모르겠다.
[어휘] 感谢[gǎnxiè]몡동 감사(하다)

Tip

[怎么 + 동사]

의문대명사 怎么는 感谢라는 동사 앞에 놓여 부사어 역할을 한다.

정답 C

5. 我送了 A 他不少 B ， C 但他还是 D 不肯收。

　　　　　东西

[해석] 나는 그에게 적지 않은 물건을 선물했지만 그는 여전히 받으려 하지 않는다.
[어휘] 肯[kěn]동 (기꺼이)~하려고 하다   收[shōu]동 받다, 얻다

Tip

[送 + 간·목 + 직·목]

送은 이중 목적어를 가질 수 있는 동사로 간접목적어 他 뒤에 직접목적어 东西가 온다. 东西는 명사로 문장 안에서 관형어 역할을 하는 不少의 수식을 받는다.

정답 B

6. A 年轻人，应该 B 多学知识 C 为 D 社会服务。

　　　　咱们

[해석] 우리 젊은이들은 사회에 봉사하기 위해 지식을 많이 쌓아야 한다.
[어휘] 年轻人[niánqīngrén]몡젊은이　　知识[zhīshi]몡지식　　服务[fúwù]동봉사하다

Tip

咱们은 대명사로 명사인 年轻人과 동격으로 쓰여 문장 전체의 주어가 된다.

정답　A

더 어려워요~

7. 你 A 离开 B 公司 C 给我 D 打个电话。

　　　　前

[해석] 너 회사를 떠나기 전에 나에게 전화를 좀 줘라.
[어휘] 离开[líkāi]동떠나다

Tip

[방위명사, 시간명사]

前은 방위명사 겸 시간명사로 쓰인다.
이 문장에서 前은 离开公司라는 동사구와 결합해서 시간을 나타내는 부사어로 쓰였다.

정답　C

8. A 哥哥手里拿着一个东西，B 可是看不清 C 是什么 D 。

　　　　那

[해석] 오빠가 손안에 물건 하나를 가지고 있는데 그것이 뭔지는 잘 안 보인다.

Tip

[술어 + 목적어(주술구)]

那는 是什么를 이끄는 주어가 되고 那是什么는 주술구로 문장의 목적어가 된다.

정답　C

9. A 真 B 是个好心肠！C 对 D 都那样热情。

　　　　谁

[해석] 정말 마음씨가 좋은 사람이구나! 누구에게나 그렇게 친절하다니.
[어휘] 心肠[xīncháng]몡마음씨, 심보　　热情[rèqíng]톙친절하다

Tip

[전치사구 : 전치사 + 명사/대명사]

전치사는 단독으로 쓰이지 않고 명사나 대명사와 함께 전치사구를 형성하므로 의문대명사 谁는 对 뒤에 위치해야 한다.

정답　D

더 어려워요~

10. A 对你怎么想并不 B 重要，C 重要的是你自己 D 怎么想。

　　　　别人

[해석] 다른 사람이 너에 대해 어떻게 생각하는지는 결코 중요하지 않다. 중요한 것은 네가 스스로 어떻게 생각하느냐이다.
[어휘] 并不[bìngbù]톙결코 ～하지 않다

Tip

[주어 + 부사어(전치사구)]

别人은 你自己와 상반된 개념으로 앞 문장에 와야 하고 주어가 빠져 있으므로 부사어가 되는 전치사구 对你 앞에 놓인다.

정답　A

11. 你们想吃_____? 我给你们做。

   A. 怎么   B. 什么   C. 为什么   D. 怎么样

Tip

吃이라는 동사 뒤에 목적어가 될 수 있는 의문대명사는 사람/사물을 나타내는 什么이다. 为什么와 怎么는 동사 앞에 쓰이며, 怎么样은 상대방의 견해를 물을 때 쓴다.

정답 B

[해석] 너희 뭐 먹고 싶니? 내가 너희에게 만들어줄게.

12. 办公室里只有你一个人，没有_____吗?

   A. 别人   B. 什么   C. 其他   D. 谁

Tip

[술어 + 목적어 + 어기조사]

앞에 你라는 인칭대명사가 왔고 그 외의 다른 사람에 대해 묻고 있으므로 3인칭을 뜻하는 别人이 와야 한다. B와 D는 의문대명사이고 C는 사람이 아닌 사물을 대신하는 대명사로 사람을 가리킬 때는 人을 붙여 其他人이라고 해야 한다.

정답 A

[해석] 사무실에 너 혼자 있는 거니? 다른 사람은 없어?
[어휘] 别人[biérén]똉다른 사람   其他[qítā]똉기타

13. 请____写个电话号码，我明天跟你联系。

   A.它   B. 人家   C.你   D. 我

Tip

연락하고자 하는 대상이 你이므로 인칭대명사 你가 와야 한다.

정답 C

[해석] 당신 전화번호를 써주세요, 제가 내일 당신에게 연락드릴게요.
[어휘] 电话号码[diànhuàhàoma]똉전화번호   联系[liánxì]동똉연락(하다)

14. 那个小伙子跑到_____去了?

   A. 那样   B. 这儿   C. 那儿   D. 哪儿

Tip

의문을 나타내는 문장으로 '어디'라는 뜻의 의문대명사 哪儿이 와야 한다.

정답 D

[해석] 그 녀석 어디로 갔지?
[어휘] 小伙子[xiǎohuǒzi]똉녀석, 젊은이

더 어려워요~

15. 学生们都纷纷向张老师_____。

   A. 问问这那   B. 问这问那
   C. 问问那这   D. 问那问这

Tip

'问这问那'는 '이것저것 물어보다'라는 표현이다. 这와 那를 동시에 사용할 경우 가까운 것을 가리키는 这를 먼저 쓰고 먼 것을 가리키는 那는 뒤에 써야 한다.

정답 B

[해석] 학생들은 모두 잇달아 장 선생님께 이것저것 물어본다.
[어휘] 纷纷[fēnfēn]동잇달아, 분분하게, 계속

16. 这列火车有_____座位?

A. 多　　　　B. 谁　　　　C. 怎么　　　　D. 多少

Tip
좌석이 얼마나 있는지를 묻고 있으므로 수량을 나타내는 의문대명사 多少가 들어가야 한다.

정답　D

[해석] 이 기차는 좌석이 얼마나 있나요?
[어휘] 列[liè]㈝줄, 열, 종류　座位[zuòwèi]㈛좌석　多少[duōshao]㈐얼마

17. 那些行李____, 有一部分是他的。

A. 中　　　　B. 上　　　　C. 下　　　　D. 边

Tip
문맥상 '~중에'라는 뜻을 갖는 단어 中이 들어가야 한다.

정답　A

[해석] 이 짐들 중 일부는 그의 것이다.
[어휘] 行李[xíngli]㈛짐

18. 她家里有很多花儿，_____都是我给她的。

A. 那么　　　　B. 那儿　　　　C. 那些　　　　D. 那会儿

Tip
很多花儿이라는 사물의 수량을 나타내는 지시대명사 那些가 빈칸에 들어가야 한다. A는 성질, 상태, 방식, B는 장소, D는 시간을 나타내는 지시대명사이다.

정답　C

[해석] 그녀의 집에는 많은 꽃들이 있는데, 그것들은 다 내가 그녀에게 준 것이다.

19. 你知道我们班有_____学生吗?

A. 这么　　　　B. 那么　　　　C. 多么　　　　D. 多少

Tip
이 문장은 의문문으로 빈칸에 수량을 묻는 의문대명사 多少가 들어가야 한다.

정답　D

[해석] 당신은 우리 반에 몇 명의 학생이 있는지 알아요?

20. 我们上高中____, 经常去李老师家玩儿。

A. 这会儿　　　　　　B. 那会儿
C. 一会儿　　　　　　D. 多会儿

Tip
고등학교 시절이라는 '그때'를 나타내야 하므로 빈칸에는 那会儿이 들어간다.

정답　B

[해석] 우리는 고등학교 시절 언제나 이 선생님댁에 가서 놀았다.
[어휘] 高中[gāozhōng]㈛고등학교　一会儿[yíhuìr]잠시　多会儿[duōhuìr]㈐언제

1. 这双袜子挺便宜，才两　A　块　B　毛　C　钱　D。

　　　　　　五

2. 我妹妹　A　学芭蕾舞学了七　B　个　C　月　D　了。

　　　　　　多

3. 这些草莓　A　怎么卖？　B　给　C　我来　D　吧。

　　两斤

4. A　圣诞节　B，我们　C　要去云南　D　旅行。

　　　　前后

5. 他经常在背后说　A　坏话，B　你还是　C　小心　D。

　　一点儿

6. 到达天津站，还要　A　等　B　一个半　C　小时　D。

　　　　左右

7. 我们市一共有三千　A　五　B　百　C　七　D　名外国人。

　　　　零

8. A　外面非常　B　冷，你要多穿　C　衣服　D　以免感冒。

　　　　一些

9. A　他事业　B　失败时，C　没有　D　人安慰他。

　　　　一个

10. 我来老家才二十　A　天　B，见过他五六　C　次　D。

　　　　来

11. 我早就想买一_____自行车。

    A. 台   B. 辆   C. 张   D. 座

12. 小宋的家里来了七_____客人，都是外国人。

    A. 位   B. 名   C. 只   D. 口

13. 我看那部电影时，感动得一直流眼泪，真想再看一___。

    A. 遍   B. 趟   C. 顿   D. 番

14. 爷爷昨天给我买了一_____铅笔。

    A. 把   B. 支   C. 副   D. 只

15. 明年劳动节___，我哥哥会从美国回来。

    A. 前后   B. 上下   C. 左右   D. 中外

16. 王叔叔辛苦了一天，只卖了_____。

    A. 两桌子   B. 二桌子
    C. 两张桌子   D. 二张桌子

17. 上个星期六我在家看了_____电视。

    A. 三多个小时   B. 三个多小时
    C. 三多小时   D. 三来个小时

18. 我刚搬到这儿，只住了_____还不怎么习惯。

    A. 九十天   B. 十十一天
    C. 八九天   D. 九天十天

19. 我们公司有_____的人参加了会议。

    A. 三分之四   B. 三四之分
    C. 四三分之   D. 四分之三

20. 本工厂去年生产了1500辆汽车，今年为3000辆，增加了___。

    A. 一倍   B. 两倍   C. 二分之一   D. 三倍

1. 这双袜子挺便宜，才两　A　块　B　毛　C　钱　D。

五

Tip

[수사 + 양사]

块와 毛는 돈을 세는 양사이다. 毛 앞에 수사가 빠져 있으므로 수사 五는 毛 앞에 위치해야 한다.

정답　B

[해석] 이 양말은 매우 싸다. 겨우 2.5위안 밖에 하지 않는다.
[어휘] 袜子 [wàzi] 명 양말

더 어려워요~

2. 我妹妹　A　学芭蕾舞学了七　B　个　C　月　D　了。

多

Tip

[1~9로 끝나는 숫자 + 양사 + 多 + 명사]

1~9로 끝나는 숫자에서 어림수 多는 양사 个 뒤에 위치한다.

정답　C

[해석] 내 여동생은 발레를 7개월 정도 배웠다.
[어휘] 芭蕾舞 [bālěiwǔ] 명 발레

3. 这些草莓　A　怎么卖？　B　给　C　我来　D　吧。

两斤

Tip

[동사 + 목적어]

수량사 两斤은 목적어로 쓰여 来라는 동사 뒤에 놓여야 한다.
来는 구체적인 동사를 대신하여 어떤 동작이나 행동을 의미한다.

정답　D

[해석] 이 딸기 어떻게 팔아요? 저에게 두 근 주세요.
[어휘] 草莓 [cǎoméi] 명 딸기

4. A　圣诞节　B，我们　C　要去云南　D　旅行。

前后

Tip

[시간명사 + 前后]

시점을 나타내는 前后는 시간을 나타내는 명사 圣诞节 뒤에 와야 한다.

정답　B

[해석] 크리스마스를 전후로 우리는 윈난으로 여행 가려고 한다.
[어휘] 圣诞节 [Shèngdàn Jié] 명 크리스마스　　云南 [Yúnnán] 명 윈난(지역명)

어려워요~

5. 他经常在背后说　A　坏话，B　你还是　C　小心　D。

一点儿

Tip

[형용사/동사 + (一)点儿]

一点儿은 동사 小心 뒤에 쓰여 정도를 나타내며 '약간'이라는 뜻을 갖는다.

정답　D

[해석] 그는 늘 남의 뒤에서 험담을 하기 때문에, 너는 아무래도 좀 조심하는 것이 좋겠다.
[어휘] 经常 [jīngcháng] 부 자주　背后 [bèihòu] 명 암암리에, 남몰래, 뒤에서　　坏话 [huàihuà] 명 험담

6. 到达天津站，还要 A 等 B 一个半 C 小时 D。

左右

[수량사 + 左右]

어림수 左右는 시간을 나타내는 말인 一个半 小时 뒤에 와야 한다.

[해석] 텐진역에 도착하려면 아직도 한 시간 삼십 분 정도를 더 기다려야 한다.
[어휘] 到达 [daoda] ⑤ 도착하다, 도달하다

정답 D

7. 我们市一共有三千 A 五 B 百 C 七 D 名外国人。

零

백 단위 다음 십 단위가 없이 일 단위가 나왔으므로 그 사이에 零을 써줘야 한다.

[해석] 우리 시에는 모두 3,507명의 외국인이 있다.

정답 C

8. A 外面非常 B 冷，你要多穿 C 衣服 D 以免感冒。

一些

[一些 + 명사]

불확실 양사 一些는 명사 衣服 앞에 놓여야 한다.

[해석] 밖이 아주 추우니까 너는 옷을 좀 많이 입어서 감기에 걸리지 않게 해라.
[어휘] 以免 [yimian] ~않도록, ~을 면하기 위해   感冒 [ganmao] ⑲ ⑤ 감기(걸리다)

정답 C

9. A 他事业 B 失败时，C 没有 D 人安慰他。

一个

[수량사 + 명사]

一个는 명사 人 앞에 놓여 人을 수식하는 역할을 한다.

[해석] 그가 사업에 실패했을 때 한 사람도 그를 위로해주지 않았다.
[어휘] 事业 [shiye] ⑲ 사업   失败 [shibai] ⑲ ⑤ 실패(하다)   安慰 [anwei] ⑤ 위로하다

어려워요~
10. 我来老家才二十 A 天 B，见过他五六 C 次 D。

来

[0으로 끝나는 숫자 + 来 + 양사 + (명사)]

五六次는 연속되는 숫자로 이미 어림수를 표현했으므로 来가 필요없고, 二十天에서는 二十이 0으로 끝나는 숫자이므로 来는 양사 天 앞에 위치해야 한다.

[해석] 나는 고향에 온 지 겨우 20여 일 밖에 되지 않았지만 그를 5~6번 만났다.
[어휘] 老家 [laojia] ⑲ 고향(집)

정답 A

11. 我早就想买一_____自行车。

　　A. 台　　　　B. 辆　　　　C. 张　　　　D. 座

Tip

[수사 + 양사 + 명사]

자전거나 차량을 세는 양사는 辆이다.

정답　B

[해석] 나는 진작에 자전거 한 대를 사고 싶었다.
[어휘] 早就[zǎojiù]일찍이, 진작　台[tái]🔊~대(기계 등을 셀 때)
　　　辆[liàng]🔊~대(자전거나 차량을 셀 때)　张[zhāng]🔊~장(책상이나 침대, 종이 등을 셀 때)
　　　座[zuò]🔊크고 고정적인 것을 셀 때

12. 小宋的家里来了七_____客人，都是外国人。

　　A.位　　　　B.名　　　　C.只　　　　D.口

Tip

[수사 + 양사 + 명사]

손님을 셀 때는 양사 位를 쓴다.

정답　A

[해석] 샤오쏭의 집에 손님 일곱 분이 왔는데 모두 외국인이다.
[어휘] 位[wèi]🔊~분(사람을 셀 때, 존칭)　名[míng]🔊~명(사람을 셀 때)
　　　只[zhī]🔊마리(동물을 셀 때)　口[kǒu]🔊식구, 모금

13. 我看那部电影时，感动得一直流眼泪，真想再看一___。

　　A. 遍　　　　B. 趟　　　　C. 顿　　　　D. 番

Tip

[술어(동사) + 수사 + 동량사]

电影을 보는 전 과정을 다시 반복하는 것이
므로 양사 遍을 써주어야 한다.

정답　A

[해석] 나는 그 영화를 볼 때 감동적이어서 계속 눈물을 흘렸는데 정말 다시 한 번 보고 싶다.
[어휘] 感动[gǎndòng]🔊감동하다　一直[yìzhí]🔊줄곧, 계속　流[liú]🔊흐르다
　　　眼泪[yǎnlèi]🔊눈물　遍[biàn]🔊하나의 동작 행위의 시작부터 끝까지의 과정
　　　趟[tàng]🔊차례, 번(왕복)　顿[dùn]🔊번, 끼니(동작의 횟수)
　　　番[fān]🔊시간과 공을 들여서 한 행위에 쓰임

14. 爷爷昨天给我买了一_____铅笔。

　　A. 把　　　　B. 支　　　　C. 副　　　　D. 只

Tip

[수사 + 양사 + 명사]

필기구를 비롯하여 딱딱하고 긴 무생물을
세는 양사는 支이다.

정답　B

[해석] 할아버지께서 어제 나에게 연필 한 자루를 사주셨다.
[어휘] 铅笔[qiānbǐ]🔊연필　把[bǎ]🔊손잡이가 있는 물건을 셀 때
　　　副[fù]🔊짝으로 된 물건을 세거나 얼굴표정을 나타낼 때

15. 明年劳动节___，我哥哥会从美国回来。

　　A. 前后　　　B. 上下　　　C. 左右　　　D. 中外

Tip

[시점(명사) + 前后]

劳动节 처럼 어떤 특정한 시점을 나타내는
명사 뒤에는 前后를 쓴다.

정답　A

[해석] 내년 노동절을 전후해서 우리 오빠는 미국에서 돌아올 것이다.
[어휘] 劳动节[Láodòng Jié]🔊노동절　前后[qiánhòu]🔊전후, 쯤
　　　中外[zhōngwài]🔊중국과 외국(국내외)

어려우시죠~

16. 王叔叔辛苦了一天，只卖了_____ 。

A. 两桌子　　　　　　B. 二桌子
C. 两张桌子　　　　　D. 二张桌子

Tip

[수사 + 양사 + 명사]

수사인 两은 양사인 张과 결합하여 수량사를 이루고, 명사 桌子를 수식한다. 또한 일반적으로 양사 앞에서는 二이 아닌 两만을 쓸 수 있다.

정답　C

[해석] 왕 아저씨는 하루종일 고생해서 겨우 책상 두 개를 팔았다.
[어휘] 叔叔[shushu]몡숙부, 아저씨　　辛苦[xinku]동고생하다

17. 上个星期六我在家看了_____电视。

A. 三多个小时　　　　B. 三个多小时
C. 三多小时　　　　　D. 三来个小时

Tip

[1~9로 끝나는 숫자 + 양사 + 多 + 명사]

숫자 三 다음 양사 个가 나오고 그 다음으로는 어림수 多와 명사 小时이 나와 정답은 B. 三个多小时가 된다.

정답　B

[해석] 지난주 토요일에 나는 집에서 3시간 넘게 TV를 보았다.

18. 我刚搬到这儿，只住了____还不怎么习惯。

A. 九十天　　　　　　B. 十十一天
C. 八九天　　　　　　D. 九天十天

Tip

나란히 있는 숫자를 연이어 사용하여 대략적인 숫자를 나타내는데 이때 八九는 가능하지만, 九와 十, 十과 十一는 연이어 사용할 수 없다.

정답　C

[해석] 나는 방금 여기로 이사와 겨우 8~9일 밖에 살지 않아서 아직 그다지 익숙하지 않다.
[어휘] 搬[ban]동옮기다, 이사하다　　不怎么[buzenme]별로, 그다지

19. 我们公司有_____的人参加了会议。

A. 三分之四　　　　　B. 三四之分
C. 四三分之　　　　　D. 四分之三

Tip

[숫자(분모) + 分之 + 숫자(분자)]

分之는 '~분의'라는 뜻에 해당하는 말로 앞뒤에 숫자를 놓아 분수를 표현할 때 사용한다.

정답　D

[해석] 우리 회사의 3/4의 사람이 회의에 참석했다.
[어휘] 参加[canjia]동참가하다　　会议[huiyi]몡회의

20. 本工厂去年生产了1500辆汽车，今年为3000辆，增加了___。

A. 一倍　　B. 两倍　　C. 二分之一　　D. 三倍

Tip

**[A는 B보다 (C-1)배가 늘어 C배가 되었다.
▶A 比 B 增加了 C-1倍]**

본래 상태의 두 배가 되었음을 동사 增加로 나타낼 경우는 一倍를 써서 '한 배가 늘었다'로 표현한다.

정답　A

[해석] 우리 공장은 작년에 1500대의 차를 생산했고, 올해는 3000대를 생산하여 한 배가 늘었다.
(두배가 되었다.)
[어휘] 倍[bei]얭~배　　工厂[gongchang]몡공장　　生产[shengchan]몡동생산(하다)
增加[zengjia]동증가하다

1. 你父亲 A 肯定会 B 你 C 跟他 D 结婚。

同意

2. A 下了班 B，大家就 C 回家 D 休息了。

可以

3. 我从小就 A 很 B 去 C 那个地方 D 看看。

想

4. 同学们，无论如何 A 你们 B 一定 C 努力 D 学习。

要

5. 刚才 A 李英 B 了 C 他 D 一把雨伞。

给

6. 我想 A 完成 B 这件事，C 要 D 很长时间。

花

7. 这所学校 A 很多 B 来自韩国的 C 留学生 D。

有

8. 我刚才 A 看天气 B 预报了，今天 C 不 D 下雨。

会

9. 我 A 真不知道该怎么 B 解决了，你 C 这件事怎么办 D ？

看

10. 他的自行车早就 A 坏了，可是 B 他就是 C 不 D 买一辆新的。

愿意

11. 我给他_____了好几个电话，可他不接。

    A. 打   B. 发   C. 起   D. 接

12. 丹丹真____吃，那些馒头也被她吃了。

    A. 会   B. 想   C. 得   D. 能

13. 我_____打排球，你喜欢什么运动？

    A. 喜喜欢欢   B. 喜欢喜欢
    C. 喜欢非常   D. 非常喜欢

14. 不要一直呆着，大家一起_____这些问题吧。

    A. 研研究   B. 研研究究
    C. 研究研究   D. 研究一研究

15. 昨天晚上他们都在公园_____了一小时球。

    A. 踢   B. 踢踢   C. 踢了踢   D. 踢一踢

16. 我不____游泳，不想去海边玩儿。

    A. 会   B. 要   C. 可能   D. 应该

17. 周末听听音乐，_____，多么舒服啊！

    A. 散步散步   B. 散散步
    C. 散散步步   D. 散步一散步

18. 大家_____表明自己的心意。

    A. 向他都应该   B. 应该都向他
    C. 都向他应该   D. 都应该向他

19. 李真，你快去_____吧。

    A. 帮忙奶奶   B. 帮忙帮忙
    C. 帮奶奶的忙   D. 帮忙奶奶的

20. 我真的_____博物馆，可他不愿意去。

    A. 想想参观   B. 想参观参观
    C. 想一想参观   D. 想了想参观

1. 你父亲　A　肯定会　B　你　C　跟他　D　结婚。

同意

[해석] 너의 아버지는 분명히 네가 그와 결혼하는 것에 동의하실 것이다.
[어휘] 肯定 [kěndìng] 📖 분명하다, 틀림없다

Tip

[조동사 + 동사/형용사]
동사 同意는 조동사 会 뒤에 나와야 한다.

정답　B

어려워요~
2. A　下了班　B，大家就　C　回家　D　休息了。

可以

[해석] 퇴근 후, 모두 집에 돌아가 쉬셔도 됩니다.
[어휘] 下班 [xiàbān] 📖 퇴근하다

Tip

[조동사 + 술어1 + 술어2]
동사 두 개가 연달아 나오는 연동문에서 조동사의 위치는 첫 번째 술어 앞에 와야 하므로 조동사 可以는 첫 번째 술어 回家 앞에 와야 한다.

정답　C

3. 我从小就　A　很　B　去　C　那个地方　D　看看。

想

[해석] 나는 어릴 때부터 그곳에 가보고 싶었다.
[어휘] 从小 [cóngxiǎo] 어릴 때부터　　地方 [dìfang] 📖 곳, 장소

Tip

[조동사 + 술어1 + 술어2]
연동문에서 조동사의 위치는 첫 번째 술어 앞에 와야 하므로 想은 去 앞에 와야 한다.

정답　B

4. 同学们，无论如何　A　你们　B　一定　C　努力　D　学习。

要

[해석] 학생 여러분, 어찌되었든 여러분들은 꼭 열심히 공부해야 합니다.
[어휘] 无论如何 [wúlùnrúhé] 어찌되었든

Tip

[부사 + 조동사 + 동사]
조동사 要는 부사 一定 뒤, 동사 努力 앞에 위치한다.

정답　C

5. 刚才　A　李英　B　了　C　他　D　一把雨伞。

给

[해석] 방금 전 리잉은 그에게 우산을 주었다.
[어휘] 雨伞 [yǔsǎn] 📖 우산

Tip

[주어 + 술어(동사) + 간·목 + 직·목]
给는 이중 목적어를 갖는 동사로 주어 李英 뒤, 목적어 他와 一把雨伞 앞에 놓인다.

정답　B

6. 我想 A 完成 B 这件事，C 要 D 很长时间。

花

[해석] 내 생각에는 이 일을 완성하는데, 오랜시간이 걸릴 것 같아.
[어휘] 完成 [wánchéng]⑧마치다, 완성하다   花[huā]⑧(시간이)들다, (돈을)쓰다

Tip

[조동사 + 동사/형용사]

동사 花 는 목적어 很长时间의 술어가 되고, 조동사 要 뒤에 위치해야 한다.

정답 D

더 어려워요~

7. 这所学校 A 很多 B 来自韩国的 C 留学生 D。

有

[해석] 이 학교에는 한국에서 온 유학생들이 아주 많다.
[어휘] 所[suǒ]⑱학교, 병원, 집 등을 세는 단위   留学生[liúxuéshēng]⑲유학생

Tip

[주어 + 술어]

술어로 쓰인 동사 有 는 주어 学校 뒤에 와야 하고 很多来自韩国的는 목적어 留学生을 꾸며주는 관형어이다.

정답 A

8. 我刚才 A 看天气 B 预报了，今天 C 不 D 下雨。

会

[해석] 내가 방금 일기예보를 봤는데 오늘은 비가 오지 않을 거야.
[어휘] 天气预报[tiānqìyùbào]⑲ 일기예보

Tip

[부정부사 + 조동사]

조동사 会 는 부정부사 不 뒤에 위치해야 한다.

정답 D

더 어려워요~

9. 我 A 真不知道该怎么 B 解决了，你 C 这件事怎么办 D？

看

[해석] 나는 정말 어떻게 해결해야 할지 모르겠어. 네가 보기에 이 일을 어떻게 해야겠니?
[어휘] 该[gāi]조통마땅히 ~해야 한다   解决[jiějué]⑧해결하다
怎么办[zěnmebàn]어떻게 하지?

Tip

[주어 + 술어 + 목적어]

동사 看은 주어 你 뒤에 위치하고, 这件事怎么办을 목적어로 갖는다.

정답 C

10. 他的自行车早就 A 坏了，可是 B 他就是 C 不 D 买一辆新的。

愿意

[해석] 그의 자전거는 일찍이 고장이 났지만, 그러나 그는 새것을 사길 원하지 않는다.
[어휘] 坏[huài]⑧고장나다   辆[liàng]⑱대, 차량을 셀 때 쓰는 양사

Tip

[부정부사 + 조동사 + 동사/형용사]

조동사 愿意는 부정부사 不 뒤, 동사 买 앞에 놓인다.

정답 D

11. 我给他_____了好几个电话，可他不接。

    A. 打   B. 发   C. 起   D. 接

Tip

'전화를 한다'라고 할 때는 동사 打를 사용하여 打电话라고 한다.

[해석] 나는 그에게 여러 번 전화했지만 그는 받지 않았다.
[어휘] 打[dǎ]⑤때리다, (전화, 운동 등을)하다   发[fā]⑤보내다   起[qǐ]⑤일어나다
接[jiē]⑤받다, 접근하다

정답   A

12. 丹丹真____吃，那些馒头也被她吃了。

    A. 会   B. 想   C. 得   D. 能

Tip

평범한 음식량보다 더 많은 양을 먹을 수 있는 경우에는 能을 쓴다.

[해석] 딴딴은 정말 잘 먹는다. 저 찐빵들도 그녀가 먹은 것이다.
[어휘] 馒头[mántou]⑲찐빵   会[huì]⑤~할 수 있다(배워서)   想[xiǎng]⑤~하고 싶다
得[děi]⑤~해야 한다   能[néng]⑤~할 수 있다(능력)

정답   D

13. 我_____打排球，你喜欢什么运动？

    A. 喜喜欢欢   B. 喜欢喜欢
    C. 喜欢非常   D. 非常喜欢

Tip

[부사 + 동사]

부사 非常은 동사 喜欢 앞에 놓여 非常喜欢이 된다. 심리 상태를 나타내는 동사 喜欢은 중첩할 수 없으므로 A와 B는 모두 답이 될 수 없다.

[해석] 나는 배구하는 것을 매우 좋아하는데 너는 무슨 운동을 좋아하니?
[어휘] 排球[páiqiú]⑲배구

정답   D

14. 不要一直呆着，大家一起_____这些问题吧。

    A. 研研究   B. 研研究究
    C. 研究研究   D. 研究一研究

Tip

2음절 동사의 중첩형태는 ABAB로 C. 研究研究가 정답이 된다.

[해석] 계속 멍하니 있지 말고, 우리 함께 이 문제들을 연구해보자.
[어휘] 呆[dāi]⑤머무르다, 멍하니 있다

정답   C

15. 昨天晚上他们都在公园_____了一小时球。

    A. 踢   B. 踢踢   C. 踢了踢   D. 踢一踢

Tip

[동사중첩 + 了]

뒤에 동태조사 了가 있는 동사는 중첩할 수 없는데 밑줄 바로 뒤에 了가 있으므로 보기 중에 중첩하지 않은 동사 踢만이 정답이 된다.

[해석] 어제 저녁에 그들은 모두 공원에서 한 시간 동안 공을 찼다.
[어휘] 踢[tī]⑤(발로)차다

정답   A

더 어려워요~
16. 我不＿＿＿游泳，不想去海边玩儿。

　　　A. 会　　　　B. 要　　　　C. 可能　　　　D. 应该

[해석] 나는 수영을 못해서 해변에 가서 놀고 싶지 않다.
[어휘] 游泳[yóuyǒng]⑧수영(하다)　　海边[hǎibiān]⑲해변, 바닷가

Tip

[부정부사 + 조동사]

배워서 할 수 있는 일에는 조동사 숲를 쓴다. 不要는 '금지'를 나타내며 '~하고 싶지 않다'라는 의미를 나타낼 때는 '不想' 또는 '不愿意'라고 한다.

정답　A

17. 周末听听音乐，＿＿＿＿＿＿，多么舒服啊！

　　　A. 散步散步　　　　　　B. 散散步
　　　C. 散散步步　　　　　　D. 散步一散步

[해석] 주말에 음악도 듣고 산책도 하면 얼마나 편안할까!
[어휘] 散步[sànbù]⑧산책하다　　舒服[shūfu]⑲편안하다, 상쾌하다

Tip

散步는 이합동사로 동사만 중첩하여 散散步가 된다.

정답　B

어려워요~
18. 大家＿＿＿＿＿＿＿表明自己的心意。

　　　A. 向他都应该　　　　　B. 应该都向他
　　　C. 都向他应该　　　　　D. 都应该向他

[해석] 여러분들은 모두 그에게 마땅히 자신의 성의를 표시해야 합니다.
[어휘] 向[xiàng]⑳~에게　　表明[biǎomíng]⑧표명하다, 분명하게 보이다(나타내다)
心意[xīnyì]⑲성의, 의향

Tip

[부사 + 조동사 + 전치사구]

부사어가 여러 개일 경우 부사(都) + 조동사(应该) + 전치사구(向他)의 어순을 갖는다.

정답　D

더 어려워요~
19. 李真，你快去＿＿＿＿＿＿＿吧。

　　　A. 帮忙奶奶　　　　　　B. 帮忙帮忙
　　　C. 帮奶奶的忙　　　　　D. 帮忙奶奶的

[해석] 리쩐, 너 빨리가서 할머니를 도와 드려라.
[어휘] 帮忙 [bāngmáng]⑧돕다

Tip

[동사성 단어 + 목적어 + 명사성 단어]

이합동사 帮忙의 경우 목적어는 동사성 단어 帮과 명사성 단어 忙 사이에 와야 한다.

정답　C

20. 我真的＿＿＿＿＿＿博物馆，可他不愿意去。

　　　A. 想想参观　　　　　　B. 想参观参观
　　　C. 想一想参观　　　　　D. 想了想参观

[해석] 나는 정말 박물관을 참관하고 싶은데 그는 가기를 원하지 않는다.
[어휘] 参观[cānguān]⑧참관하다, 견학하다　　博物馆[bówùguǎn]⑲박물관

Tip

이 문장에서 想은 '~하고 싶다'라는 뜻의 조동사로 쓰여 중첩할 수 없으므로 想을 중첩하지 않은 B만이 답이 될 수 있다. 2음절 동사의 중첩형태는 ABAB, AB米AB去이다.

정답　B

1. 填表时，请大家 A 写 B 自己的 C 名字 D。

清楚

2. A 看到孙女 B 开始说话，奶奶就 C 地点了点 D 头。

满意

3. 爸爸您 A 吃 B 点儿，这些菜 C 都 D 是我做的。

多

4. A 她 B 站了起来，C 然后看了 D 我一眼。

慢慢地

5. 小张的 A 学习态度 B 很 C，成绩也不错 D。

认真

6. 她 A 那个人 B 做事 C 每次都这么 D 的。

马马虎虎

7. 小朝 A 从英国 B 给他妻子带来了不 C 珍贵的礼物 D。

少

8. 家人都 A 在一起 B 吃饭，心里 C 特别 D。

愉快

9. 我的 A 儿子有一双 B 的眼睛，C 可爱得 D 不得了。

大大

10. 那些 A 都 B 很昂贵，一定 C 要 D 拿轻放。

轻

11. 李部长＿＿＿＿＿地跑进了会议室。

A. 急急忙　　　　　　　B. 急忙急忙
C. 急急忙忙　　　　　　D. 急忙忙

12. 期末考试终于结束了，同学们今天玩得
＿＿＿＿＿。

A. 非常痛快　　　　　　B. 痛快痛快
C. 非常痛痛快快　　　　D. 非常痛快痛快

13. 不管什么时候，他的房间总是＿＿＿＿＿的。

A. 很干干净净　　　　　B. 干干净
C. 干干净净　　　　　　D. 干净干净

14. 职员们都下班了，公司里＿＿＿＿＿＿＿。

A. 安静静的　　　　　　B. 安安静静的
C. 安静安静　　　　　　D. 安静安静的

15. 丹丹在我们班年龄最＿＿＿，但是很会照顾别人。

A. 小　　　B. 短　　　C. 轻　　　D. 矮

16. 她长得很漂亮，皮肤也＿＿＿＿＿的。

A. 雪白雪白　　　　　　B. 雪雪白白
C. 很雪雪白白　　　　　D. 很雪白雪白

17. 在这些照片中，他照的＿＿＿＿，我照的＿＿＿＿。

A. 多，少　　　　　　　B. 很多，很少
C. 很多，小　　　　　　D. 多，很少

18. 丽丽，你可以证明那件事＿＿＿＿＿不是你做的吗？

A. 确确实　　　　　　　B. 确实确实
C. 确确实实　　　　　　D. 很确实确实

19. 都七点了，怎么天还＿＿＿＿？

A. 别黑　　　　　　　　B. 非黑
C. 没黑　　　　　　　　D. 无黑

20. 他看起来＿＿＿＿＿＿＿发脾气。

A. 开心经常不　　　　　B. 不经常开心
C. 经常开心不　　　　　D. 不开心经常

1. 填表时，请大家　A　写　B　自己的　C　名字　D。

清楚

[해석] 표를 작성할 때 모두 자신의 이름을 정확하게 써주세요.
[어휘] 填表 [tiánbiǎo] ⑤ 표를 작성하다(기입하다)

Tip

[술어 + 결과보어 + 목적어]

형용사 清楚는 이 문장에서 결과보어로 쓰여 술어인 동사 写 뒤에 놓인다.

정답　B

2. A　看到孙女　B　开始说话，奶奶就　C　地点了点　D　头。

满意

[해석] 손녀가 말하기 시작하는 것을 보자 할머니는 곧 만족스럽게 고개를 끄덕이셨다.
[어휘] 孙女[sūnnǚ] ⑱ 손녀　　点头[diǎntou] ⑱ 고개를 끄덕이다

Tip

[부사어 + 地 + 술어]

형용사 满意는 구조조사 地 앞에 놓여 술어 点头를 수식하는 부사어 역할을 한다.

정답　C

3. 爸爸您　A　吃　B　点儿，这些菜　C　都　D　是我做的。

多

[해석] 아빠 많이 드세요. 이 음식들 모두 제가 만든 거예요.

Tip

[부사어 + 술어]

이 문장에서 多는 부사어로 쓰여 동사 吃 앞에서 이를 수식한다. 1음절 형용사가 부사어가 될 경우에는 '地'를 쓰지 않으므로 多는 吃 바로 앞에 놓여 술어 吃을 수식한다.

정답　A

더 어려워요~
4. A　她　B　站了起来，C　然后看了　D　我一眼。

慢慢地

[해석] 그녀는 천천히 일어나서 나를 한 번 쳐다보았다.
[어휘] 站[zhàn] ⑤ 서다, 일어서다　　然后[ránhou] ⑭ 그런 후에

Tip

[부사어 + 地 + 술어]

부사어 慢慢地는 술어 站 앞에 와야 한다. 부사어의 표지인 地만 보아도 술어 앞에 쓰여야 한다는 것을 알 수 있다.

정답　B

어려워요~
5. 小张的　A　学习态度　B　很　C，成绩也不错　D。

认真

[해석] 샤오짱은 학습 태도가 매우 성실하고 성적 또한 좋다.
[어휘] 态度[tàidù] ⑱ 태도　　成绩[chéngjì] ⑱ 성적, 성과　　认真[rènzhēn] ⑱ 성실하다

Tip

[부사어 + 술어]

문장의 술어가 빠져 있으므로 형용사 认真은 부사어 역할을 하는 정도부사 很 뒤에 놓인다.

정답　C

6. 她 A 那个人 B 做事 C 每次都这么 D 的。

马马虎虎

 Tip

这么 뒤에 술어가 빠져 있으므로 중첩된 형용사 马马虎虎가 술어로 쓰인다. 중첩된 형용사가 술어로 쓰일 경우에는 뒤에 的를 붙인다.

정답 D

[해석] 그녀는 매번 일을 할 때마다 이렇게 대충대충 한다.
[어휘] 马虎 [mǎhu] 🔞 대충대충 하다, 조심성이 없다

7. 小朝 A 从英国 B 给他妻子带来了不 C 珍贵的礼物 D。

少

Tip

[不 + 형용사]

관형어가 여러 개 있을 경우 형용사 少는 부정부사 不 뒤에 위치한다. 이 문장에서는 不少가 珍贵와 함께 목적어 礼物를 꾸며 준다.

정답 C

[해석] 샤오차오는 영국에서 그의 아내에게 줄 많은 진귀한 선물들을 가져왔다.
[어휘] 珍贵 [zhēnguì] 🔞 진귀하다

8. 家人都 A 在一起 B 吃饭，心里 C 特别 D。

愉快

Tip

[부사 + 형용사]

형용사 愉快는 술어로 쓰여 부사 特别의 수식을 받는다.

정답 D

[해석] 가족 모두가 함께 식사를 하니 마음이 특별히 즐겁다.
[어휘] 愉快 [yúkuài] 🔞 유쾌하다, 즐겁다

9. 我的 A 儿子有一双 B 的眼睛，C 可爱得 D 不得了。

大大

Tip

중첩된 형용사 大大는 眼睛을 묘사하는 말이고 중첩된 형용사가 관형어로 쓰일 경우 뒤에 的를 붙인다.

정답 B

[해석] 내 아들은 큰 눈을 가졌고 귀엽기 그지없다.
[어휘] 不得了 [bùdéliǎo] 🔞 매우 심하다

더 어려워요~

10. 那些 A 都 B 很昂贵，一定 C 要 D 拿轻放。

轻

Tip

[부사 + 동사]

부사 轻은 뒤의 동사 拿를 수식하고, 轻放과 대구를 이룬다.

정답 D

[해석] 저 물건들은 모두 아주 비싸서 꼭 살짝 들고 살짝 놓아야 한다.
[어휘] 昂贵 [ángguì] 🔞 (물건이)비싸다　拿 [ná] 🔞 들다, 가지다　放 [fàng] 🔞 놓다, 놔두다
轻 [qīng] 🔞 살짝, 살살, 가볍게

04　해설 & 정답　P 183 참고

더 어려워져요~

11. 李部长_____地跑进了会议室。

A. 急急忙　　　　　　B. 急忙急忙
C. 急急忙忙　　　　　D. 急忙忙

[해석] 이 부장은 황급히 회의실 안으로 뛰어들어갔다.
[어휘] 部长 [buzhǎng] 몡 부장　　　急忙 [jímáng] 톙 급하다

> **Tip**
> 2음절 형용사의 일반적인 중첩형태는 AABB이므로 急急忙忙이 정답이 된다.
>
> **정답　C**

12. 期末考试终于结束了，同学们今天玩得_____。

A. 非常痛快　　　　　B. 痛快痛快
C. 非常痛痛快快　　　D. 非常痛快痛快

[해석] 기말고사가 드디어 끝나서, 학우들은 오늘 매우 즐겁게 놀았다.
[어휘] 期末考试 [qīmòkǎoshì] 몡 기말고사　　终于 [zhōngyú] 뿐 마침내, 드디어
痛快 [tòngkuai] 톙 통쾌하다 동 마음껏 놀다

> **Tip**
> 중첩한 형용사는 정도부사를 쓰지 않으므로 C와 D는 먼저 답에서 제외된다. 痛快의 중첩형태는 痛痛快快 이므로 B 또한 답이 될 수 없다.
>
> **정답　A**

13. 不管什么时候，他的房间总是_____的。

A. 很干干净净　　　　B. 干干净
C. 干干净净　　　　　D. 干净干净

[해석] 언제든 상관없이, 그의 방은 항상 깨끗하다.
[어휘] 不管 [bùguǎn] 쩹 관계없이, 상관없이　　总是 [zǒngshì] 뿐 항상, 언제나

> **Tip**
> 2음절 형용사의 일반적인 중첩형태는 AABB이므로 정답은 C. 干干净净 이 된다. 중첩한 형용사는 정도부사를 쓰지 않으므로 A는 답에서 제외된다.
>
> **정답　C**

14. 职员们都下班了，公司里_____。

A. 安静静的　　　　　B. 安安静静的
C. 安静安静　　　　　D. 安静安静的

[해석] 직원들이 모두 퇴근해서 회사 안은 조용하다.
[어휘] 职员 [zhíyuán] 직원　　下班 [xiàbān] 퇴근하다　　安静 [ānjìng] 조용하다

> **Tip**
> 2음절 형용사의 일반적인 중첩형태는 AABB이고 중첩된 형용사가 술어가 될 경우 뒤에 的를 붙이므로 安安静静的가 정답이 된다.
>
> **정답　B**

15. 丹丹在我们班年龄最____，但是很会照顾别人。

A. 小　　　B. 短　　　C. 轻　　　D. 矮

[해석] 딴딴은 우리 반에서 제일 어리지만 다른 사람을 배려할 줄 안다.
[어휘] 年龄 [niánlíng] 몡 나이

> **Tip**
> 중국어에서는 大, 小를 사용해 나이의 많고 적음을 나타내므로 年龄과 함께 쓰일 수 있는 단어는 A. 小이다.
> 短은 '짧다', 轻은 '가볍다', 矮는 '키가 작다' 라는 의미이다.
>
> **정답　A**

16. 她长得很漂亮，皮肤也＿＿＿＿＿的。

A. 雪白雪白 B. 雪雪白白
C. 很雪雪白白 D. 很雪白雪白

Tip

중첩한 형용사는 정도부사를 쓰지 않으므로 C와 D는 먼저 답에서 제외되고 雪白의 중첩형태는 ABAB이므로 답은 A. 雪白雪白이다.

정답 A

[해석] 그녀의 외모는 매우 아름답고 피부도 아주 하얗다.
[어휘] 皮肤[pifu]闂 피부

17. 在这些照片中，他照的＿＿＿＿，我照的＿＿＿＿。

A. 多，少 B. 很多，很少
C. 很多，小 D. 多，很少

Tip

형용사가 술어로 쓰일 때 비교나 대비의 의미를 갖는 경우 정도부사와 함께 쓰일 수 없다. 이 문장은 비교를 하는 문장이므로 정도부사가 들어간 B, C, D 모두 답이 될 수 없다.

정답 A

[해석] 이 사진들 중 그가 찍은 것은 많고 내가 찍은 것은 적다.
[어휘] 照片[zhàopian]闂 사진 照[zhào]闂 찍다

18. 丽丽，你可以证明那件事＿＿＿＿不是你做的吗？

A. 确确实 B. 确实确实
C. 确确实实 D. 很确实确实

Tip

2음절 형용사의 일반적인 중첩형태는 AABB이고 앞에는 정도부사가 올 수 없다.

정답 C

[해석] 리리, 너는 그 일을 네가 한 것이 아니라고 확실히 증명할 수 있니?
[어휘] 证明[zhèngming]闂 증명하다 确实[quèshí]闂 확실하다

19. 都七点了，怎么天还＿＿＿＿？

A. 别黑 B. 非黑
C. 没黑 D. 无黑

Tip

[변화의 부정 : 没 + 형용사]
변화의 부정을 나타낼 경우 부정부사 没를 형용사 앞에 쓴다.

정답 C

[해석] 벌써 7시인데, 왜 날이 아직 어둡지 않지?
[어휘] 都…了 벌써 …하다

더 어려워요~
20. 他看起来＿＿＿＿＿＿＿发脾气。

A. 开心经常不 B. 不经常开心
C. 经常开心不 D. 不开心经常

Tip

[부정부사 + 형용사]
부정부사 不는 형용사 开心 앞에 위치하며, 빈도부사 经常이 수식하는 것은 문맥상 문장 맨 마지막에 있는 发脾气이므로 정답은 D이다.

정답 D

[해석] 그는 보아하니 기분이 안 좋고, 자주 화를 내는 것 같아.
[어휘] 开心[kāixīn]闂 즐겁다, 기쁘다 发脾气[fāpíqi] 화내다, 성질부리다

1. 发车时间 A 没到，B 你再 C 睡 D 一会儿。

还

2. A 会议 B 开了 C 十 D 分钟，李部长就突
然出去了。

才

3. 不用 A 担心了，大家 B 会 C 尽力帮助 D
你的。

一定

4. 我跟你 A 明确地说，B 上个周末我 C 和他一起
D 去西安旅行。

没

5. A 参加这次晚会的 B 有 C 十五个人 D。

一共

6. A 不要 B 开空调，今天不 C 热，也能 D 节省
钱嘛。

太

7. 近来 A 修了不少高速公路，我们 B 城市的
C 交通 D 方便了。

比较

8. 我是个文盲，这些字 A 我 B 一个 C 看
D 不懂。

也

9. 要 A 做完 B 今天的作业，C 需要 D 两个
小时吧。

大概

10. 高中毕业以后，A 我们 B 有七年 C 没联系了，
不知 D 他过得怎么样。

已经

11. 你唱得真动人，请你___唱一首吧。

    A. 更   B. 又   C. 再   D. 还

12. 高考已经结束了，_____在家等结果。

    A. 只好   B. 难道   C. 差点儿   D. 明明

13. 我今天消化不良，没有什么胃口，___想再吃了。

    A. 不   B. 没   C. 别   D. 只

14. 你们学校的英语老师中谁发音___好？

    A. 非常   B. 更   C. 还   D. 最

15. 你出去时，我_____房间里听音乐呢。

    A. 马上   B. 正在   C. 曾经   D. 突然

16. 昨天晚上，妈妈___问起了男朋友的事，真头疼。

    A. 再   B. 还   C. 又   D. 往往

17. 他回家到现在___说了一句话，好像有什么心事。

    A. 只   B. 都   C. 再   D. 挺

18. 学生们都不停地吵，王老师的声音___大起来了。

    A. 大约   B. 原来   C. 难道   D. 渐渐

19. 这___是我一个人的事，也是你们自己的事，不要袖手旁观。

    A. 没   B. 不都   C. 都不   D. 一起

20. 她_____在上海住过好几年，所以对上海的地理比较熟悉。

    A. 正在   B. 刚刚   C. 曾经   D. 仅仅

1. 发车时间 A 没到，B 你再 C 睡 D 一会儿。

还

Tip

[일반부사 + 부정부사]

일반부사 还는 부정부사 没 앞에 와야 한다.

정답　A

[해석] 발차 시간이 아직 안 되었으니 너는 좀 더 자라.
[어휘] 发车[fāchē]⑧차가 출발하다　　睡[shuì]⑧자다

2. A 会议 B 开了 C 十 D 分钟，李部长就突然出去了。

才

Tip

[부사 + 동사/형용사]

才는 부사로 동사 开 앞에 놓여야 한다.

[해석] 회의를 시작한 지 겨우 10분밖에 되지 않았는데, 이 부장님이 갑자기 나가버리셨다.
[어휘] 突然[tūrán]⑨갑자기

정답　B

3. 不用 A 担心了，大家 B 会 C 尽力帮助 D 你的。

一定

Tip

[부사 + 조동사]

一定은 부사로 조동사 会 앞에 놓여야 한다.

[해석] 걱정할 필요 없어, 모두들 반드시 너를 있는 힘껏 도와줄 거야.
[어휘] 担心[dānxīn]⑧걱정하다　　尽力[jìnlì]⑧전력을 다하다, 힘을 다하다
帮助[bāngzhù]⑧돕다

정답　B

더 어려워요~

4. 我跟你 A 明确地说，B 上个周末我 C 和他一起 D 去西安旅行。

没

Tip

[부사 + 전치사구]

부정부사 没는 전치사구 和他 앞에 와야 한다.

[해석] 내가 너에게 분명히 말하겠는데 지난 주말에 나는 그와 시안에 여행을 가지 않았어.
[어휘] 明确[míngquè]⑨명확하다　　周末[zhōumò]⑨주말　　旅行[lǚxíng]⑨⑧여행(하다)

정답　C

어려워요~

5. A 参加这次晚会的 B 有 C 十五个人 D。

一共

Tip

[부사 + 동사/형용사]

一共은 부사어로 쓰였고 술어가 되는 동사 有 앞에 놓여야 한다.

[해석] 이번 저녁 파티에 참석한 사람은 모두 15명이다.
[어휘] 参加[cānjiā]⑧참석하다, 참가하다　　晚会[wǎnhuì]⑨저녁 파티

정답　B

6. A 不要 B 开空调，今天不 C 热，也能 D 节省钱嘛。

太

[해석] 에어컨을 틀지 말아라, 오늘은 그다지 덥지 않고, 돈도 아낄 수 있잖아.
[어휘] 空调 [kōngtiáo] 몡 에어컨   节省 [jiéshěng] 동 아끼다, 절약하다
　　　 嘛 [ma] 조 강조, 확신의 어조

Tip

[부분부정 : 부정부사 + 都 / 很 / 太 / 一定]
부사 太는 부정부사 不 뒤에 위치할 경우 부분을 부정하여 '그다지~않다'라는 의미를 갖게 된다.

정답　C

7. 近来 A 修了不少高速公路，我们 B 城市的 C 交通 D 方便了。

比较

[해석] 최근에 적지 않은 고속도로를 건설해서 우리 도시의 교통이 비교적 편리해졌다.
[어휘] 高速公路 [gāosùgōnglù] 몡 고속도로   交通 [jiāotōng] 몡 교통
　　　 方便 [fāngbiàn] 형 편리하다

Tip

[부사 + 동사/형용사]
부사 比较는 술어가 되는 형용사 方便 앞에 위치해야 한다.

정답　D

8. 我是个文盲，这些字 A 我 B 一个 C 看 D 不懂。

也

[해석] 나는 문맹이라서, 이 글자들을 나는 하나도 모르겠다.
[어휘] 文盲 [wénmáng] 몡 문맹

Tip

[부사 + 동사/형용사]
나도 모른다는 것이 아니라 하나도 모른다는 말이다. 그러므로 부사 也는 一个 뒤에 놓이고 부사어이므로 술어가 되는 동사 看 앞에 위치한다.

정답　C

9. 要 A 做完 B 今天的作业，C 需要 D 两个小时吧。

大概

[해석] 오늘 숙제를 다 하려면 대략 2시간 정도 걸릴 것이다.
[어휘] 要 [yào] 조동 ~하려고 하다   需要 [xūyào] 동 필요하다   大概 [dàgài] 부 대략

Tip

[부사 + 동사/형용사]
부사 大概는 동사 做와 需要 앞에 위치할 수 있는데 걸리는 시간을 예상하는 것이므로 需要 앞이 적합하다.

정답　C

어려웠죠~
10. 高中毕业以后，A 我们 B 有七年 C 没联系了，不知 D 他过得怎么样。

已经

[해석] 고등학교 졸업 후 우리는 벌써 7년 동안 연락하지 않아서 그가 어떻게 지내는지 모르겠다.
[어휘] 联系 [liánxì] 몡동 연계(하다), 연락(하다)

Tip

[부사 + 동사/형용사]
시간이 벌써 7년이 되었다는 것이므로 부사 已经은 술어가 되는 동사 有 앞에 위치해야 한다.

정답　B

11. 你唱得真动人，请你___唱一首吧。

    A. 更　　　　B. 又　　　　C. 再　　　　D. 还

Tip

아직 일어나지 않은 동작의 반복을 나타내고 청유문에 사용하는 부사는 再이다.

정답　C

[해석] 당신의 노래는 정말 감동적이에요, 한 곡 더 불러주세요.
[어휘] 动人[dòngrén]휑감동시키다　更[gèng]휑더욱
又[yòu]휑또, 다시 (이미 일어난 동작의 반복, 과거 반복의 의미)
再[zài]휑또, 다시 (아직 일어나지 않은 동작의 반복, 미래 반복을 나타냄)
还[hái]휑또, 다시 (아직 일어나지 않은 동작의 반복, 동작·상황의 지속을 나타냄)

12. 高考已经结束了，_____在家等结果。

    A. 只好　　　B. 难道　　　C. 差点儿　　　D. 明明

Tip

문맥상 '~하는 수 밖에 없다'라는 의미를 나타내는 어기부사 只好가 가장 적절하다.

정답　A

[해석] 대입시험은 이미 끝났으니 집에서 결과를 기다리는 수 밖에 없다.
[어휘] 高考[gāokǎo]휑중국의 대입시험　　結果[jiéguǒ]휑결과　　只好[zhǐhǎo]휑할 수 없이
差点儿[chàdiǎnr]휑하마터면, 거의　　难道[nándao]휑설마 ~하겠는가?
明明[míngmíng]휑명백히

13. 我今天消化不良，没有什么胃口，___想再吃了。

    A. 不　　　　B. 没　　　　C. 别　　　　D. 只

Tip

[不 : 과거, 현재, 미래에 모두 사용 가능
没 : 과거, 현재에만 사용 가능]
미래를 부정할 경우에는 부정부사 不 밖에 쓸 수 없다. 没는 완료의 부정으로 과거, 현재에만 사용 가능하며 미래를 나타내는 再와 함께 쓰이지 않는다. 别는 '~하지 말라'라는 명령의 뜻을 갖는다.

정답　A

[해석] 나는 오늘 소화가 잘 안 되고 별로 입맛이 없어서 더 먹고 싶지 않다.
[어휘] 消化不良[xiāohuàbùliáng]소화불량　胃口[wèikǒu]휑입맛, 식욕　别[bié]~하지 말라

14. 你们学校的英语老师中谁发音_____好？

    A. 非常　　　B. 更　　　　C. 还　　　　D. 最

Tip

보기 중 '가장, 제일'의 의미를 갖는 정도부사는 最이다.

정답　D

[해석] 너희 학교 영어 선생님 중에 어느 분 발음이 가장 좋으시니?
[어휘] 发音[fāyīn]휑발음

더 어려워요~

15. 你出去时，我_____房间里听音乐呢。

    A. 马上　　　B. 正在　　　C. 曾经　　　D. 突然

Tip

[正在 … 呢]

부사 正在는 진행을 나타내는 부사로 '正在 …呢'형태로 자주 쓰인다.

정답　B

[해석] 네가 나갈 때 나는 방에서 음악을 듣고 있는 중이었어.
[어휘] 正在[zhèngzài]휑~하고 있는 중이다　　曾经[céngjīng]휑일찍이, 이전에

더 어려워요~

16. 昨天晚上，妈妈___问起了男朋友的事，真头疼。

    A. 再   B. 还   C. 又   D. 往往

Tip

빈도부사 又는 이미 일어난 동작의 반복을 나타낼 때 쓰이고, 再와 还는 아직 일어나지 않은 동작의 반복을 나타낸다. 어제 일어난 일이므로 又가 적합하다.

정답 **C**

[해석] 어제 저녁 어머니께서 또 남자친구의 일에 대해 물어보셔서, 정말 머리 아팠다.
[어휘] 头疼 [tóutóng] 동 머리가 아프다

17. 他回家到现在___说了一句话，好像有什么心事。

    A. 只   B. 都   C. 再   D. 挺

Tip

'한마디 말만 했다'라는 의미를 나타내기 위해서는 '단지'라는 의미의 부사 只이 알맞다.

정답 **A**

[해석] 그가 집에 돌아와서 지금까지 단 한마디 말 밖에 하지 않았는데, 무슨 고민이 있는 것 같다.
[어휘] 好像 [hǎoxiàng] 튀 마치 ~같다   心事 [xīnshì] 명 근심, 걱정   挺 [tǐng] 튀 매우, 굉장히

18. 学生们都不停地吵，王老师的声音___大起来了。

    A. 大约   B. 原来   C. 难道   D. 渐渐

Tip

起来라는 단어로 보아 일이 점차적으로 일어남을 뜻하는 渐渐이 알맞다. 起来는 [형용사 + 起来]형태로 어떤 상황이 발전되기 시작하여 정도가 계속 심화됨을 나타낸다. 이 문장에서는 형용사 大와 결합하여 '커지기 시작했다'라는 의미를 나타낸다.

정답 **D**

[해석] 학생들이 모두 계속 떠들자 왕 선생님의 목소리는 점점 커지기 시작했다.
[어휘] 不停 [bùtíng] 튀 계속, 끊임없이   吵 [chǎo] 동 시끄럽게 하다, 싸우다
原来 [yuánlái] 튀 원래   渐渐 [jiànjiàn] 튀 점점

19. 这___是我一个人的事，也是你们自己的事，不要袖手旁观。

    A. 没   B. 不都   C. 都不   D. 一起

Tip

[부분부정 : 不 + 都, 很, 一定, 太, 全]

'，'뒤에 也是을 보고 앞에 不是이 필요하다는 것을 추측할 수 있다. 문맥상 부분부정이 필요하고 都는 不 뒤에 위치할 때 부분부정을 나타내므로 정답은 B이다.

정답 **B**

[해석] 이것은 나 혼자만의 일이 아니고 당신들 자신의 일이기도 하니 수수방관하지 마세요.
[어휘] 袖手旁观 [xiùshǒupángguān] 성 수수방관하다   不都 [bùdōu] 모두 ~은 아니다 (부분부정)
都不 [dōubù] 모두 ~이 아니다 (전체부정)

더 어려워요~

20. 她___在上海住过好几年，所以对上海的地理比较熟悉。

    A. 正在   B. 刚刚   C. 曾经   D. 仅仅

Tip

부사 曾经은 이전에 어떤 행위나 상황이 있었음을 나타내며 동작이 이미 끝난 상태를 말하고 뒤에 자주 过를 동반한다. 正在는 현재 진행 중임을 나타내며 过와 함께 쓰일 수 없고 刚刚은 '지금, 막'이라는 뜻으로 오랜 시간을 나타내는 好几年과 어울리지 않는다. '다만, 겨우'라는 뜻의 仅仅 또한 好几年과 어울리지 않는다.

정답 **C**

[해석] 그녀는 이전에 상하이에 몇 년 동안 산 적이 있어서 상하이 지리에 대해 비교적 익숙하다.
[어휘] 地理 [dìlǐ] 명 지리   熟悉 [shúxī] 동 익숙하다   刚刚 [gānggāng] 튀 지금 막, 방금
仅仅 [jǐnjǐn] 튀 다만, 겨우

1. A 他犯的错误 B 已经 C 老师 D 发现了。

    被

2. 我有急事，请 A 你 B 这封信 C 交给 D 张老师。

    把

3. A 他写的 B 小说 C 大部分是 D 爱情为主题的。

    以

4. A 这里的 B 环境 C 人 D 给弄得很糟糕。

    叫

5. A 我宿舍 B 他家 C 只有三公里 D 左右，所以经常碰见他。

    离

6. 我看见 A 他 B 没 C 那本书拿去，你们不要怀疑 D 他了。

    把

7. A 孩子的 B 幸福，C 许多父母 D 都辛苦挣钱。

    为了

8. A 那个 B 服务员 C 顾客 D 特别热情。

    对

9. A 这件事 B 建名 C 没有关系，D 你们别指责他了。

    和

10. A 中国的 B 唐诗，C 他写了 D 一篇文章。

    关于

11. 我刚＿＿＿西安回来，还没见他，他应该没事儿吧？

    A. 以   B. 对   C. 从   D. 和

12. 爸爸，我的病完全好了，不用＿＿＿我担心。

    A. 把   B. 给   C. 对   D. 为

13. 他生气的原因是＿＿＿＿你没给他礼物。

    A. 由于   B. 为了   C. 对于   D. 关于

14. ＿＿＿这个问题，大家的意见都不一样，简直是格格不入。

    A. 向   B. 给   C. 对于   D. 由于

15. 我＿＿＿小明很久没见面，但心里一直挂念着她。

    A. 向   B. 在   C. 从   D. 跟

16. 那对老夫妻每天晚上＿＿＿公园里边散步边聊家常事。

    A. 从   B. 在   C. 朝   D. 离

17. 在举行毕业典礼那天，他没说什么，＿＿＿我点点头就走了。

    A. 从   B. 向   C. 在   D. 和

18. 那些人相貌很独特，是＿＿＿＿＿＿＿＿＿？

    A. 来的从什么地方   B. 什么地方来的从
    C. 从什么地方来的   D. 什么地方从来的

19. 我明明看到了，这台电视机＿＿＿＿＿＿＿＿。

    A. 被没他弄坏   B. 没被他弄坏
    C. 他没被弄坏   D. 被他没弄坏

20. 来不及了，领导来之前，你＿＿＿＿＿＿＿＿吗?

    A. 把这些工作能做完
    B. 把能这些工作做完
    C. 能把这些工作做完
    D. 能做完把这些工作

1.　A　他犯的错误　B　已经　C　老师　D　发现了。

　　　　　　　　　被

Tip

[주어 + 부사어 + 被 + 목적어 + 술어 + 기타성분]

전치사 被는 동작의 주체이자 목적어인 老师 앞에 위치해야 한다.

정답　C

[해석] 그가 저지른 잘못은 이미 선생님에 의해 발견되었다.
[어휘] 犯错误[fàncuòwù]잘못을 저지르다, 실수하다　　发现[fāxiàn]⑲⑤발견(하다)

2.　我有急事，请　A　你　B　这封信　C　交给　D　张老师。

　　　　　　　　　把

Tip

[주어 + (부사어) + 把 + 목적어 + 술어 + 기타성분]

把자문에서 전치사 把는 목적어 这封信앞에 놓여야 한다.

정답　B

[해석] 나는 급한 일이 있으니 당신이 이 편지를 장 선생님께 전해주세요.
[어휘] 急事[jíshì]⑲급한 일, 긴급사건　　封[fēng]⑨통(봉투를 셀 때)　　交[jiāo]⑤건네다, 제출하다

3.　A　他写的　B　小说　C　大部分是　D　爱情为主题的。

　　　　　　　　　以

Tip

[以A 为B : A를 B로 하다.]

전치사 以는 근거, 방식을 나타내는 전치사 구로 爱情이라는 명사와 결합하여 전치사 구를 형성한다. '以A 为B'는 A를 B로 한다 란 뜻의 관용적 표현이다.

정답　D

[해석] 그가 쓴 소설의 대부분은 사랑을 주제로 한 것이다.
[어휘] 爱情[àiqíng]⑲애정, 사랑　　主题[zhǔtí]⑲주제

4.　A　这里的　B　环境　C　人　D　给弄得很糟糕。

　　　　　　　　　叫

Tip

[주어 + 부사어 + 被(叫,让) + 목적어 + 술어 + 기타성분]

이 문장은 피동문으로 전치사 叫은 목적어 人 앞에 위치해야 한다.

정답　C

[해석] 이곳의 환경은 사람에 의해 엉망이 되었다.
[어휘] 环境[huánjìng]⑲환경　　糟糕[zāogāo]⑲엉망이 되다

5.　A　我宿舍　B　他家　C　只有三公里　D　左右，所以经常碰见他。

　　　　　　　　　离

Tip

[대상 + 离+ 기준점]

离는 기준점이 되는 他家와 결합하여 거리를 나타낸다.

정답　B

[해석] 내 기숙사는 그의 집으로부터 겨우 3km 떨어져 있어서, 그와 자주 마주친다.
[어휘] 宿舍[sùshè]⑲기숙사　　公里[gōnglǐ]⑨킬로미터　　碰见[pèngjiàn]⑤마주치다

6. 我看见 A 他 B 没 C 那本书拿去，你们不要怀疑 D 他了。

把

[해석] 그가 그 책을 가져가지 않는 것을 내가 보았으니, 너희는 그를 의심하지 마라.
[어휘] 拿走[názǒu]⑧가져가다　　怀疑[huáiyí]⑧의심하다

Tip

[주어 + 부사어 + 把 + 목적어 + 술어 + 기타성분]

전치사 把는 부정부사 没 뒤, 목적어인 那本书 앞에 와야 한다.

정답 C

7. A 孩子的 B 幸福, C 许多父母 D 都辛苦挣钱。

为了

[해석] 아이의 행복을 위해 많은 부모님들이 모두 고생해서 돈을 번다.
[어휘] 幸福[xìngfú]⑲행복　　许多[xǔduō]⑳대단히 많다　　挣钱[zhèngqián]⑧돈을 벌다

Tip

[为了+ 명사(구) : ~을 위해]

为了는 목적을 나타내는 전치사로 문맥상 목적을 나타내는 孩子的幸福 앞에 위치한다.

정답 A

8. A 那个 B 服务员 C 顾客 D 特别热情。

对

[해석] 그 종업원은 손님에게 매우 친절하게 대한다.
[어휘] 服务员[fúwùyuán]⑲종업원, 웨이터　　顾客[gùkè]⑲고객, 손님　　热情[rèqíng]⑲친절하다, 다정하다

Tip

[전치사구 : 전치사 + 명사]

전치사 对는 대상이 되는 명사 顾客앞에 놓여 전치사구를 형성한다. 对는 사람과 사람 사이 관계 또는 동작의 대상을 나타낸다.

정답 C

9. A 这件事 B 建名 C 没有关系, D 你们别指责他了。

和

[해석] 이 일은 찌엔밍과 아무런 관계가 없으니, 너희는 그를 탓하지 마라.
[어휘] 指责[zhǐzé]⑧지적(하다), 책망(하다)

Tip

[和+ 명사(구) : ~와(과), ~에게]

전치사 和는 명사와 결합하여 부사어 역할을 하고 대상이 되는 建名앞에 위치한다.

정답 B

10. A 中国的 B 唐诗, C 他写了 D 一篇文章。

关于

[해석] 중국의 당시에 관해서 그는 글 한 편을 썼다.
[어휘] 唐诗[tángshī]⑲당시(당나라 시)　　文章[wénzhāng]⑲문장, 글

Tip

[关于 + 주어]

화제를 나타내는 전치사 关于는 부사어가 될 때 반드시 주어 앞에 위치해야 하며 이 문장에서는 中国的唐诗과 함께 전치사구를 형성한다.

정답 A

11. 我刚＿＿＿西安回来，还没见他，他应该没事儿吧？

　　A. 以　　　　B. 对　　　　C. 从　　　　D. 和

[해석] 나는 방금 시안에서 돌아와서 아직 그를 만나지 못했어. 그는 아무 일 없겠지?
[어휘] 以[yǐ]㉠~을 근거로 하다　　对[duì]㉠~에 대하여, ~에게
　　　 从[cóng]㉠~에서 부터, ~부터

Tip

[从 + 장소의 출발점]

西安 이라는 장소 앞에는 '~에서부터'라는 기점을 뜻하는 从이 가장 알맞다.

정답　C

어려웠어요~

12. 爸爸，我的病完全好了，不用＿＿＿我担心。

　　A. 把　　　　B. 给　　　　C. 对　　　　D. 为

[해석] 아버지 제 병은 완전히 나았어요, 저를 위해 걱정하실 필요없어요.
[어휘] 完全[wánquán]㉲완전히, 전부　　把[bǎ]㉠~을　　给[gěi]㉠~에게
　　　 对[duì]㉠~에게　　为[wèi]㉠~을 위해

Tip

[为 + 원인/목적]

문맥상 '나를 위해 걱정하지 말라'는 목적의 뜻이 알맞으므로 为가 정답이 된다.
把, 给, 对는 모두 대상을 나타내는 전치사이다.

정답　D

13. 他生气的原因是＿＿＿你没给他礼物。

　　A. 由于　　　B. 为了　　　C. 对于　　　D. 关于

[해석] 그가 화가 난 이유는 당신이 그에게 선물을 주지 않아서입니다.
[어휘] 由于[yóuyú]㉠~때문에, ~로 인하여　　为了[wèile]㉠~을 위해
　　　 对于[duìyú]㉠~에 대하여, ~에 관하여　　关于[guānyú]㉠~에 관해서

Tip

[由于 + 원인]

먼저 原因을 보고 원인을 나타내는 단어가 답임을 유추할 수 있다. 원인을 나타내는 전치사는 由于이다. 由于는 是 뒤에 쓸 수 있고 주어의 앞이나 뒤에 쓸 수 있다.
为了는 목적, 对于와 关于는 화제를 나타내는 전치사이다.

정답　A

14. ＿＿＿这个问题，大家的意见都不一样，简直是格格不入。

　　A. 向　　　　B. 给　　　　C. 对于　　　D. 由于

[해석] 이 문제에 관해 모두의 의견이 다르고, 완전히 마음이 일치하지 않는다.
[어휘] 意见[yìjiàn]㉲의견　　简直[jiǎnzhí]㉲정말로, 그야말로
　　　 格格不入[gégébùrù]㉲전혀 맞지 않다, 도무지 어울리지 않다

Tip

[对于 + 화제(사람/사물/행위)]

빈칸에는 '문제에 관해서'라는 화제의 뜻을 갖는 전치사 对于가 들어가야 한다. 向은 방향을, 给는 대상, 由于는 원인을 나타낸다.

정답　C

15. 我＿＿＿小明很久没见面，但心里一直挂念着她。

　　A. 向　　　　B. 在　　　　C. 从　　　　D. 跟

[해석] 나와 샤오밍은 오랫동안 만나지 못했지만 마음으로는 항상 그녀를 생각하고 있었다.
[어휘] 挂念[guàniàn]㉤그리워하고 걱정하다

Tip

[跟 + 명사(구) : ~와(과) / ~에게]

샤오밍이라는 대상 앞에 놓였으므로 대상을 나타내는 전치사 跟이 답이 된다.
向은 방향을, 在와 从은 장소와 공간, 시간을 나타낸다.

정답　D

16. 那对老夫妻每天晚上 ___公园里边散步边聊家常事。

   A. 从　　　　B. 在　　　　C. 朝　　　　D. 离

[해석] 그 노부부는 매일 저녁 공원에서 산책을 하면서 일상적인 이야기를 한다.
[어휘] 夫妻 [fūqī]몡 부부　　边 [biān]…边 [biān]… ~하면서 ~하다.(동시 동작)
　　　家常 [jiācháng]몡 일상적인 일　　朝 [cháo]젠 ~을 향해
　　　离 [lí]젠 ~에서부터, ~까지

Tip

[在 + 장소/시간]

장소명사 公园 앞에는 장소를 나타내는 전치사 在가 와야 한다.

정답 B

더 어려워요~

17. 在举行毕业典礼那天, 他没说什么,___我点点头就走了。

   A. 从　　　　B. 向　　　　C. 在　　　　D. 和

[해석] 졸업식을 거행하는 그날 그는 어떤 말도 없이 나를 향해 머리를 끄덕이고 갔다.
[어휘] 举行 [jǔxíng]동 거행하다　　典礼 [diǎnlǐ]몡 의식, 행사　　点头 [diǎntóu]동 머리를 끄덕이다

Tip

[向 + 사람/방향]

나를 향해 点头라는 동작을 한 것이므로 방향을 나타내는 전치사 向이 와야 한다.

정답 B

어려워요~

18. 那些人相貌很独特, 是 _____?

   A. 来的从什么地方　　　　B. 什么地方来的从
   C. 从什么地方来的　　　　D. 什么地方从来的

[해석] 저 사람들은 외모가 아주 특이한데 어느 지역에서 온 것이지?
[어휘] 相貌 [xiàngmào]몡 외모, 생김새　　独特 [dútè]톙 특이하다, 독특하다

Tip

[부사어(전치사구) + 술어]

전치사 从은 什么地方과 결합하여 전치사구를 형성하고 문장 안에서 부사어 역할을 한다. 부사어는 술어 앞에 놓여야 하므로 来 앞에 위치하고 是과 的를 이용한 강조문으로 从什么地方来는 是과 的사이에 놓여 강조된다.

정답 C

더 어려워요~

19. 我明明看到了, 这台电视机 _____。

   A. 被没他弄坏　　　　B. 没被他弄坏
   C. 他没被弄坏　　　　D. 被他没弄坏

[해석] 내가 분명히 보았는데 이 텔레비전은 그가 고장낸 것이 아니다.
[어휘] 明明 [míngmíng]톙 분명히, 명백히　　弄坏 [nònghuài]동 고장내다, 망치다

Tip

[부정부사 + 被 + 목적어 + 술어 + 기타성분]

부정부사 没는 전치사 被 앞에 놓이고 他는 목적어로 被 뒤에 온다. 술어와 보어인 弄坏는 목적어 뒤에 위치하므로 정답은 B. 没被他弄坏가 된다.

정답 B

20. 来不及了, 领导来之前, 你 _____吗?

   A. 把这些工作能做完
   B. 把能这些工作做完
   C. 能把这些工作做完
   D. 能做完把这些工作

[해석] 시간이 없어요, 사장님이 오시기 전에 당신은 이 일들을 다 마칠 수 있겠어요?
[어휘] 来不及 [láibují] 여유가 없다, 시간이 안 맞다　　领导 [lǐngdǎo]몡 지도자, 우두머리

Tip

[조동사 + 把 + 목적어 + 술어 + 기타성분]

조동사는 把자 앞에 위치하므로 A와 B는 답이 될 수 없다. 把는 목적어를 술어 앞으로 전치시키므로 정답은 C. 能把这些工作做完이 된다.

정답 C

1. 在大街上哭着的那 A 个 B 孩子是谁 C 家
   D 女儿？

   的

2. 你 A 的房间 B 收拾得 C 真干净 D ！

   啊

3. 你 A 看 B 见 C 老师在黑板上 D 写的字
   吗？

   得

4. 老师叫她 A 时，她非常 B 紧张 C 站了起
   来 D，甚至有些发抖。

   地

5. 天都黑 A，我们要 B 赶快回家 C 做 D
   作业。

   了

6. 我记得妈妈跟 A 我说 B 好几次，可我怎么也
   想 C 不起来 D 。

   过

7. 在你的鼓励 A 下，我的汉语 B 水平提高
   C 很快 D 。

   得

8. 爸爸正 A 忙 B 修 C 电脑，您等一会儿再打
   D 吧。

   着

9. 你先回去 A 休息 B 吧，我收拾 C 东西就
   回 D 去。

   了

10. 我 A 听说云南 B 传统茶 C 很 D 好喝，可我
    还没喝过。

    的

11. 你别那么拼命，人活_____并不是为了挣钱。

   A. 了   B. 过   C. 着   D. 地

12. 小强，不要出去了，外边正下着雪_____。

   A. 呢   B. 吗   C. 的   D. 了

13. 连大部分的中国人也听不懂广东人说_____话。

   A. 的   B. 得   C. 地   D. 了

14. 老张足球踢_____很好，这场比赛他连续射进了两个球。

   A. 的   B. 得   C. 地   D. 过

15. 请你清清楚楚_____说一下自己的意见，不要总是拐弯抹脚。

   A. 的   B. 得   C. 地   D. 了

16. 其实我曾经有___三个男朋友，你不会介意吧。

   A. 了   B. 着   C. 过   D. 得

17. 别小看他了，现在他的水平比以前大大提高_____。

   A. 了   B. 着   C. 过   D. 地

18. 今天冷_____要命，爬山的计划推延到下个星期吧。

   A. 的   B. 得   C. 地   D. 了

19. 我弟弟已经学_____一年钢琴了，弹得还不错。

   A. 了   B. 着   C. 过   D. 地

20. 虽然我不懂音乐，但是那首歌_____。

   A. 听过我曾经   B. 我听过曾经
   C. 曾经我听过   D. 我曾经听过

1. 在大街上哭着的那　A　个　B　孩子是谁　C　家　D　女儿？

的

[해석] 큰 길에서 울고 있는 저 아이는 누구 집 딸이니?
[어휘] 大街 [dàjiē] 명 대로, 큰길　　哭 [kū] 동 울다

 Tip

[관형어 + 的 + 주어/목적어]

谁家는 女儿과 소속관계로 的와 결합하여 목적어 女儿을 수식한다.

정답　D

2. 你　A　的房间　B　收拾得　C　真干净　D！

啊

[해석] 너의 방을 정말 깨끗이 정리했구나!
[어휘] 收拾 [shoushi] 동 정리하다

Tip

[真…啊!]

어기조사 啊는 문장 끝에 위치해야 하며 이 문장에서는 감탄을 나타낸다.
真과 자주 결합하여 '정말 …하구나!'라는 의미의 감탄문을 만든다.

정답　D

어려워요~
3. 你　A　看　B　见　C　老师在黑板上　D　写的字吗？

得

[해석] 너 선생님께서 칠판 위에 쓰신 글자가 보이니?
[어휘] 黑板 [hēibǎn] 명 칠판

Tip

[술어 + 得 + 가능보어]

구조조사 得는 술어 看 뒤에 놓여 그 뒤에 나오는 见이 가능보어라는 것을 나타낸다.

정답　B

4. 老师叫她　A　时，她非常　B　紧张　C　站了起来 D，
甚至有些发抖。

地

[해석] 선생님이 그녀를 불렀을 때, 그녀는 매우 긴장하며 일어났고 심지어 약간 벌벌 떨기까지 했다.
[어휘] 紧张 [jǐnzhāng] 형 긴장(하다)　　甚至 [shènzhì] 접 심지어　　发抖 [fādǒu] 동 벌벌 떨다

Tip

[부사어 + 地 + 술어]

구조조사 地는 紧张뒤에 놓여 술어 站을 수식한다.

정답　C

더 어려워요~
5. 天都黑　A，我们要　B　赶快回家　C　做　D　作业。

了

[해석] 날이 이미 어두워졌다, 우리는 서둘러 집에 돌아가 숙제를 해야 한다.
[어휘] 赶快 [gǎnkuài] 부 서둘러

Tip

뒤의 문장은 아직 완료되지 않은 동작이므로 了를 쓸 수 없다. 이 문장에서 了는 黑 뒤에서 어기조사로 쓰여 날이 어두워진 상태로 변화했음을 나타낸다.

정답　A

6. 我记得妈妈跟 A 我说 B 好几次，可我怎么也想 C 不起来 D。

过

Tip

[동사/형용사 + 过]
동태조사 过는 동사 说 뒤에 놓여 이미 발생한 동작에 대한 경험이나 완료를 나타낸다.

정답 B

[해석] 내 기억에 엄마가 나에게 몇 차례 야단치셨지만 나는 어찌해도 생각이 나지 않는다.
[어휘] 想不起来 [xiǎngbuqǐlái] 생각이 나지 않다

7. 在你的鼓励 A 下，我的汉语 B 水平提高 C 很快 D。

得

[술어 + 得 + (정도부사) + 정도보어]
구조조사 得는 술어 提高 뒤에 놓여 그 뒤에 나오는 很快가 정도보어라는 것을 나타낸다.

정답 C

[해석] 너의 격려 아래 나의 중국어 수준은 매우 빠르게 향상되었다.
[어휘] 鼓励 [gǔlì] 격려하다   提高 [tígāo] (수준을)높이다

더 어려우요~
8. 爸爸正 A 忙 B 修 C 电脑，您等一会儿再打 D 吧。

着

[동사/형용사 + 着]
동태조사 着는 형용사 忙 뒤에 쓰여 상태가 진행 중임을 나타낸다.

정답 B

[해석] 아버지가 바쁘게 컴퓨터를 수리하고 계시니 잠시 후에 다시 전화해 주세요.
[어휘] 修 [xiū] 수리하다, 장식하다   电脑 [diànnǎo] 컴퓨터

어려우요~
9. 你先回去 A 休息 B 吧，我收拾 C 东西就回 D 去。

了

한 가지 동작을 완료하고 곧 다른 동작을 한다고 할 때 첫 번째 동사 뒤에 동태조사 了를 쓰므로 了는 收拾 뒤에 들어간다.

정답 C

[해석] 너는 먼저 돌아가서 쉬어. 난 물건을 정리한 다음 바로 돌아갈게.

10. 我 A 听说云南 B 传统茶 C 很 D 好喝，可我还没喝过。

的

[관형어 + 的 + 주어/목적어]
구조조사 的는 传统茶 앞에 있는 云南을 수식 성분으로 변화시켜 관형어로 만든다.

정답 B

[해석] 내가 듣기로 윈난의 전통차는 매우 맛있다고 하는데 나는 아직 마셔본 적이 없다.
[어휘] 听说 [tīngshuō] 듣기에, 듣자니   传统 [chuántǒng] 전통

11. 你别那么拼命，人活_____并不是为了挣钱。

A. 了　　　B. 过　　　C. 着　　　D. 地

Tip

[동사/형용사 + 着]

사람이 사는 것은 지금도 이루어지고 있는 동작이므로 活 뒤에 동작의 상태가 지속되거나 진행 중임을 나타내는 동태조사 着가 와야 한다.

정답　C

[해석] 너무 그렇게 필사적으로 하지 마세요. 사람이 사는 것은 결코 돈을 벌기 위해서가 아니에요.
[어휘] 拼命 [pīnmìng] ⑧ 필사적이다, 목숨을 걸다　挣钱 [zhèngqián] ⑧ 돈을 벌다

12. 小强，不要出去了，外边正下着雪_____。

A. 呢　　　B. 吗　　　C. 的　　　D. 了

Tip

[正/在/正在…呢]

동태조사 着가 동작이 진행 중임을 나타낼 경우 正, 在, 正在 와 함께 쓰일 수 있으며, 문장 끝에 呢를 붙일 수 있다.

정답　A

[해석] 샤오치앙. 밖에 나가지 말아라. 밖에 눈이 오고 있잖니.

13. 连大部分的中国人也听不懂广东人说_____话。

A. 的　　　B. 得　　　C. 地　　　D. 了

Tip

[관형어 + 的 + 주어 / 목적어]

话는 문장에서 목적어로 쓰였고 广东人说 는 이를 꾸며주는 관형어이므로 구조조사 的가 알맞다.

정답　A

[해석] 대부분의 중국 사람들조차 광둥 사람들이 하는 말을 알아듣지 못한다.
[어휘] 连 [lián] … 也 [yě] ~조차도, ~마저도　大部分 [dàbufen] ⑱ 대부분
广东人 [guǎngdōngrén] ⑱ 광둥 사람

14. 老张足球踢____很好，这场比赛他连续射进了两个球。

A. 的　　　B. 得　　　C. 地　　　D. 过

Tip

[술어 + 得 + (정도부사) + 정도보어]

踢하는 동작이 很好하다는 정도를 나타내므로 구조조사 得가 쓰여야 한다.

정답　B

[해석] 라오짱은 축구를 매우 잘한다. 이번 시합에서도 연속해서 두 번 골을 넣었다.
[어휘] 踢 [tī] ⑧ (공을)차다　场 [chǎng] ⑱ 번, 회(경기,공연)　比赛 [bǐsài] ⑱ 시합, 경기
射 [shè] ⑧ 쏘다, 발사하다

15. 请你清清楚楚____说一下自己的意见，不要总是拐弯抹脚。

A. 的　　　B. 得　　　C. 地　　　D. 了

Tip

[부사어 + 地 + 술어]

중첩된 형용사 清清楚楚 가 술어 说 앞에서 수식하고 있으므로 부사어를 만드는 구조조사 地를 써야한다.

정답　C

[해석] 분명하게 당신의 의견을 말씀하세요. 자꾸 빙빙 돌리지 말구요.
[어휘] 总是 [zòngshì] ⑱ 언제나, 늘　拐弯抹脚 [guǎiwānmòjiǎo] ⑱ 빙빙돌려 말하다

16. 其实我曾经有___三个男朋友，你不会介意吧。

A. 了 B. 着 C. 过 D. 得

Tip

[曾经 + 동사 + 过]

曾经은 완료된 과거 경험에 쓰이는 시간부사이므로 경험을 나타내는 동태조사 过를 써야 한다.

정답 C

[해석] 사실 나 예전에 세 명의 남자친구가 있었는데, 개의치 않지?
[어휘] 其实[qíshí]厚 사실, 실은 介意[jièyì]통 개의하다, 마음에 두다

17. 别小看他了，现在他的水平比以前大大提高____。

A. 了 B. 着 C. 过 D. 地

Tip

예전에 비해 수준이 향상되었다는 변화를 나타내고 있으므로 어기조사 了를 써야 한다.

정답 A

[해석] 그를 얕보지마라. 현재 그의 수준은 전에 비해 크게 향상되었다.
[어휘] 小看[xiǎokàn]통 얕보다, 경시하다

18. 今天冷____要命，爬山的计划推延到下个星期吧。

A. 的 B. 得 C. 地 D. 了

Tip

[술어 + 得 + (정도부사) + 정도보어]

要命은 정도가 심함을 나타내는 정도보어이므로 정도보어를 만들어 주는 구조조사 得를 써야 한다.

정답 B

[해석] 오늘은 너무 추우니 등산 계획은 다음 주로 연기하자.
[어휘] 要命[yàomìng]형 심하다 爬山[páshān]통 등산하다, 산을 오르다 计划[jìhuà]명통 계획(하다) 推延[tuīyán]통 미루다, 연기하다

더 어려워요~
19. 我弟弟已经学____一年钢琴了，弹得还不错。

A. 了 B. 着 C. 过 D. 地

Tip

[동사 + 了₁ + 시량보어 + 了₂]

이미 1년간 피아노를 배웠으므로 동작의 완성, 실현을 나타내는 동태조사 了를 써야 한다. 了는 시간을 나타내는 시량보어 앞에 써야하고 시량보어 뒤에 了가 또 쓰이면 지속의 의미를 나타낸다.

정답 A

[해석] 나의 남동생은 이미 1년간 피아노를 배워서 그런대로 잘 친다.
[어휘] 钢琴[gāngqín]명 피아노 弹[tán]통 (악기를)치다, 튕기다 不错[búcuò]형 괜찮다, 좋다

20. 虽然我不懂音乐，但是那首歌_____。

A. 听过我曾经 B. 我听过曾经
C. 曾经我听过 D. 我曾经听过

Tip

[주어 + 부사어 + 술어]

부사 曾经은 주어 我 뒤, 술어 听 앞에 놓이고 조사 过는 술어 뒤에 위치한다.

정답 D

[해석] 비록 나는 음악을 잘 모르지만 그 노래는 예전에 들어본 적이 있다.
[어휘] 虽然[suīrán]접 비록~이지만 首[shǒu]양 수(노래나 시를 세는 단위)

문형 ▶▶

01   확인 학습 문제   P 249 참고

1. 我觉得 A 她 B 没有 C 你 D 矮。

　　　　　　　这么

2. 真讨厌，A 你 B 怎么 C 别人 D 做那
　　种事呢？

　　　　　　　　叫

3. 王叔叔，A 我能 B 拿回家 C 这本小说
　　D 吗？

　　　　　　　看看

4. 李老师 A 住的 B 房间 C 三楼最左边 D。

　　　　　　　　在

5. 老实说，他打 A 乒乓球 B 比你打 C
　　得好 D。

　　　　　一点儿

6. A 办公室 B 一位客人 C 找 D 你，
　　进去见见。

　　　　　　　　有

7. 小李，我走不动了，A 请 B 去图书馆 C 帮
　　我借一下 D 那本书。

　　　　　　　你

8. 这里没有 A 公共汽车，我们走 B 去 C
　　电影院 D 吧。

　　　　　　　着

9. 你说 A 这件事 B 你 C 来做还是我 D
　　来做呢？

　　　　　　　是

10. 我的 A 手脚 B 比 C 他 D 灵活。

　　　　　　　不

11. 我出了一身汗，好像今天比昨天 ____ 热。

A. 很　　　B. 非常　　　C. 还　　　D. 特别

12. 这双鞋的大小 ____ 那双鞋一样，你自己穿一下看看。

A. 跟　　　B. 有　　　C. 比　　　D. 没有

13. 他的父母太严格，_____。

A. 不出去让他玩儿
B. 让他不玩儿出去
C. 让不他玩儿出去
D. 不让他出去玩儿

14. 我认为这个 _____。

A. 没有那个好看
B. 好看没有那个
C. 没有好看那个
D. 好看那个没有

15. 在高峰时间 _____。

A. 这个地铁站有人很多上车
B. 很多人有这个地铁站上车
C. 这个地铁站有很多人上车
D. 这个地铁站人有很多上车

16. 我打算这个周末 _____。

A. 请同事们吃饭
B. 请吃饭同事们
C. 同事们请吃饭
D. 吃饭请同事们

17. 我们 _____，怎么样？

A. 去北海公园骑自行车
B. 骑北海公园去自行车
C. 骑自行车去北海公园
D. 去北海公园自行车骑

18. 我遇到困难的那会儿，_____。

A. 他帮是我处理的
B. 是他帮我处理的
C. 他是帮我处理的
D. 他帮是我处理的

19. 暑假，我 _____。

A. 很去想中国旅游
B. 很想去中国旅游
C. 想很去中国旅游
D. 想中国旅游很去

20. 我们班 _____。

A. 叫丽丽有一个美国同学
B. 叫一个美国同学丽丽
C. 丽丽叫一个美国同学
D. 有一个美国同学叫丽丽

1. 我觉得　A　她　B　没有　C　你　D　矮。

这么

[해석] 내 생각에 그녀는 너만큼 그렇게 작지 않다.
[어휘] 觉得 [juéde] ~라고 생각하다

Tip

[A没有B + (这么/那么) + 술어]

没有를 이용한 비교문으로 这么는 술어
矮 앞에 와야 한다.

정답   D

2. 真讨厌，A　你　B　怎么　C　别人　D　做那种事呢?

叫

[해석] 정말 미워, 너는 왜 다른 사람으로 하여금 그런 종류의 일을 하게 하니?
[어휘] 讨厌 [tǎoyàn] ⑤ 밉다, 싫어하다

Tip

[주어 + (부사어) + 술어 + 겸어 + 술어]

겸어문 형식으로 술어₁ 叫는 그 대상인 겸
어 别人 앞에 와야 한다.

정답   C

3. 王叔叔，A　我能　B　拿回家　C　这本小说　D　吗?

看看

[해석] 왕 아저씨, 제가 이 소설책을 집에 가져가서 봐도 될까요?
[어휘] 叔叔 [shūshu] ⑲ 숙부, 아저씨

Tip

[주어 + 술어₁ + (목적어₁) + 술어₂ + (목적어₂)]

연동문에서 첫 번째 술어는 중첩할 수 없으
므로 看看은 술어₂가 된다. 따라서 看看은
목적어₂ 这本小说 앞에 와야 한다.

정답   C

4. 李老师　A　住的　B　房间　C　三楼最左边　D。

在

[해석] 이 선생님께서 사시는 방은 3층의 가장 왼쪽에 있다.

Tip

[사람/사물 + 在 + 장소]

在자문에서 동사 在는 명사 房间 뒤, 장소
三楼最左边 앞에 와야 한다.

정답   C

5. 老实说，他打　A　乒乓球　B　比你打　C　得好　D。

一点儿

[해석] 솔직히 말하면, 그가 너보다 탁구를 좀 더 잘한다.
[어휘] 老实 [lǎoshi] ⑲ 솔직하다   乒乓球 [pīngpāngqiú] ⑲ 탁구

Tip

[A 比 B + 술어(형용사) + 一点/一些]

比자 비교문에서 一点은 술어가 되는 형용
사 好 뒤에 놓여야 한다. 一点, 一些는 술어
가 되는 형용사 뒤에 놓여 '조금 ~하다'라
는 의미를 나타낸다.

정답   D

6. A 办公室 B 一位客人 C 找 D 你，进去见见。

有

Tip

[장소 + 有 + 사람/사물]

존현문에서 동사 有는 장소 办公室 뒤, 목적어 客人 앞에 와야 한다.

정답　B

[해석] 사무실에 당신을 찾는 손님이 한 분 있으니 들어가서 만나보세요.

7. 小李，我走不动了，A 请 B 去图书馆 C 帮我借一下 D 那本书。

你

Tip

[술어 + 겸어 + 술어]

请의 목적어와 去의 주어가 빠져 있으므로 你는 겸어로 쓰여 술어1인 请 뒤에 위치해야 한다.

정답　B

[해석] 샤오리, 저는 못 걷겠어요, 당신이 나를 도와 도서관에 가서 그 책을 좀 빌려다 주세요.

더 어려우시요~

8. 这里没有 A 公共汽车，我们走 B 去 C 电影院 D 吧。

着

Tip

[술어1 + 着 + 술어2]

연동문에서 동태조사 着는 술어1 走 뒤에 위치해야 한다.

정답　B

[해석] 여기는 버스가 없으니 우리 걸어서 영화관에 가자.
[어휘] 公共汽车 [gōnggòngqìchē] 명 버스

9. 你说 A 这件事 B 你 C 来做还是我 D 来做呢？

是

Tip

[(是) A 还是 B?]

还是을 보고 선택 의문문인 것을 추측할 수 있다. 还是은 是과 함께 의문문에 쓰여 'A 아니면 B'라는 선택 내용을 제시한다. 이때 是은 생략 가능하다.

정답　B

[해석] 너 말해봐, 이 일 네가 할 거니, 아니면 내가 할까?

10. 我的 A 手脚 B 比 C 他 D 灵活。

不

Tip

[A 不比 B 술어]

比자 비교문에서 부정부사 不는 전치사 比 앞에 와야 한다.

정답　B

[해석] 나의 손과 발은 그에 비해 민첩하지 못하다.
[어휘] 手脚 [shǒujiǎo] 명 손과 발, 수족　　灵活 [línghuó] 형 민첩하다, 융통성 있다

더 어려워요~
11. 我出了一身汗，好像今天比昨天 ＿＿＿ 热。

    A. 很   B. 非常   C. 还   D. 特别

[해석] 나는 온몸에 땀을 흘렸다, 오늘은 어제보다 더 더운 것 같다.
[어휘] 出汗 [chūhàn] 동 땀 흘리다

Tip

[A 比 B 更/还 술어]

比자를 이용한 비교문에서는 更과 还와 같은 비교부사를 사용해 한층 더 깊은 정도에 이르렀음을 나타내고 很, 非常, 特别 등의 정도부사는 올 수 없다.

정답 **C**

12. 这双鞋的大小 ＿＿＿ 那双鞋一样，你自己穿一下看看。

    A. 跟   B. 有   C. 比   D. 没有

[해석] 이 신발의 사이즈는 그 신발과 같아요, 당신이 직접 신어보세요.
[어휘] 大小 [dàxiǎo] 명 크기, 사이즈   双 [shuāng] 양 쌍(짝을 이루는 것을 셀 때)

Tip

[A 跟 B 一样]

두 개의 비교대상 这双鞋와 那双鞋가 일 양이라고 했으므로 그 사이에는 '~와'의 뜻을 갖는 跟이 올 수 있다.

정답 **A**

더 어려워요~
13. 他的父母太严格，＿＿＿＿＿＿＿＿＿＿。

    A. 不出去让他玩儿   B. 让他不玩儿出去
    C. 让不他玩儿出去   D. 不让他出去玩儿

[해석] 그의 부모님은 너무 엄격해서 그를 밖에 나가 놀지 못하게 한다.
[어휘] 严格 [yángé] 형 엄격하다   让 [ràng] 동 ~하도록 시키다

Tip

[주어 + (부사어) + 술어₁ + 겸어 + 술어₂ + 술어₃]

겸어문과 연동문이 같이 쓰인 문장으로 부정부사 不는 부사어로 첫 번째 술어 让 앞에 놓이고, 겸어 他 뒤에 동작의 순서에 따라 出去와 玩儿이 나온다.

정답 **D**

어려워요~
14. 我认为这个 ＿＿＿＿＿＿＿＿＿＿。

    A. 没有那个好看   B. 好看没有那个
    C. 没有好看那个   D. 好看那个没有

[해석] 나는 이것이 저것만큼 보기 좋지 않다고 생각한다.
[어휘] 认为 [rènwéi] 동 ~라고 여기다, 생각하다

Tip

[A 没有 B 술어]

没有를 사용한 비교문으로 没有 다음에 비교 대상 那个가 나오고 그 다음 술어 好看이 와야 한다.

정답 **A**

15. 在高峰时间 ＿＿＿＿＿＿＿＿＿＿＿＿。

    A. 这个地铁站有人很多上车
    B. 很多人有这个地铁站上车
    C. 这个地铁站有很多人上车
    D. 这个地铁站人有很多上车

[해석] 출퇴근 시간에 많은 사람들이 이 지하철역에서 차를 탄다.
[어휘] 高峰时间 [gāofēngshíjiān] 명 러시아워, 출퇴근 시간   地铁站 [dìtiězhàn] 명 지하철역

Tip

[주어 + 술어(有) + 겸어 + 술어]

첫 번째 술어가 有인 겸어문으로 这个地铁站은 주어, 人은 겸어이다. 很多는 관형어로 人 앞에 놓이고 上车는 人의 술어로 문장 끝에 놓인다.

정답 **C**

16. 我打算这个周末 _____ 。

    A. 请同事们吃饭   B. 请吃饭同事们
    C. 同事们请吃饭   D. 吃饭请同事们

[해석] 이번 주말에 나는 회사 동료들에게 식사를 대접할 계획이다.
[어휘] 打算 [dǎsuan] ⑤ 계획하다

> **Tip**
>
> [술어 + 겸어 + 술어 + 목적어]
>
> 겸어문은 술어(请) + 겸어(同事们) + 술어(吃) + 목적어(饭)의 어순을 갖는다.
>
> **정답**   A

어려워요~

17. 我们 _____ ，怎么样？

    A. 去北海公园骑自行车   B. 骑北海公园去自行车
    C. 骑自行车去北海公园   D. 去北海公园自行车骑

[해석] 우리 자전거 타고 베이하이 공원에 가자, 어때?
[어휘] 骑 [qí] ⑤ (자전거, 오토바이 등)타다

> **Tip**
>
> [주어 + 술어1 + (목적어1) + 술어2 + (목적어2)]
>
> 이 문장은 연동문인데, 먼저 자전거를 타고 그 다음 가는 것이므로 동작의 순서에 따라 骑自行车去北海公园 이 맞다. 만약 '北海公园 에 자전거 타러 가자'라고 하려면 我们到北海公园骑自行车去。라고 해야 맞다.
>
> **정답**   C

18. 我遇到困难的那会儿， _____ 。

    A. 他帮是我处理的   B. 是他帮我处理的
    C. 他是帮我处理的   D. 他帮是我处理的

[해석] 내가 곤란을 당한 그때, 그가 나를 도와 처리한 것이다.
[어휘] 遇到 [yùdào] ⑤ 부딪치다, 마주치다   困难 [kùnnan] 웹 곤란, 어려움
那会儿 [nàhuìr] ㈜ 그때, 그때쯤   处理 [chǔlǐ] ⑤ 처리하다, 해결하다

> **Tip**
>
> [是…的]
>
> 是…的를 이용한 강조문으로 他帮我处理 라는 강조하는 내용 전체가 是…的 사이에 와야 한다.
>
> **정답**   B

19. 暑假，我 _____ 。

    A. 很去想中国旅游   B. 很想去中国旅游
    C. 想很去中国旅游   D. 想中国旅游很去

[해석] 여름 방학 때, 나는 정말 중국여행을 가고 싶다.
[어휘] 暑假 [shǔjià] 웹 여름방학   旅游 [lǚyóu] ⑤ 여행하다

> **Tip**
>
> [주어 + 부사 + 조동사 + 술어]
>
> 조동사 想은 부사 很 뒤, 술어 去 앞에 놓인다.
>
> **정답**   B

더 어려워요~

20. 我们班 _____ 。

    A. 叫丽丽有一个美国同学
    B. 叫一个美国同学有丽丽
    C. 丽丽叫一个美国同学
    D. 有一个美国同学叫丽丽

[해석] 우리 반에는 리리라고 하는 미국학생이 한 명 있다.

> **Tip**
>
> [주어 + 술어(有/没有) + 겸어(불특정 명사) + 술어 + 목적어]
>
> 먼저 有 뒤에는 불특정한 명사가 와야 하므로 一个美国同学가 나온다. 이 문장에서 同学는 겸어로 有와는 '술목 구조'를 이루고 뒤따라 나오는 술어 叫와는 '주술 구조'를 이룬다. 丽丽는 술어의 목적어로 문장 맨 끝에 놓는다.
>
> **정답**   D

1. A 这 B 些古董 C 便宜 D 又精致，在别处买不到。

　　　　　　既

2. A 参观 B 世界美术展览会，C 还要去 D 动物园。

　　　　　　除了

3. A 你提前 B 通知我一声，C 我 D 早点儿做好心理准备。

　　　　　　以便

4. A 提高 B 阅读水平 C 我每天 D 看中文报纸。

　　　　　　为了

5. A 我的儿子 B 看就 C 明白，D 脑子非常聪明。

　　　　　　一

6. 我感冒很严重，_____ 今天不能上班。

　　A. 所以　　　B. 但是　　　C. 为了　　　D. 由于

7. _____想取得好成绩，就应该平时抓紧时间努力学习。

　　A. 不管　　　B. 要　　　C. 哪怕　　　D. 只有

8. _____你避不开那些困境，就干脆接受现实吧。

　　A. 只有　　　B. 虽然　　　C. 既然　　　D. 不管

9. 你母亲_____我叔叔都出生于上海，算是老乡。

　　A. 和　　　B. 为了　　　C. 既　　　D. 以便

10. 妈妈正是_____腿脚不怎么灵活，所以决心每天做运动。

　　A. 只要　　　B. 为了　　　C. 要是　　　D. 因为

11. 他以前只是一所中学的老师，____现在都当了我市的市长。

　　A. 才　　　　B. 所以　　　C. 但是　　　D. 除了

12. _____他做出什么决定，反正我们_____会出发。

　　A. 不是 … 而是 …　　　　B. 只要 … 就 …
　　C. 先 … 然后 …　　　　　D. 不管 … 都 …

13. 我弟弟总是_____听音乐，_____做作业。

　　A. 又 … 又 …　　　　　B. 一边 … 一边 …
　　C. 不但 … 而且 …　　　D. 就是 … 也 …

14. 我上大学_____研究了学问，_____还亲自尝到了人生的酸甜苦辣。

　　A. 即使 … 也 …　　　　B. 不但 … 而且 …
　　C. 虽然 … 但是 …　　　D. 只有 … 才 …

15. _____我挣到钱，_____买一套房子。

　　A. 如果 … 就 …　　　　B. 连 … 都 …
　　C. 不仅 … 而且 …　　　D. 一边 … 一边 …

16. _____我劝了他好几次，_____他还是不肯听。

　　A. 如果 … 那么 …　　　　B. 尽管 … 但是 …
　　C. 既然 … 就 …　　　　　D. 只有 … 才 …

17. 你别乱推测，他_____我的丈夫，_____我的哥哥。

　　A. 是 … 还是 …　　　　　B. 一面 … 一面 …
　　C. 不是 … 而是 …　　　　D. 要是 … 就 …

18. 妈妈经常说："_____你健康，我_____快乐。"

　　A. 因为 … 所以 …　　　　B. 即使 … 也 …
　　C. 不仅 … 而且 …　　　　D. 只要 … 就 …

19. 趁着高三期间，你们要认真学习，_____。

　　A. 考不上以免大学
　　B. 大学以免考不上
　　C. 以免大学考不上
　　D. 以免考不上大学

20. 他_____, 何况更大的事呢？

　　A. 连这么小的事也不会负责
　　B. 连不会负责这么小的事也
　　C. 这么小的事也连不会负责
　　D. 也不会负责连这么小的事

1. A 这 B 些古董 C 便宜 D 又精致，在别处买不到。

既

[해석] 이 골동품들은 싸기도 하고 또 정교해요, 다른 곳에서는 살 수 없어요.
[어휘] 古董 [gǔdǒng]⑲골동품   精致 [jīngzhì]⑧정교하다   便宜 [piányi]⑲(값이)싸다
别处 [biéchù]⑲다른 곳

Tip

[既A 又B : A하기도 하고 또 B하기도 하다.]

便宜와 精致은 병렬 관계이므로, 精致 앞에 又라는 접속사가 온 것처럼 便宜 앞에도 병렬 관계 접속사 既가 와서 호응을 이루어야 한다.

정답 C

2. A 参观 B 世界美术展览会，C 还要去 D 动物园。

除了

[해석] 세계 미술 전람회를 참관하는 것 외에 동물원에도 가야 한다.
[어휘] 参观[cānguān]⑧참관하다, 견학하다   世界[shìjiè]⑲세계   美术[měishù]⑲미술
展览会[zhǎnlǎnhuì]⑲전람회   动物园[dòngwùyuán]⑲동물원

Tip

[除了A (以/以外), 还B : A외에 또 B하다.]

이 문장은 '전람회도 참관하고 동물원도 간다'고 하는 점층 관계 문장이고, 除了는 앞 문장 맨 처음에 놓아야 한다.

정답 A

더 어려우시요~

3. A 你提前 B 通知我一声，C 我 D 早点儿做好心理准备。

以便

[해석] 내가 좀 일찍 마음의 준비를 할 수 있도록 나에게 미리 알려주세요.
[어휘] 通知[tōngzhī]⑧통지하다, 알리다   准备[zhǔnbèi]⑧준비하다

Tip

[A, 以便B : B하도록, B하기 편하게 A하다.]

以便은 목적 관계를 나타내는 접속사로 뒷 문장의 가장 앞부분에 놓아야 한다.

정답 C

4. A 提高 B 阅读水平，C 我每天 D 看中文报纸。

为了

[해석] 독해 실력을 향상시키기 위해서 나는 매일 중국어 신문을 본다.
[어휘] 提高[tígāo]⑧높이다, 향상되다   阅读 [yuèdú]⑧읽다, 독해하다   报纸 [bàozhǐ]⑲신문

Tip

[为了~ : ~를 하기 위해]

为了는 목적 관계를 나타내는 접속사로 목적을 나타내는 문장의 가장 앞부분에 놓여야 한다.

정답 A

5. A 我的儿子 B 看就 C 明白，D 脑子非常聪明。

一

[해석] 나의 아들은 한 번 보면 바로 이해하는데, 머리가 아주 좋다.
[어휘] 脑子[nǎozi]⑲머리   聪明 [cōngmíng]⑧똑똑하다
一 [yī] A 就 [jiù] B : A하자마자 B하다

Tip

[一A 就B : A하자마자 B하다.]

보고 나서 이해하는 것이므로 선후 관계 문장이라는 것을 알 수 있다. 뒤에 나오는 就와 호응하는 一는 첫 번째 동작 동사 看 앞에 놓아야 한다.

정답 B

6. 我感冒很严重，_____ 今天不能上班。

    A. 所以   B. 但是   C. 为了   D. 由于

[해석] 나는 감기가 심해서 오늘 출근할 수 없다.
[어휘] 感冒[gǎnmào] 동 감기에 걸리다   严重[yánzhòng] 형 심각하다, 심하다
     所以[suǒyǐ] 접 그래서   但是[dànshì] 접 그러나   为了[wèile] 전 ~을 위해
     由于[yóuyú] 접 ~ 때문에

Tip

[所以 : 그래서]

'감기가 심하다' 그래서 '출근할 수 없다'라는 원인과 결과를 나타낸다. 그러므로 빈칸에는 인과 관계를 나타내는 접속사 所以가 와야 한다.

정답 **A**

7. _____ 想取得好成绩，就应该平时抓紧时间努力学习。

    A. 不管   B. 要   C. 哪怕   D. 只有

[해석] 만약 좋은 성적을 거두고 싶다면 평소에 시간을 아껴 열심히 공부해야 한다.
[어휘] 取得[qǔdé] 얻다, 취득하다   平时[píngshí] 평소, 보통 때
     抓紧[zhuājǐn] 꽉 쥐다, 단단히 잡다   不管[bùguǎn] 접 ~에 상관없다
     哪怕[nǎpà] 설령~라 하더라도   要(是)[yàoshì] 접 만약~라면
     只有[zhǐyǒu] 접 ~해야만

Tip

[要(是) A , 就 B : 만약 A라면 B이다.]

'좋은 성적을 거두다'와 '평소에 시간을 아껴 노력해 공부하다'는 서로 가정 관계이다. 빈칸에는 뒷 문장의 就와 호응을 이루는 가정 관계 접속사 要가 와야 한다.

정답 **B**

8. _____ 你避不开那些困境，就干脆接受现实吧。

    A. 只有   B. 虽然   C. 既然   D. 不管

[해석] 기왕 네가 그 곤경을 피할 수 없으니 차라리 현실을 받아들여라.
[어휘] 避开[bìkāi] 동 피하다, 비키다   困境[kùnjìng] 곤경, 궁지
     干脆[gāncuì] 아예, 시원스럽게   接受[jiēshòu] 동 받아들이다
     现实[xiànshí] 현실   접 虽然[suīrán] 비록~하지만
     既然[jìrán] 기왕 ~한 바에야

Tip

[既然 A , 就 B : 기왕 A하게 되었으니 B해라.]

'곤경을 피할 수 없으니 현실을 받아들이는 것'은 인과 관계이므로 빈칸에는 인과 관계를 나타내면서 뒷 문장의 就와 호응하는 既然이 와야 한다.

정답 **C**

9. 你母亲_____我叔叔都出生于上海，算是老乡。

    A. 和   B. 为了   C. 既   D. 以便

[해석] 너의 어머니와 나의 삼촌은 모두 상하이에서 태어나셨으니, 같은 고향 사람이라 할 수 있다.
[어휘] 算是[suànshì] 동 ~라 할 수 있다, ~로 할 수 있다   老乡[lǎoxiāng] 명 같은 고향 사람
     既[jì] 접 ~하기도 하고   以便[yǐbiàn] 접 B하도록, B하기 편하게

Tip

都를 보면 母亲과 叔叔라는 단어가 동등한 위치라는 것을 알 수 있다. 따라서 빈칸에는 병렬 관계 접속사 和가 나와야 한다.

정답 **A**

10. 妈妈正是_____腿脚不怎么灵活，所以决心每天做运动。

    A. 只要   B. 为了   C. 要是   D. 因为

[해석] 어머니는 다리가 그다지 신통치 않으셔서 매일 운동을 하기로 결심하셨다.
[어휘] 腿脚[tuǐjiǎo] 명 다리와 발   灵活[línghuó] 형 민첩하다, 원활하다
     决心[juéxīn] 동 결심하다   只要[zhǐyào] 접 ~하기만 하면
     因为[yīnwèi] 접 ~ 때문에

Tip

[因为 A , 所以 B
: A하기 때문에 그래서 B하다.]

'다리가 신통치 않아 운동을 한다'는 것은 인과 관계이므로 빈칸에는 뒷 문장의 所以와 호응하는 인과 관계 접속사 因为가 와야 한다.

정답 **D**

11. 他以前只是一所中学的老师，___现在都当了我市的市长。

   A. 才   B. 所以   C. 但是   D. 除了

[해석] 그는 전에 단지 중학교 선생님일 뿐이었지만 지금은 우리 시의 시장이 되었다.
[어휘] 当 [dāng] 동 (직분을)담당하다   才 [cái] 부 겨우   除了 [chule] 접 ~을 제외하고

Tip

[但是 : 그러나]

중학교 선생님에서 시장이 되는 것은 일종의 전환되는 상황이므로 빈칸에는 전환 관계 접속사인 但是이 나와야 한다.

정답 **C**

12. _____ 他做出什么决定，反正我们_____会出发。

   A. 不是 … 而是 …   B. 只要 … 就 …
   C. 先 … 然后 …   D. 不管 … 都 …

[해석] 그가 어떤 결정을 내리든 간에 어쨌든 우리는 출발할 것이다.
[어휘] 决定 [juéding] 동 결정하다   反正 [fǎnzhèng] 어쨌든, 아무튼
   不是 [búshì] A 而是 [érshì] B : A가 아니고 B이다
   只要 [zhǐyào] A 就 [jiu] B : A하기만 하면 B할 수 있다
   先 [xiān] A 然后 [ránhòu] B : 먼저 A한 뒤 B하다
   不管 [bùguǎn] A 都 [dōu] B : A하더라도 B하다

Tip

[不管 A (선택식 구조/의문대명사) 都 B : A하더라도 B하다.]

'그가 결정을 내리는 것과 상관없이 결과는 같다'라는 뜻이므로 빈칸에는 조건을 나타내는 접속사 不管 … 都 … 가 와야 한다.
의문대명사 什么를 보고 뒤에 의문대명사를 갖는 不管이 답임을 유추할 수 있다.

정답 **D**

13. 我弟弟总是_____ 听音乐，_____ 做作业。

   A. 又 … 又 …   B. 一边 … 一边 …
   C. 不但 … 而且 …   D. 就是 … 也 …

[해석] 내 남동생은 언제나 음악을 들으면서 숙제를 한다.
[어휘] 又 [yòu] A 又 [yòu] B : A하면서 한편(또한, 동시에) B하다
   一边 [yibiān] A, 一边 [yibiān] B : A하면서 B하다
   不但 [búdàn] A, 而且 [érqiě] B : A할 뿐만 아니라 B하다
   就是 [jiùshì] A, 也 [yě] B : A할지라도 B이다

Tip

[一边 A, 一边 B : A하면서 B하다.]

'음악을 들으면서 숙제를 하는 것'은 동시에 일어나는 일이므로 빈칸에는 동시 동작을 나타내는 병렬 관계 접속사 一边…一边…이 와야 한다.

정답 **B**

더 어려워요~

14. 我上大学_____ 研究了学问，_____ 还亲自尝到了人生的酸甜苦辣。

   A. 即使 … 也 …   B. 不但 … 而且 …
   C. 虽然 … 但是 …   D. 只有 … 才 …

[해석] 나는 대학에 와서 학문을 연구했을 뿐만 아니라, 또 직접 인생의 온갖 맛을 다 보았다.
[어휘] 研究 [yánjiū] 동 연구하다   学问 [xuéwen] 명 학문   亲自 [qīnzì] 부 직접
   尝 [cháng] 동 맛보다   酸甜苦辣 [suāntiánkǔlà] 명 온갖 맛, 온갖 경험
   即使 [jíshǐ] A, 也 [yě] B : 설령 A하더라도 B이다
   虽然 [suīrán] A, 但是 [dànshì] B : 비록 A하지만 B이다
   只有 [zhǐyǒu] A, 才 [cái] B : A해야만 B할 수 있다

Tip

[不但 A, 而且 B : A할 뿐만 아니라 B하다.]

학문을 연구하는 것과 인생의 온갖 맛을 보는 것은 점층 관계이므로 점층을 나타내는 접속사 不但 … 而且 …가 와야 한다.

정답 **B**

15. _____ 我挣到钱，_____ 买一套房子。

    A. 如果 … 就 …   B. 连 … 都 …

    C. 不仅 … 而且 …   D. 一边 … 一边 …

[해석] 만일 내가 돈을 벌게 된다면 집을 한 채 살 것이다.

[어휘] 套[tào] ⓰ 세트를 세는 단위   如果[rúguǒ] A, 就[jiù] B : 만약 A하면 B이다

    连[lián] A, 都[dōu] : A조차도, A마저도

    不仅[bùjǐn] A, 而且[érqiě] B : A할 뿐만 아니라 B하다

Tip

[如果 A, 就 B : 만약 A라면 B이다.]

'돈이 있다'는 상황을 가정하고 그 결과로 '집을 산다'라는 것이므로 빈칸에는 가정을 나타내는 접속사 如果 … 就 …가 와야 한다.

정답   A

더 어려웠어요~

16. _____ 我劝了他好几次，_____ 他还是不肯听。

    A. 如果 … 那么 …   B. 尽管 … 但是 …

    C. 既然 … 就 …   D. 只有 … 才 …

[해석] 내가 그에게 여러 번 충고했지만 그는 여전히 들으려고 하지 않는다.

[어휘] 肯[kěn] ⓰ ~하려고 하다.

    如果[rúguǒ] A 那么[nàme] B : 만약 A하면 B이다

    尽管[jǐnguǎn] A 但是[dànshì] B : 비록 A하지만 B하다

    既然[jìrán] A 就[jiù] B : 기왕 A하게 되었으니 B해라

Tip

[尽管 A, 但是 B : 비록 A하지만 B하다.]

'여러 번 충고를 하다'와 '들으려고 하지 않는다'는 내용이 서로 상반되므로 빈칸에는 전환 관계 접속사 尽管 … 但是 … 이 놓여야 한다.

정답   B

어려웠어요~

17. 你别乱推测，他_____我的丈夫，_____我的哥哥。

    A. 是 … 还是 …   B. 一面 … 一面 …

    C. 不是 … 而是 …   D. 要是 … 就 …

[해석] 당신 함부로 짐작하지 말아요, 그는 저의 남편이 아니라 저의 오빠예요.

[어휘] 乱[luàn] ⓰ 함부로, 멋대로   推测[tuīcè] ⓷ 추측하다, 짐작하다

    是[shì] A, 还是[háishi] B : A냐 아니면 B냐? (선택 의문문)

    一面[yīmiàn] A, 一面[yīmiàn] B : 한편으로는 A하고 한편으로는 B하다

    不是[búshì] A, 而是[érshì] B : A가 아니고 B이다

    要是[yàoshì] A, 就[jiù] B : 만약 A라면 B이다

Tip

[不是 A, 而是 B : A가 아니고 B이다.]

남편과 오빠라는 두 가지 사실 중 한 가지를 선택하는 것이므로 빈칸에는 선택 관계 접속사 不是 … 而是 …이 들어가야 한다.

정답   C

18. 妈妈经常说 : "_____你健康，我_____快乐。"

A. 因为 … 所以 …   B. 即使 … 也 …
C. 不仅 … 而且 …   D. 只要 … 就 …

[해석] 엄마는 종종 말씀하신다. "네가 건강하기만 하면 나는 즐겁다."라고.
[어휘] 快乐[kuàile]뼹즐겁다
    因为[yīnwéi] A, 所以[suǒyǐ]B : ~하기 때문에, 그래서 (인과 관계)
    即使[jíshǐ] A, 也[yě]B : 설령 A하더라도 B이다 (가정 관계)
    不仅[bùjǐn] A, 而且[érqiě] B : A할 뿐만 아니라 B하다 (점층 관계)
    只要[zhǐyào] A, 就[jiù]B : A하기만 하면 B할 수 있다 (조건 관계)

Tip

[只要A, 就 B : A하기만 하면 B할 수 있다.]
'건강하다'라는 조건하에 기쁜 것이므로 빈칸에는 조건 관계 접속사 只要 … 就 …가 와야 한다.

정답   D

19. 趁着高三 期间，你们要认真学习，_____。

A. 考不上以免大学
B. 大学以免考不上
C. 以免大学考不上
D. 以免考不上大学

[해석] 고3 기간을 이용해 너희는 열심히 공부해서 대학에 떨어지는 일이 없도록 해라.
[어휘] 趁着[chènzhe]~을 이용해서, ~의 기회를 타서   期间[qījiān]뼹기간, 시기
    认真[rènzhēn]뼹진지하다, 성실하다   A, 以免[yǐmiǎn] B : B않도록, B를 면하도록 A하다
    考不上[kǎobushàng]시험에 합격하지 못하다, 떨어지다

Tip

[A, 以免 B : B하지 않도록, B를 면하도록 A하다.]
목적 관계를 나타내는 접속사 以免은 뒷 문장의 가장 앞에 위치해야 하고 그 뒤에 주어 你们과 결합하는 술어+목적어가 나와야 한다. 그러므로 以免考不上大学 가 올바른 어순이다.

정답   D

어려워요~
20. 他_____, 何况更大的事呢?

A. 连这么小的事也不会负责
B. 连不会负责这么小的事也
C. 这么小的事也连不会负责
D. 也不会负责连这么小的事

[해석] 그는 이렇게 작은 일도 책임질 줄 모르는데, 하물며 더 큰 일이랴?
[어휘] 连[lián] A 也[yě] ~, 何况[hékuàng]B(呢)? :냅A조차도 ~한데, 하물며 B는?
    负责[fùzé]냥책임지다

Tip

[连 A 也 …, 何况 B 呢?
  : A조차도 ~한데, 하물며 B는?]
连과 也 사이에 这么小的事이 나와 更大的事과 함께 점층의 의미를 나타낸다. 也 뒷 부분은 [일반부사 + 부정부사 + 조동사 + 동사]의 어순에 따라 也不会负责가 된다.

정답   A